증일아함경 3
增壹阿含經

증일아함경 3

김월운 옮김

增壹阿含經

증일아함경 3

‖ 차 례 ‖

제25권
33. 오왕품五王品 ··· 1

제26권
34. 등견품等見品 ··· 49

제27권
35. 사취품邪聚品 ··· 100

제28권
36. 청법품聽法品 ··· 128

제29권
37. 육중품六重品 ① ·· 162

제30권
37. 육중품 ② ··· 184

제31권
38. 역품力品 ① ·· 211

제32권
38. 역품 ② ·· 245

제33권
39. 등법품等法品 ··· 277

제34권
40. 칠일품七日品 ① ·· 313

제35권
40. 칠일품 ② ··· 344
41. 막외품莫畏品 ··· 358

제36권
42. 팔난품八難品 ① ·· 375

제37권
42. 팔난품 ② ··· 400

증일아함경增壹阿含經 제 25 권

33. 오왕품五王品

[1]¹

이와 같이 들었다.

어느 때 부처님께서는 사위국 기수급고독원에 계셨다.

그때 바사닉왕波斯匿王을 우두머리로 한 다섯 큰 나라의 왕들은 공원에 모여 각각 이런 변론을 하고 있었다. 다섯 왕이란 어떤 이들인가? 이른바 바사닉왕·비사왕毗沙王·우전왕優塡王·악생왕惡生王·우타연왕優陀延王이었다. 그때 다섯 왕은 한 곳에 모여 각각 이런 변론을 하고 있었다.

"여러분, 마땅히 알아야 합니다. 여래께서는 이 다섯 가지 욕망[五欲]을 말씀하셨습니다. 어떤 것이 그 다섯 가지인가? 이른바 눈으로 빛깔을 보고는 매우 사랑하고 공경하는 생각을 합니다. 그것은 세상

---

1 이 소경과 내용이 비슷한 경으로는 『잡아함경』제42권 1,149번째 소경인 「칠왕경七王經」과 『별역잡아함경』제4권 72번째 소경이 있다.

사람들이 희망希望하는 것입니다. 혹은 귀로 소리를 듣고, 코로 냄새를 맡으며, 혀로 맛을 알고, 몸으로 감촉을 느끼는 것입니다. 여래께서는 이 다섯 가지 욕망에 대하여 말씀하셨습니다.

그러면 이 다섯 가지 욕망 가운데 어느 것이 가장 즐거운 것인가? 눈으로 빛깔을 보는 것이 가장 즐거운가, 귀로 소리를 듣는 것이 가장 즐거운가, 코로 냄새를 맡는 것이 가장 즐거운가, 혀로 맛을 보는 것이 가장 즐거운가, 몸으로 감촉을 느끼는 것이 가장 즐거운가? 이 다섯 가지 중에 어느 것이 가장 즐거운가?"

그 중에 혹 어떤 왕은 빛깔이 가장 즐겁다고 말하고, 혹 어떤 왕은 소리가 가장 즐겁다고 말하며, 혹 어떤 왕은 냄새가 가장 즐겁다고 말하고, 혹 어떤 왕은 맛이 가장 즐겁다고 말하며, 혹 어떤 왕은 감촉이 가장 즐겁다고 말하였다.

그때 빛깔이 가장 즐겁다는 것은 우타연왕의 지론이고, 소리가 가장 즐겁다고 말한 것은 우전왕의 지론이며, 냄새가 가장 즐겁다고 말한 것은 악생왕의 지론이고, 맛이 가장 즐겁다고 말한 것은 바사닉왕의 지론이며, 감촉이 가장 즐겁다고 말한 것은 비사왕의 지론이었다.

그때 다섯 왕은 각각 이렇게 말하였다.

"우리들이 이 다섯 가지 욕망에 대하여 논란을 벌였습니다. 그러나 어느 것이 가장 즐거운 것인지 알아내지 못하였습니다."

그때 바사닉왕이 다른 네 왕에게 말하였다.

"지금 여래께서 여기에서 가까운 사위국 기수급고독원에 계십니다. 우리 다 같이 세존께 가서 그 뜻을 여쭈어봅시다. 그래서 만일 세존께서 무슨 말씀이 있으시면 우리는 그대로 받들어 행합시다."

그때 여러 왕들은 바사닉왕의 말을 듣고 곧 다 같이 세존께 나아가 머리를 조아려 그 발에 예를 올리고 한쪽에 앉았다.

그때 바사닉왕이 다섯 가지 욕망에 대하여 논란을 벌인 일을 자세히 갖추어 여래께 아뢰었다.

그러자 세존께서 다섯 왕에게 말씀하셨다.

"여러 왕들의 주장은 저마다 때를 따라 모두 일리가 있습니다. 왜냐하면 대개 그 사람의 성행性行이 빛깔에 깊이 집착하면, 아무리 그것을 보아도 싫증이 나지 않습니다. 그래서 그 사람에게는 빛깔이 가장 묘하고 가장 즐거운 것이어서 그것보다 더 나은 것이 없습니다. 그때 그 사람은 소리·냄새·맛·감촉에는 집착하지 않으므로 다섯 가지 즐거움 중에서 빛깔이 가장 즐겁다고 말하는 것입니다.

또 어떤 사람의 성행은 소리에 집착합니다. 그래서 그는 소리를 듣고 나면 매우 기뻐하며 싫증을 내지 않습니다. 그래서 그 사람에게는 소리가 가장 묘하고 가장 즐거운 것이어서 다섯 가지 즐거움 중에서 빛깔이 가장 즐겁다고 말하는 것입니다.

또 어떤 사람의 성행은 냄새에 집착합니다. 그래서 그는 냄새를 맡고 나면 매우 기뻐하며 싫증을 내지 않습니다. 그러므로 그 사람에게는 냄새가 가장 묘하고 가장 즐거운 것이어서 다섯 가지 즐거움 중에서 냄새가 가장 즐겁다고 말하는 것입니다.

또 어떤 사람의 성행은 맛에 집착합니다. 그래서 그는 맛을 보고 나면 매우 기뻐하며 싫증을 내지 않습니다. 그러므로 그 사람에게는 맛이 가장 묘하고 가장 즐거운 것이어서 다섯 가지 즐거움 중에서 맛이 가장 즐겁다고 말하는 것입니다.

또 어떤 사람의 성행은 감촉에 집착합니다. 그래서 그는 감촉을 느끼고 나면 매우 기뻐하여 싫증을 내지 않습니다. 그러므로 그 사람에게는 감촉이 가장 묘하고 가장 즐거운 것이어서 다섯 가지 즐거움 중에서 감촉이 가장 즐겁다고 말하는 것입니다.

또 만일 그 사람의 마음이 빛깔에 집착하면, 그때 그 사람은 소리·냄새·맛·감촉에는 집착하지 않습니다. 또 만일 그 사람의 마음이 소리에 집착하면, 그때 그 사람은 빛깔·냄새·맛·감촉에는 집착하지 않습니다. 또 만일 그 사람의 성행性行이 냄새에 집착하면, 그때 그 사람은 빛깔·소리·맛·감촉에는 집착하지 않습니다. 또 만일 그 사람의 마음이 맛에 집착하면, 그때 그 사람은 빛깔·냄새·맛·감촉에는 집착하지 않습니다. 또 만일 그 사람의 성행이 감촉에 집착하면, 그때 그 사람은 빛깔·소리·냄새·맛에는 집착하지 않습니다."

그때 세존께서 곧 이런 게송을 설하셨다.

하고자 하는 마음 왕성할 때는
그 욕망 기어코 이루려고 하나니
그것을 얻고 나서는 더욱 기뻐해
원하는 일에 대해 의심이 없다.

그는 이 욕망 이룸으로써
탐하는 마음이 풀리지 않아
그것으로써 기쁨을 삼나니
그를 따라 그것이 가장 즐겁다고 한다.

또 만일 소리를 들을 때에는
그 욕망 기어코 이루려고 하나니
그 소리 듣고는 더욱 기뻐해
원하는 일에 대해 의심이 없다.

그는 이 소리를 얻음으로써
탐하는 마음이 풀리지 않아
그것으로써 기쁨을 삼나니
그를 따라 그것이 가장 즐겁다고 한다.

또 만일 냄새를 맡을 때에는
그 욕망 기어코 이루려고 하나니
그 냄새를 맡고는 더욱 기뻐해
하고자 하는 일에 의심이 없다.

그는 이 냄새를 얻음으로써
탐하는 마음이 풀리지 않아
그것으로써 기쁨을 삼나니
그를 따라 그것이 가장 즐겁다고 한다.

또 만일 맛을 볼 때에는
그 욕망 기어코 이루려고 하나니
그 맛을 보고는 더욱 기뻐해
하고자 하는 일에 의심이 없다.

그는 이 맛을 얻음으로써
탐하는 마음이 풀리지 않아
그것으로써 기쁨을 삼나니
그를 따라 그것이 가장 즐겁다고 한다.

또 만일 감촉을 느낄 때에는

> 그 욕망 기어코 이루려고 하나니
> 그 감촉을 느끼고는 더욱 기뻐해
> 하고자 하는 일에 의심이 없다.
>
> 그는 이 감촉을 얻음으로써
> 탐하는 마음이 풀리지 않아
> 그것으로써 기쁨을 삼나니
> 그를 따라 그것이 가장 즐겁다고 한다.

"그런 까닭에 대왕들이여, 만일 빛깔을 가장 좋다고 말하는 이라면 마땅히 평등하게 그것을 주장해야 할 것입니다. 왜냐하면 빛깔에 그 기운과 맛이 있기 때문입니다. 만일 빛깔에 아무 맛이 없었다면 중생들은 마침내 거기에 집착하지 않았을 것입니다. 거기에 맛이 있기 때문에 다섯 가지 욕망 가운데서 빛깔을 가장 절묘하다고 말하는 것입니다.

그러나 빛깔에는 또 과실過失이 있습니다. 만일 빛깔에 과실이 없었다면 중생들은 걱정하지 않았을 것입니다. 거기에 과실이 있기 때문에 중생들은 그것을 걱정하는 것입니다.

또 빛깔에는 벗어나는 길[出要]이 있습니다. 만일 빛깔에서 벗어나는 길이 없었다면 저 중생들은 나고 죽음의 바다에서 벗어나지 못했을 것입니다. 거기에서 벗어나는 길이 있기 때문에 중생들은 두려움이 없는 열반성涅槃城에 이르게 되는 것입니다. 그러므로 다섯 가지 욕망 가운데 빛깔이 가장 미묘하다고 말하는 것입니다.

그러나 또 대왕들이여, 만일 소리를 가장 좋다고 말하는 이라면 마땅히 평등하게 그것을 주장해야 할 것입니다. 왜냐하면 소리에는 그 기운과 맛이 있기 때문입니다. 만일 소리에 아무 맛이 없었다면 중생들은 끝내 거기에 집착하지 않았을 것입니다. 거기에 맛이 있기 때문에 다섯 가지 욕망 가운데서 소리를 가장 미묘하다고 말하는 것입니다.

그러나 소리에는 또 과실이 있습니다. 만일 소리에 과실이 없었다면 중생들은 걱정하지 않았을 것입니다. 거기에 과실이 있기 때문에 중생들은 그것을 걱정하는 것입니다.

또 소리에는 벗어나는 길이 있습니다. 만일 소리에서 벗어나는 길이 없었다면 저 중생들은 나고 죽음의 바다에서 벗어나지 못했을 것입니다. 거기에서 벗어나는 길이 있기 때문에 중생들은 두려움이 없는 열반성에 이르게 되는 것입니다. 그러므로 다섯 가지 욕망 가운데 소리가 가장 미묘하다고 말하는 것입니다.

대왕들이여, 마땅히 알아야만 합니다. 만일 냄새가 가장 좋다고 말하는 이라면 마땅히 평등하게 그것을 주장해야 할 것입니다. 왜냐하면 냄새에는 그 기운과 맛이 있기 때문입니다. 만일 냄새에 아무 맛이 없었다면 중생들은 끝내 거기에 집착하지 않았을 것입니다. 거기에 맛이 있기 때문에 다섯 가지 욕망 가운데서 냄새를 가장 미묘하다고 말하는 것입니다.

그러나 냄새에는 또 과실이 있습니다. 만일 냄새에 과실이 없었다면 중생들은 걱정하지 않았을 것입니다. 거기에 과실이 있기 때문에 중생들은 그것을 걱정하는 것입니다.

또 냄새에는 벗어나는 길이 있습니다. 만일 냄새에서 벗어나는 길이 없었다면 저 중생들은 나고 죽음의 바다에서 벗어나지 못했을 것입니다. 거기에서 벗어나는 길이 있기 때문에 중생들은 두려움이 없는 열반성에 이르게 되는 것입니다. 그러므로 다섯 가지 욕망 가운데 냄새가 가장 미묘하다고 말하는 것입니다.

또 대왕들이여, 만일 맛이 가장 좋다고 말하는 이라면 마땅히 평등하게 그것을 주장해야 할 것입니다. 왜냐하면 맛에는 그 기운과 맛이 있기 때문입니다. 만일 맛에 아무 맛이 없었다면 중생들은 끝내 거기에 집착하지 않았을 것입니다. 거기에 맛이 있기 때문에 다섯 가지 욕망 가운데서 맛을 가장 미묘하다고 말하는 것입니다.

그러나 맛에는 또 과실이 있습니다. 만일 맛에 과실이 없었다면 중생들은 걱정하지 않았을 것입니다. 거기에 과실이 있기 때문에 중생들은 그것을 걱정하는 것입니다.

또 맛에는 벗어나는 길이 있습니다. 만일 맛에서 벗어나는 길이 없었다면 저 중생들은 나고 죽음의 바다에서 벗어나지 못했을 것입니다. 거기에서 벗어나는 길이 있기 때문에 중생들은 두려움이 없는 열반성에 이르게 되는 것입니다. 그러므로 다섯 가지 욕망 가운데 맛이 가장 미묘하다고 말하는 것입니다.

또 대왕들이여, 만일 감촉이 가장 좋다고 말하는 이라면 마땅히 평등하게 그것을 주장해야 할 것입니다. 왜냐하면 감촉에는 그 기운과 맛이 있기 때문입니다. 만일 감촉에 아무 맛이 없었다면 중생들은 끝내 거기에 집착하지 않았을 것입니다. 거기에 맛이 있기 때문에 다섯 가지 욕망 가운데서 감촉을 가장 미묘하다고 말하는 것입니다.

그러나 감촉에는 또 과실이 있습니다. 만일 감촉에 과실이 없었다면 중생들은 걱정하지 않았을 것입니다. 거기에 과실이 있기 때문에 중생들은 그것을 걱정하는 것입니다.

또 감촉에는 벗어나는 길이 있습니다. 만일 감촉에서 벗어나는 길이 없었다면 저 중생들은 나고 죽음의 바다에서 벗어나지 못했을 것입니다. 거기에서 벗어나는 길이 있기 때문에 중생들은 두려움이 없는 열반성에 이르게 되는 것입니다. 그러므로 다섯 가지 욕망 가운데 감촉이 가장 미묘하다고 말하는 것입니다.

그런 까닭에 대왕들이여, 제 자신이 좋아하는 데에 마음이 집착하는 것입니다. 대왕들이여, 마땅히 이와 같이 알아야만 합니다."

그때 다섯 왕은 부처님의 말씀을 듣고 기뻐하며 받들어 행하였다.

〔2〕
이와 같이 들었다.

어느 때 부처님께서는 사위국 기수급고독원에 계셨다.

그때 사위성에 살고 있던 월광月光 장자에게는 재물이 풍족하고 보배가 많았다. 코끼리와 말 등 7보가 다 갖추어져 있었고 금金·은銀 등의 보배도 이루 다 헤아릴 수가 없었다.

그러나 월광 장자에게는 자식이 없었다. 그때 그 장자는 자식이 없었기 때문에 하늘 신〔天神〕에게 기도를 하였다. 즉 해·달·하늘 신·땅 신·귀자모鬼子母·사천왕四天王·스물여덟 큰 귀신들의 왕·제석천·범천·산신山神·수신樹神·다섯 길〔道〕의 신과 풀·나무·약초藥草 등 어느 곳 하나 빠짐없이 모든 곳에 귀의歸依하여 아들 하나만 점지해 달라고 빌었다.

그런 일이 있고 나서 며칠 뒤에 그 장자의 부인이 곧 회임懷妊하고는 장자에게 말하였다.

"제 생각에 아기를 밴 것 같습니다."

장자는 그 말을 듣고 몹시 기뻐하면서 어찌할 줄 몰랐다. 그는 곧 부인을 위해 좋은 자리를 펴고 맛있는 음식을 먹이고 좋은 옷을 입혔다.

부인은 8·9개월이 지나 아들을 낳았는데, 그 아이의 얼굴은 매우 단정하여 세상에 보기 드문 존재였고 복숭아꽃 빛깔처럼 아름다웠다.
그때 그 아이는 두 손에 값을 매길 수 없이 값진 마니주摩尼珠[2]를 쥐고 곧 이런 게송을 읊었다.

보물과 곡식 등
이 집에는 재물이 많다.
나는 이제 그것을 보시해
가난한 이들이 부족함이 없게 하리라.

재물과 보배와 곡식 등
그런 재물이 만약 없어지면
값을 매길 수 없는 구슬 여기 있나니
이것으로써 항상 보시하리라.

그러자 부모와 집안사람들은 이 말을 듣고 모두 달아났다.
"어쩌다가 이런 귀매鬼魅의 종자를 낳았는가?"
그러나 그의 부모는 아이를 불쌍하게 여겼기 때문에 동서東西로 달아나지 않았다. 그때 어머니는 아이를 보고 게송으로 말하였다.

너는 하늘이냐, 건답화乾沓惒냐?
귀매인가, 아니면 나찰那刹이냐?
너는 누구며, 성명은 무엇이냐?
나는 지금 그것이 알고 싶다.

---

[2] 또는 말니末尼라고 쓰기도 하며, 번역하여 여의보如意寶・여의주如意珠라고 하는데, 이 구슬은 보물을 비 내리듯 한다고 한다.

이때 아이가 다시 게송으로 대답하였다.

    저는 하늘도 아니고 건답화도 아니며
    또 귀매도 아니고 나찰도 아닙니다.
    저는 부모님에게서 태어난
    사람이니 조금도 의심하지 마소서.

그때 부인은 이 말을 듣고 나서 기뻐하며 어찌할 줄 몰랐다. 그리하여 월광 장자에게 이 사실을 모두 말하였다. 그러자 장자는 곧 이렇게 생각하였다.

'이것이 장차 무슨 인연일까? 나는 지금 이 일을 가지고 저 니건자 尼犍子[3]에게 가서 물어보리라.'

그리고는 곧 그 아이를 안고 니건자가 있는 곳으로 찾아가서 머리를 조아려 그 발에 예를 올리고 한쪽에 앉아 있었다. 그때 월광 장자는 그간에 있었던 사실을 모두 갖추어 니건자에게 말하였다. 그러자 니건자는 그 말을 듣고 장자에게 말하였다.

"이 아이는 박복한 사람이다. 그 아이의 몸에는 아무 유익함이 없다. 당장 잡아 죽여 버려야 한다. 만일 이 아이를 죽이지 않으면 온 집안이 망할 것이고 또 장차 집안사람들이 다 죽고 말 것이다."

그때 월광 장자는 생각하였다.

'나는 원래 자식이 없었다. 그런 인연 때문에 온 천지天地에 어느 곳

---

[3] 팔리어로는 Nigaṇṭha-Nātaputta라고 한다. 또는 니건타야제자尼乾陀若提子라고 쓰기도 하며, 번역하여 이계친자離繫親子라고 한다. 온몸을 드러내고 다니는 외도外道로서 육사외도六師外道 중 하나이며, 그의 본명本名은 와록달마나瓦錄達摩那라고 한다. 그는 그 교의 무리들에게 대웅大雄이라고 불렸으며, 찰리종刹利種 출신으로 그 당시 아주 유명한 대종교가大宗敎家였다.

하나 빠짐없이 빌고 다녔었고 몇 해가 지나서야 겨우 이 아이를 낳았다. 나는 지금 이 아이를 감히 죽일 수 없다. 이제 다른 사문沙門이나 바라문婆羅門에게 물어보아 내 의심을 끊으리라.'

그때 여래께서는 성불成佛하신 지 그리 오래되지 않았는데, 많은 사람들은 모두들 큰 사문이라고 칭송하였다. 그때 월광 장자는 이렇게 생각하였다.

'나는 이 인연을 가지고 저 큰 사문에게 자세히 말해 보리라.'

그때 장자는 곧 자리에서 일어나 그 아이를 안고 세존의 처소를 찾아갔다. 그곳으로 가는 도중에 그는 다시 이렇게 생각하였다.

'지금 저 장로 범지梵志는 나이가 대단히 많고 총명한 데다 지혜롭기까지 하여 많은 사람들의 존경을 받고 있다. 그런 사람도 오히려 이 일을 잘 모르고 있는데, 하물며 저 사문 구담瞿曇은 아직 나이도 젊고 도道를 배운 지도 그리 오래되지 않았다. 어떻게 이 일을 알 수 있겠는가? 아마 그도 지금 내 의심을 풀어 주지 못할 것이다. 나는 그만 집으로 돌아가야겠다.'

그때 옛날에 장자와 친구였던 어떤 하늘 신이 있었다. 그는 장자가 마음속으로 무슨 생각을 하고 있는지를 알고는 허공虛空에서 그에게 말하였다.

"장자는 마땅히 알아야 하리라. 어서 앞으로 나아가라. 반드시 큰 이익을 얻을 것이다. 또 마땅히 감로甘露가 내리는 곳에 이르게 될 것이다. 여래께서 세상에 출현하심을 만나기는 참으로 어려운 일이다. 여래께서 감로를 내리시는 것은 자주 있는 일이 아니다.

또 장자여, 아무리 작다고 해도 가벼이 여겨서는 안 되는 네 가지가 있다. 어떤 것이 그 네 가지인가? 국왕은 아무리 어려도 가벼이 여겨서는 안 되고, 불은 아무리 작아도 가벼이 여겨서는 안 되며, 용은 아무리 어려도 가벼이 여겨서는 안 되고, 도를 배우는 이는 아무리 어려도 가벼이 여겨서는 안 된다. 장자여, 이것을 일러 아무리 작다고 해도 가벼이 여길 수 없는 네 가지라고 한다."

하늘 신은 곧 게송으로 말하였다.

국왕은 아무리 나이가 어려도
그 법을 따라 사람을 죽인다.
작은 불씨는 아직 치성하지 못하지만
결국 온 산의 초목草木을 다 태운다.

신령한 용은 아무리 작게 보여도
그때를 맞춰 비를 내리고
배우는 이는 나이 어려도
한량없는 사람을 건지느니라.

그때 월광 장자는 마음이 열리고 뜻에 이해가 생겨 매우 기뻐하면서 어쩔 줄 몰랐다. 그는 앞으로 나아가 세존께서 계신 곳에 이르러 머리를 조아려 그 발에 예를 올리고 한쪽에 앉아서 그 사실을 세존께 자세히 아뢰었다.

그때 세존께서 장자에게 말씀하셨다.

"지금 이 아이는 매우 큰 복福이 있다. 이 어린아이가 만약 장차 어른이 되면 틀림없이 5백 제자를 데리고 나에게 와서 출가하여 도道를 배워 아라한이 될 것이며, 내 성문聲聞들 중에서 복덕福德이 제일이어서 아무도 그에게 미칠 자가 없을 것이다."

그때 장자는 이 말을 듣고 매우 기뻐하며 어쩔 줄 몰라서 세존께 아뢰었다.

"세존의 말씀과 같다면 저 니건자 말과는 너무도 다릅니다."

이때 월광 장자가 거듭 세존께 아뢰었다.

"바라옵건대 이 아이를 가엾이 여겨 비구比丘들과 함께 제 청請을 받아 주소서."

그러자 세존께서는 잠자코 그 청을 받아드렸다. 그때 장자는 세존께서 잠자코 청을 받아들이시는 것을 보고 곧 자리에서 일어나 머리를 조아려 그 발에 예를 올리고 이내 물러나서 떠나갔다. 그는 집으로 돌아와 갖가지 맛있는 음식을 장만하고 좋은 자리를 펴고는 이른 아침에 몸소 가서 아뢰었다.

"때가 되었습니다. 부디 세존께서는 왕림해 주시기 바랍니다."

이때 세존께서는 때가 된 줄을 아시고 모든 비구들을 거느리고 비구들에게 앞뒤로 둘러싸인 채 사위성舍衛城으로 들어가 장자의 집에 이르러 곧장 자리에 앉으셨다. 장자는 부처님과 비구 스님들이 자리에 앉으신 것을 보고 곧 갖가지 음식을 장만하여 손수 돌리면서 기뻐하며 혼란스러워하지 않았다. 공양이 끝나자 발우를 거두고 깨끗한 물을 돌린 뒤에 다시 작은 자리를 가지고 가서 여래의 앞에 앉아 부처님께서 말씀하시는 미묘한 법을 듣고자 하였다.

그때 월광장자가 세존께 아뢰었다.

"저는 이제 우리 집과 농사를 모두 이 아이에게 맡겼습니다. 부디 세존께서는 이 아이의 이름을 지어 주시기 바랍니다."

세존께서 말씀하셨다.

"이 아이가 처음 태어났을 때에 사람들은 모두 동서東西로 달아나면서 말하기를 '저것은 시바라尸婆羅 귀신鬼神이다'라고 하였을 것이다. 그러니 저 아이의 이름을 시바라라고 하라."

그때 세존께서 장자와 그 아내를 위해 미묘한 논論을 말씀하셨다. 그때 말씀하신 논은 보시에 대한 논(施論)과 계율에 대한 논(戒論)과 천상天上에 태어나는 법에 대한 논이었으며, 탐욕은 깨끗하지 못하다는 생각과 번뇌(漏)는 큰 근심이므로 그것을 벗어나는 것이 가장 중요하다고 말씀하셨다.

그때 세존께서는 장자와 그 아내의 마음이 열리고 뜻에 이해가 생겨 다시는 의심이 없으리라는 것을 보시고, 여러 부처님께서 항상 말씀하셨던 괴로움(苦)·괴로움의 발생(集)·괴로움의 소멸(盡)·괴로움의 소멸에 이르는 길(道)을 말씀하셨다. 그리고 장자를 위해 설법해주셔서 그로 하여금 기쁜 마음을 내게 하셨다. 장자 부부夫婦는 그 자리에서 모든 번뇌(塵垢)가 다 없어지고 법안法眼이 깨끗해졌다.

비유하면 마치 새로 짠 흰 천은 물감에 쉽게 물들어 빛깔이 있는 천이 되는 것처럼, 장자 부부도 역시 그와 같아서 그 자리에서 법안이 깨끗해졌다. 그래서 그는 법을 보고 모든 법을 분별하여 망설임이나 의심이 없어졌고, 두려움도 없게 되어 여래의 심오深奧한 법을 이해하고, 곧 5계를 받았다.

그때 세존께서 이 게송을 설하셨다.

> 제사에는 불이 으뜸이 되고
> 온갖 문장에는 게송이 제일이며
> 왕은 사람 중에 가장 높은 이요
> 바다는 모든 물의 근원이 되며
> 달은 별 가운데 제일 밝고
> 해는 밝은 빛 중에 제일이라네.

팔방과 또 위와 아래
거기서 태어난 모든 중생들
만일 그 복을 구하려고 한다면
3존尊이 그 중에서 가장 높다네.

그때 세존께서는 이 게송을 마치고 나서 곧 자리에서 일어나 떠나가셨다.

이때 장자는 5백 동자童子를 구해 시바라를 모시게 하였다. 시바라는 나이 스무 살이 가까워지자 부모에게 가서 이렇게 아뢰었다.

"원컨대 부모님〔二尊〕께서는 제가 출가하여 도를 배우도록 허락해 주십시오."

그때 부모는 곧 허락하였다. 왜냐하면 세존께서 전에 '장차 5백 동자를 데리고 세존께 나아가 사문이 될 것이다'라고 예언하셨기 때문이다. 이때 시바라와 5백 동자들은 부모님의 발에 예를 올리고 곧 물러갔다. 그들은 세존의 처소를 찾아가서 머리를 조아려 예를 올린 뒤에 한쪽에 서 있었다.

그때 시바라가 세존께 아뢰었다.

"오직 바라옵건대 도 닦기를 허락해 주소서."

그때 세존께서 곧 허락하시어 사문이 되게 하셨다. 그는 며칠이 못 되어 곧 아라한이 되어 여섯 가지 신통〔六通〕이 맑게 통하고 여덟 가지 해탈解脫[4]을 두루 갖추었다.

---

4 8배사背捨라고도 한다. 즉 여덟 가지 관념觀念을 말한다. 이 관념에 의하여 5욕欲의 경계를 등지고, 탐하여 고집하는 마음을 버리므로 배사라고 하고, 또 이것으로 말미암아 3계의 번뇌를 끊고 아라한과를 증득하므로 해탈이라고 한다. 여덟 가지란, 첫째, 안으로 색욕色欲을 탐하는 생각이 있으므로 이 탐심을 없애기 위하여 밖의 부정不淨한 퍼렇게 어혈瘀血이 든 색色 따위를 관하여 탐심을 다시는 일으키지 않게 하는 것〔內有

이때 5백 동자들이 부처님 앞에 나아가 아뢰었다.

"오직 바라건대 세존께서는 저희들이 사문이 되는 것을 허락해 주소서."

세존께서는 잠자코 허락하셨다. 그들은 출가한 지 며칠이 채 못 되어 모두 아라한이 되었다.

그때 존자 시바라는 본국인 사위국舍衛國으로 돌아갔다. 많은 사람들은 그를 공경하고 우러러 의복〔衣被〕· 음식飮食· 침구〔牀褥臥具〕· 의약〔病瘦醫藥〕 등 네 가지를 공양供養하였다. 존자 시바라는 이렇게 생각하였다.

'내가 지금 본국本國에 돌아와 있어 보니, 매우 시끄럽다. 이제 인간 세상에 나아가 돌아다니면서 교화해야겠다.'

이때 존자 시바라는 때가 되어 가사를 입고 발우를 가지고 사위성으로 들어가 걸식하였다. 걸식을 마치고 나서 머물고 있던 곳으로 돌아와서 좌구坐具를 챙겨두고 가사를 입고 발우를 가지고 기환정사祇桓精舍를 나와 5백 비구들에게 앞뒤로 둘러싸여 인간 세상으로 나가 유행하였다. 그가 가는 곳마다 사람들은 모두 의복· 음식· 평상과 침구· 의약 등을 공양하지 않는 이가 없었다. 또 여러 하늘들은 모든 마

色想觀外色解脫]이다. 둘째는 안으로 색욕을 탐하는 생각은 이미 없어졌으나, 이것을 더욱 굳게 하기 위하여 밖의 퍼렇게 어혈이 든 색 따위를 관하여 탐심을 다시는 일으키지 않게 하는 것[內無色想觀外色解脫]이다. 셋째는 깨끗한 색을 관하여 탐심貪心이 일어나지 않게 하는 것을 정해탈淨解脫이라고 하는데, 이 정해탈을 몸소 증득하여 구족원만具足圓滿하며 선정에 드는 것[淨解脫身作證具足住]이다. 넷째는 공무변처해탈空無邊處解脫, 다섯째는 식무변처해탈識無邊處解脫, 여섯째는 무소유처해탈無所有處解脫, 일곱째는 비상비비상처해탈非想非非想處解脫이다. 네 번째부터 일곱 번째까지는 각각 능히 그 아랫단 계의 탐심을 버리므로 해탈이라고 한다. 여덟째는 멸수상정해탈신작증구족주減受想定解脫身作證具足住인데, 이것은 멸진정滅盡定은 수受· 상想 등의 마음을 싫어하여 영원히 무심無心에 머물므로 해탈이라고 한다.

을[村落]에 알렸다.
"지금 존자 시바라는 아라한이 되어 복덕이 제일第一인 사람이다. 5백 비구를 거느리고 인간 세상을 유행하면서 교화하고 있다. 여러분들은 어서 가서 공양하도록 하라. 지금 가서 공양하지 않으면 뒤에 후회해도 아무 소용이 없으리라."

그때 존자 시바라는 다시 이렇게 생각하였다.

'지금 이 공양들이 매우 귀찮다. 장차 어느 곳으로 피해 사람들로 하여금 내가 있는 곳을 알지 못하게 할까?'

그때 그는 곧 깊은 산 속으로 들어갔다. 모든 하늘들은 다시 여러 마을에 알렸다.

"지금 존자 시바라가 이 산 속에 있다. 너희들은 어서 가서 공양하도록 하라. 지금 공양하지 않으면 뒤에 후회해도 아무 소용이 없을 것이다."

그때 사람들은 하늘의 말을 듣고 곧 음식을 짊어지고 존자 시바라를 찾아갔다.

"원컨대 존자 시바라시여, 저희들을 위해 저희들에게 와 주십시오."

이때 시바라는 차츰 다시 인간 세상을 유행하다가 라열성羅閱城 가란타죽원迦蘭陀竹園으로 가서 대비구大比丘 5백 명과 함께 있었다. 거기에서도 의복·음식·평상과 침구·의약 등의 공양을 받았다. 그때 존자 시바라는 다시 이렇게 생각하였다.

'나는 지금 어디로 가서 여름 안거[夏坐]를 지내면서 사람들로 하여금 그 누구도 내가 있는 곳을 알지 못하게 할까?'

또 이렇게 생각하였다.

'지금 저 기사굴산耆闍崛山 동쪽에 있는 광보산廣普山 서쪽에서 여름 안거를 지내야겠다.'

그는 곧 5백 비구들을 데리고 그 산으로 가서 여름 안거를 보내고 있었다.

그때 석제환인釋提桓因은 시바라가 마음속으로 생각하고 있는 것을 알고 곧 그 산 속에다 변화로 부도浮圖를 만들었는데 그 동산에 과수목果樹木까지 모두 갖추어 만들었다. 그 주위에는 목욕할 못이 있고 5백 개의 높은 누대樓臺와 5백 개의 평상을 변화로 만들어 놓았고, 또 변화로 5백 개의 작은 평상과 5백 개의 노끈 평상을 만들어 놓았으며, 또 하늘의 감로甘露로 공양하였다.

그때 존자 시바라는 곧 이렇게 생각하였다.

'나는 이제 여름 안거를 마쳤다. 여래如來를 뵌 지 너무 오래되었다. 지금 가서 뵈어야겠다.'

그는 곧 5백 비구들을 데리고 사위성으로 갔다. 그때는 한창 더운 철이어서 비구 대중들이 모두 땀을 흘려 온몸이 더러웠다. 그때 시바라는 이렇게 생각하였다.

'지금 비구 대중들이 매우 더워하고 있다. 잠시나마 구름이 끼고 보슬비가 내렸으면 좋겠다. 또 목욕할 만한 못이 있고 장漿이라도 조금 얻었으면 좋겠다.'

이렇게 생각하자 하늘에 큰 구름이 끼고 보슬비가 내렸으며, 목욕할 못이 나타났다. 또 비사문왕毗沙門王이 보낸 비인非人 네 사람이 달고 맛있는 장을 지고 와서 말하였다.

"원컨대 존자여, 이 달고 맛있는 장을 받아 비구승比丘僧들에게 주십시오."

그래서 그 장을 받아 비구승들에게 주어 마시게 하였다.

그때 시바라는 다시 이렇게 생각하였다.

'나는 지금 여기에서 쉬어야 하겠다.'

그때 석제환인釋帝桓因은 시바라가 마음속으로 생각하고 있는 것을 알고, 곧 길가에다 5백 개의 방을 변화로 만들었다. 그리고 평상과 침구도 모두 갖추어놓았다. 그때 모든 하늘들이 음식을 바쳤다. 시바라는 공양을 마치고 나서 곧 자리에서 일어나 떠나갔다.

그때 존자 시바라의 숙부叔父가 사위성에 살고 있었다. 그는 재물이 풍족했고 보배도 많아 아쉬운 것이 없었다. 그러나 간탐慳貪이 많아서 보시布施하기를 좋아하지 않았고, 부처님과 법과 승가를 믿지 않았으며, 공덕을 짓지 않았다. 그때 그의 친족親族들이 그에게 말하였다.

"장자여, 그 재물을 다 어디에 쓰려고 하는가? 왜 후세의 자량資糧을 장만하지 않는가?"

그러자 그 장자는 이 말을 듣고 나서 하루 동안에 백천 냥의 금金을 외도外道 범지梵志들에게 보시하였다. 그러나 3존尊인 불佛·법法·승僧에는 보시하지 않았다.

이때 존자 시바라는 그 숙부가 백천 냥의 금으로 외도들에게는 보시하면서 3존尊에게는 보시하지 않았다는 말을 들었다.

그때 존자 시바라는 기원정사祇洹精舍로 가서 세존께 나아가 머리를 조아려 그 발에 예를 올리고 한쪽에 앉았다. 그때 세존께서 그를 위해 미묘한 법을 말씀하셨다.

그때 존자 시바라는 여래로부터 법을 듣고 나서 곧 자리에서 일어나 세존의 발에 예를 올리고 오른쪽으로 세 번 돌고 곧 물러갔다.

이때 존자 시바라는 곧 그날로 가사를 입고 발우를 가지고 사위성으로 들어가 걸식乞食하면서 점점 그 숙부의 집으로 다가가 문밖에 잠자코 서 있었다. 이때 장자는 존자 시바라가 문밖에서 걸식하는 것을 보고 말하였다.

"너는 어제 왜 오지 않았느냐? 나는 어제 백천 냥의 금을 보시하였다. 나는 담요 한 장을 너에게 보시하리라."

시바라가 대답하였다.

"저는 지금 담요가 필요 없습니다. 오늘 여기 온 것은 밥을 얻기 위해서입니다."

장자가 말하였다.

"나는 어제 백천 냥이나 금을 보시하였다. 이제 또 보시할 수는 없다."

그때 시바라는 장자를 제도하려고 곧 공중으로 날아올라 몸에서 물과 불을 뿜고, 앉기도 하고 눕기도 하고 거닐기도 하면서 마음대로 신통을 부렸다.

이때 장자는 이 변화를 보고 나서 이렇게 말하였다.

"내려와서 자리에 앉아라. 지금 보시하리라."

이때 존자 시바라는 곧 신통(神足)을 버리고 잠시 후 내려와서 자리에 앉았다. 장자는 가장 나쁜 음식을 시바라에게 주었는데 너무도 거칠고 추한 음식이었다. 이런 것을 시바라에게 주면서 먹으라고 하였다. 그러자 존자 시바라는 부유한 집에서 자라나 음식을 마음대로 먹었었지만 다만 그 장자를 위해 그런 음식을 받아먹었다. 그리고 존자 시바라는 그것을 먹고 있던 곳으로 돌아갔다. 그날 밤에 하늘에서 하늘 신이 내려와서 장자에게 말하였다.

　　좋은 음식을 보시하는 것은 큰 보시이니
　　저 시바라 존자에게 곧 보시하여라.
　　탐욕 없으면 곧 해탈할 것이요
　　욕망이 끊어지면 의심이 없으리라.

또 밤중에도 새벽에도 이 게송을 말하였다.

좋은 음식을 보시하는 것은 큰 보시이니
저 시바라 존자에게 곧 보시하여라.
탐욕 없으면 곧 해탈할 것이요
욕망이 끊어지면 의심이 없으리라.

이때 장자는 하늘 신의 말을 듣고 곧 이렇게 생각하였다.
'내가 어제 백천 냥의 금金을 외도들에게 보시했을 때도 이런 반응이 없었는데, 오늘은 나쁜 음식을 시바라에게 보시하였더니 이런 반응이 있구나. 날이 언제나 밝을 것인가? 나는 백천 냥의 금을 저 시바라에게 보시하리라.'
장자는 그날로 온 집안을 샅샅이 뒤져 백천 냥의 금과 맞먹을 만한 물건을 가지고 시바라를 찾아갔다. 그곳에 이른 그는 머리를 조아려 그 발에 예를 올리고 한쪽에 서 있었다. 그때 장자는 백천 냥의 금을 시바라에게 바치면서 이렇게 말하였다.
"바라옵건대 이 백천 냥 금을 받아 주십시오."
그러자 존자 시바라가 대답하였다.
"지금 장자로 하여금 무궁無窮한 복을 받게 할 것이요, 저절로 장수하게 할 것입니다. 그러나 여래께서는 비구가 백천 냥의 금을 받는 것을 허락하지 않으십니다."
그때 장자는 곧 세존의 처소로 찾아가서 머리를 조아려 그 발에 예를 올리고 한쪽에 앉았다.
그때 그 장자가 세존께 아뢰었다.
"오직 바라옵건대 세존께서는 저 시바라 비구가 이 백천 냥 금을 받게 해 주십시오. 그리하여 제가 복을 받을 수 있게 해 주십시오."

그때 세존께서 한 비구에게 말씀하셨다.

"너는 저 시바라 비구에게 가서 내가 부른다고 전하여라."

비구가 대답하였다.

"그렇게 하겠습니다, 세존이시여."

그 비구는 부처님의 분부를 받고 곧 시바라에게 가서 여래의 말씀을 그에게 전했다.

그때 존자 시바라는 그 비구의 말을 받들고 곧 세존께 나아가 머리를 조아려 발에 예를 올리고 한쪽에 앉았다. 그때 세존께서 시바라에게 말씀하셨다.

"너는 지금 저 장자의 백천 냥 금을 받아라. 그리하여 그로 하여금 복을 받게 하라. 그것은 전생의 인연[宿緣]이니 그 과보果報를 받아야 하느니라."

시바라가 대답하였다.

"그렇게 하겠습니다, 세존이시여."

이때 존자 시바라는 곧 게송으로 축원[達嚫]⁵을 하였다.

　　옷이나 그밖의 물건을 보시하여
　　그에 따른 복과 덕을 구하려고 하면
　　그는 저 천상이나 인간에 태어나
　　다섯 가지 즐거움을 스스로 누리리라.

---

5 팔리어로는 dakkhiṇā라고 한다. 달친噠嚫으로 쓰기도 하는데, 친嚫을 번역하면 재시財施, 또는 우수右手라고 한다. 재식齋食이 끝난 뒤에 재주齋主가 스님에게 재물을 보시하면, 스님은 오른쪽 손으로 그 보시를 받고 설법하여 보답하거나 또는 시송施頌을 읊기도 한다.

그는 천상으로부터 인간에 태어나
존재를 끊고 의심이 없으리니
함이 없는 저 열반涅槃의 경계는
모든 부처님께서 즐기시는 것이다.

보시하면서 의심이 없으면
그것으로 말미암아 복 얻으리니
마땅히 사랑하고 은혜로운 마음 내어
복을 짓되 게으름 없이 하여라.

이때 존자 시바라가 장자에게 말하였다.
"이 백천 냥의 금을 가져다 내 방에 두시오."
그러자 장자는 존자 시바라의 분부를 받고 그 백천 냥 금을 존자 시바라의 방에 가져다 두고 이내 떠나갔다.
그때 시바라가 모든 비구들에게 말하였다.
"부족한 것이 있는 이는 여기 와서 가져가라. 만일 의복·음식·평상과 침구·의약 등이 필요하거든 여기 와서 그런 것들을 다 가져가고 다른 데 가서 구하지 말라."
이렇게 서로서로 전하여 여러 사람들에게 알리게 하였다.
그때 많은 비구들이 세존께 아뢰었다.
"이 시바라는 전생에 무슨 복을 지었기에 장자의 집안에 태어났으며, 단정하기 짝이 없고 복숭아꽃 빛깔처럼 저렇게도 아름답습니까? 또 무슨 복을 지었기에 두 손에 구슬을 쥐고 어머니의 태胎에서 나왔습니까? 또 무슨 복을 지었기에 5백 사람이나 거느리고 여래께 나아가 출가하여 도道를 배우면서 여래의 세상을 만났습니까? 또 무슨 복을 얻었기에 그는 가는 곳마다 의복과 음식이 저절로 생겨 부족한 것이 없어, 어떤 비구도 그를 따를 수 없습니까?"

그때 세존께서 모든 비구들에게 말씀하셨다.

"먼 과거 91겁劫 전에 비바시毗婆尸[6] 여래·지진至眞·등정각等正覺·명행성위明行成爲·선서善逝·세간해世間解·무상사無上士·도법어道法御·천인사天人師·불세존佛世尊이라고 불리는 분이 세상에 출현하시어 반두槃頭[7]국 경계를 유행하면서 60만 8천 대중들과 함께 계셨다. 그리고 의복·음식·침구·의약 등의 네 가지 공양을 받았다.

그때 야야달耶若達이라는 범지梵志가 그 나라에 살고 있었다. 그는 재물이 풍족하고 보배가 많아, 금·은 등 갖가지 귀중한 보배와 자거車栗·마노馬瑙·진주眞珠·호박琥珀 따위가 이루 헤아릴 수 없었다. 그때 야야달은 그 나라에서 나와 비바시여래의 처소로 찾아가 서로 문안인사를 나누고 한쪽에 앉았다. 그때 비바시여래는 그를 위해 차례로 설법하여 기쁜 마음을 내게 하셨다. 그때 야야달이 비바시여래께 아뢰었다.

'부디 바라옵건대 제 청을 받아 주십시오. 저는 부처님과 비구 스님께 공양하고자 합니다.'

그러자 여래께서 잠자코 허락하셨다. 야야달 범지는 세존께서 잠자코 허락하신 것을 보고 곧 자리에서 일어나 부처님을 세 번 돌고 떠나갔다.

그는 집에 돌아와 갖가지 맛있는 음식을 장만하였다. 그때 야야달

---

[6] 팔리어로는 Vipassin이라고 한다. 또는 유위維衛로 쓰기도 하며, 번역하여 승관勝觀이라고 한다. 과거 7불 중 첫 번째 분으로서 과거 장엄겁莊嚴劫 중에 출현하신 부처님이시다.
[7] 갖추어 말하면 반두바제(槃頭婆提, Bandhumatī)라고 하며, 번역하여 친혜성親惠城이라고 한다. 비바시부처님의 부왕父王이 다스리던 나라의 도성都城이었다.

은 밤중에 이렇게 생각하였다.

'내가 지금 갖가지 음식을 만들었다. 그런데 낙酪이 없다. 내일 아침 일찍 성에 들어가 낙을 파는 이가 있으면 그것을 모두 사 가지고 오리라.'

그때 야야달은 이튿날 아침에 좋은 자리를 펴 두고 이내 성으로 들어가 낙을 찾았다. 때마침 시바라尸婆羅라는 소치는 사람이 낙을 가지고 제사를 지내기 위해 사당으로 가고 있었다. 그때 야야달 범지가 소치는 사람에게 말하였다.

'그대가 낙을 판다면 내 후한 값을 치르리라.'

시바라가 대답하였다.

'저는 지금 이것으로 제사를 지내려고 합니다.'

바라문이 말하였다.

'너는 하늘에 제사를 올려 무엇을 구하려고 하느냐? 그러지 말고 내게 팔아라. 그러면 매우 후한 값을 주리라.'

소치는 사람이 대답하였다.

'범지여, 이 낙을 사서 어디다 쓰려고 하십니까?'

범지가 대답하였다.

'나는 지금 비바시 여래와 비구 스님을 초청했다. 음식은 다 준비되었는데 다만 낙이 없다.'

이때 시바라가 범지에게 물었다.

'비바시여래의 모습은 어떻습니까?'

범지가 대답하였다.

'그 여래는 아무도 짝할 이가 없다. 계戒를 갖추어 청정하고 지혜와 삼매는 천상이나 인간 세상에서 아무도 따를 이가 없다.'

그때 야야달 범지는 이렇게 여래의 덕을 찬탄하였다. 시바라는 그 말을 듣고 마음이 열리고 뜻에 이해가 생겼다. 이때 시바라가 범지에게 말하였다.

'제가 지금 직접 이 낙酪을 가지고 가서 여래께 보시하겠습니다. 그 뒤에 다시 하늘에 제사지내겠습니다.'

그때 야야달 범지는 이 소치는 사람을 데리고 집으로 갔다가 다시 부처님께 나아가 아뢰었다.

'때가 되었습니다. 지금이 바로 그때입니다. 원컨대 여래께서는 왕림하소서.'

여래께서는 때가 된 줄을 아시고 가사를 입고 발우를 가지고 비구들에게 앞뒤로 둘러싸인 채 야야달 범지의 집으로 가셨고, 저마다 차례대로 자리에 앉았다. 이때 소치는 사람은 여래의 모습이 세상에 보기 드물고 모든 감각기관은 담박하며, 32상과 80종호로 장엄莊嚴한 그 몸은 해와 달과 같고, 또 숱하게 많은 산 위로 불쑥 솟은 수미산須彌山과 같으며, 그 광명이 멀리 비추어 혜택을 입지 않는 곳이 없는 것을 보았다. 그는 매우 기뻐하면서 세존 앞으로 나아가 이렇게 아뢰었다.

'만일 여래의 공덕이 저 범지가 말한 대로라면 이 한 병의 낙을 가지고도 저 비구 스님들에게 충분하게 다 나누어 줄 수 있으리라.'

그때 시바라가 세존께 아뢰었다.

'바라옵건대 이 낙을 받아 주십시오.'

그러자 여래께서 곧 발우를 내밀어 낙을 받으시고 다시 비구 스님들에게 나누어 주셨다. 그랬는데도 낙은 아직 남아 있었다. 그때 소치는 사람이 세존께 아뢰었다.

'아직도 낙이 남았습니다.'

그러자 여래께서 말씀하셨다.

'너는 다시 그 낙을 가져다가 부처님과 비구 대중에게 돌려라.'
그러자 소치는 사람이 말하였다.
'예, 그렇게 하겠습니다.'
그때 소치는 사람은 다시 낙을 돌렸다. 그래도 낙은 남았다. 소치는 사람이 부처님께 아뢰었다.
'아직도 낙이 남았습니다.'
그러자 여래께서 그 사람에게 말씀하셨다.
'지금 그 낙을 가지고 가서 저 비구니比丘尼들과 우바새優婆塞 대중과 우바이優婆夷 대중들에게 나누어 주어 배불리 먹게 하라.'
그래도 낙은 남았다.
그때 부처님께서 소치는 사람에게 말씀하셨다.
'너는 지금 그 낙을 가지고 가서 저 시주〔檀越〕들에게 나누어 주어라.'
대답하였다.
'그렇게 하겠습니다.'
그는 곧 그 낙을 가져다가 시주들에게 나누어 주었다. 그런데도 낙은 여전히 남아 있었다. 다시 걸인乞人들과 가난한 이들에게 나누어 주었다. 그래도 낙은 남아 있었다. 그는 돌아와 부처님께 아뢰었다.
'아직도 낙이 남았습니다.'
그때 부처님께서 말씀하셨다.
'지금 그 낙을 가져다가 깨끗한 땅에 버리던지 아니면 물에 쏟아라. 왜냐하면 나는 아직 여래를 제외하고는 어떤 하늘이나 사람도 그 낙을 다 소모시킬 수 있는 이를 보지 못하였기 때문이다.'
소치는 사람은 곧 부처님의 분부를 받고 그 낙을 가져다가 물에 부었다. 그러자 잠시 뒤에 물 속에서 큰 불꽃이 일어나 수십 길이나 치솟았다.

그때 소치는 사람은 그 변괴變怪를 보고 일찍이 보지 못했던 일이라고 찬탄하였다.

그는 세존의 처소로 돌아가 머리를 조아려 그 발에 예를 올리고 합장하고 서서 다시 이렇게 서원誓願하였다.

'지금 이 낙을 사부대중에게 보시하였는데, 만일 이것으로 인해 복덕이 있게 된다면 그 복으로 말미암아 여덟 가지 어려운 곳에 떨어지지 말게 하고, 가난한 집에 태어나지 말게 하며, 태어나는 곳마다 여섯 가지 감각기관을 완전히 갖추게 하고, 얼굴은 단정하게 하며, 또 속가에 있지 말게 하고, 미래 세상에서도 이와 같은 거룩한 분을 만나게 하소서.'

비구들아, 마땅히 알아야 한다. 또 31겁 전에는 식힐式詰[8]여래가 세상에 출현하셨다. 이때 식힐여래는 야마野馬 세계를 유행하며 교화하셨고 대비구 10만 명과 함께 계셨다.

그때 식힐여래는 때가 되어 가사를 입고 발우를 가지고 성에 들어가 걸식하셨다. 그때 그 성에 선재善財[9]라고 하는 큰 장사꾼[商客]이 있었다. 그는 멀리서 식힐여래가 모든 감각기관이 고요하고 얼굴이 단정하기 그지없으며, 32상과 80종호로 그 몸을 장엄하였고 얼굴이 해와 달과 같음을 보았다. 그러한 모습을 보고 나서 그는 매우 기뻐하는 마음을 내어 세존의 앞으로 나아가 머리를 조아려 그 발에 예를 올리고 한쪽에 앉았다. 그리고는 좋은 보배 구슬을 여래 위에 뿌려 작은 정성을 나타내면서 널리 서원을 세웠다.

---

8 시기(尸棄, Sikhin)라고도 하며, 번역하여 정계頂髻·화火라고 하는데, 과거 7불 중 두 번째 위치에 계시는 분으로 과거 장엄겁 중에 출현하셨던 부처님이시다.
9 팔리어로는 Sudhana라고 하며, 또는 수두須頭로 쓰기도 한다.

'이 공덕으로 말미암아 태어나는 곳마다 재물이 풍족하고 보배가 많아 부족한 것이 없고 손이 빌 때가 없게 하며, 나아가 어머니의 태胎 안에서조차도 또한 비지 않게 하소서.'

또 그 겁 중에 비사라바毗舍羅婆[10] 여래·지진·등정각·명행성위·선서·세간해·무상사·도법어·천인사·불세존이라는 명호를 가진 분이 출현하셨다. 그때 선각善覺이라는 장자가 있었는데, 그는 재물이 풍족하였고 보배가 많았다. 그 역시 비사라바 여래·지진·등정각과 비구 스님들을 초청하였다. 그러나 그에게는 시중을 드는 사람이 없어 몸소 갖가지 맛있는 음식을 장만해 가지고 여래께 공양하면서 이렇게 서원하였다.

'저의 이 공덕으로 말미암아 태어나는 곳마다 항상 3존尊을 만나게 하고 가난하지 않게 하며, 늘 시중을 드는 사람이 많고 미래 세상에서도 오늘처럼 여래를 만나게 하소서.'

또 이 현겁賢劫 중에 구루손拘屢孫[11] 여래·지진·등정각께서 세상에 출현하셨다. 그때 다재多財라고 하는 장자가 있었는데, 그 또한 구루손여래를 초청하여 이레 동안 그 부처님과 비구들께 공양하였고, 의복·음식·침구·의약 등을 공급해 주면서 이렇게 서원을 세웠었다.

'태어나는 곳마다 항상 재물이 풍족하고 보배가 많게 하옵고, 빈천貧賤한 집안에 태어나지 말게 하시며, 언제나 네 가지 공양을 받게 하고 사부대중과 국왕과 백성들의 존경을 받게 하며, 하늘·용·귀신·

---

10 비사부(毗舍浮, Vesabhū)라고도 하며, 번역하여 변일체자재遍一切自在·승존勝尊이라고 하는데, 과거 7불 중 세 번째 위치에 계시는 분으로 과거 장엄겁 부처님 중에 최후로 출현하셨던 부처님이시다.

11 구루손(拘樓孫, Kakusandha)이라고도 하며, 번역하여 영지領持·성취미묘成就微妙라고 하는데, 과거 7불 중 네 번째 위치에 계시는 분으로 현겁賢劫 부처님 중 제일 먼저 출현하셨던 부처님이시다.

사람·비인非人들에게 대접받게 하소서.'

모든 비구들이여, 마땅히 알아야 한다.

그때의 야야달 범지가 어찌 다른 사람이겠느냐? 그런 생각을 하지 말라. 지금의 저 월광 장자가 바로 그 사람이다. 그때의 소치는 사람으로서 낙을 부처님께 공양한 시바라는 지금의 저 시바라 비구가 바로 그 사람이다. 그때의 장사꾼 선재를 다른 사람이라고 생각하지 말라. 지금의 시바라 비구가 바로 그 사람이다. 그때의 선각 장자를 다른 사람이라고 생각하지 말라. 지금의 시바라 비구가 바로 그 사람이니라.

모든 비구들이여, 마땅히 알아야 한다. 시바라 비구는 이런 서원을 세웠었다.

'태어나는 곳마다 항상 단정하기 짝이 없게 하고 늘 부귀富貴한 집에 태어나게 하며, 미래未來 세상에서도 저로 하여금 세존世尊을 만나게 하고, 만약 저를 위해 설법하시면 곧 해탈을 얻고 출가하여 사문이 되게 하소서.'

그런 공덕으로 말미암아 지금 시바라 비구는 부귀한 집안에 태어나게 되었고 단정하기 짝이 없게 되었으며, 지금 나를 만나 곧 아라한이 되었느니라.

또 비구들아, 마땅히 알아야 한다. 다시 보배 구슬을 여래 위에 뿌린 그 공덕으로 어머니의 태 안에 있으면서 손에 두 개의 구슬을 쥐고 어머니의 태에서 이 세상에 나왔다. 그 구슬의 가치는 이 염부제閻浮提만한 값어치이다. 그는 세상에 나오는 때를 당하여 이렇게 말하였다.

'구루손여래를 다시 초청하고 서원誓願하오니 이제 많은 심부름꾼을 가지게 하소서.'

그래서 지금 5백 사람을 거느리고 나에게 와서 출가하여 도道를 배위 아라한이 된 것이다.

또 이레 동안 구루손여래를 공양하고, 네 가지 공양을 얻기를 구했으므로 지금 의복·음식·침구·의약 등 어느 것도 모자람이 없다. 그런 공덕으로 인하여 다른 비구로서는 도저히 미치지 못하는 것이다. 석제환인도 직접 와서 공양하여 그가 필요로 하는 것을 공급하고, 또 모든 하늘들이 여러 마을에 알려 사부대중들로 하여금 시바라가 있는 곳을 알려 준 것도 다 그 때문이다. 그러므로 내 제자 중에서 복덕으로 제일가는 이는 시바라 비구가 바로 그 사람이니라."

그때 모든 비구들은 부처님의 말씀을 듣고 기뻐하며 받들어 행하였다.

〔3〕

이와 같이 들었다.

어느 때 부처님께서는 사위국 기수급고독원에 계셨다.

그때 세존께서 모든 비구들에게 말씀하셨다.

"전투를 하는 건장한 사람에는 다섯 종류가 이 세상에 있다. 어떤 것이 그 다섯 사람인가? 어떤 사람은 갑옷을 입고 무기를 들고 전투戰鬪에 나아가다가 멀리서 바람을 따라 일어나는 티끌만 보고도 곧 두려워한다. 이것을 일러 첫 번째 군인이라고 한다.

또 두 번째, 전투하는 사람 중에는 갑옷을 입고 무기를 들고 전투에 나아갈 때에, 가령 바람을 따라 일어나는 티끌을 보아도 두려워하지 않지만 높은 깃발만 보이면 곧 두려워하며 감히 나아가 싸우지 못하는 이가 있다. 이것을 일러 두 번째 군인이라고 한다.

또 세 번째, 전투하는 사람 중에는 갑옷을 입고 무기를 들고 전장에 나아가려고 할 때에, 바람에 일어나는 티끌이나 또는 높은 깃발을 보고도 두려워하지 않지만 활과 화살을 보면 곧 두려워하며 감히 싸우지 못하는 이도 있다. 이것을 일러 세 번째 군인이라고 한다.

또 네 번째, 전투하는 사람 중에 어떤 이는 갑옷을 입고 무기를 들고 전장에 나아가려고 할 때에, 바람에 일어나는 티끌을 보거나 높은 깃발을 보거나 활과 화살을 보고도 두려워하지 않지만 적진에 들어갔다가 곧 적에게 붙잡히거나 혹은 살해당한다. 이것을 일러 네 번째 군인이라고 한다.

또 다섯 번째, 전투하는 사람 중에 어떤 이는 갑옷을 입고 무기를 들고 전장에 나아가려고 할 때에, 만약 바람에 일어나는 티끌을 보거나, 또는 높은 깃발을 보거나 활과 화살을 보거나, 또는 적에게 붙잡혀 죽음에 이르더라도 두려워하지 않고, 적군의 내외內外 진지를 부수고 백성들을 거느린다. 이것을 일러 다섯 번째 군인이라고 한다.

비구들아, 이 세상에는 이와 같은 다섯 종류의 사람이 있느니라.

지금 이 비구 대중들 중에도 이러한 다섯 종류의 사람이 이 세상에 있느니라. 어떤 것이 그 다섯 종류인가? 혹 어떤 비구는 다른 촌락村落을 유행하다가 그 촌락의 어떤 부인이 단정하기 짝이 없고, 얼굴도 복숭아꽃 빛과 같다는 말을 듣는다. 그는 그 말을 듣고 나서는 때가 되어 가사를 입고 발우를 가지고 그 촌락으로 걸어가서 걸식을 하다가 아름답기 짝이 없는 여자의 얼굴을 보고는 곧 탐욕의 마음을 일으켜 세 가지 법의法衣를 버리고 부처님의 금계禁戒를 버리고 속세로 돌아간다. 비유하면 저 첫 번째 군인이 바람에 일어나는 티끌을 조금만 보고도 곧 두려워하는 것처럼, 이 비구도 그와 같다.

또 어떤 비구는 어떤 촌락에 단정하기 짝이 없는 여자가 살고 있다는 말을 듣는다. 그리고 때가 되어 가사를 입고 발우를 가지고 그 마을에 들어가 걸식을 하다가 그 여자를 보고 욕심을 내지는 않지만, 다만 그 여자와 서로 희롱하며 말을 주고받게 되면 그 희롱으로 말미암아 법복法服을 버리고 세속의 옷으로 갈아입고 만다. 이를 비유하면 저 바람에 일어나는 티끌을 보고 두려워하지는 않지만, 다만 높은 깃발을 보고 나서는 곧 두려워하는 두 번째 군인처럼, 이 비구도 그와 같으니라.

또 어떤 비구는 어느 촌락에 얼굴이 단정하여 세상에 보기 드물고 복숭아꽃 빛깔과 같은 여자가 살고 있다는 말을 듣는다. 그리고 때가 되어 가사를 입고 발우를 가지고 그 마을에 들어가 걸식을 하다가, 그 여자를 보게 되어도 애욕의 생각을 내지 않고 서로 희롱하면서도 애욕의 생각을 내지 않지만, 다만 그 여자와 서로 손을 맞잡고 서로 만지작거리게 되면 그러는 사이에 곧 애욕의 생각을 일으켜 세 가지 법의를 버리고 세속의 옷으로 갈아입고 가정을 만든다. 비유하면 저 세 번째 군인이 적진敵陣 속에 들어가 바람에 날리는 먼지를 보거나 높은 깃발을 보고도 두려워하지 않다가 활과 화살을 보고는 곧 두려워하는 경우와 같으니라.

또 어떤 비구는 어느 촌락에 얼굴이 단정하여 세상에 정말 보기 드문 여자가 살고 있다는 말을 듣는다. 그리고 때가 되어 가사를 입고 발우를 가지고 그 마을에 들어가서 걸식을 하다가, 그 여자를 보게 되어도 애욕의 생각을 내지 않고 서로 이야기를 나누더라도 애욕의 생각을 내지 않지만, 그 여인과 서로 만지작거리게 되면 그러는 사이에 곧 애욕의 생각을 일으켜 법복을 버리고 가업家業을 익힌다. 비유하면 저 네 번째 군인이 적진에 들어가 적에게 잡히거나 혹은 목숨을 잃고 돌아오지 못하는 경우와 같으니라.

또 어떤 비구는 어느 마을에 의지해 살며 그런 여자가 그 마을에 살고 있다는 말을 듣는다. 그러나 그 비구는 때가 되어 가사를 입고 발우를 가지고 마을에 들어가 걸식을 하다가, 그 여자를 보게 되더라도 애욕의 생각을 일으키지 않고, 서로 말을 건네며 웃더라도 애욕의 생각을 일으키지 않으며, 서로 만지작거리게 되더라도 애욕의 생각을 일으키지 않는다. 그때 그 비구는 이 몸속의 36가지 나쁘고 더러우며 깨끗하지 못한 물질[12]을 관찰하고 '무엇이 이런 것에 집착하는가, 무엇 때문에 애욕을 일으키는가? 이 욕심은 어느 곳에 머무는가, 머리로부터 나오는가, 형체形體로부터 나오는가?' 하고 관찰한다. 그 온갖 물질에 대하여 아무리 관찰해 보아도 그런 것들이 존재하는 곳이 없다. 머리에서 발끝까지도 역시 그와 같다. 오장五臟이 소속되어 있는 것도 그 형상을 생각할 수 없고, 또 어디서부터 온 곳도 없다. 그 인연의 근본을 관찰해 보아도 좇아 온 곳이 없다. 그는 또 이렇게 생각한다.

'이러한 욕심은 다 인연因緣을 따라 생기는 것이라고 나는 관찰하였다.'

그 비구는 이렇게 관찰하고 나서는 욕루欲漏에서 마음이 해탈을 얻고, 유루有漏에서 마음이 해탈을 얻으며, 무명루無明漏에서 마음이 해탈을 얻고는 곧 해탈지혜〔解脫智〕가 생긴다. 그리하여 '나고 죽음이 이미 다하고 범행梵行은 이미 섰으며, 할 일을 이미 다 마쳐 다시는 태胎를 받지 않는다'라고 사실 그대로 다 안다. 이는 비유하면 저 다섯 번째 전투하는 사람이 많은 적군을 어려워하지 않고 스스로 돌아다니면

---

12 『증일아함경』 제2권 「광연품廣演品」 9번째 소경에서는 36가지 더러운 물질을 머리털〔髮〕·털〔毛〕·손발톱〔爪〕·이〔齒〕·피부〔皮〕·살〔肉〕·힘줄〔筋〕·뼈〔骨〕·골수〔髓〕·쓸개〔膽〕·간장〔肝〕·허파〔肺〕·심장〔心〕·지라〔脾〕·콩팥〔腎〕·대장大腸·백직白腤·방광膀胱·똥〔屎〕·오줌〔尿〕·백엽百葉·창창·장腸·위胃·포脬·닉溺·눈물〔淚〕·침〔唾〕·콧물〔涕〕·고름〔濃〕·피〔血〕·방지肪脂·선㳄·촉루髑髏·뇌腦라고 하였는데, 이중 몇 가지는 무엇을 말하는 것인지 자세하지가 않다.

서 교화하는 경우와 같으니라. 그런 까닭에 나는 지금 말한다.
'이 사람은 애욕愛欲을 버리고 두려움이 없는 곳에 들어가 열반성涅槃城에 이르게 되었다.'
비구들아, 이것이 '이 세상에는 다섯 종류의 사람이 있다'고 한 것이니라."
그때 세존께서 곧 이 게송을 설하셨다.

애욕아, 나는 너의 근본을 안다.
너는 생각을 의지해 생기는 것이다.
내가 생각을 일으키지 않으면
너도 또한 존재하지 못할 것이다.

"그런 까닭에 모든 비구들아, 너희들은 마땅히 음행淫行은 나쁘고 더러우며 깨끗하지 못한 것이라고 관찰하고 색욕色欲을 제거해 없애도록 해야 한다. 모든 비구들아, 마땅히 이와 같이 배워야 하느니라."
그때 모든 비구들은 부처님의 말씀을 듣고 기뻐하며 받들어 행하였다.

〔 4 〕

이와 같이 들었다.
어느 때 부처님께서는 사위국 기수급고독원에 계셨다.
그때 세존께서 모든 비구들에게 말씀하셨다.
"전투하는 사람에는 다섯 종류가 이 세상에 있다. 어떤 것이 그 다섯 종류인가? 혹 어떤 사람은 갑옷을 입고 무기를 들고 군대에 들어가 전투를 한다. 그러나 그는 바람에 일어나는 먼지를 보고는 곧 두려

위하며 감히 저 큰 군진軍陣으로 들어가지 못한다. 이것이 첫 번째 군인이니라.

또 두 번째, 전투하는 어떤 사람은 갑옷을 입고 무기를 들고 군대에 들어가 전투를 한다. 그는 바람에 일어나는 먼지를 보고는 두려워하지 않지만, 북을 치는 소리만 들으면 곧 두려워한다. 이것이 두 번째 군인이니라.

또 세 번째, 전투하는 어떤 사람은 갑옷을 입고 무기를 들고 군대에 들어가 전투를 한다. 그는 바람에 일어나는 먼지를 보고 두려워하지 않고 북을 치는 소리를 듣고도 두려워하지 않지만, 만약 높은 깃발을 보게되면 곧 두려워하여 감히 나가 싸우지 못한다. 이것이 세 번째 군인이니라.

또 네 번째, 전투하는 어떤 사람은 갑옷을 입고 무기를 들고 군대에 들어가 전투를 한다. 그는 바람에 일어나는 먼지를 보고도 두려워하지 않고, 또 북을 치는 소리를 듣고도 두려워하지 않으며, 높은 깃발을 보고도 두려워하지 않지만, 적군에게 잡히면 혹 목숨이 끊어지고 만다. 이것이 네 번째 군인이니라.

또 다섯 번째, 어떤 사람은 갑옷을 입고 무기를 들고 군진軍陣에 들어가 전투를 한다. 그는 적군을 모두 무찌르고 넓은 땅을 점령한다. 이것이 다섯 번째 군인이니라.

비구들아, 마땅히 알아야 한다. 지금 비구들도 다섯 종류가 이 세상에 있다. 어떤 것이 그 다섯 종류인가?

어떤 비구가 촌락村落에 살고 있는데, 그는 어떤 여인女人이 단정하기 짝이 없고, 얼굴이 복숭아꽃 빛깔처럼 아름답다는 말을 듣는다. 그 비구는 때가 되어 가사를 입고 발우를 가지고 마을에 들어가 걸식을 하면서, 감각기관의 문〔根門〕을 지키지 않고 몸과 입과 뜻을 보호하지 않는다. 그러다가 만약 그 여인을 보게 되면 곧 애욕愛欲의 마음을 일으켜 금계禁戒를 버리고 돌아가 세속 옷으로 갈아입는다. 비유하면 저 첫 번째 군인이 바람에 먼지가 일어나는 소리를 듣고 감히 전투를 하지 못하는 것과 같다. 그러므로 나는 이런 사람을 말하는 것이다.

또 어떤 비구가 촌락에 살고 있는데, 그는 어느 마을에 어떤 여자가 단정하기 비할 데 없고, 얼굴 모습도 복숭아꽃 빛깔 같다는 말을 듣고는 곧 계戒를 버리고 세속의 법을 익힌다. 비유하면 저 두 번째 군인이 북 소리만 듣고도 감히 싸우지 못하는 것과 같으니라.

또 어떤 비구가 촌락에 살고 있는데, 그는 어느 마을에 어떤 여자가 살고 있다는 말을 듣는다. 그 말을 듣고 나서는 곧 애욕의 마음을 일으킨다. 그러다가 그 여인을 보더라도 애욕의 생각을 일으키지 않다가, 오직 그 여인과 서로 희롱하는 동안에 곧 금계를 버리고 세속의 법을 익힌다. 비유하면 저 세 번째 군인이 멀리서 깃발을 보고 나서는 곧 두려워하며 감히 전투를 하지 못하는 것과 같다. 그런 까닭에 지금 이런 사람에 대하여 말하는 것이다. 이것을 일러 세 번째 군인이라고 하느니라.

또 어떤 비구가 촌락에 살고 있는데, 그 비구는 어느 마을에 어떤 여자가 살고 있다는 말을 듣고 나서는 가사를 입고 발우를 가지고 마을에 들어가 걸식하면서 몸과 입과 뜻을 단속하지 못한다. 그 여인이 단정하기 그지없음을 보고 그 사이에서 곧 애욕의 마음을 일으킨다. 그러다가 혹 그 여인과 서로 꼬집기도 하고 손을 마주잡기도 하다가 곧 금계를 버리고 세속의 법을 익힌다. 비유하면 저 네 번째 전투하는 사람이 큰 군진軍陣에 있으면서 적군에게 잡혀 목숨을 잃는 것과 같다. 그런 까닭에 지금 이런 사람에 대하여 말하는 것이다.

또 어떤 비구는, 어느 마을에 어떤 여자가 살고 있는데 세상에 보기 드물게 어여쁘다는 소리를 듣는다. 그는 비록 그런 말을 듣더라도 애욕의 마음을 일으키지 않는다. 그 비구는 때가 되어 가사를 입고 발우를 가지고 마을에 들어가 걸식하면서 몸과 입과 뜻을 잘 단속한다. 그는 비록 여인을 보더라도 애욕의 마음을 일으키지 않고, 삿된 생각이 없으며, 그 여인과 서로 말을 주고받으면서도 역시 애욕의 마음을 일으키지 않고 삿된 생각도 없다. 그러나 혹 그 여인과 서로 꼬집고 손을 마주잡게 되면 그 사이에 곧 애욕의 마음이 일어나 몸과 입과 뜻이 불꽃처럼 치성熾盛해진다. 그는 동산으로 돌아가 장로 비구들의 처소로 찾아가서 장로 비구들에게 그런 사실을 고백한다.

'여러분은 지금 마땅히 아셔야만 합니다. 저는 지금 애욕의 마음이 불꽃처럼 일어나 스스로 금하고 억누를 수가 없습니다. 부디 바라옵건대 설법하시어 이 애욕의 더러운 오로惡露에서 벗어나게 해 주십시오.'

그때 장로 비구들은 이렇게 말한다.

'너는 지금 잘 관찰해 보아라. 이 애욕은 무엇을 좇아 생기며, 무엇을 좇아 없어지는가? 여래께서는 〈대개 애욕을 버리려고 하거든 부정관不淨觀으로써 그것을 제거해 없애고 부정관의 도道를 닦아야 한다〉고 말씀하셨다.'

그때 장로 비구들은 곧 이런 게송을 읊는다.

　　만약 전도顚倒된 생각을 알고 싶다면
　　그것은 불꽃같은 마음 때문이니라.
　　마땅히 온갖 불꽃같은 마음 버려라.
　　그러면 애욕은 곧 그치어 쉬느니라.

'여러분, 알아야 하오. 애욕은 생각(想)을 따라 일어난다. 애욕의 마음을 일으키면, 곧 애욕의 뜻이 생기는 것이다. 혹 자기 자신을 해치고 또 다른 사람을 해치며, 여러 가지 재환災患을 일으켜 현세에서 그런 고통과 걱정을 받고, 또 후세에서도 한량없이 많은 고통을 받는다. 만일 애욕의 마음을 제거해 버리면, 또한 제 자신도 해치지 않고 또 다른 사람도 해치지 않으며, 현세에서도 괴로움의 과보果報를 받지 않는다. 그런 까닭에 너는 지금 마땅히 생각을 없애버려야 한다. 생각이 없으면 곧 애욕의 마음이 없어지고, 애욕의 마음이 없으면 곧 어지러운 생각이 없어질 것이다.'

그때 그 비구는 이와 같은 가르침을 받고, 곧 깨끗하지 못하다는 생각으로 사유思惟한다. 깨끗하지 못하다는 생각으로 사유함으로써 그때 번뇌(有漏)에서 마음이 해탈하여 함이 없는 곳(無爲處: 涅槃)에 이르게 된다. 비유하면 저 다섯 번째 군인이 갑옷을 입고 무기를 가지고 군진에 들어가 전투에 나아갔을 때, 아무리 많은 적을 보아도 두려움이 없고, 비록 해치려는 사람이 오더라도 마음이 움직이지 않으며, 능히 외구外寇를 무찌르고 다른 세상에 사는 것과 같다. 그런 까닭에 나는 지금 이런 사람은 '마魔의 무리를 쳐부수고 온갖 어지러운 생각을 버려 함이 없는 곳에 이른다'라고 말하는 것이다. 이것을 일러 이 현재 세상의 다섯 번째 비구라고 한다.

비구들아, 마땅히 알아야 한다. 이 세간世間에는 이런 다섯 종류의 사람이 있다. 그런 까닭에 모든 비구들아, 마땅히 깨끗하지 못하다는 생각을 늘 수행하도록 하라. 모든 비구들아, 마땅히 이와 같이 배워야 하느니라."

그때 모든 비구들은 부처님의 말씀을 듣고 기뻐하며 받들어 행하였다.

〔 5 〕
이와 같이 들었다.
어느 때 부처님께서는 사위국 기수급고독원에 계셨다.
그때 세존께서 모든 비구들에게 말씀하셨다.
"대개 땅을 소제掃除하는 사람에게 이런 다섯 가지 일이 있으면 공덕을 얻지 못한다. 어떤 것이 그 다섯 가지인가? 땅을 소제하는 사람으로서 역풍逆風을 알지 못하고, 순풍順風을 알지 못하며, 또 모아서 무더기를 만들지 않고, 똥을 치우지 않으며, 소제한 곳이 또한 깨끗하지 않으면, 비구들아, 이것을 일러 '땅을 소제하는 사람에게 이런 다섯 가지 일이 있으면 큰 공덕을 이루지 못한다'고 한 것이니라.
또 비구들아, 땅을 소제하는 사람은 다섯 가지 공덕을 성취한다. 어떤 것이 그 다섯 가지인가? 땅을 소제하는 사람이 역풍과 순풍의 이치를 알고, 또한 모을 줄 알고 치울 줄을 알며, 나머지를 남겨두지 않아 매우 깨끗하게 하면 비구들아, 이것을 일러 '이 다섯 가지 일은 큰 공덕을 성취한다'고 하느니라.
그런 까닭에 모든 비구들아, 마땅히 앞의 다섯 가지 일은 버리고, 뒤의 다섯 가지 법을 닦아야 한다. 모든 비구들아, 마땅히 이와 같이 배워야 하느니라."
그때 모든 비구들은 부처님의 말씀을 듣고 기뻐하며 받들어 행하였다.

〔 6 〕
이와 같이 들었다.
어느 때 부처님께서는 사위국 기수급고독원에 계셨다.
그때 세존께서 모든 비구들에게 말씀하셨다.

"어떤 사람은 탑[偸婆]을 소제하고도 다섯 가지 공덕功德을 얻지 못한다. 어떤 것이 그 다섯 가지 공덕인가? 어떤 사람은 탑을 소제하면서 물을 땅에 뿌리지 않고, 기왓장이나 조약돌을 치우지 않으며, 땅을 편편하게 고르지 않고, 정성을 다하여 땅을 소제하지 않으며, 더럽고 나쁜 것을 치우지 않는다. 비구들아, 이것을 일러 '땅을 소제하는 사람이 다섯 가지 공덕을 성취하지 못한다'고 하는 것이니라.

비구들아, 마땅히 알아야 한다. 탑을 소제하는 사람은 다섯 가지 공덕을 성취한다. 어떤 것이 그 다섯 가지 공덕인가? 탑을 소제하는 사람이 물을 땅에 뿌리고, 기왓장이나 조약돌을 치우며, 땅을 편편하게 고르고 정성을 다하여 땅을 소제하며, 더럽고 나쁜 것을 치우면 비구들아, 이것을 일러 '다섯 가지 일이 있어 그 사람으로 하여금 공덕을 얻게 한다'고 하는 것이니라.

그런 까닭에 모든 비구들아, 너희들이 공덕을 얻으려 하거든 마땅히 이 다섯 가지 일을 행해야 하느니라. 모든 비구들아, 마땅히 이와 같이 배워야 하느니라."

그때 모든 비구들은 부처님의 말씀을 듣고 기뻐하며 받들어 행하였다.

〔 7 〕

이와 같이 들었다.

어느 때 부처님께서는 사위국 기수급고독원에 계셨다.

그때 세존께서 모든 비구들에게 말씀하셨다.

"오래도록 나다니며 노는 사람은 다섯 가지 어려움이 있다. 어떤 것이 그 다섯 가지 어려움인가? 항상 나다니며 노는 사람은 가르친 법을 외우지 못하는 것, 외웠던 법을 잊어버리는 것, 삼매三昧를 얻지 못하는 것, 얻었던 삼매를 잃어버리는 것, 법을 듣고도 가지지 못하는 것이다. 비구들아, 이것을 일러 '많이 나다니며 노는 사람은 이 다섯 가지 어려움이 있다'고 하느니라.

 비구들아, 마땅히 알아야 한다. 많이 나다니며 놀지 않는 사람은 다섯 가지 공덕이 있다. 어떤 것이 그 다섯 가지 공덕인가? 얻지 못했던 법을 얻는 것, 이미 얻은 법을 잊어버리지 않는 것, 많이 들어 능히 잘 가지는 것, 능히 삼매를 얻는 것, 이미 얻은 삼매는 다시는 잃어버리지 않는 것이다. 비구들아, 이것을 일러 '많이 나다니며 놀지 않는 사람은 이 다섯 가지 공덕이 있다'고 하느니라.

 그런 까닭에 모든 비구들아, 너희들은 많이 나다니며 놀지 말라. 모든 비구들아, 마땅히 이와 같이 배워야 하느니라."

 그때 모든 비구들은 부처님의 말씀을 듣고 기뻐하며 받들어 행하였다.

[8]

 이와 같이 들었다.

 어느 때 부처님께서는 사위국 기수급고독원에 계셨다.

 그때 세존께서 모든 비구들에게 말씀하셨다.

"만일 어떤 비구가 항상 한 곳에 오래 머무르면, 다섯 가지 법답지 않는 일이 있다. 어떤 것이 그 다섯 가지인가? 비구가 한 곳에 오래 머무르면 그 집에 집착하여 남이 빼앗을까 두려워하는 것, 혹 재산(財産)에 집착하여 남이 빼앗을까 두려워하는 것, 혹 재물을 많이 모으기를 속인처럼 하는 것, 친한 이에게 집착하여 다른 사람이 그 친한 이의 집에 가는 것을 좋아하지 않는 것, 항상 속인들과 서로 왕래하는 것이다. 비구들아, 이것을 일러 '한 곳에 오래 머무는 사람은 이 다섯 가지 법답지 않은 일이 있다'고 하느니라.

그런 까닭에 모든 비구들아, 마땅히 방편을 구해 한 곳에 오래 머무르지 말아야 하느니라. 모든 비구들아, 마땅히 이와 같이 배워야 하느니라."

그때 모든 비구들은 부처님의 말씀을 듣고 기뻐하며 받들어 행하였다.

〔 9 〕
이와 같이 들었다.

어느 때 부처님께서는 사위국 기수급고독원에 계셨다.

그때 세존께서 모든 비구들에게 말씀하셨다.

"한 곳에 오래 머무르지 않는 사람에게는 다섯 가지 공덕이 있다. 어떤 것이 그 다섯 가지 공덕인가? 집을 탐하지 않는 것, 살림살이 도구를 탐하지 않는 것, 재물을 많이 모으려고 하지 않는 것, 친족들에게 집착하지 않는 것, 속인들과 서로 왕래하지 않는 것이다. 비구들아, 이것을 일러 '한 곳에 오래 머무르지 않는 사람에게는 이런 다섯 가지 공덕이 있다'고 하느니라.

그런 까닭에 모든 비구들아, 너희들은 방편을 구해 이 다섯 가지 일을 행하도록 해야 한다. 모든 비구들아, 마땅히 이와 같이 배워야 하느니라."

그때 모든 비구들은 부처님의 말씀을 듣고 기뻐하며 받들어 행하였다.

〔 10 〕
이와 같이 들었다.

어느 때 부처님께서는 마갈국(摩竭國) 광명(光明)이라는 못가에서 대비구들 5백 명과 함께 인간 세상을 유행하고 계셨다.

그때 세존께서는 멀리서 큰 나무가 불에 타는 것을 보셨다. 그 모습을 보시고 여래께서는 다시 어떤 나무 밑으로 가서 앉으셨다. 그때 세존께서 비구들에게 말씀하셨다.

"어떠냐? 비구들아. 차라리 이 몸을 저 불 속에 던지겠느냐, 아니면 차라리 아름다운 여자와 사귀며 놀겠느냐?"

그때 모든 비구들이 부처님께 아뢰었다.

"차라리 여인과 사귀며 놀지 저 불 속에 이 몸을 던지지는 않겠습니다. 왜냐하면 저 불은 독하고 뜨겁기가 이루 다 말할 수 없고, 목숨이 끊어지는 고통 또한 한량없기 때문입니다."

세존께서 말씀하셨다.

"나는 지금 너희들에게 말하노라. 사문(沙門)의 행(行)이 아니면서 사문이라고 말하고, 범행(梵行)을 닦지 않는 사람이 범행을 닦는 사람이라고 말하며, 바른 법을 듣지 못했으면서 바른 법을 들었다고 말하고, 맑고 깨끗한 법이 없는 그런 사람은 차라리 저 불 속에 뛰어들지언정, 여자와 함께 사귀면서 놀지 말라. 왜냐하면 그 사람은 차라리 그런 고통을 받을지언정, 그 죄로 말미암아 지옥에 들어가 한량없이 많은 고통을 받지는 말아야 하기 때문이다.

어떠냐? 비구들아. 사람의 예배(禮拜)와 공경(恭敬)을 받겠느냐, 아니면 사람들에게 예리한 칼을 주어 자신의 손발을 끊게 하겠느냐?"

모든 비구들이 아뢰었다.

"차라리 남의 예배 공경을 받을지언정 사람에게 예리한 칼을 주어 자기의 손발을 끊게 하지는 않겠습니다. 왜냐하면 손발을 끊는 고통은 이루 다 말할 수 없기 때문입니다."

세존께서 말씀하셨다.

"나는 지금 너희들에게 말하노라. 사문의 수행을 하지 않으면서 사문이라고 말하고, 범행을 닦는 않는 사람이 범행을 닦는 사람이라고 말하며, 바른 법을 듣지 못했으면서 바른 법을 들었다고 말하고, 맑고 깨끗한 행이 없어 선근善根을 끊은 그런 사람은 차라리 몸을 맡겨 예리한 칼을 받을지언정 계행戒行도 없이 남의 공경을 받지는 말아야 하느니라. 왜냐하면 이런 고통은 잠깐이지만 지옥의 고통은 이루 다 말할 수 없기 때문이니라.

어떠냐? 비구들아, 차라리 남의 옷을 받겠느냐, 아니면 뜨거운 쇠사슬로 그 몸을 감싸겠느냐?"

모든 비구들이 아뢰었다.

"차라리 남의 옷을 받을지언정 그런 고통은 받지 않겠습니다. 왜냐하면 그 고통은 이루 다 말할 수 없기 때문입니다."

세존께서 말씀하셨다.

"나는 지금 거듭 너희들에게 말하노라. 계를 지키지 않는 사람은 차라리 뜨거운 쇠사슬로 그 몸을 감쌀지언정 남의 옷은 받지 않아야 한다. 왜냐하면 이런 고통은 잠깐이지만, 지옥의 고통은 이루 다 말할 수 없기 때문이니라. 어떠냐? 비구들아, 차라리 신도가 주는 음식을 먹겠느냐, 아니면 뜨거운 쇠 구슬을 삼키겠느냐?"

모든 비구들이 아뢰었다.

"차라리 남이 주는 음식을 먹을지언정 뜨거운 쇠 구슬은 삼키지 않겠습니다. 왜냐하면 그 고통은 도저히 견디기 어렵기 때문입니다."

세존께서 말씀하셨다.

"나는 지금 너희들에게 말하노라. 차라리 뜨거운 쇠 구슬을 삼킬지언정 계를 지키지 않으면서 남이 믿음으로 주는 음식을 먹지는 말아

라. 왜냐하면 뜨거운 쇠 구슬을 삼키는 고통은 잠깐이기 때문이다. 계를 지키지 않는다면 남이 믿음으로 주는 보시를 받지 말아야 한다.

어떠냐? 비구들아 차라리 남이 주는 침구寢具를 받겠느냐, 아니면 뜨거운 쇠 평상 위에 눕겠느냐?"

모든 비구들이 대답하였다.

"세존이시여, 저희들은 차라리 남의 침구를 받을지언정 뜨거운 쇠 평상 위에 눕지는 않겠습니다. 왜냐하면 그 고통은 이루 다 말할 수 없기 때문입니다."

세존께서 말씀하셨다.

"저 어리석은 사람들은 계행戒行이 없다. 사문도 아니면서 사문이라고 말하고, 범행이 없으면서 범행을 닦는다고 말한다. 차라리 뜨거운 쇠 평상 위에 누울지언정 계행이 없으면서 남이 믿음으로 주는 보시를 받지는 말아야 한다. 왜냐하면 뜨거운 쇠 평상 위에 눕는 고통은 잠깐이기 때문이다. 계행이 없다면 남이 믿음으로 주는 보시를 받지 말아야 한다.

비구들아, 마땅히 알아야 한다. 나는 오늘 계행이 없는 사람이 나아가는 곳을 보았다. 그들은 혹 인간에 태어나더라도 몸은 바짝 마르고, 끓는 피가 얼굴 구멍으로 흘러나와 곧 목숨을 마치고 만다. 그래서 그는 여자와 사귀어 놀지도 못하고 남의 예경禮敬을 받지도 못하며, 남에게서 의복·음식·침구·의약도 받지 못한다.

저 계행이 없는 사람은 후세後世와 전세前世의 죄를 관찰하지 못하고 목숨을 돌보지 않다가 그런 고통을 받는다. 계행이 없는 사람은 반드시 세 갈래 나쁜 세계에 떨어질 것이다. 왜냐하면 악행惡行을 지었기 때문이다.

나 여래는 오늘 선善을 행하는 사람이 나아가는 곳을 보았다. 그들은 혹 중독中毒이 되거나 칼에 상하거나 스스로 목숨을 끊는다. 왜냐하면 그 몸을 버리고 하늘의 복福을 받고자 하기 때문이다. 그들은 장차 좋은 세계에 태어날 것이다. 모두 전세前世에 닦은 선행善行으로 그 과보를 받기 때문이다.

그런 까닭에 모든 비구들아, 계행의 몸·선정의 몸·해탈의 몸·해탈지견의 몸을 늘 생각하고 닦아야 한다. 그래야 금생今生에서 그 과보를 얻어 감로甘露의 길을 얻고, 비록 남에게서 의복·음식·침구·의약을 받더라도 과실過失이 없으며, 또 시주[檀越]들로 하여금 무궁한 복을 받게 한다. 모든 비구들아, 마땅히 이와 같이 배워야 하느니라."

이렇게 설법하셨을 때 비구 60명은 번뇌[漏]가 다해 뜻에 이해가 생겼지만, 다른 비구 60명은 법복法服을 버리고 세속으로 돌아갔다.

그때 모든 비구들은 부처님의 말씀을 듣고 기뻐하며 받들어 행하였다.

    다섯 왕과 월광 장자와
    시바라와 두 가지 싸움과
    두 가지 소제와 두 가지 행과
    가고 머무름의 두 가지에 대해 설하셨고
    메마른 나무에 대해 마지막으로 설하셨다.

증일아함경 제 26 권

34. 등견품等見品

〔1〕

이와 같이 들었다.

어느 때 존자 사리불은 사위성舍衛城 기수급고독원祇樹給孤獨園에서 대비구들 5백 명과 함께 계셨다.

그때 많은 비구들이 사리불舍利弗을 찾아가 서로 문안인사를 나누고 한쪽에 앉았다. 이때 비구들이 사리불에게 아뢰었다.

"계戒를 성취한 비구는 어떤 법을 사유思惟해야 합니까?"

사리불이 대답하였다

"계율을 성취한 비구는 '5성음盛陰은 무상無常한 것이요 괴로운 것이며, 번민이요 두려움이 많은 것이다'라고 사유해야 합니다. 또 '괴로운 것〔苦〕이요 공한 것〔空〕이며 나라고 할 것도 없는 것〔無我〕이다'라고 사유해야 합니다.

5성음盛陰이란 무엇인가? 이른바 색음色陰・통음(痛陰 : 受陰)・상음想陰・행음行陰・식음識陰입니다. 계율을 성취한 비구가 이 5성음盛陰

을 사유한다면, 그때 곧 수다원須陀洹의 도를 성취할 것입니다."

비구들이 사리불에게 물었다.

"수다원을 성취한 비구는 어떤 법을 사유해야 합니까?"

사리불이 대답하였다.

"수다원을 성취한 비구도 '5성음盛陰은 괴로운 것이요, 번민이며 두려움이 많은 것이다'라고 사유해야 합니다. 또 '괴로운 것이요, 공한 것이며 나라고 할 것도 없는 것이다'라고 사유해야 합니다. 여러분, 꼭 아셔야만 합니다. 만일 수다원을 이룩한 비구가 이 5성음을 사유한다면, 그는 그때 곧 사다함과斯陀含果를 성취할 것입니다."

모든 비구들이 물었다.

"사다함을 성취한 비구는 어떤 법을 사유해야 합니까?"

사리불이 대답하였다.

"사다함을 성취한 비구도 '이 5성음은 괴로운 것이요, 번민이며 두려움이 많은 것이다'라고 사유해야 합니다. 또 '괴로운 것이요, 공한 것이며 나라고 할 것도 없는 것이다'라고 사유해야 합니다. 사다함을 성취한 비구가 이 5성음을 사유한다면, 그는 그때 곧 아나함과阿那含果를 성취할 것입니다."

모든 비구들이 물었다.

"아나함을 성취한 비구는 어떤 법을 사유해야 합니까?"

사리불이 대답하였다.

"아나함을 성취한 비구도 '이 5성음은 괴로운 것이요, 번민이며 두려움이 많은 것이다'라고 사유해야 합니다. 또 '괴로운 것이요, 공한 것이며 나라고 할 것도 없는 것이다'라고 사유해야 합니다. 아나함을 성취한 비구가 이 5성음을 사유한다면, 그는 그때 곧 아라한阿羅漢을 성취할 것입니다."

모든 비구들이 물었다.

"아라한을 성취한 비구는 어떤 법을 사유해야 합니까?"

사리불은 말하였다.

"당신들의 질문은 어찌 그리 지나칩니까? 나한羅漢이 된 비구는 할 일이 이미 끝나 다시는 업을 짓지 않습니다. 그래서 번뇌에서 마음이 해탈하여 나고 죽는 바다인 다섯 갈래의 세계로 향하지 않고, 짓는 바가 있는 존재의 몸을 다시는 받지 않습니다.

그러므로 여러분, 계戒를 지키는 비구도 수다원·사다함·아나함도 이 5성음盛陰을 사유해야 합니다. 비구들이여, 마땅히 이와 같이 배워야 합니다."

그때 모든 비구들은 사리불의 말을 듣고 기뻐하며 받들어 행하였다.

[2]

이와 같이 들었다.

어느 때 부처님께서는 바라내波羅㮈의 선인仙人이 살던 녹야원鹿野園에 계셨다.

그때는 여래께서 도를 이루신 지 그리 오래되지 않았던 터이라 세상 사람들은 그분을 큰 사문[大沙門]이라 일컬었다.

그때 바사닉왕波斯匿王은 왕위를 새로 이어받았었다.

이때 왕은 이렇게 생각하였다.

'내가 이제 새로 왕위를 이어받았으니 먼저 석가족 집안의 딸을 데려와야겠다. 만일 내게 딸을 준다면 내 마음이 흡족하겠지만 만일 주지 않는다면 내가 가서 힘으로 핍박하리라.'

그리고는 바사닉왕이 곧 어떤 신하에게 명령하였다.

"너는 가비라위迦毗羅衛의 석가족에게 가서 내 이름으로 그들 석가족에게 '바사닉왕은 문안드립니다. 기거는 편안하신가 하고 몇 번이고 묻습니다'라고 말하라. 또 그들 석가족에게 '나는 석가족의 딸을 데려오고 싶습니다. 만일 내게 준다면 그 은혜를 길이 새기겠지만 만일 어긴다면 힘으로 핍박할 것입니다' 하고 말하라."

그때 대신은 왕의 명령을 받고 가비라국迦毗羅國으로 갔다. 그때 가비라위의 석가족 5백 명이 한 곳에 모여 있었다. 대신은 곧 5백 명의 석가족이 있는 곳으로 가서 바사닉왕의 이름으로 그들 석가족에게 말하였다.

"바사닉왕은 성심으로 문안드립니다. 기거는 편안하신 지 간절하기 한이 없습니다. 나는 석가족의 딸을 데려오고 싶습니다. 만일 내게 준다면 매우 다행스럽지만 주지 않으신다면 힘으로 핍박하게 될 것입니다."

이때 모든 석가족 사람들은 이 말을 듣고 크게 화를 내었다.

"우리는 위대한 족성이다. 무엇 때문에 종년의 자식과 인연을 맺겠느냐?"

그들 중 어떤 이는 '주자'고 하기도 하고, 어떤 이는 '줄 수 없다'고 하기도 하였다.

그때 그 무리 중에 마하남摩呵男이라는 한 석가족이 여러 사람들에게 말하였다.

"여러분 화내지 마십시오. 왜냐하면 저 바사닉왕은 됨됨이가 포악하기 때문입니다. 만일 바사닉왕이 온다면 우리나라를 파괴하고 말 것입니다. 제가 지금 직접 가서 바사닉왕을 만나보고 이 사정을 말해 보겠습니다."

이때 마하남의 집에는 여종이 낳은 한 처녀가 있었는데, 그녀는 세상에 드물 만큼 얼굴이 단정하였다. 마하남은 이 처녀를 목욕시킨 뒤 고운 옷을 입히고 보배 깃털로 장식한 수레에 태워 가지고 바사닉왕에게 가서 왕에게 이렇게 아뢰었다.

"이 아이는 제 딸입니다. 인연을 맺으소서."

바사닉왕은 그 처녀를 맞아 매우 기뻐하였고 곧 그녀를 첫째 부인으로 삼았다. 며칠이 지나지 않아 부인은 아이를 배었고 8·9달이 지나 사내아이를 낳았는데, 얼굴이 단정하기가 짝이 없을 만큼 세상에서 빼어났다. 바사닉왕은 여러 관상가觀相家들을 불러 모아 태자의 이름을 짓게 하였다.

이때 관상가들은 왕의 말을 듣고 곧 이렇게 아뢰었다.

"대왕께서는 마땅히 아셔야만 합니다. 대왕께서 부인을 구하셨을 때 여러 석가족들은 서로 다투었고 혹은 '주어야 한다'고 말하는 이도 있고, 혹은 '줄 수 없다'고 말하는 이도 있었으며 이쪽저쪽 무리로 갈라진 일이 있었습니다. 그래서 이제 그 이름을 비류륵毗流勒[1]이라고 지어 올립니다."

관상가들은 이름을 지어 올린 뒤에 제각기 자리에서 일어나 떠났다.

바사닉왕은 그 유리流離태자를 끔찍이 사랑하여 잠깐도 눈앞에서 떼어놓질 않았다. 그러나 태자가 나이 여덟 살이 되자 왕은 그에게 말하였다.

"너도 이제는 다 컸다. 저 가비라위迦毗羅衛로 가서 여러 가지 궁술〔射術〕을 배워야겠구나."

---

1 팔리어로 Vidūḍabha라고 한다. 또는 비류리毗流離·비류리毗琉璃라고 음역하기도 하고, 번역하여 악생惡生·증장增長이라고 한다. 교살라국憍薩羅國 바사닉왕과 살라타찰리 사이에서 태어난 아들이다.

이때 바사닉왕은 여러 시종들을 붙이고 큰 코끼리를 태워 석가족의 집으로 그를 보냈다. 그는 마하남의 집에 도착해 마하남에게 말하였다.

"바사닉왕께서 저를 이곳으로 보내면서 여러 가지 궁술을 배우라 하셨습니다. 원컨대 조부모祖父母님께서는 하나하나 가르쳐 주소서."

그러자 마하남이 대답하였다.

"궁술을 배우려고 하면 잘 익혀야 할 것이다."

마하남은 석가족 동자 5백 명을 모아 함께 궁술을 배우게 하였다. 그리하여 유리태자와 5백 동자는 함께 궁술을 배웠다.

그때 가비라위성 안에 큰 강당을 새로 세웠는데, 그곳엔 아직 하늘도 사람도 마魔도 혹은 마천魔天도 전혀 머무른 적이 없었다. 여러 석가족들은 제각기 서로 의논하였다.

"지금 이 강당은 완성된 지 얼마 되지 않았고 그림과 단청도 이미 마쳐 마치 천궁이나 다름없다. 우리는 먼저 여래如來와 비구 스님을 청하여 이곳에서 공양하시게 하여 우리가 무궁한 복을 받도록 하는 것이 마땅하리라."

그리하여 석가족들은 곧 강당 위에 갖가지 자리를 펴고, 비단과 번기와 일산을 달고, 향수를 땅에 뿌리고, 온갖 유명한 향을 피우고, 또 좋은 물을 준비하고, 모든 등불을 밝혔다.

이때 유리태자는 5백 동자를 데리고 강당으로 가 곧장 사자좌師子座에 올랐다. 여러 석가족들은 그것을 보고는 크게 화를 내며 곧 달려 나가 팔을 붙잡고 문밖으로 내쫓으면서 모두들 꾸짖었다.

"이 종년의 자식아, 하늘도 사람도 아직 여기서 머무른 일이 없는데, 이 종년의 자식이 감히 이 안에 들어와 앉다니."

그들은 다시 태자를 붙잡아 매를 치다가 땅에 메쳤다. 그때 유리 태자는 곧 자리에서 일어나 길게 한숨을 지으면서 뒤를 돌아보았다. 이때 호고好苦라고 하는 범지梵志의 아들이 있었다. 유리태자는 범지의 아들 호고에게 말하였다.

"이 석가족들은 나를 붙잡아 이렇게까지 욕을 보였다. 만일 내가 나중에 왕위를 이어받게 되거든, 그때 너는 이 일을 내게 말해야 한다."

그때 범지의 아들 호고가 대답하였다.

"태자의 분부대로 하겠습니다."

그로부터 그 범지의 아들은 하루에 세 번씩 "석가족에게 당한 치욕을 기억하소서"라고 태자에게 아뢰고는 곧 이런 게송을 말하였다.

모든 것은 다 사라짐으로 돌아가나니
과일도 익으면 반드시 떨어지고 마네.
합하고 모인 것은 반드시 흩어지고
태어나면 반드시 죽음이 있을 따름이네.

그 무렵 바사닉왕은 천명대로 세상을 살다가 마침내 숨을 거두었고, 곧 유리태자를 옹립하여 왕을 삼았다. 이때 호고 범지는 왕에게 찾아가 이렇게 말하였다.

"대왕께서는 옛날 석가족에게 당한 치욕을 기억하소서."

유리왕이 말하였다.

"장하고 장하구나. 과거의 일을 잘 기억하고 있구나."

유리왕은 갑자기 분노를 일으키며 여러 신하들에게 말하였다.

"지금 이 나라 백성들의 주인은 누구냐?"

신하들이 대답하였다.

"대왕이시여, 지금 이 백성들을 거느리시는 분은 유리왕이십니다."

"너희들은 속히 수레를 장엄하고 네 종류의 군사를 모아라. 내가 지금 석가족을 정벌하러 가리라."

모든 신하들이 대답하였다.

"그리하겠습니다, 대왕이시여."

신하들은 왕의 명령을 받고 곧 네 종류 군사를 운집시켰다. 유리왕은 네 종류 군사를 거느리고 가비라월迦毗羅越로 떠났다.

그때 비구들은 유리왕이 석가족을 치러 온다는 말을 듣고 세존께 나아가 머리를 조아려 그 발에 예를 올리고, 한쪽에 서서 이 사실을 자세히 아뢰었다.

세존께서는 이 말을 들으시고, 곧 유리왕이 온다는 길목으로 나아가 가지도 잎사귀도 없는 한 메마른 나무 밑에 가부좌하고 앉으셨다. 유리왕은 세존께서 나무 밑에 앉아 계시는 것을 멀리서 보고는, 곧 수레에서 내려 세존께 나아가 머리를 조아려 그 발에 예배하고 한쪽에 섰다.

그때 유리왕이 세존께 여쭈었다.

"저 가지와 잎이 무성한 니구류尼拘留 같은 다른 좋은 나무들도 많이 있는데 하필 이 메마른 나무 밑에 앉아 계십니까?"

세존께서 말씀하셨다.

"친족의 그늘이 그래도 바깥사람보다 낫다."

이때 유리왕은 생각하였다.

'오늘 세존께서는 일부러 친족을 위해 이러시는 것이다. 그러니 나는 오늘은 본국으로 돌아가자. 저 가비라월을 정벌해서는 안 되겠다.'

유리왕은 곧 하직하고 돌아갔다.

그때 호고 범지가 다시 왕에게 아뢰었다.

"옛날 석가족에게 당한 치욕을 기억하소서."

유리왕은 이 말을 듣자 다시 분노가 치밀었다.
"너희들은 속히 수레를 장엄하고 네 종류의 군사를 모아라. 내가 저 가비라월을 정벌하러 가리라."
신하들은 곧 네 종류의 군사를 모아 사위성을 출발하여 석가족을 정벌하기 위하여 가비라월로 떠났다.
그때 비구들은 이 소식을 듣고 세존께 가서 아뢰었다.
"지금 유리왕이 군사를 일으켜 석가족을 치러 간다고 합니다."
세존께서는 이 말을 들으시고, 곧 신통력으로 길가에 있는 한 메마른 나무 아래로 가서 앉아 계셨다.
유리왕은 세존께서 나무 밑에 앉아 계시는 것을 멀리서 보고, 곧 수레에서 내려 세존께 나아가 머리를 조아려 그 발에 예배하고 한쪽에 섰다. 그때 유리왕이 세존께 아뢰었다.
"다른 좋은 나무들도 있는데 거기 앉아 계시지 않으시고, 왜 세존께서는 지금 이 메마른 나무 밑에 앉아 계십니까?"
세존께서 말씀하셨다.
"친족의 그늘이 그래도 바깥사람보다 낫다."
그때 세존께서 곧 이런 게송을 말씀하셨다.

친족의 그늘은 시원하여라.
석가족이 부처를 내었다네.
저들이 모두 내 가지와 잎이니
그러므로 이런 나무 아래 앉아 있다네.

이때 유리왕은 다시 이렇게 생각하였다.
'지금의 세존께선 저 석가족 출신이시니, 내가 정벌해선 안 되겠구

나. 이것을 그만두고 본국으로 돌아가는 것이 마땅하다.'

유리왕은 곧 사위성으로 돌아갔다. 그때 호고 범지가 다시 왕에게 아뢰었다.

"왕께선 옛날 석가족에게 당한 치욕을 기억하소서."

유리왕은 이 말을 듣고 다시 네 종류의 군사를 모아 사위성을 출발하여 가비라월로 나아갔다. 이때 대목건련大目乾連은 유리왕이 석가족을 정벌하러 온다는 소식을 듣고 세존께 나아가 머리를 조려 그 발에 예배하고 한쪽에 섰다. 그때 목련目連이 세존께 아뢰었다.

"지금 유리왕이 네 종류의 군사를 모아 석가족을 치러 온다고 합니다. 저는 지금 유리왕과 그 네 종류의 군사들을 모두 다른 세계에 던져 버릴 수 있습니다.

세존께서 말씀하셨다.

"그대가 어찌 이 석가족의 전생 인연마저 다른 세계로 던져 버릴 수 있겠느냐?"

그러자 목련이 부처님께 아뢰었다.

"진실로 그 전생 인연은 다른 세계로 던져 버릴 수 없겠습니다."

그러자 세존께서 목련에게 말씀하셨다.

"그대는 자리에 돌아가 앉아라."

목련이 다시 부처님께 아뢰었다.

"저는 지금 이 가비라월을 저 허공에다 옮겨 놓을 수 있습니다."

세존께서 말씀하셨다.

"그대가 지금 석가족의 전생 인연도 허공에 옮겨 놓을 수 있겠느냐?"

목련이 대답하였다.

"아닙니다, 세존이시여."

부처님께서 목련에게 말씀하셨다.
"그대는 본래 앉았던 자리로 돌아가거라."
그러자 목련이 다시 부처님께 아뢰었다.
"원컨대 제가 쇠로 새장처럼 성글게 엮어 이 가비라월성 위를 덮도록 허락하여 주십시오."
세존께서 말씀하셨다.
"어떠냐? 목건련아, 그대는 쇠로 새장처럼 성글게 엮어 전생의 인연도 덮을 수 있겠느냐?"
목련이 부처님께 아뢰었다.
"아닙니다. 세존이시여."
부처님께서 목련에게 말씀하셨다.
"그대는 본래 있었던 자리로 돌아가거라. 석가족은 이제 전생의 인연이 이미 다 무르익었다. 이제는 그 과보를 받아야 하느니라."
세존께서 곧 이런 게송을 말씀하셨다.

비록 저 허공을 땅으로 만들고
또 이 땅을 허공으로 만들려 해도
과거의 인연에 묶인
그 인연은 영원히 썩지 않느니라.

그때 유리왕은 가비라월로 갔다. 모든 석가족은 유리왕이 네 종류의 군사를 거느리고 쳐들어온다는 소식을 듣고, 네 종류의 군사를 모아 1유순(由旬)이나 나아가 유리왕을 맞이하였다.
모든 석가족들은 1유순 안으로 유리왕이 들어오자 멀리서 유리왕에게 활을 쏘았다. 화살은 혹 귓구멍을 맞추면서 귀는 다치게 하지 않고, 상투를 맞추면서 머리는 다치게 하지 않기도 하였다. 혹은 활을 맞춰 부수고 활줄을 맞추면서도 그 사람은 해치지 않았다. 혹은 갑옷을 맞추면서도 그 사람을 다치게 하지 않고, 자리를 맞추면서도 그 사람은 해치지 않았으며, 수레의 바퀴를 맞춰 부수면서도 그 사람은 다치게 하지 않고, 깃대를 맞추면서도 그 사람은 해치지 않았다. 유리왕은 이것을 보고 매우 두려워하며 신하들에게 말하였다.

"너희들은 이 화살들이 어디서 날아오는지 알아보아라."

신하들이 대답하였다.

"이 화살은 저 석가족들이 1유순 밖에서 쏘는 화살들입니다."

유리왕이 말하였다.

"만일 저들이 마음먹고 우리를 죽이려 한다면 우리는 모조리 죽고 말 것이다. 이쯤에서 사위성으로 돌아가는 것이 좋겠다."

그때 호고 범지가 앞으로 나와 아뢰었다.

"대왕께선 두려워 마소서. 저 석가족들은 모두 계율을 지키는 자들입니다. 벌레도 죽이지 않는데 더구나 사람을 해치겠습니까? 지금 이대로 나아가면 반드시 저 석가족을 무너뜨릴 수 있을 것입니다."

유리왕은 석가족을 향해 차츰 앞으로 나아갔고, 석가족은 물러나 성안으로 들어갔다.

이때 유리왕은 성 밖에서 외쳤다.

"너희들은 속히 성문을 열라. 만일 그러지 않으면 모조리 잡아 죽이리라."

그때 가비라월성迦毗羅越城에 나이가 겨우 열다섯쯤 되어 보이는 사마奢摩라고 하는 석가족 동자가 있었다. 그는 유리왕이 성밖에 있다는 말을 듣고 곧 갑옷을 입고 무기를 들고는 성 위로 올라가 혼자서 유리왕과 싸웠다.

그때 사마 동자는 많은 군사를 죽였다. 그들은 제각기 흩어져 달아나면서 모두들 이렇게 말하였다.

"저 사람은 누구냐? 하늘인가 귀신인가? 멀리서 보니 어린애 같던데."

그때 유리왕은 갑자기 두려움을 느껴 참호 속으로 들어가 숨었다. 석가족은 동자가 유리왕의 군사를 물리쳤다는 소식을 듣고, 곧 사마 동자를 불러 말하였다.

"너 같은 어린애가 왜 우리 집안을 욕되게 하느냐? 우리 석가족은 착한 법을 수행한다는 것을 너는 어찌 모르느냐? 우리는 벌레도 해치지 않는데 더구나 사람의 목숨이겠느냐? 우리는 저 군사들을 다 쳐부술 수 있다. 한 사람이 저들 1만 명씩 대적할 수 있다. 그러나 우리는 '그렇게 하자면 무수한 중생들을 죽이게 될 것이다'라고 생각하였다. 세존께서도 또한 '사람을 죽인 사람은 죽어서 지옥에 들어가고, 설사 인간으로 태어난다 해도 수명이 매우 짧다'고 말씀하셨다. 너는 이곳에 머물지 말고 빨리 떠나라."

그때 사마 동자는 곧 그 나라를 떠나 다시는 가비라월로 들어오지 않았다.

이때 유리왕이 다시 성문으로 와서 외쳤다.

"빨리 성문을 열어라. 머뭇거릴 필요가 없다."

석가족들은 서로 의논하였다.

"문을 열어야 할까, 열어서는 안 될까?"

그때 악마 파순(波旬)이 석가족의 형상을 하고 석가족들 틈에 있다가 여러 석가족들에게 말하였다.

"너희들은 빨리 성문을 열어라. 오늘의 곤욕을 함께 당하지 말라."

그래서 석가족은 곧 성문을 열어 주었다. 그러자 유리왕이 모든 신하늘에게 말하였다.

"지금 이 석가족 백성들은 그 수가 너무 많아 칼로는 다 죽일 수가 없다. 모두 잡아다 땅속에 다리를 묻은 뒤에 사나운 코끼리로 모두 밟아 죽이게 하라."

신하들은 왕의 명령을 받고 곧 코끼리를 부려 밟아 죽였다. 유리왕은 또 신하들에게 명령하였다.

"너희들은 속히 석가족 여자 중에서 미인 5백 명을 뽑아라."

신하들은 왕의 명령을 받고 곧 미인 5백 명을 뽑아 왕에게 데리고 갔다. 이때 석가족 마하남이 유리왕에게 찾아가 말하였다.

"제 소원을 들어주소서."

유리왕이 말하였다.

"무슨 소원입니까?"

마하남이 말하였다.

"제가 지금 물속에 들어가 있겠사오니 제가 물속에서 견디는 동안만이라도 저 석가족들이 모두 도망칠 수 있게 해 주십시오. 제가 물 밖으로 나오면 그때는 마음대로 죽이십시오."

유리왕이 말하였다.

"그 일이 참 재미있겠습니다."

그때 마하남은 곧 물속에 들어가 머리카락을 나무뿌리에 묶고는 목숨을 마쳤다.

그러자 가비라월성에 있던 모든 석가족들은 동문으로 달아났다가 다시 남문으로 들어오고, 혹은 남문으로 달아났다가 도로 북문으로 들어오며, 혹은 서문으로 달아났다가 다시 북문으로 들어오기도 하곤 하였다.

이때 유리왕이 신하들에게 말하였다.

"마하남 조부께선 왜 물 속에 숨어 지금까지 나오지 않는지 살펴보아라.

 신하들은 왕의 명령을 듣고 곧 물속으로 들어가 마하남을 끌어냈지만 이미 죽어 있었다. 유리왕은 죽은 마하남을 보자 그때서야 후회가 되었다.

 "나의 조부께선 이미 목숨을 마쳤다. 그것은 모두 친족을 사랑했기 때문이다. 나는 그분이 죽을 줄은 몰랐다. 만일 알았더라면 결코 이 석가족을 치지 않았을 것이다."

 당시 유리왕은 9,990만 명을 죽여 그 흐르는 피가 강물을 이루었고, 가비라월성을 태우고는 니구류원尼拘留園으로 갔다.

 유리왕은 5백 명의 석가족 여자들에게 말하였다.

 "너희들은 걱정하지 말라. 나는 너희들 남편이요, 너희들은 내 아내다. 우리 서로 즐기자."

 유리왕은 팔을 펴 한 석가족 여자를 잡고는 희롱하려 하였다. 그러자 그 여자가 물었다.

 "대왕께선 무얼 하려는 겁니까?"

 왕은 말하였다.

 "너와 정을 통하고 싶다."

 여인이 왕에게 말하였다.

 "내가 왜 종년에게서 난 종자와 정을 통하겠습니까?"

 유리왕은 크게 분노하여 신하들에게 명령하였다.

 "빨리 이년을 잡아다 손발을 자르고 깊은 구덩이에 던져 버려라."

 신하들은 왕의 명령을 받고 그녀의 손발을 자르고 구덩이 속에 던져 버렸다.

 그러자 5백이나 되는 여자들이 모두 왕을 욕하면서 말하였다.

"누가 이 몸을 가지고 종년에게서 난 종자와 정을 통하겠는가?"

왕은 화를 내며 5백 명의 석가족 여자들을 잡아다 모두 그 손발을 자르고 깊은 구덩이에 던져 버렸다.

유리왕은 가비라월迦毗羅越을 완전히 파괴한 뒤 사위성舍衛城을 향해 떠났다.

그때 기타祇陀 태자는 깊은 궁중에서 여러 미녀들과 즐기고 있었다.

유리왕은 풍류 소리를 듣고 물었다.

"저 소리가 무슨 소리기에 여기까지 들리느냐?"

신하들이 대답하였다.

"저것은 기타 왕자가 깊은 궁중에서 풍류를 즐기는 소리입니다."

유리왕이 곧 몰이꾼에게 명령하였다.

"너는 이 코끼리를 돌려 기타 왕자에게로 가자."

그때 문지기는 왕이 오는 것을 멀리서 보고 아뢰었다.

"왕께선 조금만 천천히 걸으십시오. 기타 왕자께서는 지금 궁중에서 다섯 가지 욕락欲樂을 즐기고 계십니다. 시끄럽게 굴지 마십시오."

그러자 유리왕은 즉시 칼을 빼어 문지기를 죽였다.

이때 기타 왕자는 유리왕이 문밖에 와있다는 소식을 듣고 기녀들에게는 말하지 않고 곧 문밖으로 나가 왕을 맞이하였다.

"잘 오셨습니다. 대왕이여, 잠깐 들어가 쉬십시오."

그러자 유리왕이 말하였다.

"내가 저 석가족과 싸운다는 것을 너는 어찌 몰랐느냐?"

기타가 대답하였다.

"들었습니다."

유리왕이 말하였다.

"그런데 너는 왜 기녀들과 즐기기만 하고 나를 돕지 않았느냐?"

기타 왕자가 대답하였다.
"저는 중생들의 목숨을 차마 죽일 수가 없었습니다."
그러자 유리왕은 벌컥 화를 내며 즉시 칼을 뽑아 기타 왕자를 베어 죽였다. 기타 왕자는 목숨을 마친 뒤에 삼십삼천三十三天에 태어나 5백 명의 천녀天女들과 함께 즐겁게 놀았다.
그때 세존께서 천안天眼으로 기타 왕자가 목숨을 마치고 삼십삼천에 태어난 것을 보시고 곧 이런 게송을 말씀하셨다.

인간과 천상에서 복을 누리는
기타 왕자의 덕이여
선善을 행하면 뒤에 과보 받나니
그건 모두 현세의 과보로 인해서이다.

여기서도 근심하고 저기서도 근심하니
저 유리왕은 두 곳에서 늘 근심하네.
악을 행하면 뒤에 과보 받나니
그건 모두 현세의 과보로 인해서이다.

마땅히 복의 공덕을 의지해야 하나니
앞에서 지은 것 뒤에도 그러하다.
혹은 혼자서 몰래 지으면
때로는 남들이 모를 수도 있을 것이다.

악을 행하면 그것이 악인 줄 아나니
앞에서 지은 것 뒤에도 그러하다.

혹은 혼자서 몰래 지으면
때로는 남들이 모를 수도 있을 것이다.

인간이나 천상에서 그 복을 받는데
두 곳 어디서나 복을 누리네.
선을 행하면 뒤에 과보 받나니
그건 모두 현세의 과보로 인해서이다.

여기서도 근심하고 저기서도 근심하나니
악을 지으면 두 곳에서 다 근심하네.
악을 행하면 뒤에 과보 받나니
그건 모두 현세의 과보로 인해서이다.

이때 5백 명 석가족 여자들은 스스로 귀의하고는 여래의 명호를 칭송하여 부르며 이렇게 말하였다.

"여래께서는 이 나라에서 태어나셨고, 또한 이곳에서 출가하여 도를 배운 뒤에 깨달음을 얻으셨습니다. 하온데 지금 부처님께서는 이렇게 괴로운 일을 당해 모진 고통을 겪는데도 끝내 돌보지 않으십니다. 세존이시여, 왜 돌보지 않으시나이까?"

세존께서는 맑고 트인 천이天耳로 여러 석가족 여자들이 부처를 향해 원망하는 소리를 들으셨다.

그때 세존께서 모든 비구들에게 말씀하셨다.

"너희들은 모두 오라. 우리 다 같이 가서 저 가비라월을 살펴보고 또 죽은 친척들을 살펴보자."

비구들이 대답하였다.

"그렇게 하겠습니다, 세존이시여."

세존께서는 비구들을 데리고 사위성을 나가서 가비라월로 가셨다.

이때 5백 명 석가족 여자들은 세존께서 비구들을 데리고 오시는 것을 보고 모두들 벗은 몸을 부끄러워하였다.

그때 석제환인(釋提桓因)과 비사문왕(毗沙門王)이 세존의 뒤에서 부채질을 하고 있었다.

세존께서 석제환인을 돌아보며 말씀하셨다.

"저 석가족 여인들이 모두들 부끄러워하는구나."

석제환인이 아뢰었다.

"그렇습니다, 세존이시여."

석제환인은 곧 하늘나라 옷으로 그 5백 명 여자들의 몸을 가려 주었다.

세존께서 비사문왕에게 말씀하셨다.

"저 여인들은 굶주리고 목말라한 지가 오래되었다. 어떻게 하면 좋은가?"

비사문왕이 부처님께 아뢰었다.

"그렇습니다, 세존이시여."

비사문왕은 곧 천연의 하늘나라 음식을 마련해 모든 석가족 여자들에게 주어 배불리 먹게 하였다. 그때서야 세존께서는 그 여자들에게 미묘한 법을 차근차근 설명하셨다.

"이른바 법(法)이란 모두 흩어지기 마련이니, 만남이 있으면 반드시 이별이 있다. 여인들아, 마땅히 알아야 한다. 이 5성음(盛陰 : 몸)은 다 이와 같은 고통과 온갖 번민을 받다가 다섯 갈래의 세계에 떨어지는 것이다. 이 5성음의 몸을 받으면 반드시 행(行)의 과보를 받기 마련이고, 행의 과보로 곧 태(胎)에 들어가게 되며, 태에 들어가고 나면 다시 괴롭고 즐거운 과보를 받아야 하느니라.

  그러나 만일 이 5성음이 없다면 곧 몸을 받지 않을 것이요, 몸을 받지 않는다면 태어남이 없을 것이며, 태어남이 없기 때문에 늙음이 없고, 늙음이 없기 때문에 병이 없으며, 병이 없기 때문에 죽음이 없고, 죽음이 없기 때문에 만났다 헤어지는 괴로움이 없을 것이다. 그러므로 여인들아, 이 5음陰이 이루어지고 없어지는 변화를 잘 사유思惟해야 하느니라.

  왜냐하면 5음을 알면 곧 다섯 가지 욕망(五欲)을 알게 되고, 다섯 가지 욕망을 알면 애욕(愛)이라는 법을 알게 되며, 애욕이라는 법을 알면 곧 물들고 집착함(染著)이라는 법을 알게 될 것이다. 이런 여러 가지를 알고 나면 다시는 태에 들어가지 않을 것이요, 태에 들어가지 않으면 태어남·늙음·병듦·죽음이 없을 것이다."

  그때 세존께서는 여러 석가족 여인들에게 차례로 이런 법을 말씀하셨다. 즉 보시에 대한 논(施論)과 계율에 대한 논(戒論)과 천상에 태어나는 데 대한 논(生天論)과 탐욕은 더러운 것이므로 그것을 벗어나는 것이 즐거움이라는 가르침이었다. 그때 세존께서는 그들의 마음이 열리고 뜻에 이해가 생긴 것을 아시고, 모든 불세존佛世尊께서 항상 말씀하셨던 법인 괴로움(苦)·괴로움의 발생(集)·괴로움의 소멸(盡)·괴로움의 소멸에 이르는 길(道)을 모두 설명하셨다.

  그때 그 모든 여자들은 온갖 티끌과 때가 완전히 다해 법안法眼이 깨끗해졌고, 제각기 그 자리에서 목숨을 마치고는 모두 천상에 태어났다.

  그때 세존께서는 성城 동쪽 문으로 다가갔고 성안에서 연기와 불꽃이 왕성히 일어나는 것을 보시고 곧 다음과 같은 게송을 읊으셨다.

모든 현상은 덧없는 것이라서
태어나면 반드시 죽음이 있네.
태어나지 않으면 죽지 않나니
이 열반이 최고의 즐거움이네.

세존께서는 비구들에게 "너희들은 모두 나를 따라 오라"고 하시고는 니구류원尼拘留園으로 가서 자리를 잡고 앉으셨다. 그때 세존께서 비구들에게 말씀하셨다.

"여기가 니구류원이다. 나는 옛날 여기서 여러 비구들에게 법을 자세히 설명했다. 그런데 지금은 텅 비어 아무도 없구나. 옛날 수천만 사람들이 이곳에서 도를 얻어 법안이 깨끗해졌느니라. 오늘 이후로 여래는 다시는 이곳에 오지 않을 것이다."

그때 세존께서는 모든 비구들에게 설법을 마치고 곧 자리에서 일어나 사위국 기수급고독원으로 가셨다.

그때 세존께서 모든 비구들에게 말씀하셨다.

"지금 저 유리왕과 그 군사들은 이 세상에 오래 살지 못할 것이다. 오늘부터 이레 뒤에는 모두 없어지고 말 것이다."

유리왕은 세존께서 '유리왕과 그 군사들은 지금부터 이레 뒤에 모두 없어지리라'고 예언하셨다는 말을 듣고는 매우 두려워하며 신하들에게 말하였다.

"여래께서 오늘 예언하시기를 '유리왕은 이 세상에 오래 살지 못하고 지금부터 이레 뒤에 군사들과 함께 모두 없어지리라'고 하셨다고 한다. 너희들은 도적이나 수재水災나 화재火災의 변이 우리나라를 침노하는 일은 없는지 바깥 경계를 잘 살펴보아라. 왜냐하면 모든 불여래佛如來께서는 두 갈래 말을 하지 않으신다. 그 말씀은 결국 틀림이 없기 때문이다."

그때 호고 범지가 왕에게 아뢰었다.

"왕께선 두려워 마소서. 지금 바깥 경계에는 도적의 두려움도 없고 수재나 화재의 변도 없습니다. 지금 대왕께서는 마음껏 즐기소서."

유리왕이 말하였다.

"범지여, 모든 불세존佛世尊의 말씀은 틀림이 없다는 것을 알아야 한다."

이때 유리왕이 사람을 시켜 날짜를 세게 하였는데, 이레가 되자 대왕은 너무 기뻐 어쩔 줄 몰랐다. 그는 여러 군사들과 시녀들을 데리고 아지라阿脂羅라는 강가에 나가 즐기면서 놀다가 바로 그곳에서 밤을 보내게 되었다.

그런데 그날 한밤중에 갑자기 구름이 일어나더니 사나운 비바람이 몰아쳤다. 유리왕과 그 군사들은 모조리 물에 휩쓸려 모두 사라졌고, 몸이 무너지고 목숨을 마친 뒤에는 아비지옥阿鼻地獄에 떨어졌다. 또 하늘에서 불이 내려와 성안에 있는 모든 궁전을 모두 불살랐다.

그때 세존께서는 천안으로 유리왕과 그 네 종류 군사들이 물에 휩쓸려 모조리 목숨을 마치고 지옥에 떨어지는 것을 관찰하셨다.

세존께서 곧 이런 게송을 읊으셨다.

　　악을 행하되 매우 심하게 하는 것
　　그 모두는 몸과 입으로 행한 것이다.
　　지금 세상에서 몸으로도 고통 받지만
　　타고 난 목숨도 짧아지리라.

　　만일 집에서 지낼 때라면

그 집은 모두 불에 살리고
만일 목숨을 마치게 되면
반드시 지옥에 떨어지리라.

그때 많은 비구들이 세존께 아뢰었다.
"유리왕과 그 네 종류의 군사들은 지금 목숨을 마치고 어디에 태어났습니까?"
세존께서 말씀하셨다.
"유리왕은 지금 아비지옥에 떨어졌느니라."
모든 비구들이 세존께 아뢰었다.
"저 석씨들은 과거에 무슨 인연을 지었기에 지금 유리왕에게 해침을 당하였습니까?"
그러자 세존께서 모든 비구들에게 말씀하셨다.
"옛날 이 라열성羅閱城에 한 어부들이 모여 살던 마을이 있었다. 마침 흉년이 들어 사람들은 풀뿌리를 먹었으니, 금 한 되로 쌀 한 되를 바꿀 정도였다. 그 마을에는 큰 못이 있었는데 또 그 못에는 고기도 많았다. 그래서 라열성 사람들은 그 못으로 가서 고기를 잡아먹고 살았다. 그때 그 못에는 두 종류의 물고기가 살고 있었는데, 하나는 이름이 구소拘璅이고 다른 하나는 양설兩舌이라고 하였다. 그 두 물고기는 서로 의논하였다.

'우리는 이전에 이 사람들에게 잘못을 저지른 적이 없다. 또 우리는 물에서 사는 짐승이라서 땅에서는 살지 못한다. 그런데도 이 사람들이 모두 와서 우리를 잡아먹고 있으니, 만일 우리가 전생에 조그만 복이라도 지은 것이 있다면 그것으로 원수를 갚자.'

그때 그 마을에 나이가 겨우 여덟 살쯤 되는 어린아이가 있었다. 그 아이는 물고기를 잡지도 않고 또 목숨을 죽이지도 않았다. 그러나 그는 물고기들이 언덕 위에 모두 죽어 있는 것을 보고는 매우 재미있어 했다.

비구들아, 너희들은 마땅히 알아야 한다. 너희들은 그때 라열성 사람들이 누구라고 생각하느냐? 지금의 석가족이 바로 그들이었느니라. 그때 그 구소라는 물고기는 지금의 저 유리왕이고, 그때 저 양설이라고 하는 물고기는 지금의 호고 범지이며, 그때 언덕에 죽어 있는 물고기를 보고 웃었던 어린애는 바로 나였느니라.

그때 그 석가족은 앉아서 물고기를 먹었는데, 그 인연으로 무수한 겁 동안 지옥에 떨어졌다가 지금 이 지경이 된 것이다. 나는 그때 앉아서 바라보며 웃었기 때문에 지금 머리를 돌로 치는 것 같고 또 머리에 수미산을 인 것 같은 두통을 앓고 있는 것이다. 왜냐하면 여래는 다시는 몸을 받지 않고 온갖 행行을 버렸으며 모든 액난厄難을 벗어났기 때문이니라.

비구들아, 이런 인연으로 말미암아 지금 이런 과보를 받은 것이다. 그러므로 모든 비구들아, 너희들은 마땅히 몸과 입과 뜻으로 짓는 행을 잘 단속하고, 범행梵行 닦는 이를 생각하고 공경하며 받들어 섬기도록 해야 한다. 비구들아, 마땅히 이와 같이 배워야 하느니라."

그때 모든 비구들은 부처님의 말씀을 듣고 기뻐하며 받들어 행하였다.

〔3〕
이와 같이 들었다.

어느 때 부처님께서는 사위국 기수급고독원에 계셨다.

그때 세존께서 모든 비구들에게 말씀하셨다.

"천자가 목숨을 마치려 할 때에는 전에 없었던 다섯 가지 징조가 앞에 나타난다. 어떤 것이 그 다섯 가지인가? 첫째는 꽃으로 만든 관이 저절로 시들고, 둘째는 옷에 때가 끼며, 셋째는 몸에서 냄새가 나고, 넷째는 본래의 자리를 좋아하지 않으며, 다섯째는 천녀들이 별처럼 흩어지는 것이다. 이것이 이른바 '천자가 목숨을 마치려고 할 때에는 다섯 가지 징조가 나타난다'고 하는 것이니라.

그때 그 천자는 몹시 근심하면서 가슴을 치고 울부짖는다. 그러면 다른 천자들이 그 천자를 찾아와 이렇게 말한다.

'그대는 지금 이렇게 가면 좋은 곳에 태어나 좋은 것을 얻고 좋은 이익을 얻을 것이오. 좋은 이익을 얻을 것이니 좋은 업에 편안히 머무를 것을 생각하시오.'

여러 천자들은 이렇게 가르칠 것이니라."

그때 어떤 비구가 세존께 아뢰었다.

"삼십삼천은 어떤 좋은 곳에 태어나고, 어떤 좋은 이익을 얻으며, 어떤 좋은 업業에 머무릅니까?"

세존께서 말씀하셨다.

"하늘에게는 인간세상이 바로 좋은 곳이다. 좋은 곳을 얻고 좋은 이익을 얻는 이는 바른 식견이 있는 집안에 태어나 선지식善知識과 함께 일하며, 여래의 법 안에서 신근信根을 얻는다. 이것을 일러 '좋은 이익을 얻는다'고 하는 것이니라.

어떤 것이 좋은 업에 편안히 머무르는 것인가? 그는 여래의 법 안에서 신근信根을 얻어 수염과 머리를 깎고 견고한 믿음으로 출가하여 도를 배운다. 그는 도를 배워 계성戒性을 두루 갖추고 모든 감각기관이 원만하며 음식에 만족할 줄 알고 항상 경행經行을 생각하며 세 가지 지혜를 얻는다. 이것을 일러 '좋은 업에 편안히 머무른다'고 하는 것이니라."
그때 세존께서 곧 이런 게송을 말씀하셨다.

> 하늘에겐 인간세상이 제일 좋은 곳
> 선량한 벗은 좋은 이익이 되고
> 출가出家는 좋은 업이 되어
> 번뇌가 다해 번뇌가 없게 되네.

"비구들아, 마땅히 알아야 한다. 저 삼십삼천은 5욕欲에 집착한다. 그러므로 그에게는 인간 세상이 좋은 곳이 된다. 그래서 그는 여래의 법에 출가하여 좋은 이익을 얻고 세 가지 지혜를 얻는다. 왜냐하면 모든 불세존은 모두 인간에서 나왔고 하늘에서 된 것이 아니기 때문이다. 그러므로 비구들아, 여기서 목숨을 마치면 장차 천상에 태어나야 하느니라."[2]

이때 그 비구가 세존께 여쭈었다.
"비구는 어떤 좋은 곳에서 태어나야 합니까?"
"열반涅槃이 곧 비구에게는 좋은 곳이다. 비구야, 너는 이제 마땅히 방편을 구해 열반에 이르도록 해야 하느니라. 비구들아, 마땅히 이와 같이 배워야 하느니라."

그때 모든 비구들은 부처님의 말씀을 듣고 기뻐하며 받들어 행하였다.

---

[2] 비구들에게 인간세계를 천상보다 훌륭한 곳으로 말씀하시고 있는 문맥으로 보아 "비구들아, 여기서 목숨을 마치고 천상에 태어나지는 말라"가 되어야 옳을 듯하다.

〔 4 〕

이와 같이 들었다.

어느 때 부처님께서는 사위국 기수급고독원에 계셨다.

그때 세존께서 모든 비구들에게 말씀하셨다.

"출가한 사문에게는 비방 받을 만한 다섯 가지 일이 있다. 어떤 것이 그 다섯 가지 인가? 첫째는 머리를 기르는 것이요, 둘째는 손톱을 기르는 것이며, 셋째는 옷에 때가 낀 것이요, 넷째는 적절한 시기를 모르는 것이며, 다섯째는 말이 많은 것이다. 왜냐하면 말이 많은 비구에게는 또 다섯 가지 허물이 있기 때문이다.

어떤 것이 그 다섯 가지 허물인가? 첫째는 남들이 그 말을 믿지 않는 것이요, 둘째는 남들이 그 말을 듣지 않는 것이며, 셋째는 남들의 미움을 받는 것이요, 넷째는 거짓말을 하는 것이며, 다섯째는 남을 싸우게 하는 것이다. 이것을 일러 '말이 많은 사람은 다섯 가지 허물이 있다'고 하는 것이니라.

비구들아, 너희들은 지금 이 다섯 가지를 버리고 삿된 생각을 없애도록 하라. 모든 비구들아, 마땅히 이와 같이 배워야 하느니라."

그때 모든 비구들은 부처님의 말씀을 듣고 기뻐하며 받들어 행하였다.

〔 5 〕[3]

이와 같이 들었다.

어느 때 부처님께서는 사위국 기수급고독원에서 5백 명의 비구들과 함께 계셨다.

---

3 서진西晉 시대 법거法炬가 한역한 『빈비사라왕예불공양경頻毗娑羅王詣佛供養經』을 참조할 것.

그때 빈비사라왕頻毗娑羅王이 모든 신하들에게 명하였다.

"보배 깃털로 장식한 수레를 속히 준비시켜라. 내가 사위성으로 가서 친히 세존을 뵈리라."

신하들은 왕의 명령을 받고 곧 보배 깃털로 장식한 수레를 준비하고 왕에게 나아가 아뢰었다.

"수레 준비가 다 되었습니다. 대왕께선 때가 되었음을 아소서."

그때 빈비사라왕은 보배 깃털로 장식한 수레를 타고 라열성羅閱城을 나서 사위성舍衛城으로 나아갔고, 점차 기원정사祇洹精舍에 이르러 기원정사로 들어가려고 하였다.

물로 관정의식을 치룬 왕의 법에는 다섯 가지 위용威容이 있다. 그런데도 왕은 그것을 모두 한쪽에 치워두고, 세존께 나아가 머리를 조아려 그 발에 예배하고 한쪽에 앉았다.

그때 세존께서 그를 위해 점차적으로 미묘한 법을 설명하셨다. 왕은 그 법을 듣고 세존께 아뢰었다.

"원컨대 여래께서는 라열성에서 여름 안거安居를 지내소서. 의복·음식·침구·병을 치료하는 의약 등을 공양하겠습니다."

세존께서는 잠자코 빈비사라왕의 청을 들어주셨다.

왕은 세존께서 잠자코 청을 들어주시는 것을 보고, 곧 자리에서 일어나 머리를 조아려 그 발에 예배하고 세 번 돌고는 물러갔다. 그는 라열성으로 돌아가 궁중으로 들어갔다.

그때 빈비사라왕은 한적한 곳에 있다가 이렇게 생각하였다.

'나는 목숨을 마칠 때까지 여래와 비구 스님들께 의복·음식·침구·의약 등을 공급할 수 있다. 그러나 빈약한 사람들도 가엾이 여겨야 한다.'

빈비사라왕은 곧 그날로 신하들에게 말하였다.

"나는 아까 '나는 목숨을 마칠 때까지 여래와 비구 스님들께 의복·음식·침구·의약 등을 공양할 수 있다. 그러나 빈약한 사람들도 가엾이 여겨야 한다'고 이렇게 생각하였다. 너희들은 제각기 차례로 여래와 비구 스님들께 공양하도록 하라. 영원토록 무궁한 복을 받으리라."

그때 마갈국摩竭國의 왕은 곧 궁궐 문 앞에 큰 강당을 세우고 또 갖가지 음식을 준비하였다.

그때 세존께서 5백 명 비구들을 데리고 사위성을 나와 세간에 노닐면서 차츰 라열성 가란타죽원迦蘭陀竹園에 가까이 이르셨다. 빈비사라왕은 세존께서 가란타죽원에 오셨다는 말을 듣고, 즉시 보배 깃털로 장식한 수레를 타고 세존께 나아가 머리를 조아려 그 발에 예배하고 한쪽에 앉았다. 그때 빈비사라왕이 세존께 아뢰었다.

"저는 한적한 곳에서 '지금 나는 당장이라도 의복·음식·침구·의약 등을 공급해 줄 수 있다. 그러나 저 빈약한 사람들도 생각해줘야만 한다'고 이렇게 생각하고는, 곧 신하들에게 '너희들은 제각기 음식을 장만하여 차례로 부처님께 공양하라'고 이렇게 말하였습니다.

어떻습니까? 세존이시여. 이것은 옳습니까, 옳지 않습니까?"

세존께서 말씀하셨다.

"훌륭하고 훌륭합니다. 대왕이여, 그것은 많은 이익이 있을 것입니다. 천상과 인간을 위해 좋은 복밭을 만들었습니다."

그때 빈비사라왕이 세존께 아뢰었다.

"원컨대 세존이시여, 내일은 궁중에 오셔서 공양하소서."

빈비사라왕은 세존께서 잠자코 그 청을 들어주신 것을 보고, 곧 일어나 머리를 조아려 예배하고 물러갔다.

이튿날 아침 세존께서는 가사를 입고 발우를 가지고 성으로 들어가 왕궁에 이르러 차례로 앉으셨다.

  왕은 갖가지 맛있는 음식을 자신의 손으로 손수 돌리면서 기뻐하였고 혼란스럽게 하지 않았다.

  세존께서 공양을 마치시자 빈비사라왕은 발우를 치우고 곧 낮은 자리를 가져다 여래 앞에 앉았다.

  세존께서는 왕을 위해 미묘한 법을 차례로 설명하여 그 마음을 기쁘게 해 주셨다. 그때 세존께서 왕과 신하들을 위해 설명한 미묘한 법은 보시에 대한 논[施論]과 계율에 대한 논[戒論]과 천상에 태어나는 데 대한 논[生天論]과 탐욕은 깨끗하지 못한 생각이고 음욕은 더러운 것이므로 그것을 벗어나는 것이 즐거움이라고 말씀하셨다. 그때 세존께서는 그 중생들의 마음이 열리고 뜻에 이해가 생긴 것을 다시는 의심이 없음을 아시고, 모든 불세존佛世尊께서 항상 말씀하셨던 법인 괴로움[苦]·괴로움의 발생[集]·괴로움의 소멸[盡]·괴로움의 소멸에 이르는 길[道]을 모두 말씀하셨다.

  이렇게 세존께서 설법하시자, 그 자리에 있던 60여 명은 온갖 번뇌가 사라져 법안法眼이 깨끗해졌고, 60명 대신들과 5백 명 하늘 신들도 온갖 번뇌가 다 사라져 법안法眼이 깨끗해졌다.

  그때 세존께서 빈비사라왕과 그 백성들을 위해 이런 게송을 말씀하셨다.

    제사에는 불이 제일이 되고
    글 중에는 게송이 으뜸이며
    임금은 사람 중에 높은 이요
    모든 물은 바다가 그 근원이며
    별들 중에는 달이 가장 빛나고

광명 가운데는 해가 제일이네.

위와 아래와 또 사방에
존재하고 있는 모든 만물과
하늘과 세상사람 중에는
부처님이 가장 높은 분이시니
만일 그 복을 구하려거든
마땅히 부처님께 공양하여라.

세존께서는 이 게송을 마치고 곧 자리에서 일어나 떠나셨다.
그때 라열성 사람들은 그 귀하고 천함과 부유하고 가난한 형편에 따라 부처님과 비구들께 공양하였다.
그래서 세존께서 가란타죽원에 계시자 그 나라 사람으로 공양하지 않는 이가 없었다. 그리고 그 라열성 안의 모든 범지들도 차례로 음식을 장만하였다. 그 범지들은 한 곳에 모여 의논하였다.
'우리 각자 세 냥씩 돈을 내어 음식을 공양하자.'
그때 라열성에 계두鷄頭라는 범지가 있었다.
그는 너무도 가난해 달리는 업으로 겨우 살아갔으므로 거기 낼 돈이 없었다. 그래서 여러 범지들에게 내몰려 대중들로부터 쫓겨났다. 계두 범지는 집에 돌아가 그 아내에게 말하였다.
"당신은 지금 알아야 하오. 나는 범지들 틈에 있지 못하고 쫓겨났소. 왜냐하면 돈이 없었기 때문이오."
아내가 대답하였다.
"저 성으로 도로 들어가 남에게 빚을 내면 틀림없이 구할 수 있을 것입니다. 그 주인에게 '이레 뒤에 반드시 갚겠습니다. 만일 갚지 못하면 우리 부부가 모두 노비가 되겠습니다'라고 하십시오."

범지는 아내의 말을 따라 곧 성안에 들어가 여러 곳을 다니며 빚을 구했지만 끝내 얻지 못하였다. 그는 아내에게 다시 돌아와서 말하였다.

"나는 여러 곳을 다니며 구해보았으나 끝내 얻을 수 없었소. 어떻게 하면 좋겠소?"

이때 아내가 대답하였다.

"라열성 동쪽에 불사밀다라不奢蜜多羅라는 큰 장자가 있는데 그는 재물과 보배가 많습니다. 그에게 가서 빚을 구하되 '돈 세 냥만 빌려 주십시오. 이레 뒤에는 반드시 갚겠습니다. 만일 갚지 못하면 우리 부부가 모두 노비가 되겠습니다'라고 해 보셔요."

그 범지는 아내의 말을 따라 불사밀다라에게 가서 돈을 구했다.

'이레 안에는 반드시 갚겠습니다. 만일 갚지 못하면 우리 부부가 모두 노비가 되겠습니다.'

그때 불사밀다라는 곧 돈을 주었고, 계두 범지는 그 돈을 가지고 그 아내에게 돌아와 아내에게 말하였다.

"돈은 얻었는데 어떻게 하면 좋겠소?"

아내가 대답하였다.

"그 돈을 가지고 가서 대중들에게 내십시오."

그 범지는 곧 그 돈을 가지고 가서 대중들에게 내었다. 범지들은 그 범지에게 말하였다.

"우리가 벌써 다 마련하였다. 그 돈은 가지고 집으로 돌아가라. 이 대중 속에 있을 필요가 없다."

그 범지는 집으로 돌아가 그 아내에게 이 사실을 말하였다. 그 아내가 말하였다.

"우리 두 사람이 함께 세존께 찾아가 이 심정을 호소해 봅시다."
 범지는 그 아내를 데리고 세존께 나아가 문안드리고 한쪽에 앉았다. 그의 아내도 세존의 발에 예배하고 한쪽에 앉았다. 이때 범지는 앞에 있었던 일을 세존께 자세히 아뢰었다.
 그때 세존께서 범지에게 말씀하셨다.
 "너는 지금 여래와 비구들을 위해 음식을 준비하라."
 그때 범지가 그의 아내를 물끄러미 쳐다보자 아내가 말하였다.
 "부처님의 분부만 받들 뿐 어려워할 것은 없습니다."
 범지는 곧 자리에서 일어나 부처님 앞으로 나아가 아뢰었다.
 "원컨대 세존과 비구들께서는 저의 청을 들어주소서."
 세존께서는 잠자코 범지의 청을 들어주셨다. 그때 석제환인釋是桓因은 세존 뒤에서 합장하고 모시고 서 있었다. 세존께서 석제환인을 돌아보시고 말씀하셨다.
 "너는 이 범지를 도와 함께 음식을 마련하라."
 석제환인이 대답하였다.
 "그렇게 하겠습니다. 세존이시여."
 그때 비사문천왕毗沙門天王은 여래에게서 그리 멀지 않은 곳에서 헤아릴 수 없이 많은 귀신들을 거느리고 세존께 부채질을 하고 있었다. 석제환인이 비사문천왕에게 말하였다.
 "너도 이 범지를 도와 음식거리를 준비하라."
 비사문이 대답하였다.
 "매우 훌륭합니다. 천왕이여."
 비사문천왕이 세존 앞에 나아가 머리를 조아려 그 발에 예배하고, 부처님을 세 번 돌고 제 몸을 숨기더니 사람 모양으로 변해 5백 명 귀신들을 데리고 음식거리를 준비하였다. 그때 비사문천왕이 귀신들에게 명命하였다.

"너희들은 속히 저 전단栴檀숲으로 들어가 전단 나무를 가져다 쇠로 만든 부엌에 두어라."

부엌에서는 5백 귀신들이 음식을 장만하였다. 그때 석제환인은 자재천자自在天子에게 말하였다.

"비사문은 지금 쇠로 부엌을 만들고 부처님과 비구들께 드릴 음식을 만들고 있다. 너는 지금 신통으로 강당을 만들어 부처님과 비구들께서 그곳에서 공양할 수 있도록 하라."

자재천자가 대답하였다.

"그것은 매우 아름다운 일입니다."

자재천자는 석제환인의 말을 듣고, 라열성에서 그리 멀지 않은 곳에 신통으로 금·은·수정·유리·마노·적주·자거의 7가지 보배로 된 강당을 만들었다. 그리고 다시 금·은·수정·유리의 네 층계를 만들었다.

금 층계 위에는 은 나무를 만들고 은 층계 위에는 금 나무를 만들었는데, 금 뿌리에 은 줄기와 은 가지와 은 잎이었다. 또 금 층계 위에는 은 잎과 은 가지를 만들고, 수정 층계 위에는 유리 나무를 만들어 그 갖가지들을 이루 다 말할 수 없이 많았다. 또 여러 가지 보배로 그 사이사이를 장식하고 다시 7가지 보배로 그 위를 덮었다.

4방에는 좋은 금방울을 두루 달아놓았는데 그 방울들은 모두 여덟 가지 소리를 내었다. 다시 좋은 평상을 만들어 좋은 자리를 펴고, 비단과 번기와 일산을 달아 두었으니 세상에서 보기 드문 것들이었다.

그때 우두전단牛頭栴檀[4]에 불을 붙여 밥을 짓자 그 향기가 라열성에

---

4 팔리어로는 gosisa-candana이고, 적동색을 띠며 전단향 중 최고로 좋은 향을 가졌다고 한다. 옛날부터 불상과 전각 등을 조성하는 데 사용되었던 고급목재이다.

서 12유순 안에 가득 찼다.

그때 마갈국의 왕이 신하들에게 물었다.

"나는 깊은 궁중에서 나서 거기서 자랐지만 이런 향내는 전혀 맡아 보지 못하였다. 그런데 라열성 근처에서 무슨 일로 이런 향냄새가 나는가?"

신하들이 아뢰었다.

"이것은 계두 범지가 부엌에서 하늘나라의 전단을 태우는데 거기에서 나는 향내입니다."

그때 빈비사라왕이 신하들에게 명하였다.

"보배 깃털로 장식한 수레를 속히 준비하라. 내가 세존께 나아가 어떻게 된 영문인지 여쭈어보리라."

그러자 모든 신하들이 아뢰었다.

"그렇게 하겠습니다, 대왕이시여."

빈비사라왕은 곧 세존께 나아가 머리를 조아려 그 발에 예배하고 한쪽에 서 있었다. 그때 국왕은 쇠로 만든 부엌에서 5백 명이 음식을 만들고 있는 것을 보고 말하였다.

"이것은 누가 상만하는 음식인가?"

귀신들이 사람 모양을 하고 대답하였다.

"계두 범지가 부처님과 비구들을 청해 공양하려는 것입니다."

국왕은 또 멀리서 높고 넓은 강당을 보고 시자(侍者)에게 물었다.

"저것은 누가 지은 강당인가? 전에는 없었는데 누가 지었는가?"

신하들이 대답하였다.

"그게 어찌된 일인지 모르겠습니다."

이때 빈비사라왕은 이렇게 생각하였다.

'내가 지금 세존께 가서 그 까닭을 여쭈어 보아야겠다. 세존께서는

모르시는 일이 없고 못 보시는 일이 없다.'

그때 마갈국의 빈비사라왕이 세존께 나아가 머리를 조아려 그 발에 예배하고 한쪽에 앉았다. 그때 빈비사라왕은 세존께 아뢰었다.

"전에는 이런 높고 넓은 강당을 보지 못하였사온데 오늘 이것을 보나이다. 전에는 이 쇠로 만든 부엌을 보지 못하였사온데 오늘 이것을 보나이다. 이것은 도대체 무슨 물건이며, 누구의 조화입니까?"

세존께서 말씀하셨다.

"대왕이여, 마땅히 아셔야 합니다. 이 부엌은 비사문천왕이 만든 것이고, 또 이 강당은 자재천자가 만들었습니다."

그때 마갈국의 왕은 그 자리에서 슬픔과 울음이 북받쳐 어쩔 줄 몰랐다. 세존께서는 그것을 보고 말씀하셨다.

"대왕이여, 무슨 까닭에 그리 슬피 우십니까?"

빈비사라왕이 부처님께 아뢰었다.

"어찌 감히 슬피 울지 않을 수 있겠습니까? 다만 생각건대 뒷세상 사람들은 성인의 출현을 직접 보지 못할 것입니다. 미래 사람들은 재물에 집착하고 위엄과 덕이 없어 이런 기이한 보물이 있다는 말을 듣지도 못할 텐데 하물며 어떻게 보겠습니까? 지금 여래께서 그런 기이하고 특별한 신통으로 세상에 나타내심을 뵈오니 저절로 슬픈 울음이 납니다."

세존께서 말씀하셨다.

"미래 세상의 왕이나 백성들은 결코 이런 신통을 보지 못할 것이다."

그때 세존께서 국왕을 위해 설법하시어 기쁜 마음을 내게 하셨다. 왕은 그 설법을 듣고 곧 자리에서 일어나 떠나갔다.

비사문천왕은 바로 그날 계두 범지에게 말하였다.

"너는 오른팔을 펴라."

계두 범지는 곧 오른팔을 폈다. 비사문천왕은 곧 그에게 금방망이를 주면서 말하였다.

"이 금방망이를 땅에 던져보아라."

범지가 즉시 땅에 던지자 그것은 곧 백천 냥의 금이 되었다.

비사문천왕이 말하였다.

"너는 이 금방망이를 가지고 성안에 들어가 갖가지 음식을 사서 이곳으로 가지고 오너라."

범지는 천왕의 분부를 받고 곧 그 금을 가지고 문밖으로 들어가 갖가지 음식을 사서 부엌으로 가지고 왔다. 비사문천왕은 범지를 목욕시킨 뒤 갖가지 옷을 입히고 손에는 향불을 들게 하고는 '때가 되었습니다. 지금이 바로 그때입니다. 원컨대 존자께선 왕림하소서'라고 아뢰라고 시켰다.

범지는 그 분부를 받고 손에 향로를 들고 아뢰었다.

"때가 되었습니다. 원컨대 왕림하소서."

그때 세존께서 때가 되었음을 아시고 가사를 입고 발우를 가지고 비구들을 데리고 강당으로 가 앉으셨으며, 비구들도 차례로 앉았다.

그때 계두 범지는 음식은 매우 많은데 비구들이 너무 적은 것을 보고 앞으로 나아가 세존께 아뢰었다.

"지금 음식은 이처럼 풍족한데 비구 스님들이 너무 적습니다. 어찌 하오리까?"

세존께서는 말씀하셨다.

"범지야, 너는 지금 향로를 들고 높은 다락으로 올라가 동·서·남·북을 향해 '석가문불釋迦文佛의 제자들 중 여섯 가지 신통을 얻고 번뇌가 다한 아라한은 모두 이 강당으로 모이십시오'라고 그렇게 외쳐라."

범지가 아뢰었다.

"그렇게 하겠습니다, 세존이시여."

범지는 부처님 분부를 받고 곧 다락 위로 올라가 번뇌가 다한 모든 아라한을 청하였다.

그때 동방에 있던 2만 1천 아라한이 동방에서 강당으로 왔고, 남방에서 2만 1천, 서방에서 2만 1천, 북방에서 2만 1천의 아라한이 이 강당으로 와 모였다. 그래서 그 강당에는 8만 4천 아라한이 한 자리에 모이게 되었다.

그때 빈비사라왕은 신하들을 데리고 세존께 나아가 머리를 조아려 그 발에 예배하고 또 비구 스님에게도 예배하였다. 계두 범지는 비구승들을 보자 너무 기뻐 어쩔 줄 몰랐다.

부처님과 비구 스님들에게 음식을 공양하되 자신의 손으로 직접공양하면서 기뻐해 마지않았다.

그러고도 음식이 남자 계두 범지는 세존께 아뢰었다.

"지금 부처님과 비구 스님들께 다 공양을 올렸는데도 아직 음식이 남아 있습니다."

세존께서 말씀하셨다.

"너는 지금 부처님과 비구들을 청해 이레 동안 공양하라."

범지가 대답하였다.

"그렇게 하겠습니다, 구담瞿曇이시여."

계두 범지는 곧 꿇어앉아 세존께 아뢰었다.

"지금 부처님과 비구들을 청해 이레 동안 공양하고, 다시 의복·음식·침구·의약 등을 공급해 드리겠습니다."

세존께서는 잠자코 그 청을 들어주셨다.

그때 그 대중 속에 사구리舍鳩利라고 하는 비구니比丘尼가 있었다. 그 비구니가 세존께 아뢰었다.

"저는 혹 석가문불의 제자로서 번뇌가 다한 아라한 중에 이곳에 모이지 않은 이가 있는 듯한 생각이 들었습니다. 그래서 천안天眼으로 동방세계, 남방·서방·북방세계를 두루 살펴보았지만 오지 않은 이가 하나도 없이 모두 다 모였습니다. 지금 이 대회에는 순전히 나한羅漢 진인眞人들만 모였습니다."

세존께서 말씀하셨다.

"그렇다, 사구리야. 네 말과 같다. 이 대회는 순전히 진인들만 동·서·남·북에서 빠짐없이 모두 다 와서 모인 것이니라."

그때 세존께서 이 인연으로 모든 비구들에게 말씀하셨다.

"너희들은 혹 비구니 중에서 천안이 이 비구니처럼 투철한 이를 본 적이 있느냐?"

비구들이 아뢰었다.

"보지 못하였습니다. 세존이시여."

그때 세존께서 말씀하셨다.

"나의 성문 제자 중에 천안天眼이 제일인 이는 이 사구리 비구니이니라."

이때 계두 범지는 이레 동안 의복·음식·침구·의약 등을 성중聖衆에게 공양하였고, 다시 향과 꽃을 여래 위에 뿌렸다. 그러자 그 꽃들은 허공에서 7보가 그물처럼 얽힌 누각으로 변하였다. 범지는 그 누각을 보고 너무 기뻐 어쩔 줄 모르면서 세존 앞으로 나아가 아뢰었다.

"원컨대 세존이시여, 저도 도에 들어가 사문이 되는 것을 허락하여 주소서."

그때 계두 범지는 곧 도를 닦게 되어 모든 감각기관이 고요해졌고 스스로 그 뜻을 닦아 잠을 없애버렸다. 비록 눈으로 빛깔을 보더라도 생각을 일으키지 않았고, 그 눈도 나쁜 생각이 없어 잡생각으로 치달려가지 않았다. 그래서 눈을 잘 보호하였다. 또 귀로 소리를 듣거나 코로 냄새를 맡거나 혀로 맛을 보아도 그러했으며, 몸으로 보드라운 감촉을 느껴도 보드랍다는 생각을 일으키지 않았고, 뜻으로 법을 알아도 그 또한 그러하였다. 그래서 사람의 마음을 덮어 지혜 없는 사람으로 만드는 5결結과 5개蓋를 곧 없앴다.

살해할 뜻이 없이 그 마음을 깨끗이 하여 스스로 살생하지 않고, 살생할 생각을 하지 않으며, 남을 시켜 살생하게 하지도 않고, 칼이나 몽둥이를 손에 잡지 않았으며, 인자仁慈한 마음을 내어 일체 중생을 대하였다.

또 도둑질을 버리고 도둑질 할 생각을 내지 않아 그 마음을 깨끗이 하였으며, 항상 모든 중생들에게 보시하려는 마음을 가지고, 또 도둑질하지 못하게 하였다.

또 제 자신이 음행하지 않고 남을 시켜 음행하게 하지 않으며, 항상 범행梵行을 닦아 깨끗해 더러움이 없었으며 범행 안에서 그 마음을 깨끗이 하였다.

또 제 자신이 거짓말하지 않고 남을 시켜 거짓말하게 하지 않으며, 항상 진실만을 생각해 거짓말로 세상 사람을 속이는 일이 없이 그 안에서 마음을 깨끗이 하였다.

또 제 자신이 이간질하지 않고 남을 시켜 이간질하게 하지 않으며, 여기서 이 말을 듣더라도 저기 가서 전하지 않고 저기서 저 말을 듣더라도 여기 와서 전하지 않으면서 그 안에서 그 마음을 깨끗이 하였다.

그는 또 음식에 있어서도 만족할 줄을 알아 맛있는 음식에 대해서도 집착하지 않고, 고운 빛깔에도 집착하지 않으며, 기름지고 깨끗한 것에도 집착하지 않았다. 다만 그 몸을 지탱하고 목숨을 보존하며, 묵은 병을 고치고 새 병이 생기지 않게 하며, 도를 닦아 언제나 함이 없는 경지에 머무르려고 할 뿐이었다. 이를 비유하면 마치 남자나 여자가 부스럼에 고약을 바르는 것은 그 부스럼을 고치기 위해서인 것과 같았다. 그도 또한 마찬가지여서 음식에 있어 만족할 줄 알았던 것은 묵은 병을 고치고 새 병이 생기지 않게 하기 위함일 따름이었다.

또 그는 때로는 밤을 새우면서 도를 닦아 때를 놓치지 않고 37품도品道의 행을 잃지 않았다. 앉기도 하고 거닐기도 하면서 수면의 장애〔蓋〕를 없앴으니, 초저녁에는 앉기도 하고 거닐기도 하면서 수면의 장애를 없앴고, 한밤중에는 오른쪽으로 누워 다리를 포개고 마음을 밝은 데에 메어두었으며, 새벽에는 앉기도 하고 거닐기도 하면서 그 마음을 깨끗이 하였다.

그래서 그는 음식에 만족할 줄 알고 경행經行함에 있어 때를 놓치지 않았으며 탐욕과 더러운 생각을 버리고 어떤 나쁜 행도 없이 초선初禪에 노닐었다. 다시 이전부터 있었던 각覺과 관觀을 쉬고, 기억〔念〕과 기쁨과 즐거움으로 제2선禪에 노닐었다. 다시 즐거움이 없어지고 평정한 기억〔念〕 청정하고 스스로 몸의 즐거움을 느끼며, 성현들이 구하는 평정한 기억이 청정한 제3선에 노닐었다. 그는 다시 괴로움과 즐거움이 없어지고 아무 근심도 없으며, 괴로움도 즐거움도 없는 평정한 기억이 청정한 제4선에 노닐었다.

그는 청정하여 더러움이 없는 삼매에 든 마음〔三昧心〕으로 두려움이 없게 되었다. 다시 삼매를 얻어 무수한 세월 동안 겪은 일을 기억하게 되었으니, 그는 과거 1생·2생·3생·4생·5생·10생·20생·30생·40생·50생·1백 생·1천 생·만 생·수천만 생과 이루어지는 겁(成劫)・무너지는 겁(敗劫)・이루어지고 무너지는 겁(成敗劫)에 있었던 일들을 다 기억하였다.

'나는 예전에 어디에 태어났었고, 성姓은 무엇이었으며 이름은 무엇이었다. 어떤 음식을 먹었고 어떤 괴로움과 즐거움을 받았었다'라고 알았고, 또 수명이 길고 짧았던 것과 저기서 죽어 여기에 태어났고 여기서 죽어 저기에 태어났다는 그러한 인연의 본말을 모두 다 알았다.

그는 또 청정하여 더러움이 없는 삼매에 든 마음(三昧心)으로 두려움이 없게 되어, 태어나고 죽는 중생들을 관찰하였다. 그는 또 천안天眼으로 태어나고 죽는 중생들을 관찰하여 좋은 세계와 나쁜 세계, 좋은 모양과 나쁜 모양, 예쁜지 추한지 등 그 행에 따른 종류들을 모두 다 알았다.

또 어떤 중생이 몸과 입과 뜻으로 나쁜 짓을 저지르고 성현을 비방하며 온갖 삿된 업의 근본을 짓고는 몸이 무너지고 목숨이 끝난 뒤에 지옥에 태어나는 것을 알았고, 또 어떤 중생이 몸과 입과 뜻으로 선한 행을 하였고 성현聖賢을 비방하지 않아 몸이 무너지고 목숨이 끝난 뒤에 천상의 좋은 곳에 태어났다는 것을 죄다 알았다.

그는 또 청정한 천안으로 중생들을 관찰하여 예쁘고 추함과 좋은 세계와 나쁜 세계, 좋은 모양과 나쁜 모양을 모두 다 알고 두려움이 없게 되었다.

그는 또 보시하는 마음이 있고 번뇌가 다한 뒤에는 괴로움을 관찰해 사실 그대로 알았으니, 즉 '이것은 괴로움(苦)이고, 이것은 괴로움의 발생(苦集)이며, 이것은 괴로움의 소멸(苦盡)이고, 이것은 괴로움에서 벗어나는 방법(苦出要)이다'라고 사실 그대로 알았다. 그는 이렇게 관찰하고는 탐욕의 번뇌(欲漏)에서 마음이 해탈하고 생존의 번뇌(有漏)와 무명의 번뇌(無明漏)에서 마음이 해탈하였다. 이렇게 해탈하고 나서는 곧 해탈하였다고 아는 지혜[解脫智]를 얻었다. 그래서 나고 죽음은 이미 다하였고 범행은 이미 섰으며, 할 일을 이미 다 마쳐 다시는 태胎를 받지 않는다는 것을 사실 그대로 알았다.

그때 계두 범지는 바로 아라한阿羅漢이 되었다.

그때 존자 계두는 부처님의 말씀을 듣고 기뻐하며 받들어 행하였다.

〔 6 〕

이와 같이 들었다.

어느 때 부처님께서는 사위국 기수급고독원에 계셨다.

그때 세존께서 모든 비구들에게 말씀하셨다.

"세상에는 도저히 될 수 없는 것이 다섯 가지가 있다. 어떤 것이 그 다섯 가지인가? 없어질 물건은 잃지 않으려 하여도 그리 될 수 없고, 완전히 소멸할 법은 소멸하지 않게 하려 하여도 그리 될 수 없으며, 늙는 법은 늙지 않게 하려 하여도 그리 될 수 없고, 병드는 법은 병들지 않게 하려 하여도 그리 될 수 없으며, 죽는 법은 죽지 않게 하려 하여도 그리 될 수 없다. 비구들아, 이것을 일러 '도저히 될 수 없는 다섯 가지가 있다'고 하는 것이니라.

여래가 세상에 출현하건 출현하지 않건 이 법계는 영원히 머물러 여여如如하기 때문에 무너지지 않지만, 없어지고 소멸하는 소리와 나고 늙고 병들고 죽는 것들은 생기거나 혹은 사라져서 모두 다 그 근본으로 돌아간다. 비구들아, 이것을 일러 '다섯 가지 법은 어떻게 할 수 없다'고 하는 것이다.

그러므로 마땅히 방편을 구해 5근根을 닦아야 한다. 어떤 것이 그 다섯 가지인가? 이른바 신근信根・정진근精進根・염근念根・정근定根・

혜근慧根이니라.

　비구들아, 이 5근을 닦아 익히면 곧 수다원須陀洹을 성취하고 가가家家와 일종一種을 성취하고, 더욱 나아가면 사다함斯陀含을 성취하고, 거기서 더 나아가 5결사結使를 없애면 아나함阿那含을 성취하여 거기에서 열반에 들고 이 세상으로 돌아오지 않을 것이며, 거기서 더 나아가 번뇌가 다하면 번뇌가 없게 되어 심해탈心解脫하고 혜해탈慧解脫하며 몸으로 그것을 증득하여 자유롭게 노닐면서 다시는 태胎를 받지 않는다는 것을 사실 그대로 알게 될 것이다.

　그러므로 마땅히 방편을 구해 앞의 다섯 가지 일을 버리고 뒤의 5근根을 닦아야 하느니라. 모든 비구들아, 마땅히 이와 같이 배워야 하느니라."

　그때 모든 비구들은 부처님의 말씀을 듣고 기뻐하며 받들어 행하였다.

〔7〕

이와 같이 들었다.

어느 때 부처님께서는 사위국 기수급고독원에 계셨다.

그때 세존께서 모든 비구들에게 말씀하셨다.

"고칠 수 없는 다섯 종류의 사람이 있다. 어떤 것이 그 다섯 종류의 사람인가? 첫째 아첨하는 사람은 고칠 수 없고, 둘째 간사한 사람은 고칠 수 없으며, 셋째 입이 거친 사람은 고칠 수 없고, 넷째 질투하는 사람은 고칠 수 없으며, 다섯째 은혜를 모르는 사람은 고칠 수 없다. 비구들아, 이것을 일러 '다섯 무리의 사람은 고칠 수 없다'고 하는 것이니라."

그때 세존께서 곧 이런 게송을 말씀하셨다.

간사하고 입이 거친 사람
질투하고 은혜를 모르는 사람
이런 사람들은 고칠 수 없나니
지혜로운 이 그를 버리느니라.

"그러므로 모든 비구들아, 항상 바른 마음을 배워 질투를 버리고, 말한 바대로 법답게 위의威儀를 닦으며, 은혜를 기억해 갚을 줄을 알아야 하나니, 작은 은혜도 잊지 말아야 하거늘 하물며 큰 은혜이겠는가? 아끼고 탐내는 마음을 가지지 말고 또 자기를 칭찬하고 남을 비방하지 않도록 하라. 모든 비구들아, 마땅히 이와 같이 배워야 하느니라."

그때 모든 비구들은 부처님의 말씀을 듣고 기뻐하며 받들어 행하였다.

〔8〕
이와 같이 들었다.
어느 때 부처님께서는 사위국 기수급고독원에 계셨다.
그때 세존께서 모든 비구들에게 말씀하셨다.
"옛날 석제환인은 삼십삼천에게 이렇게 명령하였다.
'만일 너희들이 아수륜阿須倫과 싸워 아수륜이 지고 하늘이 이기게 되거든, 너희들은 비마질다라毗摩質多羅[5]아수륜을 잡아 이리 끌고 와서 그 몸을 다섯 군데를 꼭꼭 묶어라.'

---

[5] 팔리어로는 Vepacitti이고, 비마질다毗摩質多로 음역하기도 하며, 사종종絲種種・문신紋身으로 한역하기도 한다. 환술幻術에 능해 실 한 가닥으로 갖가지 조화를 부릴 수 있다고 한다.

그때 비마질다라아수륜도 여러 아수륜들에게 명령하였다.

'너희들이 오늘 저 하늘들과 싸워 만일 이기게 되거든 석제환인을 잡아 결박해 이곳으로 끌고 오너라.'

비구들아, 마땅히 알아야 한다. 그때 그 둘은 서로 싸웠는데 하늘이 이기고 아수륜이 졌다. 삼십삼천은 아수륜의 왕 비마질다라를 잡아 그 몸을 결박하여 석제환인에게 끌고 가서 중문 밖에 두고 다섯 군데를 밧줄로 꼭꼭 결박하는 것을 직접 보았다. 그때 아수륜의 왕 비마질다라는 이렇게 생각하였다.

'이 하늘들의 법은 바르고 아수륜의 소행은 비법非法이다. 나는 이제 아수륜을 좋아하지 않고 지금부터는 이 천궁에서 살리라.'

그리고 그는 곧 말하였다.

'하늘들의 법은 바르고 아수륜은 비법이다. 나는 여기서 살고 싶다.'

이렇게 생각하자, 그 즉시 아수륜들의 왕 비마질다라는 그 몸의 결박이 저절로 풀어지고 다섯 가지 욕망[五欲]으로 스스로 즐기고 있다는 것을 깨닫게 되었다. 그러나 만일 아수륜들의 왕 비마질다라가 '하늘들은 비법이요 아수륜의 법만이 바르다. 나는 삼십삼천이 쓸데가 없다. 다시 아수륜 궁전으로 돌아가고 싶다'고 생각하고 나면, 그 즉시 아수륜왕의 몸은 곧 다섯 개의 밧줄에 묶이고 다섯 가지 욕망은 저절로 사라지곤 하였다.

모든 비구들아, 마땅히 알아야 한다. 결박의 빠르기가 이보다 더한 것은 없느니라. 그러나 악마의 결박은 이보다 더 심하니라. 설사 번뇌[結使]의 악마가 묶으려 하더라도 움직이면 악마에게 묶이겠지만 움직이지 않으면 악마에게 묶이지 않느니라.

그러므로 모든 비구들아, 너희들은 마땅히 방편을 구해 마음이 묶이지 않게 하고 한적한 곳을 좋아해야 한다. 왜냐하면 이 모든 번뇌는 악마의 경계이기 때문이다. 만일 비구가 악마의 경계에 머문다면, 그는 끝내 태어남·늙음·병듦·죽음을 벗어나지 못하고, 근심·걱정·괴로움·번민을 벗어나지 못할 것이다.

나는 이제 이 괴로움의 한계를 말했느니라.

또 만일 비구가 마음이 움직이지 않아서 번뇌에 집착하지 않는다면, 그는 곧 태어남·늙음·병듦·죽음과 근심·걱정·괴로움·번민에서 벗어나게 될 것이다. 나는 이제 이 괴로움의 한계를 말했느니라.

그런 까닭에 모든 비구들아, 너희들은 이렇게 배워서 번뇌를 없애고 악마의 경계를 초월해야 하느니라. 모든 비구들아, 마땅히 이와 같이 배워야 하느니라."

그때 모든 비구들은 부처님의 말씀을 듣고 기뻐하며 받들어 행하였다.

[9]

이와 같이 들었다.

어느 때 부처님께서는 사위국 기수급고독원에 계셨다.

그때 존자 아난이 세존께 나아가 머리를 조아려 그 발에 예배하고 한쪽에 섰다. 이때 아난이 세존께 여쭈었다.

"없어짐[盡]을 말씀하시는데 어떤 법을 일컬어 '없어진다'고 합니까?"

세존께서 말씀하셨다.

"아난아, 색色은 함이 없는 인연으로서 그런 이름만 있다. 탐욕도 없고 함도 없는 것으로서 이것을 '아주 없어지는 법'이라고 한다. 그 없어지는 것을 '완전히 없어진다[滅盡]'고 말한다. 통(痛:受)·상想·행行·식識은 함도 없고 지음도 없다. 그것은 아주 다 사라지는 법으로서 탐욕도 없고 더러움도 없다. 그것은 완전히 없어지는 것이므로 '완전히 없어진다'고 말한다.

아난아, 마땅히 알아야 한다. 5성음盛陰은 탐욕도 없고 지음도 없는 사라지는 법이다. 저 완전히 없어지는 것을 '완전히 없어진다'고 말한다. 이 5성음은 아주 없어져 영원히 생기지 않기 때문에 '완전히 없어진다'고 말하느니라."

그때 존자 아난은 부처님의 말씀을 듣고 기뻐하며 받들어 행하였다.

〔 10 〕

이와 같이 들었다.

어느 때 부처님께서는 사위국 기수급고독원에 계셨다.

그때 생루生漏 범지梵志가 세존께 나아가 머리를 조아려 그 발에 예배하고 한쪽에 앉았다. 이때 생루 범지가 세존께 여쭈었다.

"어떻습니까? 구담瞿曇이시여, 어떤 인연이 있고 어떤 과거의 행이 있었기에 이 백성들이 없어지고 사라지고 줄어들게 된 것입니까? 예전엔 성이 있었는데 지금은 허물어졌고 예전엔 백성들이 살았는데 지금은 빈터가 되었습니다."

세존께서 말씀하셨다.

"범지여, 알고 싶은가? 그것은 다 그 백성들의 소행이 법답지 않았기 때문이다. 그래서 예전엔 성이 있었는데 지금은 무너졌고, 예전엔 백성이 살았는데 지금은 빈터가 된 것이다. 백성들이 간탐慳貪에 묶이고 애욕을 익힌 결과, 때 아닌 바람이 불고 비가 때맞춰 내리지 않아 심은 종자들이 자라지 못했고, 이곳에 살던 백성들의 시체가 길에 넘치게 된 것이니라. 범지야, 마땅히 알아야 한다. 이런 인연으로 나라가 무너지고 백성이 번성하지 못하게 된 것이니라.

또 범지야, 백성들의 소행이 법답지 않으면 뇌성벽력의 자연 현상이 생기고 하늘에서 우박이 내려 어린 벼〔苗〕못 쓰게 만든다. 그럴 때 죽어가는 백성들은 이루 다 헤아릴 수 없느니라.

또 범지야, 백성들의 소행이 법답지 않으면 서로 싸우고 다투게 되니, 주먹으로 치기도 하고 기왓장이나 돌을 던져 서로 생명을 잃게 하느니라.

또 범지야, 그 백성들이 서로 싸우며 자기들이 있는 곳을 불안하게 여기면 나라의 임금도 편안하지 않아 군사를 일으켜 서로 공격하게 되어, 칼에 찔려 죽기도 하고 창이나 화살에 찔려 죽기도 하는 등 죽는 사람이 이루 다 헤아릴 수 없이 많게 된다. 범지야, 이와 같은 인연으로 백성들이 줄어들고 번성하지 못하게 되느니라.

또 범지야, 백성들의 소행이 법답지 않기 때문에 하늘과 땅의 신이 도와줄 기회를 얻지 못하여 백성들은 재앙을 당하기도 하고, 질병으로 자리에 눕게 되면 항복 받는 이는 적고 병으로 죽는 이는 많게 되느니라.

범지야, 이것을 일러 '이런 인연으로 백성들이 줄어들고 번성하지 못하게 된다'고 하는 것이니라."

그때 생루 범지가 세존께 아뢰었다.

"구담의 말씀은 매우 시원합니다. 이렇게 사람들이 줄어드는 이치를 말씀해 주시니, 진실로 여래의 말씀과 틀림이 없습니다. 예전엔 성이 있었는데 지금은 허물어졌고, 예전엔 사람이 살았는데 지금은 빈터가 되었습니다. 왜냐하면 법답지 않기 때문에 곧 간탐의 병이 생겼고, 간탐의 병이 생겼기 때문에 삿된 업이 생겼으며, 삿된 업이 생겼기 때문에 하늘이 때맞춰 비를 내리지 않아 오곡은 익지 않고 백성들은 번성하지 못하게 되었으며, 비법非法이 유행하게 되자 하늘이 재앙을 내려 모판을 못 쓰게 만든 것입니다.

그들이 비법을 행함으로써 간탐의 병에 집착하자 나라의 임금도 편하지 않아 제각기 군사를 일으켜 서로 공격하였고 죽은 사람이 이루 헤아릴 수 없을 정도로 많았습니다. 그리하여 나라는 황폐해지고 백성들은 사방으로 흩어지게 된 것입니다.

오늘 세존의 말씀은 참으로 훌륭하고 시원스럽습니다. 비법非法으로 말미암아 이런 재앙이 닥치게 되니, 즉 남에게 붙잡혀 그 목숨이 끊기게 됩니다. 비법으로 말미암아 도둑질할 마음이 생기고, 도둑질할 마음을 낸 뒤에는 왕에게 잡혀 죽게 되며, 삿된 업을 지음으로써 비인非人들이 그 틈을 엿보게 됩니다. 그 인연으로 말미암아 곧 목숨을 마치게 되어 백성들이 줄어들기 때문에 살 만한 성이 없게 된 것입니다.

구담이시여, 오늘 너무도 많은 말씀을 해 주셨습니다. 마치 꼽추가 등을 펴고 장님이 눈을 뜨며 어둠 속에서 등불을 얻은 듯, 눈이 없는 자에게 눈이 되어 주셨습니다. 이제 사문 구담께서는 무수한 방편으로 설법하셨습니다. 저는 이제 거듭 부처님과 법과 승가에 귀의합니다. 원컨대 우바새가 되는 것을 허락해 주소서. 이 목숨 다할 때까지 다시는 감히 살생을 하지 않겠습니다.

만일 사문 구담께서 제가 코끼리나 말을 탄 것을 보게 되시더라도 저는 여전히 공경하겠습니다. 왜냐하면 저는 바사닉왕波斯匿王과 빈비사라왕頻毗娑羅王・우전왕優塡王・악생왕惡生王・우다연왕優陀延王으로부터 범지의 복을 받는 자[6]로서 그 덕을 잃을까 두렵기 때문입니다. 만

---

6 고려대장경 원문은 '범지복梵之福'이다. 이는 곧 범분梵分으로서 팔리어로는 brahma-deyya이고, 정시지淨施地라고 한역한다. 왕이 바라문에게 하사하는 봉지封地를 말한다.

일 제가 오른쪽 어깨를 드러내거든 세존께서는 저의 예배를 받아 주소서. 만일 제가 걸어가다가 구담께서 오시는 것을 보게 되면 저는 신었던 신을 벗겠사오니, 세존께서는 저의 예배를 받아 주소서."

그때 세존께서는 고개를 끄덕여 허락하셨다. 그러자 생루 범지는 너무 기뻐 어쩔 줄 모르면서 부처님 앞으로 나아가 아뢰었다.

"저는 거듭 사문 구담께 귀의합니다. 원컨대 세존께서는 우바새가 되도록 허락해 주소서."

세존께서는 그를 위해 차례대로 설법하시어 기쁜 마음을 내게 하셨다. 범지는 설법을 듣고 곧 자리에서 일어나 떠나갔다.

그때 생루 범지는 부처님의 말씀을 듣고 기뻐하며 받들어 행하였다.

증일아함경 제 27 권

35. 사취품 邪聚品

〔1〕

이와 같이 들었다.

어느 때 부처님께서는 사위국 기수급고독원에 계셨다.

그때 세존께서 모든 비구들에게 말씀하셨다.

"삿된 소견을 가진 무리에 속한 사람은 어떤 얼굴과 어떤 모양을 가지는가?"

비구들이 세존께 아뢰었다.

"여래께서는 모든 법의 왕이요, 모든 법의 어른이십니다. 훌륭하십니다, 세존이시여. 모든 비구들을 위해 그 뜻을 말씀해 주소서. 저희들은 그 말씀을 듣고 나서 받들어 행하겠습니다."

세존께서 말씀하셨다.

"너희들은 잘 사유하고 기억하라. 내 너희들을 위해 그 뜻을 해설하리라."

모든 비구들이 대답하였다.

"그렇게 하겠습니다. 세존이시여."

비구들은 부처님의 가르침을 듣고 있었다. 세존께서 말씀하셨다.

"삿된 무리에 속한 사람은 다섯 가지 일을 보면 알 수 있다. 다섯 가지가 보이면 곧 그 사람은 삿된 무리에 머물고 있음을 알 수 있느니라.

어떤 것이 그 다섯 가지인가? 웃어야 할 때에 웃지 않는 것, 기뻐해야 할 때에 기뻐하지 않는 것, 사랑하는 마음을 내야 할 때에 사랑하는 마음을 내지 않는 것, 나쁜 짓을 하고도 부끄러워하지 않는 것, 좋은 말을 들어도 마음에 두지 않는 것이다. 이런 사람은 반드시 삿된 무리에 머무는 사람임을 알아야 한다. 삿된 무리에 머무르는 사람은 이 다섯 가지 일로 알 수 있느니라.

또 바른 무리에 머무르는 사람은 어떤 모양과 어떤 인연을 가지고 있는가?"

모든 비구들이 부처님께 아뢰었다.

"여래께서는 모든 법의 왕이요, 모든 법의 어른이십니다. 원컨대 세존께서는 비구들을 위해 그 뜻을 말씀하여 주소서. 저희들은 말씀을 듣고 나서 받들어 행하겠습니다."

세존께서 말씀하셨다.

"너희들은 잘 사유하고 기억하라. 내 너희들을 위해 그 뜻을 해설하리라."

모든 비구들이 대답하였다.

"그렇게 하겠습니다. 세존이시여."

그때 모든 비구들은 부처님의 가르침을 듣고 있었다. 세존께서 말씀하셨다.

"바른 무리에 속한 사람도 다섯 가지 일로 알 수 있다. 다섯 가지가 보이면 그 사람은 바른 무리에 머물고 있는 사람임을 알 수 있느니라.

어떤 것이 그 다섯 가지인가? 웃어야 할 때에 웃는 것, 기뻐해야 할 때에 기뻐하는 것, 사랑하는 마음을 내야 할 때에 사랑하는 마음을 내는 것, 부끄러워해야 할 때에 부끄러워하는 것, 좋은 말을 들으면 마음에 두는 것이다. 이런 사람은 바른 무리에 머물고 있는 사람임을 알아야 하느니라.

그러므로 모든 비구들아, 너희들은 마땅히 삿된 무리를 버리고 바른 무리에 머물도록 해야 한다. 모든 비구들아, 마땅히 이와 같이 배워야 하느니라."

그때 모든 비구들은 부처님의 말씀을 듣고 기뻐하며 받들어 행하였다.

〔 2 〕

이와 같이 들었다.

어느 때 부처님께서는 사위국 기수급고독원에 계셨다.

이때 세존께서 모든 비구들에게 말씀하셨다.

"여래는 세상에 출현할 때 반드시 다섯 가지 일을 한다. 어떤 것이 그 다섯 가지 일인가? 첫째는 법륜法輪을 굴리는 일이요, 둘째는 부모를 제도하는 일이며, 셋째는 믿음이 없는 사람을 믿음의 땅에 세우는 일이요, 넷째는 보살의 마음을 내지 못한 이로 하여금 보살의 마음을 내게 하는 일이며, 다섯째는 미래에 올 부처님을 예언하는 일이니라.

만일 여래가 세상에 출현하면 반드시 이 다섯 가지 일을 한다. 그러므로 모든 비구들아, 너희들은 자애로운 마음을 내고 여래를 향하여야 하느니라. 모든 비구들아, 마땅히 이와 같이 배워야 하느니라."

그때 모든 비구들은 부처님의 말씀을 듣고 기뻐하며 받들어 행하였다.

〔 3 〕
이와 같이 들었다.
어느 때 부처님께서는 사위국 기수급고독원에 계셨다.
그때 세존께서 모든 비구들에게 말씀하셨다.
"다섯 가지 보시는 복福을 얻지 못한다. 어떤 것이 그 다섯 가지인가? 첫째는 칼을 남에게 주는 것이요, 둘째는 독약을 남에게 주는 것이며, 셋째는 들소를 남에게 주는 것이요, 넷째는 음녀婬女를 남에게 주는 것이며, 다섯째는 귀신사당을 짓는 것이다. 비구들아, 이것을 일러 '이 다섯 가지 보시는 그 복을 얻지 못한다'고 하는 것이니라.
비구들아, 마땅히 알아야 한다. 또 큰 복을 얻게 하는 다섯 가지 보시가 있다. 어떤 것이 그 다섯 가지인가? 첫째는 동산을 만드는 것이요, 둘째는 숲을 만드는 것이며, 셋째는 다리를 놓는 것이요, 넷째는 큰 배를 만드는 것이며, 다섯째는 미래와 과거를 위해 살집을 짓는 것이다.
비구들아, 이것을 일러 '이 다섯 가지는 복을 얻게 하는 것이다'라고 한 것이니라.
그때 세존께서 곧 이런 게송을 말씀하셨다.

동산 만들어 시원함을 베풀거나
또는 튼튼한 다리를 놓아
강나루 사람들을 건너게 해 주며
또 나그네 위해 좋은 집을 짓는 자

그런 사람은 밤이건 낮이건
언제나 그 복을 누리게 되리니
계율과 선정을 두루 성취한
그 사람 반드시 천상에 태어나리.

"그러므로 모든 비구들아, 너희들은 마땅히 이 다섯 가지 보시 닦기를 생각해야 한다. 모든 비구들아, 마땅히 이와 같이 배워야 하느니라."

그때 모든 비구들은 부처님의 말씀을 듣고 기뻐하며 받들어 행하였다.

〔4〕
이와 같이 들었다.

어느 때 부처님께서는 사위국 기수급고독원에 계셨다.

그때 세존께서 모든 비구들에게 말씀하셨다.

"여자는 다섯 가지 힘을 가지고 그 남편을 가볍게 본다. 어떤 것이 그 다섯 가지인가? 첫째는 아름다운 용모〔色〕의 힘이요, 둘째는 친척의 힘이며, 셋째는 농사의 힘이요, 넷째는 아이의 힘이며, 다섯째는 스스로 지키는 힘이다. 이것을 일러 '여자에게는 다섯 가지 힘이 있다'고 하는 것이니라.

비구들아, 마땅히 알아야 한다. 여자들은 이 다섯 가지 힘에 의지해 남편을 가볍게 여기느니라. 그러나 만일 남편에게 한 가지 힘만 있으면 그 여자를 눌러 버리고 만다. 어떤 것이 그 한 가지 힘인가? 그것은 이른바 부귀富貴의 힘이니라.

남편이 부하고 귀하면 아름다운 용모의 힘도 당하지 못하고, 친척과 농사와 아이와 스스로를 지키는 힘도 당하지 못한다. 그것은 이 한 가지 힘으로 저러한 힘들을 이기기 때문이니라.
 저 악마 파순波旬에게도 다섯 가지 힘이 있다. 어떤 것이 그 다섯 가지인가? 빛깔의 힘·소리의 힘·냄새의 힘·맛의 힘·감촉의 힘이 그것이다. 저 어리석은 사람들은 빛깔·소리·냄새·맛·감촉의 법에 집착하기 때문에 파순波旬의 경계를 벗어나지 못하느니라.
 그러나 만일 성인의 제자로서 한 가지 힘만 성취한다면 그러한 힘들을 이길 수 있다. 어떤 것이 그 한 가지 힘인가? 이른바 방일放逸하지 않는 힘이다. 만일 성인의 제자가 방일하지 않음[無放逸]을 성취한다면 그는 빛깔·소리·냄새·맛·감촉에 얽매이지 않을 것이다. 5욕欲에 얽매이지 않기 때문에 능히 태어남·늙음·병듦·죽음의 법을 분별해 악마의 다섯 가지 힘을 이기고 악마의 경계에 떨어지지 않으며, 온갖 두려움을 벗어나 함이 없는 곳에 이르느니라."
 그때 세존께서 곧 이런 게송을 말씀하셨다.

  계율은 달콤한 이슬 같은 길이요
  방일은 죽음으로 가는 길이라네.
  탐하지 않으면 죽지 않나니
  도를 잃으면 스스로 죽느니라.

 부처님께서 모든 비구들에게 말씀하셨다.
 "마땅히 기억해 수행하며 방일하지 말라. 모든 비구들아, 마땅히 이와 같이 배워야 하느니라."
 그때 모든 비구들은 부처님의 말씀을 듣고 기뻐하며 받들어 행하였다.

〔 5 〕
이와 같이 들었다.
어느 때 부처님께서는 사위국 기수급고독원에 계셨다.
그때 세존께서 모든 비구들에게 말씀하셨다.
"여자들에겐 다섯 가지 욕망이 있다. 어떤 것이 그 다섯 가지 욕망인가? 첫째는 세력 있고 귀한 집안에 태어나는 것이요, 둘째는 부귀한 집으로 시집을 가는 것이며, 셋째는 남편으로 하여금 제 말을 따르게 하는 것이요, 넷째는 아이를 많이 두는 것이며, 다섯째는 집에서 혼자 마음대로 하는 것이다. 비구들아, 이것을 일러 '여자들에게는 다섯 가지 욕망이 있다'는 것이니라.

비구들아, 이와 같이 우리 비구들에게도 욕심 낼 만한 다섯 가지 일이 있다. 어떤 것이 그 다섯 가지인가? 이른바 계율〔禁戒〕· 많이 들음〔多聞〕· 삼매三昧 · 지혜智慧 · 지혜해탈智慧解脫을 성취하는 것이다. 이것을 일러 '비구들에게도 욕심낼 만한 다섯 가지 법이 있다'고 하는 것이니라."

그때 세존께서 곧 이런 게송을 말씀하셨다.

나는 세력 있는 종족으로 태어나
부유하고 귀한 집으로 시집가고
남편도 마음대로 부려 보았으면
그러나 복 없으면 되지 않는다네.

나는 많은 자식을 두고
향과 꽃으로 아름답게 꾸몄으면
비록 이러한 욕심은 있어도

그러나 복 없으면 되지 않는다네.

믿음과 계율을 완전히 이루고
삼매에 들어 흔들리지 않으며
지혜 또한 성취하는 것
이는 게으르면 되지 않는다네.

도의 과위를 빨리 얻고 싶고
생사의 깊은 연못을 벗어나
열반에 이르기를 바라고 원하지만
이는 게으르면 되지 않는다네.

"그러므로 모든 비구들아. 너희들은 마땅히 방편을 구해 선(善)한 법을 행하고 선하지 않은 법은 버리며, 점차적으로 앞으로 나아가고 중간에 후회하는 마음을 가지지 말아야 한다. 모든 비구들아, 마땅히 이와 같이 배워야 하느니라."

그때 모든 비구들은 부처님의 말씀을 듣고 기뻐하며 받들어 행하였다.

〔 6 〕

이와 같이 들었다.

어느 때 부처님께서는 사위국 기수급고독원에 계셨다.

그때 세존께서 모든 비구들에게 말씀하셨다.

"남을 향해 예배하지 않아야 할 다섯 때가 있다. 어떤 것이 그 다섯 가지 때인가? 만일 탑 가운데 있을 때라면 예배하지 않아야 하고, 대중 가운데 있을 때라면 예배하지 않아야 하며, 길을 가고 있을 때라면 예배하지 않아야 하고, 병으로 누워 있을 때라면 예배하지 않아야 하며, 음식을 먹고 있을 때라면 예배하지 않아야 한다. 비구들아, 이것을 일러 '다섯 가지 경우에는 예배하지 않아야 한다'고 하는 것이니라.

또 때를 알아 예배해야 하는 다섯 가지 경우가 있다. 어떤 것이 그 다섯 가지인가? 탑 가운데 있지 않을 때, 대중 가운데 있지 않을 때, 길을 가고 있지 않을 때, 병들지 않았을 때, 음식을 먹고 있지 않을 때이니, 그럴 때에는 예배해야 하느니라.

그러므로 모든 비구들아, 너희들은 마땅히 때를 따라 행하는 방편을 쓰도록 해야 한다."

그때 모든 비구들은 부처님의 말씀을 듣고 기뻐하며 받들어 행하였다.

〔 7 〕[1]

이와 같이 들었다.

어느 때 부처님께서는 라열성羅閱城의 가란타죽원迦蘭陀竹園에서 대비구들 5백 명과 함께 계셨다.

그때 세존께서 우두반優頭槃[2]에게 말씀하셨다.

"너는 지금 라열성에 들어가 더운물을 조금 구해 오너라. 왜냐하면 내가 오늘은 등뼈에 풍병風病을 앓고 있어 아프기 때문이다."

우두반이 부처님께 아뢰었다.

---

1 이 소경과 내용이 비슷한 경으로는 『잡아함경』 제44권 1,181번째 소경과 『별역잡아함경』 제5권 95번째 소경이 있다.
2 팔리어로는 Upavāṇa이다. 우파마나優波摩那라 음역하기도 하고, 백정白淨으로 한역하기도 한다.

"그렇게 하겠습니다. 세존이시여."

이때 우두반은 부처님의 분부를 받고, 때가 되자 가사를 입고 발우를 가지고 라열성에 들어가 더운물을 구하였다. 그때 존자 우두반은 이런 생각을 하였다.

'세존께서는 무슨 이유로 나에게 더운물을 구해오라고 하신 걸까? 여래께서는 모든 번뇌가 이미 없어지고 온갖 선을 두루 가지셨다. 그런데도 여래께서는 '나는 지금 풍병으로 앓는다'고 말씀하셨다. 또 세존께서는 누구네 집으로 찾아가라고 성명姓名도 가르쳐 주시 않으셨다.'

그때 존자 우두반은 라열성의 남자들 중에 반드시 제도해야 할 사람을 천안天眼으로 살펴보았다. 이때 선근善根을 심지 않고 계율도 없으며 믿음도 없고 사견을 가졌으며 부처님과 법과 승가에 대해 치우친 견해를 가진 비사라선毗舍羅先이라는 장자가 라열성에 있는 것을 보았다. 그는 '보시의 덕도 없고 주는 일도 없고 받는 자도 없으며, 또 선악의 과보도 없다. 현세도 후세도 없고 아버지도 어머니도 없으며, 세상에는 현세와 후세에서 몸소 증득하여 스스로 노닐며 교화하는 사문 바라문 등의 성취자도 없다'는 이런 견해를 가지고 있었다.

그는 수명이 극히 짧아 닷새 뒤에는 반드시 목숨을 마치게 되어 있었고, 또 오도대신五道大神을 섬기고 있었다.

그때 우두반은 이렇게 생각하였다.

'여래께서는 반드시 저 사람을 제도하고 싶어하실 것이다. 왜냐하면 이 장자는 목숨을 마친 뒤에 반드시 제곡지옥啼哭地獄에 떨어질 것이기 때문이다.'

우두반은 빙그레 웃었다. 오도대신은 멀리서 그가 웃는 것을 보고는 곧 제 모습을 숨기고 사람 모양으로 변해 우두반에게 와서 심부름꾼이 되었다. 그때 존자 우두반은 그 심부름꾼을 데리고 장자의 집으로 찾아가 문밖에서 잠자코 서 있었다. 장자는 어떤 도인이 문밖에 서 있는 것을 멀리서 보고 곧 이런 게송을 말하였다.

　　잠자코 서 있는 그대는 지금
　　머리를 깎고 가사를 입었구나.
　　무엇을 구하려 하는가?
　　무슨 까닭으로 여기 왔는가?

그러자 우두반도 게송으로 대답하였다.

　　집착 없는 분이신 여래께서
　　지금 풍병으로 앓고 계시오.
　　만일 더운물이 있다면
　　여래께선 목욕하고 싶어하시오.

장자는 잠자코 대답하지 않았다. 그때 오도대신이 비사라선에게 말하였다.
"장자는 더운물을 보시하라. 반드시 한량없는 복을 얻고 단 이슬 같은 과보를 받을 것이다."
장자가 대답하였다.
"내게는 오도대신이 있는데 이 사문을 섬겨 무슨 이익이 있겠는가?"
오도 대신은 이런 게송을 말하였다.

　　여래께서 세상에 태어나실 때
　　하늘의 제왕도 내려와 모셨으니

그 누가 이분보다 더 빼어나
이분과 짝할 수 있을까?

아무리 오도대신 섬기더라도
구제 받는 일 있을 수 없으니
차라리 이 석씨 스승께 공양하라.
곧 반드시 큰 과보 얻으리라.

오도대신은 다시 장자에게 말하였다.
"너는 스스로 몸과 입과 뜻이 행하는 일을 잘 단속하는 것이 좋을 것이다. 너는 오도대신의 위력을 모르느냐?"
오도대신은 곧 큰 귀신의 형상으로 변해 오른손에 칼을 들고 장자에게 말하였다.
"지금 내가 바로 오도대신이다. 빨리 저 사문에게 더운물을 드려라. 주저하지 말라."
이때 장자는 곧 이렇게 생각하였다.
'참으로 기이하고 참으로 특별나구나. 오도대신도 이 사문을 공양하는구나.'
그는 곧 향기로운 더운물을 도인에게 드리고 또 석밀石蜜까지 사문에게 드렸다.
이때 오도대신은 그 향기로운 더운물을 손수 들고 우두반과 함께 세존께서 계시는 곳으로 갔고, 향기로운 더운물을 여래께 바쳤다.
그때 세존께서 그 향기로운 더운물로 몸을 씻으시자 병은 즉시 차도를 보이고 더 이상 심해지지 않았다.
장자는 닷새 뒤에 목숨을 마치고 사천왕천四天王天에 태어났다.

그때 존자 우두반은 장자가 죽었다는 말을 듣고 곧 세존께 나아가 머리를 조아려 그 발에 예배하고 한쪽에 앉았다. 우두반이 여래께 여쭈었다.

"그 장자는 목숨을 마치고 지금 어디에 태어났습니까?"

세존께서 말씀하셨다.

"그 장자는 목숨을 마치고 사천왕천에 태어났느니라."

우두반이 부처님께 아뢰었다.

"그 장자는 그곳에서 목숨을 마치면 다시 어디에 태어납니까?"

세존께서 말씀하셨다.

"그곳에서 목숨을 마치면 다시 사천왕천 중 삼십삼천에 태어나고 나아가 타화자재천他化自在天에 태어날 것이요, 그곳에서 목숨을 마치면 다시 사천왕천에 태어날 것이다. 이렇게 그는 60겁 동안 나쁜 세계에 떨어지지 않을 것이고 최후에는 사람의 몸을 얻어 수염과 머리를 깎고 세 가지 법의를 입고 출가하여 도를 배워 벽지불辟支佛이 될 것이다. 왜냐하면 더운물을 보시한 그 복덕福德이 그러하기 때문이다.

그런 까닭에 우두반아, 많은 스님들을 목욕시키고 그 설법을 들어야겠다고 항상 생각해야 한다. 우두반아, 마땅히 이와 같이 배워야 하느니라."

그때 존자 우두반은 부처님의 말씀을 듣고 기뻐하며 받들어 행하였다.

〔 8 〕[3]

이와 같이 들었다.

---

3 이 소경의 이역경異譯經으로는 안세고安世高가 한역한 『불설아난동학경佛說阿難同學經』이 있다.

어느 때 부처님께서는 사위국 기수급고독원에 계셨다.

그때 어떤 비구가 범행 닦기가 싫어져서 계율을 버리고 속가로 돌아가려고 하였다. 그는 세존께 나아가 머리를 조아려 그 발에 예배하고 한쪽에 앉았다. 그때 그 비구가 세존께 아뢰었다.

"저는 이제 범행梵行 닦기가 싫어져 계율을 버리고 속가로 돌아가고자 합니다."

세존께서 말씀하셨다.

"너는 무슨 까닭에 범행 닦기가 싫어졌으며 계율을 버리고 속가로 돌아가려고 하는가?"

비구가 대답했다.

"저는 지금 마음이 치성熾盛하여 몸 안에서 불꽃처럼 훨훨 타오르고 있습니다. 저는 비길 데 없이 단정한 여자를 보게 되면, 곧 저 여자와 사귀어 보았으면 하는 생각을 하게 되고, 또 다시 '이것은 바른 법이 아니다. 만일 내가 이 마음을 따른다면 그것은 바른 도리가 아니다' 하는 생각도 하곤 합니다. 저는 그때 다시 이렇게 생각하였습니다.

'이것은 나쁜 이익이요, 좋은 이익이 아니다. 이것은 나쁜 법이요, 좋은 법이 아니다.'

그래서 저는 지금 계율을 버리고 속가로 돌아가려는 것입니다. 사문의 계율은 실로 범해서는 안 되는 것입니다. 차라리 저는 속인으로 살면서 분수껏 보시나 하며 살겠습니다."

세존께서 말씀하셨다.

"무릇 여자에게는 다섯 가지 나쁜 점이 있다. 어떤 것이 그 다섯 가지인가? 첫째는 더러운 것이요, 둘째는 이간질하는 것이며, 셋째는 질투하는 것이요, 넷째는 성내는 것이며, 다섯째는 은혜를 모르는 것이니라."

그때 세존께서 곧 이런 게송을 말씀하셨다.

기쁨은 재물에서 오는 것이 아니요
겉모양은 착하지만 속에는 독 품었네.
착한 길로 나아가는 사람 방해하나니
더러운 못을 버리는 매〔鷹〕같이 하라.

"그런 까닭에 비구야. 마땅히 더러운 생각을 버리고 깨끗한 관찰을 사유思惟하라. 만일 비구가 깨끗한 관찰을 사유한다면 그는 욕애欲愛·색애色愛·무색애無色愛[4]를 끊고 무명無明과 교만憍慢을 완전히 끊을 것이다. 비구야, 지금 너의 그 욕심은 어디서 생겨나느냐? 그 여자의 머리털에서 생겼느냐? 그러나 머리털은 더러운 체액처럼 더럽고, 모두 허깨비처럼 세상 사람을 속이는 것이다. 손·손톱·이〔齒〕 등 몸에 딸린 것들은 그 어느 것 하나 깨끗한 부분이 없다. 어느 것이 참되며 어느 것이 진실한가? 머리에서 발끝에 이르기까지 모두 이와 같으니라. 간·쓸개·5장藏 따위의 형상 있는 물건들은 하나도 탐낼 만한 것이 없다. 그 어느 것이 참된 것이냐? 비구야, 지금 너의 그 욕심은 어디서 생겼느냐? 네가 지금 범행을 잘 닦는다면 여래의 바른 법은 반드시 괴로움을 없애줄 것이다. 사람의 목숨은 너무도 짧아 세상에 오래 머물지 못한다. 아무리 오래 산다고 해도 1백 년을 넘기지 못하고, 혹 1백 년을 넘긴다 해도 얼마 되지 않아 죽느니라. 비구야, 마땅히 알아야 한다. 여래가 세상에 출현하는 것은 참으로 만나기 어려운 일이요,

---

4 욕애欲愛는 감각적 쾌락에 대한 갈망을, 색애色愛는 존재하는 것에 대한 갈망을, 무색애無色愛는 존재하지 않는 것에 대한 갈망을 뜻한다. 이를 욕애欲愛·유애有愛·비유애非有愛라고도 한다.

법을 듣는 것도 역시 어려운 일이다. 4대大로 된 몸을 받기도 어렵고, 모든 감각기관이 완전하기도 어려우며, 중국中國[5]에 태어나기도 어렵다. 선지식善知識을 만나기도 어렵고, 그로부터 법을 듣기도 어려우며, 그 뜻을 분별하기도 어렵고, 법과 법을 성취하기도 어려우니라.

비구야, 만일 네가 지금 선지식을 따르고 잘 섬긴다면 법을 올바르게 분별할 수 있고, 또 남을 위해 그 뜻을 자세히 설명할 수 있다. 만일 법을 들은 뒤에 잘 분별할 수 있고, 그 법을 분별한 뒤에 그 뜻을 설명할 수 있으며, 탐욕의 생각, 성냄과 어리석음의 생각이 없어 이 3독毒을 여읜다면, 곧 태어남·늙음·병듦·죽음을 벗어날 것이니라. 나는 지금 그 뜻을 간략하게 말하였다."

그때 그 비구는 부처님의 가르침을 듣고 곧 자리에서 일어나 세존의 발에 예배하고 물러나 떠나갔다.

그때 그 비구는 한적한 곳에서 법을 깊이 사유하였다.

'족성자들이 수염과 머리를 깎고 출가하여 도를 배우고 위없는 범행을 닦으려고 하는 까닭은 나고 죽음을 이미 다하고 범행이 이미 섰으며, 할 일을 이미 다 마쳐 다시는 태를 받지 않기 위해서이다.'

이와 같이 사유하여 사실 그대로를 알았다. 그때 그 비구는 곧 아라한이 되었다.

그때 그 비구는 부처님의 말씀을 듣고 기뻐하며 받들어 행하였다.

〔 9 〕[6]

이와 같이 들었다.

어느 때 부처님께서는 가란타죽원에서 대비구大比丘들 5백 명과 함

---

5 여기서는 인도印度를 가리킨다.
6 『잡아함경』 제45권 제1,214경을 참조하라.

께 계셨다.

그때 아난阿難과 다기사多耆奢[7]는 때가 되어 가사를 입고 발우를 가지고 성에 들어가 걸식하였다. 이때 다기사는 어떤 거리에서 한 여인을 보았는데 그녀는 세상에서 보기 드물 만큼 너무도 단정하였다.

그는 그 모습을 보고 난 뒤 마음이 어지러워져 평상시와 같지 않았다. 다기사는 곧 아난에게 게송으로 말하였다.

애욕의 불꽃이 훨훨 타올라
제 마음이 뜨겁게 달아오릅니다.
이를 끌 방법 말해 주시면
저에게 큰 도움이 될 것입니다.

그러자 아난도 또 게송으로 대답하였다.

애욕이라는 전도顚倒된 법으로
마음이 맹렬히 타오른다는 걸 알아라.
모습을 떠올리는 생각 없애버리면
애욕은 곧 저절로 쉬게 되리라.

그때 다기사가 다시 게송으로 말하였다.

마음은 이 몸의 근본이 되고
눈은 바라보는 근원입니다.

---

[7] 팔리어로는 Vaṅgīsa라고 한다. 붕기사鵬耆舍・범기凡耆라고도 하며, 의역하여 취선取善이라고 한다.

꿈속에서 보고 가까이했던 것
그 몸 시든 어지러운 풀 같네.

이때 존자 아난은 곧 앞으로 다가가 오른손으로 다기사의 머리를 어루만지며 이런 게송을 설하였다.

탐욕이 없으신 부처님께서
애욕 많은 난타難陀를 제도했던 때를 기억하라.
천상과 지옥을 함께 보이셨으니
마음을 제어하면 다섯 갈래 세계를 벗어나리라.

다기사는 존자 아난의 말을 듣고 이렇게 말하였다.
"이제 그만두소서. 아난이여, 함께 걸식을 마치고 세존께 돌아가십시다."
그때 그 여인은 멀리서 다기사를 보고 방긋 웃었다. 다기사는 그 여인의 웃음을 보고 생각하였다.
'지금 그대의 몸뚱이는 뼈를 세워놓고 가죽으로 둘러싼 것이다. 마치 더러운 것이 가득 담긴 화병畵瓶과 같아 세상 사람을 홀리고 생각을 어지럽히는구나.'
존자 다기사는 그 여인을 머리에서 발끝까지 모두 관찰하였다.
'저 몸뚱이에 탐할 만한 것이 무엇이 있는가? 서른여섯 가지 부위가 모두 다 더러운 것뿐이다. 지금 이 온갖 것들은 다 어디서 생겨났을까?'
존자 다기사는 다시 이렇게 생각하였다.
'내가 지금 남의 몸을 관찰하기보다는 차라리 내 몸 속을 잘 살펴보

자. 이 탐욕은 어디서 생겨났을까? 흙의 요소에서 생겨났을까? 물이나 불이나 바람의 요소에서 생겨났을까? 만일 흙이라는 요소에서 생겼다면 흙의 요소는 단단하고 강해 부술 수가 없다. 가령 물이라는 요소에서 생겼다면 물이라는 요소는 너무 물러 가질 수가 없다. 또 불이라는 요소에서 생겼다면 불이라는 요소는 뜨거워서 가질 수가 없는 것이다. 가령 바람이라는 요소에서 생겼다면 바람이라는 요소는 형상이 없어 가질 수가 없다.'

이때 존자는 곧 '이 탐욕은 생각[思想]에서 생겨났을 뿐이구나' 하고 깨달았다. 그는 곧 다음 게송을 읊었다.

> 탐욕아, 내 너의 근본을 아나니
> 너는 생각만으로 생겨나는 것
> 내가 너를 생각하지 않는다면
> 너는 존재하지 못할 것이다.

그때 존자 다기사는 이 게송을 읊고 또 더럽다는 생각을 사유하여 그 자리에서 곧 번뇌로부터 마음이 해탈하였다. 아난과 다기사는 라열성을 나와 세존께 나아가 머리를 조아려 그 발에 예배하고 한쪽에 앉았다. 그때 다시사가 세존께 아뢰었다.

"저는 지금 좋은 이익을 얻었고 깨달은 것이 있습니다."

세존께서 말씀하셨다.

"너는 지금 무엇을 스스로 깨달았느냐?"

다기사가 부처님께 아뢰었다.

"색(色)은 견고하지 못한 것이고 단단하지도 못하며 볼 수도 없고 거짓되어 진실하지 못한 것입니다. 통(痛 : 受)은 튼튼함이 없고 견고하지도 않으며 또한 물거품과 같아 거짓되어 진실하지 못한 것입니다. 상상想은 견고하지 못한 것이고 단단하지도 않으며 거짓되어 진실하지 못한 것이 또한 아지랑이와 같습니다. 행行도 또한 견고하지 못한 것이고 단단하지도 않으며 파초와 같아서 알맹이가 없습니다. 식識도 견고하지 못한 것이고 단단하지도 않으며 거짓되어 진실하지 못한 것입니다."

그는 거듭 부처님께 아뢰었다.

"이 5성음盛陰은 견고하지 못한 것이고 단단하지도 않으며 거짓되어 진실하지 못한 것입니다."

이때 존자 다기사가 다시 게송으로 말하였다.

    색色은 물거품 덩어리와 같고
    통痛은 부질없는 거품과 같으며
    상상想은 마치 아지랑이와 같고
    행行은 마치 파초와 같으며
    식識은 허깨비와 같다 하나니
    이것은 부처님의 말씀이시네.

    이것을 깊이 사유한 뒤에
    온갖 행을 자세히 관찰하면
    그것은 모두 다 비고 고요해
    진실로 참된 것 전혀 없나니
    그것은 모두 이 육신 때문이라
    이것은 선서善逝의 말씀이시네.

그러므로 마땅히 세 법을 없애고
그 색을 보거든 더럽다 여겨라.
이 몸도 또한 그와 같아서
허깨비처럼 거짓되어 진실 아니네.

이것을 해로운 법이라 하나니
5음陰은 결코 견고하지 않다네.
진실이 아닌 줄을 이미 알고서
나는 이제 훌륭한 길로 되돌아왔네.

"이와 같이 세존이시여, 제가 지금 깨달은 것은 바로 이것입니다."
세존께서 말씀하셨다.
"훌륭하다. 다기사야. 5성음盛陰의 근본을 잘 관찰하였구나. 너는 이제 꼭 알아야 한다. 수행하는 자라면 이 5성음의 근본은 모두 견고하지 못한 것이라고 관찰해야 한다. 왜냐하면 내가 이 5성음을 관찰하고 보리수〔道樹〕 밑에서 무상등정각無上等正覺을 얻었을 때에도 그대가 오늘 관찰한 것과 같았기 때문이니라."
이렇게 설명하셨을 때, 그 자리에 있던 60명 비구들은 다 번뇌가 없어지고 마음에 이해가 생겼다.
그때 존자 다기사는 부처님의 말씀을 듣고 기뻐하며 받들어 행하였다.

〔 10 〕[8]

---

8 이 소경의 이역경異譯經으로는 유송劉宋 시대 혜간慧簡이 한역한『불설장자자육과출가경佛說長者子六過出家經』이 있다.

이와 같이 들었다.

어느 때 부처님께서는 사위국 기수급고독원에 계셨다.

그때 승가마僧迦摩[9] 장자의 아들이 부처님께 나아가 머리를 조아려 그 발에 예배하고 한쪽에 앉았다. 이때 장자의 아들이 부처님께 아뢰었다.

"원컨대 세존이시여, 도를 닦도록 허락해 주소서."

장자의 아들은 곧 도를 닦을 수 있게 되었다. 그는 한적한 곳에서 제 자신을 이겨내며 수행하여 그 법의 과果를 이루었다. 족성자族姓子들이 수염과 머리를 깎고 출가하여 도를 배우는 목적인 '나고 죽음은 이미 다하였고 범행은 이미 섰으며, 할 일을 이미 다 마쳐 다시는 태를 받지 않는다'는 것을 사실 그대로 알았다. 그때 승가마는 곧 아라한이 되었다.

그때 그는 한적한 곳에서 이렇게 생각하였다.

'여래가 세상에 출현하시는 것은 참으로 만나기 어렵다. 다살아갈多薩阿竭은 아주 가끔씩 세상에 출현하시니, 마치 우담발優曇鉢 꽃이 지극히 가끔씩 피는 것과 같다. 이 또한 그와 같아서 여래가 세상에 출현하는 일은 지극히 가끔씩 있는 일이다. 일체의 행이 사라지는 일도 만나기 어렵고 생사生死를 벗어나기도 어렵다. 그러므로 애욕이 다하고 탐욕이 없어진 열반이 가장 중요한 것이다.'

그때 승가마의 장모는 그 사위가 도인이 되어 탐욕에 집착하지 않고 세속 집안의 번거로움을 버리고 또 자기 딸을 침 뱉듯 버렸다는 소식을 들었다. 그러자 그 장모는 딸에게 찾아가 물었다.

"네 남편이 도인이 되었다는 게 사실이냐?"

---

9 팔리어로는 Sabbakāma라고 하며, 승가라마僧伽羅摩라고도 한다.

그 딸이 대답하였다.
"도인이 되었는지 소녀도 자세히 모르겠습니다."
그 노모老母가 말하였다.
"너는 지금 당장 아름답게 꾸미고 좋은 옷을 입고 이 아들과 딸을 안아라. 승가마가 있는 곳으로 같이 가자."
그 어머니와 딸은 함께 승가마에게로 찾아갔다. 그때 존자 승가마는 어떤 나무 밑에서 가부좌하고 앉아 있었다. 그때 그 모녀는 그의 앞에 아무 말이 없이 서 있었다.
그 노모와 딸은 승가마를 머리에서 발끝까지 바라보다가 그에게 말하였다.
"지금 자네는 왜 내 딸과 말을 하지 않는가? 이 아이들은 자네가 낳은 아들과 딸이라네. 자네의 지금 소행은 참으로 도리가 아닐세. 그 누구의 용서도 받지 못할 짓이네. 자네가 지금 생각하는 것은 사람이 할 짓이 아니리네."
그러자 존자 승가마가 곧 이런 게송으로 대답하였다.

이 밖에 더 착한 일 없고
이 밖에 더 묘한 일 없으며
이 밖에 더 옳은 일 없고
이 보다 더 나은 착한 생각은 없다오.

그러자 장모가 말하였다.
"내 딸이 무슨 죄가 있고 무슨 법답지 못은 일을 하였는가? 지금 무슨 까닭으로 이 아이를 버리고 집을 떠나 도를 배운단 말인가?"
그때 승가마가 곧 이런 게송으로 대답하였다.

냄새나는 곳에서 더러운 짓하고
성을 잘 내고 거짓말을 좋아하며
질투하는 마음 옳지 않으니
이것은 여래께서 하신 말씀이라오.

그때 노모가 승가마에게 말하였다.
"유독 내 딸만이 그런 것이 아니라 모든 여자가 다 그렇다네. 이 사위성 사람들로서 내 딸을 본 자는 모두 정신이 아득하여 마치 목마른 사람이 물을 마시고 싶어하듯 정情을 통하고 싶어하고 아무리 보아도 싫증을 내지 않으며 모두들 집착하는 생각을 하다고 한다. 그런데 자네는 어째서 이 아이를 버리고 도를 배우며, 게다가 비방까지 하는가? 만일 네가 내 딸을 받아들이지 않겠다면 자네가 낳은 아들과 딸이라도 자네가 보살피게."
승가마가 게송으로 말하였다.

제게는 아들도 딸도 없으며
농사도 재물도 보배도 없고
또한 사내종 계집종도 없으며
권속도 거느리는 무리도 없습니다.

홀로 거닐며 짝하는 이 없이
한적한 곳에서 즐거워하고
사문沙門의 법을 실천하면서
바른 부처님의 도를 구하고 있습니다.

아들을 두고 딸을 두는 것
어리석은 자들이나 하는 짓이니
저는 항상 제 몸도 없다고 생각하는데
어떻게 아들딸이 있을 수 있으리오.

그때 아내와 장모, 아들과 딸은 이 게송을 듣고 제각기 '저런 뜻을 본다면 결코 집으로 돌아가지 않을 것이다'라고 생각하였다. 그들은 다시 승가마를 머리에서 발끝까지 살펴보고는 길게 탄식하고 앞으로 나아가 꿇어앉아 말하였다.

"설사 저희들이 몸과 입과 뜻으로 잘못을 저질렀다 하더라도 모두 용서하소서."

그들은 승가마를 세 번 돌고 돌아갔다.

그때 존자 아난은 때가 되어, 가사를 입고 발우를 가지고 사위성에 들어가 걸식하다가 그 모녀를 만나게 되어 물었다.

"아까 승가마를 만나보셨습니까?"

노모가 대답하였다.

"비록 만나기는 했지만 만나지 않은 것이나 다름이 없습니다."

아난이 말하였다.

"이야기는 나누어 보셨습니까?"

노모가 대답하였다.

"이야기를 나누어 보았지만 제 마음에 들진 않았습니다."

존자 아난은 곧 이런 게송을 설하였다.

불로 하여금 물을 내게 하고
물로 하여금 불을 내게 하려고 하였으며

공空한 법을 있게 하려 하고
욕심 없는 자를 욕심내게 하려고 했네.

그때 존자 아난은 걸식을 마치고 기수급고독원으로 돌아와 승가마에게로 가서 한쪽에 앉아 승가마에게 말하였다.
"사실 그대로의 법을 알았는가?"
승가마가 대답하였다.
"저는 이미 사실 그대로의 법을 깨달아 알았습니다."
아난이 말하였다.
"어떻게 사실 그대로의 법을 깨달았는가?"
승가마는 대답하였다.
"색色은 무상無常한 것이고, 이 무상한 것은 곧 괴로운 것이요, 괴로운 것에는 나[我]라고 할 것이 없으며, 나라고 할 것이 없으므로 곧 공空한 것입니다. 통痛·상想·행行·식識도 다 무상한 것이고, 무상한 것은 괴로운 것이요, 괴로운 것에는 나라고 할 것이 없으며, 나라고 할 것이 없으므로 공한 것입니다. 이 5성음盛陰은 무상한 것이요, 무상한 것은 괴로운 것입니다. 나는 그것의 소유가 아니요, 그것이 나의 소유도 아닙니다."
그리고 승가마는 곧 게송으로 말하였다.

괴로움과 괴로움이 서로를 일으키니
괴로움 벗어남도 그와 같다네.
저 현성의 8품도
그것은 열반으로 이르게 한다.

다시는 이런 삶으로 돌아가지 않고
천상과 인간을 돌아다니다
장차 괴로움의 근본 없애고
영원히 쉬어 움직임이 없으리.

내 이제 공空의 자취를 보니
그것은 부처님의 말씀과 같네.
이제는 아라한을 이루었으니
다시는 중생의 태胎에 들지 않으리.

그때 존자 아난이 찬탄하였다.
"훌륭하다, 온갖 법을 사실 그대로 잘 깨달았구나."
아난이 다시 이런 게송을 말하였다.

범행의 자취를 잘 지키고
또한 그 도를 잘 수행하여
일체의 결박을 끊어버렸으니
부처님의 참다운 제자로구나.

그때 아난은 이 게송을 마치고 곧 자리에서 일어나 떠나갔다. 그는 부처님께 나아가 머리를 조아려 그 발에 예배하고 한쪽에 서서 그 동안의 사실을 전부 세존께 아뢰었다.
그때 세존께서 모든 비구들에게 말씀하셨다.
"만일 공정하게 아라한을 논하려 한다면 바로 승가마 비구가 그러한 이라고 말해야 할 것이요. 악마의 권속을 항복 받은 이도 바로 이

승가마 비구이니라. 왜냐하면 승가마 비구는 일곱 번이나 가서 마군을 항복 받고 이제 비로소 도를 이루었다. 지금부터는 일곱 번째 출가까지만 받아들인다. 이 한도를 넘어서는 것은 법이 아니니라."

그때 세존께서 비구들에게 다시 말씀하셨다.

"내 성문聲聞 제자 중에 능히 마魔를 항복 받고 지금 도를 이루게 된 비구는 바로 승가마 비구가 그 첫째이니라."

그때 모든 비구들은 부처님의 말씀을 듣고 기뻐하며 받들어 행하였다.

증일아함경 제 28 권

36. 청법품聽法品

〔1〕
이와 같이 들었다.

어느 때 부처님께서는 사위국 기수급고독원에 계셨다.

그때 세존께서 모든 비구들에게 말씀하셨다.

"수시隨時로 설법을 들으면 다섯 가지 공덕이 있으니, 수시로 받들어 가지며 차례를 잃지 말라. 어떤 것이 그 다섯 가지인가? 일찍이 들어보지 못했던 것을 듣게 되고, 이미 들었던 것은 외우게 되며, 소견이 삿된 데로 기울지 않고, 의심이 없어지며, 심오한 이치를 곧 이해하게 되는 것이다. 수시로 설법을 들으면 이런 다섯 가지 공덕이 있느니라.

그런 까닭에 모든 비구들아, 너희들은 방편을 구해 수시로 설법을 들어야 하느니라. 모든 비구들아, 마땅히 이와 같이 배워야 하느니라."

그때 모든 비구들은 부처님의 말씀을 듣고 기뻐하며 받들어 행하였다.

〔 2 〕
이와 같이 들었다.
어느 때 부처님께서는 사위국 기수급고독원에 계셨다.
그때 세존께서 모든 비구들에게 말씀하셨다.
"욕실浴室을 지으면 다섯 가지 공덕이 있다. 어떤 것이 그 다섯 가지인가? 첫째는 풍기風氣를 없애고, 둘째는 병病이 나으며, 셋째는 때를 없애고, 넷째는 몸이 가뿐해지며, 다섯째는 살결이 하얘진다.
비구들아, 이것을 일러 '욕실을 지으면 다섯 가지 공덕이 있다'고 하는 것이니라. 그런 까닭에 모든 비구들아, 너희들은 만일 이 다섯 가지 공덕을 구하는 사부대중이 있거든 방편을 써서 욕실을 짓도록 권유하라. 모든 비구들아, 마땅히 이와 같이 배워야 하느니라."
그때 모든 비구들은 부처님의 말씀을 듣고 기뻐하며 받들어 행하였다.

〔 3 〕
이와 같이 들었다.
어느 때 부처님께서는 사위국 기수급고독원에 계셨다.
그때 세존께서 모든 비구들에게 말씀하셨다.
"사람들에게 양지楊枝[1]를 보시하면 다섯 가지 공덕이 있다. 어떤 것이 그 다섯 가지 공덕인가? 첫째는 풍기를 없애고, 둘째는 가래침을

---

[1] 팔리어로는 danta-kaṭṭha이고, 치목齒木이라고도 하며, 이를 닦을 때 썼던 작은 나뭇가지를 말한다. 인도에서는 사람을 초청하면 먼저 치목과 향수를 내놓아 건강을 기원하는 풍습이 있었다고 한다.

없애며, 셋째는 생장生藏에 소화가 잘 되고, 넷째는 입에서 냄새가 나지 않으며, 다섯째는 눈이 맑아진다.

비구들아, 이것을 일러 '사람들에게 양지를 보시하면 다섯 가지 공덕이 있다'고 하는 것이니라. 만일 선남자善男子나 선여인善女人이 이 다섯 가지 공덕을 구한다면 마땅히 양지 보시할 생각을 하도록 하라. 비구들아, 마땅히 이와 같이 배워야 하느니라."

그때 모든 비구들은 부처님의 말씀을 듣고 기뻐하며 받들어 행하였다.

〔 4 〕

이와 같이 들었다.

어느 때 부처님께서는 사위국 기수급고독원에 계셨다.

그때 세존께서 모든 비구들에게 말씀하셨다.

"너희들은 백정이 그 재업財業으로 뒤에 수레나 말이나 큰 코끼리를 타고 다니는 것을 보았느냐?"

모든 비구들이 아뢰었다.

"아닙니다, 세존이시여."

세존께서 말씀하셨다.

"훌륭하구나, 비구들아. 나도 또한 백정이 소 따위를 잡는 일이나 해 가지고 수레나 말이나 큰 코끼리를 타게 되었다는 말은 보지도 못했고 듣지도 못했다. 왜냐하면 나도 또한 백정이 수레나 말이나 큰 코끼리를 타고 다니는 것을 보지 못했으니, 그럴 이치가 없기 때문이니라. 어떠냐? 비구들아, 너희들은 양을 잡거나 돼지를 잡거나 혹은 사슴을 잡는 사람이 그런 악행을 저지른 뒤에 벌어들인 재물로 뒤에 수레나 말이나 큰 코끼리를 타고 다니게 된 것을 보았느냐?"

모든 비구들이 대답하였다.

"아닙니다, 세존이시여."

세존께서 말씀하셨다.

"훌륭하다, 비구들아. 나도 또한 백정이 살아 있는 동물을 죽여서 번 돈으로 수레나 말이나 큰 코끼리를 타게 되었다는 말은 보지도 못했고 듣지도 못했다. 그럴 이치가 없기 때문이니라. 비구들아, 너희들이 만일 수레나 말을 타고 다니는 백정을 보았다면 그것은 전생前生의 덕이 있어서이지 금생今生의 복은 아니니라. 그것은 다 전생에 이미 지었던 행으로 이루어진 것이니라. 너희들이 만일 양을 잡는 사람이 수레나 말을 타고 다니는 것을 보았다면, 마땅히 알아야 한다. 그것은 그 사람이 전생에 복을 심었기 때문이다. 그 까닭은 그들 모두 살생하는 마음을 버리지 못했기 때문이니라.

왜냐하면 만일 어떤 사람이 악한 사람들을 가까이하고 살생하기를 좋아해서 지옥에 갈 죄를 심었다면, 혹 인간으로 태어나더라도 목숨이 매우 짧을 것이다. 또 만일 어떤 사람이 도둑질하기를 좋아하여 지옥에 갈 죄를 심었다면 마치 저 백정처럼 천한 것을 취하고 귀한 것을 팔면서 세상 사람들을 속이고 바른 법을 생각하지 않을 것이다. 저 백정도 그와 같아서 살생하는 마음 때문에 그런 죄를 짓고는 수레나 말이나 큰 코끼리를 타고 다니지 못할 것이니라.

그런 까닭에 모든 비구들아, 너희들은 마땅히 일체 중생들에 대해 자애로운 마음을 내어야 하느니라. 모든 비구들아, 마땅히 이와 같이 배워야 하느니라."

그때 모든 비구들은 부처님의 말씀을 듣고 기뻐하며 받들어 행하였다.

[5]

이와 같이 들었다.

어느 때 부처님께서는 사위국 기수급고독원에서 대비구들 5백 명과 함께 계셨다.

그때 석제환인釋提桓因은 팔을 굽혔다 펴는 것만큼 주 짧은 시간에 세존께서 계시는 곳으로 와서 머리를 조아려 그 발에 예배하고 한쪽에 앉았다. 그때 석제환인이 세존께 아뢰었다.

"여래께서도 말씀하셨듯이, 여래께서 세상에 출현하시면, 반드시 다섯 가지 일을 하십니다. 어떤 것이 그 다섯 가지인가? 법륜法輪을 굴리는 일, 부모를 제도하는 일, 믿음이 없는 이를 믿음의 땅에 서게 하는 일, 보살의 마음을 내지 않은 이들에게 보살의 마음을 일으키게 하는 일, 그 사이에 일어날 일에 대해서와 아무 부처가 될 것이라고 수기授記하시는 일입니다. 이 다섯 가지 인연因緣은 여래께서 세상에 출현하시면 어느 부처님이시든 다 반드시 하시는 일입니다. 지금 여래의 어머니께서 삼십삼천에 계시면서 법을 듣고 싶어하시는데, 지금 여래께서 염부리閻浮里에 계시면서 사부대중들에게 둘러싸여 있고, 또 국왕과 백성들이 모두 찾아와 구름처럼 모여들었습니다. 훌륭하신 세존이시여, 삼십삼천으로 가셔서 어머님께 설법해 주소서."

세존께서는 잠자코 청을 받아 주셨다. 그때 난타難陀용왕과 우반난타優槃難陀용왕[2]은 이렇게 생각하였다.

'저 까까머리 사문들이 우리 위를 날아간다. 방편을 써서 허공을 날지 못하게 하자.'

이때 용왕은 곧 화를 내며 거대한 화염의 폭풍을 뿜어 염부리 안을

---

[2] 팔리어로는 Nanda와 Upananda이고, 각기 환희歡喜와 현희賢喜로 의역하며, 8대 용왕들 중의 하나이다.

맹렬히 불태웠다. 그때 아난이 부처님께 아뢰었다.

"이 염부리에 웬 일로 이런 불이 일어났습니까?"

세존께서 말씀하셨다.

"두 용왕이 '저 까까머리 사문들이 늘 우리 위를 날아다닌다. 우리가 저들을 제지해서 허공을 날지 못하게 하자'고 생각하고는, 곧 화를 내며 이런 불을 뿜어내는 것이다. 그 때문에 이런 변괴가 일어난 것이니라."

그때 대가섭大迦葉이 곧 자리에서 일어나 세존께 아뢰었다.

"제가 지금 당장 가서 저들과 싸우겠습니다."

세존께서 말씀하셨다

"저 두 용왕은 매우 흉악兇惡하여 교화시키기 어렵다. 그대는 자리에 앉아라."

그때 존자 아나율阿那律이 곧 자리에 일어나 세존께 아뢰었다.

"제가 지금 당장 가서 저 악룡惡龍들을 항복 받겠습니다."

세존께서 말씀하셨다.

"저 두 악룡은 너무도 사나워서 교화시키기 어렵다. 그대는 자리에 앉아라."

그때 존자 이월離越·존자 가전연迦旃延·존자 수보리須菩提·존자 우다이優陀夷·존자 바갈婆竭이 각각 자리에서 일어나 세존께 아뢰었다.

"제가 지금 당장 가서 저 악룡들을 항복 받겠습니다."

세존께서 말씀하셨다.

"저 두 악룡은 매우 흉악하여 교화시키기가 어렵다. 그대들은 자리에 앉아라."

그때 존자 대목건련大目揵連이 곧 자리에서 일어나 오른쪽 어깨를 드러내고 꿇어앉아 합장하고 부처님께 아뢰었다.
"제가 저들에게 가서 악룡들을 항복 받겠습니다."
세존께서 말씀하셨다.
"저 두 용왕은 너무도 흉악해서 항복 받기 어렵다. 그대는 지금 어떻게 저들을 교화하려는가?"
목련이 부처님께 아뢰었다.
"제가 우선 저들에게 가서 먼저 아주 큰 형상으로 변화해 저 용들에게 겁을 주고, 그 다음엔 다시 아주 작은 형상으로 변화하고, 그런 연후에 다시 평상시의 모습을 보여 저들을 항복 받겠습니다."
세존께서 말씀하셨다.
"훌륭하구나. 목련아, 너라면 저 악룡들을 항복 받을 수 있을 것이다. 그러나 목련아, 마음을 굳게 가지고 어지러운 생각을 일으키지 말라. 왜냐하면 저 용들은 흉악하여 너를 괴롭힐 준비가 잘 되어 있기 때문이니라."
이때 목련은 곧 부처님 발에 예배하고 팔을 굽혔다 펴는 것처럼 아주 짧은 시간에 그곳에서 사라져 수미산(須彌山) 꼭대기로 갔다. 그때 난타용왕과 우반난타용왕은 수미산을 일곱 겹으로 에워싸고 잔뜩 성을 내며 큰 불을 뿜고 있었다. 그때 목련은 자신의 본래 모습을 숨기고 열네 개의 머리를 가진 큰 용왕으로 변화하여 수미산을 열네 겹으로 에워싸고 큰 불을 뿜어내며 두 용왕 위에 머물러 있었다. 난타와 우반난타용왕은 열네 개의 머리를 가진 큰 용왕을 보자 곧 매우 두려워하며 저희끼리 수군거렸다.
"우리들은 오늘 저 용왕의 위력을 시험해 우리를 이길 수 있나 알아보자."
그때 난타용왕과 우반난타용왕은 꼬리로 바다를 쳐서 삼십삼천까지 물이 튀게 하였건만, 정작 목련의 몸에는 묻게 하지 못하였다. 그때 존자 대목련이 다시 꼬리로 바닷물을 치자 물은 범가이천梵迦夷天까지 치솟았고 아울러 두 용왕의 몸에도 쏟아 부었다. 두 용왕은 저희들끼리 말하였다.

"우리는 온 힘을 다해 물을 삼십삼천까지 튀게 하였다. 그런데 저 큰 용왕은 우리보다 더 위의 하늘까지 올라가게 한다. 또 우리는 머리가 일곱 개인데 저 용왕은 열네 개의 머리를 가졌다. 우리는 수미산을 일곱 겹으로 에워쌌는데 저 용왕은 열네 겹으로 에워쌌다. 이제 우리 두 용왕은 힘을 합쳐 함께 싸우자."

이때 두 용왕은 잔뜩 성을 내며 우레와 번개와 벼락을 치면서 큰 화염火焰을 뿜었다. 존자 대목련은 이렇게 생각하였다.

'저 용들이 불과 벼락으로 싸우는데 만일 나까지 불과 벼락으로 싸운다면 저 염부리 사람들을 비롯한 삼십삼천이 다 화禍를 입을 것이다. 나는 이제 아주 작은 형상으로 변화해 저들과 싸우리라.'

목련은 곧 아주 작은 몸으로 변화하여 용의 입으로 들어갔다가 용의 코로 나오고 코로 들어갔다가 귀로 나왔으며, 다시 귀로 들어갔다가 눈으로 나오고 눈에서 나와서는 눈썹 위로 기어 다녔다. 그때 두 용왕은 매우 두려워하며 이렇게 생각하였다.

'이 큰 용왕은 너무도 위력이 세어 입으로 들어갔다가 코로 나오고 코로 들어갔다가 눈으로 나올 수가 있구나. 우리는 오늘 진정으로 졌다. 우리 용의 종류에는 알에서 태어나는 것, 태에서 태어나는 것, 습한 곳에서 태어나는 것, 변화로 태어나는 것 등 네 종류가 있다. 하지만 그들 중에 우리보다 나은 자는 아무도 없다. 그런데 이제 저 왕의 위력이 이와 같으니 감히 싸워 이길 수가 없구나. 이제 우리의 목숨은 경각에 달렸다.'

이런 생각을 한 그들은 겁이 나서 온몸의 털이 곤두섰다.

그때 목련은 용왕이 두려워하는 것을 보고 다시 그 모습을 숨기고 평상시의 모습으로 돌아와 용왕의 속눈썹 위를 걸어 다녔다. 그러자 두 용왕은 대목련을 보고 저희끼리 말하였다.

"이 사람은 목련이라는 사문이다. 용왕이 아니었구나. 참으로 기이하고 참으로 뛰어나며, 큰 위력을 가지고 있어 우리와 싸울 수 있었구나."

그때 두 용왕이 목련에게 말하였다.

"존자께서는 왜 저희들을 이처럼 괴롭히십니까? 무슨 훈계할 말씀이라도 있으십니까?"

목련이 대답하였다.

"너희들은 지난날 '왜 까까머리 사문들이 항상 우리 위로 날아다니고 있으니, 우리가 지금 저들을 제어하자'고 하는 그런 생각을 하였느냐?"

용왕들이 대답하였다.

"그렇습니다, 목련이시여."

목련이 말하였다.

"용왕들이여, 마땅히 알아야 한다. 이 수미산은 모든 하늘들의 길이지 너희들만이 사는 곳이 아니다."

용왕들이 대답하였다.

"부디 용서하시고 너무 꾸짖지 마소서. 지금부터 다시는 감히 괴롭히지 않고 나쁘고 어지러운 생각들을 내지 않겠습니다. 원컨대 저희들을 제자로 삼아 주소서."

목련이 말하였다.

"너희들은 내게 귀의하지 말라. 내가 귀의하는 분께 너희들도 귀의

하라."

용왕들이 목련에게 말하였다.

"저희들은 지금 여래께 귀의합니다."

목련이 말하였다.

"너희들이 이 수미산을 의지하고서는 세존께 귀의할 수가 없다. 이제 나와 함께 사위성으로 가면 귀의할 수 있을 것이다."

그래서 목련은 두 용왕을 데리고 팔을 굽혔다 펼 정도의 아주 짧은 시간에 수미산에서 사위성으로 갔다. 그때 세존께서는 한량없이 많은 대중들에게 설법을 하고 계셨다. 이때 목련이 두 용왕에게 말하였다.

"너희들은 마땅히 알아야 한다. 지금 세존께서 한량없이 많은 대중들을 위해 설법하고 계시니 너희들 용의 모습으로는 세존께 갈 수 없다."

용왕들이 말하였다.

"그렇습니다, 목련이시여."

용왕들은 용의 모습을 숨기고 사람의 모양으로 변화하였는데, 크지도 않고 작지도 않았으며 얼굴은 단정한 것이 복숭아꽃 빛과 같았다. 그때 목련이 세존께 나아가 머리를 조아려 그 발에 예배하고 한쪽에 앉았다. 그리고 두 용왕에게 말하였다.

"지금이 바로 그때이다. 앞으로 나가거라."

용왕들은 목련의 말을 듣고 곧 자리에서 일어나 꿇어앉아 합장하고 세존께 아뢰었다.

"저희 두 족성자族姓子는 한 사람은 이름이 난타難陀이고 한 사람은 이름이 우반난타優槃難陀라고 합니다. 지금 여래께 귀의하여 5계戒를 받들어 가지겠사오니 원컨대 세존께서는 우바새가 되도록 허락하소서. 목숨을 마칠 때까지 다시는 살생을 하지 않겠습니다."

그때 세존께서는 손가락을 튀기며 허락하셨다. 두 용왕은 본 자리로 돌아가 앉아 법을 들으려고 하였다.

그때 바사닉왕波斯匿王이 '무슨 인연으로 이 염부리閻浮利에 이처럼 연기와 불꽃이 일어나는 걸까' 하고 생각하고는 곧 보배 깃털로 장식한 수레를 타고 사위성을 나와 세존께 나아갔다. 사람들은 멀리서 왕이 오는 것을 보고 모두 일어나 맞이하면서 말하였다.

"잘 오셨습니다. 대왕이시여. 여기 앉으소서."

그러나 두 용왕은 잠자코 있으면서 일어나지 않았다. 바사닉왕은 세존의 발에 예배하고 한쪽에 앉았다. 그때 대왕이 세존께 아뢰었다.

"제가 여쭙고 싶은 것이 있습니다. 원컨대 세존께서는 일일이 자세하게 설명해 주소서."

세존께서 말씀하셨다.

"묻고 싶은 것이 있으면 지금 물으십시오."

바사닉왕이 부처님께 아뢰었다.

"무슨 인연으로 이 염부리에 이처럼 연기와 불꽃이 일어나는 것입니까?"

세존께서 말씀하셨다.

"이것은 난타와 우반난타용왕이 일으킨 것입니다. 그러나 대왕께선 두려워하지 마십시오. 지금부터는 연기와 불꽃이 일어나는 변란이 없을 것입니다."

이때 바사닉왕은 다시 이렇게 생각하였다.

'나는 지금 이 나라의 대왕으로서 인민들의 존경을 받고 이름이 사방에 알려져 있다. 그런데 저 두 사람은 어디서 왔기에 내가 오는 것을 보고도 일어나 맞이하지 않는가? 만일 내 나라 사람이라면 잡아서 가둘 것이요, 다른 나라에서 왔다면 잡아서 죽이리라.'

용왕들은 바사닉왕의 마음속 생각을 알고 곧 화가 났다. 용왕들은 그때 이렇게 생각하였다.

'우리는 이 왕에게 아무 잘못도 없다. 그런데도 오히려 우리를 해치려 하는구나. 기어코 이 나라 왕과 가이국迦夷國³ 사람들을 모두 잡아 죽이리라.'

용왕들은 곧 자리에서 일어나 세존의 발에 예배하고 바로 물러나 떠나갔는데 기원祇洹숲에서 얼마 안 가 그 모습이 보이지 않았다.

그때 바사닉왕은 그들이 떠나는 것을 보고 곧 세존께 아뢰었다.

"나라 일이 너무 많아 궁중으로 돌아갈까 합니다."

세존께서 말씀하셨다.

"형편대로 하십시오."

바사닉왕은 곧 자리에서 일어나 떠나갔다. 그리고는 신하들에게 명령하였다.

"아까 그 두 사람이 어느 길로 갔느냐? 빨리 가서 그들을 잡아오너라."

신하들은 왕의 명령을 받고 즉시 달려가 찾아보았으나 간 곳을 알 수 없어 궁중으로 돌아갔다. 그때 난타용왕과 우반난타용왕은 이렇게 생각하였다.

'우리는 그 왕에게 아무 잘못이 없다. 그런데도 우리를 잡아 해치려고 하는구나. 우리는 저 나라 백성들을 남김없이 다 죽이리라.'

그러나 용왕들은 다시 이렇게 생각하였다.

'저 나라 백성들에게 무슨 잘못이 있겠는가? 사위성 백성들을 죽이리라.'

---

3 팔리어로는 Kāsi라고 한다. 가시迦尸라고도 하며, 광광光·노위蘆葦로 한역한다. 당시 16국 중의 하나로 중인도에 있었던 나라이다.

그러다가 다시 생각하였다.

'사위국 사람들이 우리에게 무슨 잘못이 있겠는가? 왕궁의 관리들만 모조리 잡아 죽이리라.'

그때 세존께서 용왕들이 마음속으로 생각하고 있는 것을 아시고 목련에게 말씀하셨다.

"그대는 저 바사닉왕을 구하도록 하라. 난타용왕과 우반난타용왕이 해치지 못하도록 하라."

목련이 대답하였다.

"그렇게 하겠습니다, 세존이시여."

목련은 부처님의 분부를 받고 세존의 발에 예배하고 물러나 떠났다.

그는 왕궁 위에서 가부좌하고 앉아 모습을 감추었다. 그때 두 용왕은 우레를 울리고 벼락을 치며 사나운 비바람을 뿌려대면서 왕궁 위에 있었다. 혹은 기왓장이나 돌을 퍼붓기도 하고 혹은 칼을 퍼붓기도 했는데 그것들은 땅에 닿기도 전에 우발優鉢연꽃으로 변해 허공에 떠 있었다. 용왕들은 더욱 화가 치밀어 크고 높은 산을 궁전 위로 던졌다. 그러자 목련은 다시 그것을 갖가지 음식으로 변화시켰다. 용왕은 더욱 화가 치밀어 온갖 칼을 퍼부었다.

그때 목련은 다시 그것을 아주 예쁜 옷들로 변화시켰다. 용왕은 더욱 화가 치밀어 다시 바사닉왕의 궁전 위로 조약돌을 퍼부었지만 그것들은 땅에 닿기도 전에 7보로 변화하였다.

그때 바사닉왕은 궁중에 내리는 7보들을 보고 너무 기뻐 어쩔 줄 모르다가 이렇게 생각하였다.

'이 염부리에 나보다 더 덕이 있는 사람은 여래를 제외하곤 아무도 없다. 왜냐하면 우리 집에서는 벼 한 포기를 심으면 그것이 자라 한

섬의 쌀을 거두게 하고, 밥을 지어 감자장(甘蔗漿)에 찍어 먹으면 너무도 향기롭고 맛있기 때문이다. 그런데 이제 또 궁전 위에서 7보가 비처럼 쏟아지니, 내가 곧 전륜성왕(轉輪聖王)이 된단 말인가?'

그때 바사닉왕은 많은 채녀(婇女 : 시녀)들을 거느리고 그 7보를 거두고 있었다. 그때 두 용왕은 저희끼리 말하였다.

"지금 이게 무슨 의미인가? 우리들이 여기 올 때에는 바사닉왕을 죽이려고 한 것이었는데. 그런데 오늘 이렇게 변화하고 심지어는 여기에 온갖 힘을 다 써 보았지만 저 바사닉왕의 털끝 하나 움직일 수 없구나."

그때 용왕들은 대목건련이 궁전 위에 바른 몸과 바른 마음으로 조금도 기울어짐이 없이 가부좌하고 앉아 있는 모습을 보았다. 그 모습을 보고 나서 '이는 분명 저 대목련께서 부리신 조화일 것이다'라고 생각하였다. 그때 두 용왕은 목련을 보고 나서 이내 물러나 떠나갔다. 그때 목련은 용왕들이 떠나는 것을 보고는 다시 신통을 거두고 세존께 나아가 머리를 조아려 그 발에 예배하고 한쪽에 앉았다.

그때 바사닉왕은 '지금 이 갖가지 음식은 내가 먼저 먹을 것이 아니라 여래께 바친 뒤에 먹어야 하리라' 하고 생각하였다. 바사닉왕은 곧 보배와 갖가지 음식을 수레에 싣고 세존께 나아가 아뢰었다.

"이것은 아까 하늘이 내린 7보와 갖가지 음식입니다. 원컨대 받아 주소서."

그때 대목건련은 여래에게서 그리 멀지 않은 곳에 있었다. 그때 부처님께서 왕에게 말씀하셨다.

"그대는 이제 이 7보와 갖가지 음식을 저 대목련에게 주시오. 왜냐하면 왕께선 목련의 은혜를 입어 성현의 땅에서 다시 살아날 수 있었기 때문입니다."

바사닉왕이 부처님께 아뢰었다.

"무슨 인연으로 저에게 다시 살아났다고 말씀하십니까?"

세존께서 말씀하셨다.

"그대는 아침에 내가 있는 곳으로 와 법을 들으려 하지 않았습니까? 그때 어떤 두 사람도 찾아와 법을 듣고 있었고, 왕은 그들을 보고 이렇게 생각하였습니다.

'나는 이 나라에서 가장 세력이 있고 높아 사람들의 공경을 받는다. 그런데 저 두 사람은 어디서 왔기에 나를 보고도 일어나 맞이하지 않는가?'"

왕은 부처님께 아뢰었다.

"정말 그랬습니다, 세존이시여."

세존께서 말씀하셨다.

"그들은 사람이 아니라 바로 난타용왕과 우반난타용왕이었습니다. 그들은 왕의 뜻을 알고 저희끼리 말하였습니다.

'우리는 이 사람들과 저 왕에게 아무 잘못이 없는데 왜 도리어 우리를 해치려고 하는 걸까? 반드시 방편으로써 이 나라를 없애버리리라.'

나는 곧 용왕들이 마음속에 생각하고 있는 것을 알고 목련에게 '지금 저 바사닉왕을 구해 용들이 해치지 못하도록 하라'고 명령하였던 것입니다. 그는 내 분부를 받고 궁전 위에서 모습을 숨겨 나타나지 않고 그런 변화를 부렸던 것입니다. 그때 용왕들은 버럭 화를 내며 조약돌을 궁전 위에 퍼부었지만 그것들은 땅에 떨어지기도 전에 모두 7보·옷·음식으로 변화하고 말았던 것입니다. 이런 인연으로 대왕께선 오늘 다시 살아난 것입니다."

그때 바사닉왕은 곧 두려운 생각이 들어 온몸의 털이 곤두섰다. 그는 무릎걸음으로 세존 앞으로 나아가 부처님께 아뢰었다.

"세존께서 너무도 돈독한 은혜를 베풀어 주시어 제가 생명을 건지게 되었습니다."
다시 목련의 발에 머리를 조아려 예를 올리고 아뢰었다.
"존자의 은혜를 입어 생명을 건지게 되었습니다."
그때 국왕은 곧 이런 게송을 말하였다.

 존자께선 그 수명 무궁하시고
 언제나 그 목숨 보호하소서.
 괴롭고 궁窮한 재앙 물리쳐 주시니
 존자의 은혜로 어려움 벗어났다오.

그때 바사닉왕은 천상의 향과 꽃을 여래의 몸에 흩뿌리며 말하였다.
"저는 이제 이 7보를 3존尊께 바치나이다. 원컨대 받아 주소서."
그는 머리를 조아려 부처님의 발에 예를 올리고 세 번 돌고는 곧 물러나 떠나갔다. 그때 세존께서 이렇게 생각하셨다.
'이 사부대중들은 게으름이 많아 모두들 법을 듣지 않고, 또 방편을 구해 몸으로 증득하려고 하지도 않으며, 또 거두지 못한 것을 거두고 얻지 못한 것을 얻으려 하지도 않는다. 나는 이제 이 사부대중으로 하여금 법을 간절히 우러르게 하리라.'
그래서 세존께서는 사부대중에게 알리지도 않고 또 시자侍者도 데리고 가지 않고 팔을 굽혔다 펼 정도의 아주 짧은 시간에 기환祇桓숲에서 사라져 삼십삼천으로 가셨다.
그때 석제환인은 세존께서 오시는 것을 멀리서 보고 여러 하늘들을 데리고 앞으로 나아와 세존을 맞이하고, 머리를 조아려 그 발에 예배하고 앉으시기를 청하면서 말하였다.

"잘 오셨습니다, 세존이시여. 오랫동안 뵙지 못했습니다."

이때 세존께서는 이렇게 생각하셨다.

'나는 이제 신통의 힘으로 내 몸을 숨겨 저 여러 사람들로 하여금 내가 어디 있는지 보지 못하게 하리라.'

세존께서는 다시 이렇게 생각하셨다.

'나는 이제 이 삼십삼천에서 몸을 변화시켜 극히 넓고 크게 하리라.'

그때 천상의 선법강당善法講堂에는 가로 세로가 1유순이나 되는 황금으로 된 돌이 있었다. 그때 세존께서 그 돌 위에 가부좌하고 앉으시자 그 돌이 꽉 찼다. 그때 여래의 어머니이신 마야부인께서 여러 천녀天女들을 거느리고 세존께 나아가 머리를 조아려 그 발에 예배하고 한쪽에 앉아 이렇게 말하였다.

"뵙지 못한지 너무 오래인데 이제 이렇게 이곳으로 와주셨으니 참으로 다행입니다. 뵙기를 간절히 바랐더니 부처님께서 오늘 이렇게 오셨군요."

마야부인은 머리를 조아려 발에 예배한 뒤 한쪽에 앉았다. 석제환인釋提桓因도 여래의 발에 예배하고 한쪽에 앉았고, 삼십삼천도 여래의 발에 예배하고 한쪽에 앉았다. 그때 모든 하늘들은 세존께서 그곳에 계시며 하늘 무리는 불어나고 아수륜 무리는 줄어들게 하시는 것을 보았다.

그때 세존께서는 그 하늘 무리들을 위해 미묘한 논論을 차근차근 말씀하셨으니, 그때 설하신 논은 보시에 대한 논[施論], 계율에 대한 논[戒論] 천상에 태어나는 데 대한 논[生天論]이었으며, 또 '탐욕은 깨끗지 못한 생각이고 음욕은 더러운 것이므로 그것을 벗어나는 것이 즐거움이다'라고 말씀하셨다.

그때 세존께서는 찾아온 여러 대중들과 하늘 사람들의 마음이 열리고 뜻에 이해가 생긴 것을 보시고, 모든 불세존佛世尊께서 항상 말씀하셨던 법인 괴로움・괴로움의 발생・괴로움의 소멸・괴로움의 소멸에 이르는 길을 모든 하늘들에게 자세히 설명하셨다. 그들은 그 자리에서 온갖 번뇌가 없어지고 법안法眼이 깨끗해졌다. 또 18억 천녀들은 도의 자취를 보았고, 3만 6천 하늘들은 법안이 깨끗해졌다. 이때 여래의 어머니께서는 곧 자리에서 일어나 여래의 발에 예배하고 궁중으로 도로 들어갔다.

그때 석제환인이 부처님께 아뢰었다.

"저는 지금 어떤 음식을 여래께 올려야합니까? 인간의 음식입니까, 저절로 된 천상의 음식입니까?"

세존께서 말씀하셨다.

"인간의 음식이 여래의 식사가 될 수 있다. 왜냐하면 나는 인간 세계에서 태어나 인간 세계에서 자랐으며 인간 세계에서 부처가 되었기 때문이니라."

석제환인이 부처님께 아뢰었다.

"그렇게 하겠습니다. 세존이시여."

이때 석제환인이 다시 부처님께 여쭈었다.

"천상의 시간에 맞추어야 합니까, 인간의 시간에 맞추어야 합니까?"

세존께서 대답하셨다.

"인간의 시간에 맞추어라."

"그렇게 하겠습니다. 세존이시여."

그때 석제환인은 곧 인간의 음식을 인간의 시간에 맞추어 여래께 공양하였다. 그때 삼십삼천은 저희들끼리 이렇게 말하였다.

"우리는 오늘 여래께서 온종일 공양하시는 것만 본다."

이때 세존께서는 '나는 지금 이와 같은 삼매에 들어 저 하늘들을 오게 하고 싶으면 곧 오게 하고, 물러가게 하고 싶으면 곧 물러가게 하리라'고 생각하셨다. 세존께서는 이 삼매에 들어 때를 맞춰 그 하늘들을 오고 물러가게 하셨다. 그때 인간 세상의 사부대중들은 오랫동안 여래를 뵙지 못하자 아난에게 가서 물었다.
"여래께서는 지금 어디에 계십니까? 간절히 뵙고 싶습니다."
아난이 대답하였다.
"나도 여래께서 어디 계신지 모르오."
이때 바사닉왕과 우전왕優塡王도 아난에게 와서 물었다.
"여래께서는 지금 도대체 어디 계십니까?"
아난이 대답하였다.
"대왕이시여, 저도 여래께서 어디 계시는 모릅니다."
두 왕은 여래를 그리워하다가 결국 병이 났다.
그러자 많은 신하들이 우전왕에게 아뢰었다.
"지금 무슨 병에 걸리셨습니까?"
왕이 대답하였다.
"나는 지금 근심으로 병이 들었다."
모든 신하들이 말하였다.
"어떤 근심으로 병이 들었습니까?"
그 왕이 대답하였다.
"여래를 뵙지 못하기 때문이다. 만일 내가 여래를 뵙지 못한다면 곧 죽을 것이다."
신하들은 곧 이런 생각을 하였다.
'어떤 방법을 써야 우전왕께서 돌아가시지 않으실까? 우리 이제 여래의 형상을 만들자.'

그때 신하들이 왕에게 아뢰었다.

"저희들이 여래의 형상을 조성하고자 합니다. 그러면 공경하고 섬기며 예배할 수도 있을 것입니다."

왕은 이 말을 듣고 너무 기뻐 어쩔 줄 모르면서 신하들에게 말하였다.

"훌륭하구나. 그대들의 말이 참으로 미묘하구나."

신하들이 아뢰었다.

"어떤 보배로 여래의 형상을 조성하오리까?"

그때 왕은 곧 온 나라 안의 뛰어난 조각가들에게 명령하였다.

"내가 지금 여래의 형상을 조성하고자 하노라."

솜씨 좋은 장인匠人이 대답하였다.

"그렇게 하겠습니다. 대왕이시여."

그때 우전왕은 곧 우두전단牛頭栴檀[4] 나무로 높이 다섯 자 되는 여래상을 만들었다. 그때 바사닉왕은 우전왕이 높이 다섯 자 되는 여래상을 만들어 공양한다는 소식을 들었다. 바사닉왕도 온 나라 안의 뛰어난 조각가를 불러 명령하였다.

"내가 지금 여래의 형상을 조성하고자 한다. 너희들은 즉시 준비하라."

이때 바사닉왕은 이렇게 생각하였다.

'어떤 보배로 여래의 형상을 조성할까?'

조금 있다가 다시 생각하였다.

'여래의 몸은 마치 순금처럼 누렇다. 이제 금으로 여래의 형상을 만들리라.'

---

4 팔리어로는 gosisa-candana이고, 적동색을 띠며, 전단향 중 최고로 좋은 향을 가졌다고 한다. 옛날부터 불상과 전각 등을 조성하는 데 사용되었던 고급목재이다.

그래서 바사닉왕은 순전한 자마금紫磨金으로 높이 다섯 자 되는 여래상을 만들었다.

그때 염부리 안에 비로소 두 개의 여래형상이 있게 되었다.

그때 사부대중들이 아난에게 찾아가 물었다.

"저희들이 간절하게 여래를 뵙고 싶습니다. 지금 여래께서는 어디에 계십니까?"

아난이 대답했다.

"저도 여래께서 어디 계시는지 모릅니다. 우리 다 같이 아나율阿那律에게 가서 이 일을 물어봅시다. 왜냐하면 존자 아나율은 천안天眼이 제일이어서 청정하여 더러움이 없기 때문입니다. 그는 천안으로 1천 세계·2천 세계·삼천대천세계三千大天世界를 환히 다 보고 압니다."

이때 아난이 사부대중들과 함께 아나율에게 찾아가 물었다.

"지금 이 사부대중들이 저에게 찾아와 지금 여래께서 어디 계시는지를 물었습니다. 원컨대 존자께서 천안으로 여래께서 지금 어디 계신지 살펴봐 주십시오."

그러자 존자 아나율이 대답하였다.

"여러분 잠시만 계십시오. 제가 지금 여래께서 어디 계신지 살펴보겠습니다."

그때 아나율은 몸과 마음을 바르게 하고 생각을 매어 앞에 두고 천안으로 염부리 안을 살펴보았지만 보이지 않았다. 그는 다시 구야니拘耶尼·불우체弗于逮·울단왈鬱單曰을 살펴보았지만 보이지 않았다. 그는 다시 사천왕·삼십삼천·염천豔天·도술천兜術天·화자재천化自在天·타화자재천他化自在天을 골고루 살펴보고 심지어는 저 범천梵天까지 죄다 살펴보았지만 그 어디에도 보이지 않았다. 다시 1천 염부지閻浮地·1천 구야니瞿耶尼·1천 울단왈·1천 불우체·1천 사천왕·1천 염천·1천 도솔천·1천 화자재천·1천 범천을 골고루 살펴보았지만 여래를 볼 수 없었다. 다시 삼천대천세계의 모든 국토를 살펴보았지만 또한 보이지 않았다. 그는 곧 자리에서 일어나 아난에게 말하였다.

"제가 지금 삼천대천세계의 모든 국토를 살펴보았지만 보이질 않습니다."

그때 아난과 사부대중들은 잠자코 있었다. 아난이 생각하였다.

'여래께서 반열반般涅槃하시려는 것은 아닐까?'

그때 삼십삼천들은 저희들끼리 말하였다.

"우리는 좋은 이익을 얻었다. 원컨대 일곱 부처님께서 항상 세상에 나타나 계시면 천상과 인간은 많은 이익을 얻을 것이다."

어떤 천자는 이렇게 말하였다.

"일곱 부처님은 그만두고 여섯 부처님만 계셔도 너무 좋겠다."

어떤 천자가 말하였다.

"다섯 부처님만이라도 계셨으면 좋겠다."

혹은 네 부처님, 세 부처님을 말하고 혹은 "두 부처님이라도 이 세상에 출현하시면 많은 이익이 있을 것이다."

이때 석제환인이 여러 하늘들에게 말하였다.

"일곱 부처님과……(이하 생략)……두 부처님은 고사하고 지금 저 석가문釋迦文부처님만이라도 이 세상에 오래 계신다면 많은 이익이 있을 것이다."

그때 여래께서는 모든 하늘들을 오게 하고 싶어하면 하늘들은 곧 오고, 여러 하늘들을 가게하고 싶어하면 하늘들은 곧 떠났다. 삼십삼천들은 저희끼리 말하였다.

"여래께서는 왜 종일 잠수시는 걸까?"

그러자 석제환인이 삼십삼천에게 말하였다.

"여래께서는 지금 인간세계의 시간에 맞춰 잡수시고 천상세계의 시간을 쓰시지 않기 때문이다."

그때 세존께서는 그곳에서 석 달을 지내고 이렇게 생각하셨다.

'지금 염부리의 사부대중들은 너무 오랫동안 나를 보지 못해 매우 애가 탈 것이다. 나는 이제 신통을 버리고 저 성문들로 하여금 내가 삼십삼천에 있는 줄을 알게 하리라.'

여래께서는 곧 신통을 버리셨다. 이때 아난은 아나율이 있는 곳에서 머물고 있다가 다시 아나율에게 말하였다.

"지금 사부대중들이 매우 애태우며 여래를 뵙고 싶어합니다. 여래께서 지금 열반하신 것은 아닙니까?"

아나율이 아난에게 대답하였다.

"어젯밤에 어떤 하늘이 나에게 찾아와 여래께서 지금 삼십삼천의 선법강당에 계신다고 알려 주었습니다. 그대는 잠시만 계십시오. 내가 지금 여래께서 어디 계시는지 살펴보겠습니다."

존자 아나율은 곧 가부좌하고 앉아 몸과 뜻을 바르게 하고 마음을 움직이지 않고 천안으로 삼십삼천을 살펴보다가, 세존께서 사방 1유순이나 되는 돌 위에 앉아 계시는 것을 보았다. 아나율은 곧 삼매에서 일어나 아난에게 말하였다.

"여래께서는 지금 삼십삼천에서 어머님을 위해 설법하고 계십니다."

아난과 사부대중들은 너무 기뻐 어쩔 줄 몰랐다. 아난은 사부대중들에게 물었다.

"어느 분이 저 삼십삼천으로 가서 여래께 문안드릴 수 있겠습니까?"

아나율이 말하였다.

"존자 목련께서 신족神足이 제일이시니 그 신력을 부려 부처님께 가서 문안드려 주소서."

사부대중들도 목련에게 말하였다.

"지금 여래께서 삼십삼천에 계신다고 하니, 존자께서는 저희 사부대중들의 이름으로 여래께 문안드려 주십시오. 또 '세존께서는 이 염부리 세상에서 도를 얻으셨습니다. 원컨대 위신력을 부려 이 세상으로 돌아오시기 바랍니다' 하는 이런 뜻을 여래께 말씀드려 주십시오."

목련이 대답했다.

"매우 좋은 일입니다, 여러분."

목련은 사부대중들의 부탁을 받고 팔을 굽혔다 펼 정도의 아주 짧은 시간에 삼십삼천에 도착해 여래께서 계시는 곳으로 갔다. 그때 석제환인과 여러 하늘들은 멀리서 목련이 오는 것을 보고 '분명 비구들의 심부름이 아니면 여러 왕들의 심부름일 것이다' 하고 그렇게들 생각하였다. 모든 하늘들이 모두 일어나 맞이하였다.

"잘 오셨습니다, 존자시여."

목련은 세존께서 한량없이 많은 대중들을 위해 설법하고 계시는 것을 멀리서 바라보고 이렇게 생각하였다.

'세존께서는 이 하늘에 계시면서도 여전히 번거로우시구나.'

목련은 세존께 나아가 머리를 조아려 그 발에 예배하고 한쪽에 섰다.

그때 목련이 부처님께 아뢰었다.

"세존이시여, 사부대중들이 여래께 기거는 편안하고 행보는 건강하신지 문안드린다고 전해 왔습니다."

또 이런 것도 아뢰었다.

"세존께서는 염부리에서 자라나 이 세상에서 도를 얻으셨습니다. 원컨대 세존께서는 이 세상으로 돌아오소서. 사부대중들은 애를 태우며 세존을 뵙고 싶어합니다."

세존께서 말씀하셨다.

"사부대중들로 하여금 수행에 게으름이 없도록 하라. 어떠냐? 목련아, 사부대중들은 유행하며 교화에 힘쓰고 있느냐? 서로 다투는 일은 없느냐? 외도들이 괴롭히지는 않느냐?"

목련이 아뢰었다.

"사부대중들은 게으름이 없이 열심히 수행하고 있습니다."

"다만 목련아, 그대는 조금 전에 '여래께선 여기서도 번거로우시구나' 하고 생각했는데 그것은 그렇지 않다. 왜냐하면 나는 여기서 설법한 지 그리 오래되지 않았고, 또 만일 내가 '이 하늘들을 오게 하고 싶다'고 생각하면 하늘들은 곧 오고, '하늘들을 오지 못하게 하고 싶다'고 하면 하늘들은 오지 못하기 때문이다. 목련이여, 그대는 세상으로 돌아가라. 여래는 지금부터 이레 뒤에 승가시국僧迦尸國 큰 못가로 가리라."

이때 목련은 팔을 굽혔다 펴는 지극히 짧은 시간에 사위성 기수급고독원으로 돌아가 사부대중들에게 말하였다.

"여러분 마땅히 아셔야만 합니다. 지금부터 이레 뒤에 여래께서는 이 염부리 땅 승가시국의 큰 못가로 내려오실 것입니다."

사부대중들은 이 말을 듣고 너무 기뻐 어쩔 줄 몰랐다. 또 바사닉왕波斯匿王·우전왕優塡王·악생왕惡生王·우다연왕優陀延王·빈비사라왕頻毗娑羅王도 여래께서 이레 뒤에 승가시국의 큰 못가로 내려오신다는 소식을 듣고 너무 기뻐 어쩔 줄 몰랐다. 또 비사리毗舍離 사람들과 가비라월迦毗羅越의 석가족들과 구이라월拘夷羅越 사람들도 여래께서 염부리 땅으로 내려오신다는 소식을 듣고 너무 기뻐 어쩔 줄 몰랐다.

그때 바사닉왕은 네 종류의 군사를 모으고 못가로 나아가 세존을 뵈려고 하였다. 다섯 왕들도 모두 군사들을 거느리고 세존께서 오신다는 곳으로 나아가 여래와 그 대중들을 뵈려고 하였다. 가비라월의 석가족도 모두 세존께서 오신다는 곳으로 가고, 또 사부대중들도 모두 세존께서 오신다는 곳으로 나아가 여래를 뵈려고 하였다.

이레가 되자 석제환인은 자재천자自在天子에게 말하였다.

"너는 지금 이 수미산 꼭대기에서 승가시의 못가까지 세 개의 길을 닦아라. 여래의 뜻을 살펴보니 신통을 부리지 않고 염부閻浮 땅으로 가려 하신다."

자재천자가 대답하였다.

"참으로 좋은 일입니다. 지금 당장 닦겠습니다."

자재천자는 곧 금·은·수정으로 된 세 길을 신통으로 만들었다. 가운데에 금 길을 두고 양쪽 가로 수정 길과 은 길을 만들고 길 가에는 금 나무를 심어놓았다. 그때 여러 신묘한 하늘들은 이레 동안 모두 모여 법을 들었다.

그때 세존께서는 수천만 무리들에게 앞뒤로 둘러싸여 설법하셨다.

"5성음盛陰은 괴로운 것이다. 어떤 것이 그 다섯 가지인가? 색色·통(痛:受)·상想·행行·식識을 이르는 말이다.

어떤 것을 색음色陰이라고 하는가? 이른바 4대로 된 이 몸은 4대로 만들어진 색이니, 이것을 색음이라고 한다. 어떤 것을 통음(痛陰:受陰)이라고 하는가? 이른바 괴로운 느낌·즐거운 느낌·괴롭지도 즐겁지도 않은 느낌이니, 이것을 통음이라고 한다. 어떤 것을 상음想陰이라고 하는가? 이른바 3세世가 함께 모인 것이니, 이것을 상음이라고 한다. 어떤 것을 행음行陰이라고 하는가? 이른바 몸의 행과 입의 행과 뜻의 행이니, 이것을 행음이라고 한다. 어떤 것을 식음이라고 하는가? 이른바 눈·코·귀·혀·몸·뜻의 식識이니 이것을 식음이라고 한다.

어떤 것을 색色이라고 하는가? 이른바 색이란 추위도 색이요, 더위도 색이며, 굶주림도 색이요, 목마름도 색이다. 어떤 것을 통(痛:受)이라고 하는가? 이른바 느낌이란 감각(覺)을 말하는 것이니, 무엇을 느끼는가? 괴로움을 느끼고 즐거움을 느끼며 괴롭지도 않고 즐겁지도 않음을 느끼므로 감각이라고 한다. 어떤 것을 상想이라고 하는가? 이른바 상이란 곧 앎(知)이니, 파랑·노랑·하양·검정을 알고 괴로움과 즐거움을 알므로 상이라고 한다. 어떤 것을 행行이라고 하는가? 이른바 행이란 능히 이루는 것이 있기 때문에 행이라고 한다. 무엇을 이루는가? 악행惡行을 이루기도 하고 선행善行을 이루기도 하기 때문에 행이라고 한다. 어떤 것을 식識이라고 하는가? 이른바 식이란 옳고 그름을 분별하고 온갖 맛을 분별하는 것이니 이것을 식이라고 하느니라.

천자들이여, 마땅히 알아야만 한다. 이 5성음盛陰에는 세 갈래 나쁜 길과 천상 길과 인간 길이 있는 줄을 알아야 하고, 이 5성음이 사라지면 곧 열반의 길이 있는 줄을 알아야 하느니라."

세존께서 이렇게 설법하셨을 때 6만의 하늘 신들은 법안이 깨끗해졌다.

그때 세존께서는 하늘 신들에게 설법하신 뒤에 곧 자리에서 일어나 수미산 꼭대기로 가시어 이런 게송을 말씀하셨다.

    너희들은 부디 부지런히 공부하라.
    부처님과 법과 성중 안에서
    죽음으로 가는 길 부숴 없애되
    갈고리로 코끼리를 다루듯 하라.

너희들은 만일 이 법에 대해서
게으르지 않고 힘써 닦는다면
나고 죽음을 이내 끝내어
괴로움의 근본이 없어지리라.

세존께서 이 게송을 말씀하시고 나서 곧 가운데 길로 나가셨다. 그때 범천은 여래의 오른쪽은 길에 서 있고 석제환인은 수정길 가에 서 있었으며, 여러 하늘 신들은 허공에서 꽃을 뿌리고 향을 사르며 풍악을 울려 여래를 즐겁게 하였다.

이때 우발화색優鉢華色 비구니는 오늘 여래께서 염부제閻浮提 승가시의 못가로 오신다는 소식을 듣고 이렇게 생각하였다.

'사부대중들과 국왕과 대신과 온 나라 백성들이 모두 빠짐없이 나갈 것이다. 만일 내가 평상시의 모습으로 나간다면 그것은 옳지 못할 것이다. 나는 이제 전륜성왕의 형상으로 세존을 뵈러 가리라.'

우발화색 비구니는 곧 자신의 모습을 숨기고 전륜성왕의 모습이 되어 7보를 두루 갖추었다. 7보란 이른바 윤보輪寶·상보象寶·마보馬寶·주보珠寶·옥녀보玉女寶·전병보典兵寶·전장보典藏寶이니, 이것을 7보라고 한다.

그때 존자 수보리須菩提는 라열성羅閱城의 기사굴산耆闍崛山 어느 산기슭에서 옷을 깁고 있었다. 수보리는 오늘 세존께서 염부리 땅으로 오신다는 소식을 듣고 '사부대중들이 빠짐없이 뵈러 갈 것이니 나도 지금 제때에 가서 여래께 문안하고 예배해야 하리라'고 생각하였다. 존자 수보리는 옷 깁기를 그만두고 자리에서 일어나 오른쪽 무릎을 꿇었다. 그는 다시 이렇게 생각하였다.

'저 여래의 형상에서 무엇이 세존인가? 눈·귀·코·입·몸·뜻이 그것인가? 찾아가 뵈려는 자도 또한 땅・물・불・바람 4대大로 되어 있지 않은가? 일체 모든 법은 다 비고 고요하여 지을 것도 없고 지어진 것도 없다. 그것은 세존께서 게송으로 말씀하신 것과 같다.

만일 부처님께 예배하려고 하거나
가장 높은 이들께 예배하려 하거든
갖가지 종류의 음陰과 지持와 입入[5]
그것들은 모두 다 덧없다 관찰하라.

먼 옛날 과거의 부처님들과
또 미래에 오실 부처님도
지금 현재의 부처님처럼
이들은 모두 다 무상無常한 것이니라.

만일 부처님께 예배하려 하거든
지난 과거와 다가올 미래
그리고 지금 현재에 대해
공空한 법이라고 관찰하여라.

만일 부처님께 예배하려 하거든
지나간 과거와 다가올 미래
그리고 현재와 모든 부처님
나라고 할 것도 없는 것이라고 생각하여라.

---

5 5음(陰 : 蘊)과 18지(持 : 界)와 12입(入 : 處), 즉 3과科를 말한다.

그 속에는 나[我]도 없고 목숨[命]도 없으며 남[人]도 없다. 지을 것도 없고 지어진 것도 없으며, 형용할 가르침도 없고 가르치는 자도 없다. 모든 법은 비고 고요한데 어느 것이 나[我]인가? 나라고 주장할 만한 것이 없다. 나는 이제 진실한 법의 무더기[6]에 귀의하리라.'

그래서 존자 수보리는 도로 앉아 옷을 기웠다.

그때 우발화색 비구니는 전륜성왕의 모습으로 7보를 앞뒤에 거느리고 세존께서 오신다는 곳으로 나갔다. 이때 다섯 나라 왕들은 멀리 전륜성왕이 오는 것을 보고 너무 기뻐 어쩔 줄 모르며 저희들끼리 말하였다.

"참으로 기이하고 참으로 놀랍다. 이 세상에 여래와 전륜성왕 두 보배가 나타나다니."

그때 세존께서는 수만의 하늘 신들을 거느리고 수미산 꼭대기에서 못가로 내려오셨다. 세존께서 발을 들어 땅을 밟으시자 이 삼천대천세계三千大天世界는 여섯 가지로 진동하였다.

이때 신통변화로 나타난 전륜성왕이 점점 세존께 가까이 다가가자 여러 작은 나라 왕들과 백성들은 모두 피하였다. 그때 신통변화로 나타난 성왕聖王은 세존께서 가까이 오신 것을 알고 다시 본래의 모습으로 돌아가 비구니가 되어 세존의 발에 예배하였다. 다섯 왕들은 그것을 보고 원망하면서 저희들끼리 수군거렸다.

"우리는 오늘 큰 손해를 보았다. 우리가 먼저 여래를 뵈어야 마땅한데 저 비구니가 먼저 뵈었다."

비구니는 세존 앞에 나아가 머리를 조아려 그 발에 예배하고 부처님께 아뢰었다.

---

6 원문은 '진법지취眞法之聚'이고, 이는 곧 부처님의 법신法身을 말한다.

"저는 이제 가장 높은 분에게 예배합니다. 오늘 제일 먼저 뵐 수 있었던 저 우발화색 비구니는 바로 여래의 제자입니다."
그때 세존께서는 그 비구니를 위해 이런 게송을 말씀하셨다.

착한 업으로 먼저 예배했으니
그대가 최초라 해도 허물이 없겠지만
텅 비어 아무것도 없는 저 해탈문解脫門
이것이 부처님께 예배하는 이치이니라.

만일 부처님께 예배하려 한다면
장차 다가올 미래와 지나간 과거
모두 공한 법이라 관찰하여라.
그것이 부처님께 예배하는 이치이니라.

그때 다섯 왕과 헤아릴 수 없이 많은 사람들은 모두 세존께 나아가 제각기 이름을 일컬었다.
"저는 가시국迦尸國의 왕 바사닉波斯匿입니다. 저는 발차국拔嗟國의 왕 우전優塡입니다. 저는 다섯 도시의 주인 악생惡生입니다. 저는 남해南海의 주인 우다연優陀延입니다. 저는 마갈국摩竭國의 왕 빈비사라頻毗娑羅입니다."
그때 11나술那術[7] 사람들이 운집하였고, 사부대중들 가운데 가장 높은 어른 1,250명도 세존께 나아가 머리를 조아려 그 발에 예배하고 한쪽에 섰다.

---

7 곧 나유타(那由他, nayuta)이고, 조兆 혹은 구溝라 한역한다. 수량을 나타내는 말이다.

그때 우전왕은 우두전단으로 만든 여래상을 손에 들고 게송으로 여래께 아뢰었다.

> 제가 지금 여쭈고 싶은 게 있사오니
> 자비로 일체를 보호하는 분이시여
> 부처님의 형상을 만든 사람은
> 어떠한 복을 받게 됩니까?

그때 세존께서도 게송으로 대답하였다.

> 대왕께선 이제 들어보시오
> 조금이나마 그 뜻을 설명하리다.
> 부처님의 형상을 만드는 것에 대해
> 내 이제 간략히 설명하리다.

> 태어날 때부터 눈이 온전하였고
> 나중에는 또 천안을 얻게 되며
> 흰자위 검은 동자 분명한 것은
> 부처님의 형상을 만든 덕입니다.

> 온몸은 완전해 이지러짐 없고
> 그 뜻은 반듯해 미혹되지 않으며
> 그 힘은 보통사람 곱절이나 되나니
> 부처님 형상을 만든 사람입니다.

나쁜 세계에는 떨어지지 않고
마침내는 저 천상에 태어나며
그곳에서 그는 천왕天王이 되나니
부처님의 형상을 만든 복입니다.

그 나머지 복도 헤아릴 수 없어
그 복은 가히 생각할 수조차 없으며
그 이름 사방에 두루 퍼지나니
부처님의 형상을 만든 복입니다.

"훌륭하고 훌륭합니다. 대왕이여. 그것은 이익이 많아 천상이나 인간이나 모두 그 덕을 입을 것입니다."
그때 우전왕은 너무 기뻐 어쩔 줄 몰랐다.
세존께서는 사부대중들과 다섯 왕을 위해 미묘한 논을 말씀하셨으니, 그때 설하신 논은 보시에 대한 논, 계율에 대한 논, 천상에 태어나는 것에 대한 논이었으며, 또 탐욕은 더러운 생각이고 번뇌는 큰 재앙이므로 그것을 벗어나는 것이 가장 긴요한 일이라고 하셨다.
그때 세존께서는 사부대중들의 마음이 열리고 뜻에 이해가 생긴 줄을 아시고, 모든 부처님들께서 항상 말씀하셨던 법인 괴로움·괴로움의 발생·괴로움의 소멸·괴로움의 소멸에 이르는 길에 대해 그들에게 모두 설명하셨다. 그때 그 자리에 있던 하늘과 사람 6만여 명은 모든 번뇌가 없어지고 법안이 깨끗해졌다.
그때 다섯 왕이 세존께 아뢰었다.
"지금 이곳은 묘한 복을 받은 가장 신령스런 땅이니, 여래께서 비로소 도술천兜術天[8]에서 내려와 이곳에서 설법하셨기 때문입니다. 지금

이 땅에 기념물을 세워 영구히 보존해 없어지지 않게 하고 싶습니다."

세존께서 말씀하셨다.

"당신들 다섯 왕은 이곳에 절(神寺)을 세우십시오. 영원히 복을 누리며 끝내 무너지지 않을 것입니다."

"절은 어떻게 세워야 합니까?"

그때 세존께서는 오른손을 펴 땅 속에서 가섭여래迦葉如來의 절을 집어 올려 다섯 왕에게 보이면서 말씀하셨다.

"만일 절을 지으려거든 이것을 법으로 삼으십시오."

다섯 왕은 그곳에 큰 절을 세웠다.

그때 세존께서 모든 비구들에게 말씀하셨다.

"항하의 모래알처럼 많은 과거 여래를 따랐던 무리들도 오늘과 다름이 없었다. 미래 모든 불세존을 따르는 무리들도 오늘과 다름이 없을 것이다. 지금 이 경 이름은 『유천법본遊天法本』이라 한다. 비구들아, 마땅히 이와 같이 배워야 하느니라."

그때 사부대중들과 다섯 나라 왕들은 부처님의 말씀을 듣고 기뻐하며 받들어 행하였다.

---

8 신수대장경 각주에 의하면 "원·명 2본에는 도솔천兜術天이 도리천忉利天으로 되어 있다"고 한다.

증일아함경 제 29 권

37. 육중품六重品 ①

〔 1 〕

이와 같이 들었다.

어느 때 부처님께서는 사위국 기수급고독원에 계셨다.

그때 세존께서 모든 비구들에게 말씀하셨다.

"너희들은 여섯 가지 소중한 법을 잘 명심해 그것을 공경하고 소중히 여기며, 마음에 굳게 새겨 잊어버리지 말라.

어떤 것이 여섯 가지인가? 비구들이여, 몸으로 행할 때 자비를 생각하되 거울에 얼굴을 비춰보듯 하라. 그것은 공경할 만하고 귀히 여길 만한 것이니 잊어버리지 말라. 또 입으로 행할 때 자비를 생각하고, 뜻으로 행할 때 자비를 생각하라. 그것은 공경할 만하고 귀히 여길 만한 것이니 잊어버리지 말라.

또 법의 이익을 얻거든 범행을 닦는 모든 이들과 나누고 아까워하는 생각을 가지지 말라. 이 법은 공경할 만하고 귀히 여길 만한 것이니 잊어버리지 말라. 또 모든 금계禁戒는 썩지 않고 무너지지 않는 것이니 완벽하게 갖추어 이지러짐이 없게 하라. 이는 지혜로운 사람들이 귀히 여기는 것이니라. 또 그 계를 사람들에게 널리 펴고 싶으면 그 의미(味)가 똑같도록 하라. 이 법은 공경할 만하고 귀히 여길 만한 것이니 잊어버리지 말라. 또 바른 견해를 가진 성현(賢聖)이 번뇌를 벗어나게 되면 이러한 견해를 법행을 닦는 여러 사람들과 그 법을 나누려고 해야 한다. 이것 또한 공경할 만하고 귀히 여길 만한 것이니 잊어버리지 말라.

비구들이여, 이것이 이른바 '여섯 가지 소중한 법이 있어 공경할 만하고 귀히 여길 만한 것이니 잊어버리지 말라'고 한 것이니라. 그러므로 비구들이여, 항상 몸과 입과 뜻의 행을 닦고 만일 이익을 얻거든 나누어줄 생각을 하며 탐내는 생각을 일으키지 말라. 이와 같나니 비구들이여, 마땅히 이와 같이 배워야 하느니라."

그때 모든 비구들은 부처님의 말씀을 듣고 기뻐하며 받들어 행하였다.

〔2〕
이와 같이 들었다.

어느 때 부처님께서는 아뇩달샘(阿耨達泉)[1]에서 대비구들 5백 명과 함께 계셨다.

그들은 다 나한(羅漢)으로서 세 가지 밝음(三達)[2]과 여섯 가지 신족(六通神足)이 자유로워 마음에 두려움이 없었는데, 오직 한 비구가 그렇지 않았으니 그는 바로 아난이었다.

---

1 팔리어로는 Anotatta sara이고, 무열뇌지無熱惱池로 한역한다.
2 3명明과 같고, 숙주지증명宿住智證明・사생지증명死生智證明・누진지증명漏盡智證明을 말한다.

그때 세존께서는 가지가 7보로 된 금련화金蓮華에 앉으셨고, 5백 비구들도 각각 보배 연꽃에 앉았다. 그때 아뇩달阿耨達용왕은 세존께 나아가 그 발에 머리 조아려 예배하고 한쪽에 섰다.

그때 용왕은 성중聖衆을 쭉 둘러보고 나서 세존께 아뢰었다.

"제가 지금 이 대중을 살펴보니 빠진 분이 계십니다. 존자 사리불께서 계시지 않습니다. 원컨대 세존께서는 한 비구를 보내 사리불을 불러오게 하소서."

그때 사리불은 기원정사祇洹精舍에서 낡은 옷을 깁고 있었다. 그때 세존께서는 목련에게 말씀하셨다.

"그대가 사리불에게 가서 '아뇩달용왕이 보고 싶어한다'고 전하라."

목련이 대답하였다.

"그렇게 하겠습니다. 세존이시여."

존자 대목련은 사람이 팔을 굽혔다 펼 정도의 시간에 사리불이 있는 기원정사로 가 사리불에게 말하였다.

"여래께서 아뇩달용왕이 그대를 보고 싶어한다고 전하라 하셨소."

사리불이 대답하였다.

"당신이 먼저 가시오. 나는 뒤에 가리다."

목련이 대답하였다.

"모든 성중聖衆과 아뇩달용왕이 속히 모습을 뵙고 싶어하니 부디 시간을 지체하지 말고 가십시다."

사리불이 말하였다.

"당신이 먼저 가시오.. 나는 뒤에 가리다."

그러자 목련이 다시 말하였다.

"어떻소? 사리불이여, 신족神足으로 나를 이길 수 있겠소? 그래서 나를 먼저 가라고 하는 거요? 만일 사리불께서 곧장 일어서지 않으신다면 내가 당신 팔을 붙잡고 저 샘으로 가겠소."

이때 사리불은 이렇게 생각하였다.

'오늘 목련이 일부러 나를 시험하고 놀리는구나.'

그때 존자 사리불은 몸소 갈지竭支[3] 띠를 풀어 땅에 두고 목련에게 말하였다.

"만일 당신이 신족이 제일이라면 이 띠를 땅에서 들어 보시오. 그런 뒤에 내 팔을 붙잡고 저 아뇩달샘으로 데리고 가시오."

이때 목련은 이렇게 생각하였다.

'지금 사리불이 나를 놀리는구나. 서로 겨뤄보자는 것인가? 지금 띠를 풀어 땅에 놓고〈이것을 들 수 있다면 내 팔을 붙잡고 저 샘으로 데려 가라〉고 하다니.'

그리고 목련은 다시 생각하였다.

'이것은 반드시 까닭이 있으리라. 그러나 어려울 것은 없다.'

그는 곧 팔을 펴 띠를 집어 들었다. 그러나 털끝만큼도 그 띠를 움직일 수 없었다. 그때 목련은 온 힘을 다해 띠를 들려 하였으나 움직일 수 없었다.

그러자 사리불이 그 띠를 집어 염부나무 가지에 묶어 두었다. 이때도 존자 목련은 온 신통력을 다해 그 띠를 들려 하였으나 움직일 수 없었다.

그리고 막 그 띠를 들자 이 염부지閻浮地가 크게 진동하였다.

그때 사리불은 이렇게 생각하였다.

'목련 비구는 이 염부지도 진동시킬 수 있는데 하물며 이깟 띠겠는가? 나는 이제 이 띠를 2천하에 묶어두리라.'

---

[3] 팔리어로는 saṃkacchika이고, 승기지僧祇支라고도 한다. 또 엄액의掩腋衣・부견의覆肩衣라고도 하며, 5의衣 가운데 하나이다.

그때 목련은 다시 그것도 들었고, 3천하 4천하에 묶어두었지만 마치 가벼운 옷을 들듯이 들었다.

이때 사리불은 '목련 비구가 4천하를 들 수 있는 것은 말할 것도 없다. 나는 이제 이 띠를 저 수미산 중턱에 묶어두리라'고 생각하였다. 그러나 목련은 다시 저 수미산과 사천왕의 궁전까지 움직일 수 있었고, 삼십삼천의 궁전까지 모두 흔들었다.

사리불은 다시 그 띠를 1천세계에 묶어두었지만 목련은 그것도 움직일 수 있었다. 사리불은 다시 그 띠를 2천세계, 3천세계에 묶어두었지만 목련은 그것도 움직일 수 있었다.

그때 온 천지가 크게 진동하였지만 여래께서 앉아 계시는 아뇩달샘만은 움직이지 않았다. 그것은 마치 힘센 장사가 나무 잎을 가지고 놀면서 아무 어려움이 없는 것과 같았다.

그때 아뇩달용왕이 세존께 아뢰었다.

"지금 이 천지가 왜 진동하는 겁니까?"

그때 세존께서는 용왕에게 그 이유를 자세히 설명하셨다.

용왕이 부처님께 아뢰었다.

"그 두 사람의 신력神力은 어느 편이 낫습니까?"

세존께서 말씀하셨다.

"사리불 비구의 신력이 더 위대하니라."

용왕이 부처님께 아뢰었다.

"세존께서는 전에 '목련 비구는 신족이 제일이어서 그보다 나은 이가 없다'고 말씀하셨습니다."

세존께서는 말씀하셨다.

"용왕이여, 알아야 한다. 4신족神足[4]이 있으니, 어떤 것이 네 가지인가? 자재삼매신력自在三昧神力·정진삼매신력精進三昧神力·심삼매신력

心三昧神力・시삼매신력試三昧神力이다. 용왕이여, 이것이 이른바 4신족의 힘이니라. 만일 이 네 가지 신력을 가지고 있고, 가까이하고 수행하며 버리지 않는 비구 비구니가 있다면 그가 곧 신력이 제일이니라."

아뇩달용왕이 부처님께 여쭈었다.

"목련 비구는 그 4신족을 얻지 못했습니까?"

"목련 비구도 이 4신족의 힘을 얻어 그것을 가까이하고 수행하며 조금도 버리지 않는다. 그리고 목련 비구는 한 겁 동안 살고 싶으면 그것도 능히 할 수 있다. 그러나 사리불이 드는 삼매에 있어서 목련 비구는 그 이름조차 모르느니라."

그때 존자 사리불은 다시 이렇게 생각하였다.

'저 목련이 삼천대천세계를 모두 움직이는 바람에 고물거리는 벌레가 헤아릴 수 없이 죽는구나. 그러나 여래의 자리는 움직일 수 없다고 내가 직접 들은 적이 있으니, 나는 이제 이 띠를 여래의 자리에 묶어두겠다.'

그때 목련이 다시 신족으로 그 띠를 들려 하였으나 움직일 수가 없었다. 목련은 생각하였다.

'내 신족이 퇴보한 것은 아닐까? 지금 이 띠를 들려 하여도 움직일 수가 없구나. 내 이제 세존께 나아가 그 이유를 여쭈어 보리라.'

목련은 그 띠를 버려두고 곧 신족으로 세존께 나아갔다. 그는 사리불이 여래 앞에 앉아 있는 것을 멀리서 보고 다시 생각하였다.

'세존의 제자 중에 신족이 제일이기로는 나보다 나은 이가 없다. 그런데 내가 사리불만 못한 것일까?'

그때 목련은 부처님께 아뢰었다.

---

4 4여의족如意足이라고도 하는 4종의 선정이다.

"제가 신족에 있어서 퇴보하지는 않았습니까? 왜냐하면 제가 기원정사에서 먼저 출발하고 그 뒤에 사리불이 출발하였는데, 지금 사리불 비구가 먼저 와서 여래 앞에 앉아 있기 때문입니다."

부처님께서는 말씀하셨다.

"너는 신족에서 물러나지 않았다. 다만 사리불이 들어간 신족삼매神足三昧의 법을 네가 이해하지 못하는 것일 뿐이다. 왜냐하면 사리불 비구는 지혜가 한량없고 마음의 자재를 얻었기 때문이다. 너는 사리불의 마음 씀씀이만 못한다. 사리불은 심신족心神足에서 자재를 얻었으니, 사리불 비구는 마음으로 생각하는 법에서 곧 자재를 얻느니라."

대목련은 즉시 침묵하였다.

그때 아뇩달용왕은 너무 기뻐 어쩔 줄 모르며 생각하였다.

'지금 사리불 비구가 가진 뛰어난 신력은 불가사의하여, 목련 비구는 그가 들어간 삼매의 이름조차 알지 못하는구나.'

그때 세존께서는 아뇩달용왕에게 미묘한 법을 설하여 그를 기쁘게 하셨고, 또 계를 말씀하셨다. 그리고 이른 아침에 비구들을 데리고 사위국 기수급고독원으로 돌아가셨다.

그때 모든 비구들은 저희끼리 말하였다.

"세존께서는 당신 입으로 '내 성문 중에 신족이 제일인 자는 바로 목련 비구다'고 말씀하셨다. 그런데 오늘은 '사리불만 못하다'고 말씀하셨다."

그래서 비구들은 목련에 대해 업신여기는 생각을 가졌다. 그때 세존께서는 곧 '이 비구들이 목련을 업신여기는 생각을 가지고 있구나. 그러면 한량없는 죄를 받을 텐데'라고 생각하시고 곧 목련에게 말씀하셨다.

"너의 신력을 나타내서 이 대중들에게 보여 대중들이 게으른 생각을 내지 못하게 하라."
"그렇게 하겠습니다. 세존이시여."
 목련은 세존의 발에 예배하고 곧 여래 앞에서 사라져 동방으로 항하의 모래알 같은 세계를 일곱 개나 지난 곳에 있는 부처님 세계로 갔는데, 그 나라에는 기광奇光 여래·지진·등정각께서 출현해 계셨다. 목련은 평상시 차림으로 그 나라로 가서 그 여래의 발우 가장자리를 거닐고 있었다. 그 나라 사람들은 몸집이 매우 컸다.
 그때 그 비구들은 목련을 보고 저희끼리 말하였다.
"그대들은 이 벌레를 보라. 꼭 사문 같구나."
 비구들은 그 벌레를 집어 부처님께 보이면서 아뢰었다.
"그렇습니다. 세존이시여. 지금 이 벌레는 꼭 사문 같습니다."
 그때 기광여래는 모든 비구들에게 말씀하셨다.
"여기서 서방으로 항하의 모래알 같은 세계 일곱 개를 지나가면 인忍이라는 세계가 있는데 그 세계에는 석가문釋迦文 여래·지진·등정각께서 출현해 계신다. 이 자는 바로 그 부처님의 제자로서 신족이 제일이니라."
 그리고 그 부처님께서는 목련에게 말씀하셨다.
"지금 이 비구들이 너를 업신여기는 생각을 하는구나. 너는 신통을 나타내 이 대중에게 보여라."
 목련은 대답하였다.
"그렇게 하겠습니다. 세존이시여."
 목련은 부처님의 분부를 받고 발우를 담는 그물망에다 그 5백 비구를 담아 범천으로 올라갔다. 목련은 왼쪽 다리로 수미산을 딛고 오른쪽 다리를 범천에 올리며 곧 다음 게송을 읊었다.

더욱 정진할 것을 늘 생각하며
부처님의 법을 닦아 행하고
마군들의 원한 항복 받기를
갈고리로 코끼리를 다루듯 하라.

만일 능히 이 법 안에서
실천하며 방일하지 않는다면
괴로움의 근원을 완전히 없애
다시는 온갖 번뇌 받지 않으리.

그때 목련의 이 소리는 기원정사까지 두루 울렸다. 비구들은 이 소리를 듣고 세존께 아뢰었다.
"목련께서는 지금 어디서 이 게송을 읊습니까?"
세존께서 말씀하셨다.
"목련 비구는 이 부처님 세계에서 동방으로 항하의 모래알 같은 세계를 일곱 번 지난 곳에서, 그물망에 그곳의 5백 비구를 담고는 왼쪽 다리로 수미산을 밟고 오른쪽 다리로 범천을 디디며 그 게송을 읊었느니라."
비구들은 처음 보는 일이라며 찬탄하였다.
"참으로 기이하고 놀랍습니다. 목련 비구께 그런 큰 신통력이 있음에도 불구하고 저희들은 목련께 업신여기는 생각을 가졌었습니다. 원컨대 세존께서는 목련 비구로 하여금 그 5백 비구들을 데리고 이리 오게 해 주소서."
이때 세존께서는 도력을 멀리까지 나타내 목련이 그 뜻을 알아차리게 하셨다. 그래서 목련은 5백 비구들을 데리고 사위성 기수급고독원으로 돌아왔다.

그때 세존께서는 수천만 대중들에게 설법하고 계셨다. 목련은 5백 비구를 데리고 세존께 나아갔다. 석가모니부처님의 제자들은 그 비구들을 우러러보았다. 동방세계 비구들은 세존의 발에 예배하고 한쪽에 앉았다.

그때 세존께서 그 비구들에게 말씀하셨다.

"너희 비구들은 어디서 왔는가? 누구의 제자인가? 도중에 며칠이나 걸렸는가?"

5백 비구들은 석가모니부처님께 아뢰었다.

"저희들의 세계는 동방에 있습니다. 그곳의 부처님 이름은 기광여래이시고, 저희는 그분의 제자입니다. 그러나 저희들은 오늘 어디로 왔으며 며칠이나 걸렸는지 모르겠습니다."

"너희들은 부처님의 세계를 아는가?"

"모릅니다. 세존이시여."

"너희들은 지금 그 세계로 돌아가고 싶은가?"

"그렇습니다. 세존이시여. 그 세계로 돌아가고 싶습니다."

그때 세존께서 그 비구들에게 말씀하셨다.

"내가 이제 너희들을 위해 6계界의 법을 설명하리니, 잘 사유하고 기억하라."

"그렇게 하겠습니다. 세존이시여."

비구들은 부처님의 가르침을 듣고 있었다. 세존께서는 말씀하셨다.

"어떤 것을 6계界의 법이라 하는가? 비구들이여, 알아야 한다. 6계로 이루어진 사람은 부모의 정기를 받아 세상에서 태어난다. 그 6계界란 이른바 흙의 요소[地界]·물의 요소[水界]·불의 요소[火界]·바람의 요소[風界]·허공의 요소[空界]·식의 요소[識界]이니 비구들이여,

이것을 6계라 하느니라.

또 사람의 몸에는 부모의 정기를 받아 6입入이 생긴다. 어떤 것이 여섯 가지인가? 이른바 안입眼入・이입耳入・비입鼻入・설입舌入・신입身入・의입意入이다. 비구들이여, 이것이 이른바 '이 6입은 부모로 말미암아 생기게 된다'는 것이니라.

또 이 6입을 의지함으로써 곧 6식신識身이 있게 된다. 어떤 것이 여섯 가지인가? 만일 안식眼識[5]에 의지하면 안식신眼識身이 있게 되고, 이식신耳識身・비식신鼻識身・설식신舌識身・신식신身識身・의식신意識身이 있게 된다. 비구들이여, 이것을 6식신이라 하느니라.

만일 이 6계界・6입入・6식識을 아는 비구가 있다면 그는 여섯 하늘[6]을 건너 다시 몸을 받을 것이요, 만일 거기서 목숨을 마치고 이곳으로 와 태어난다면 총명하고 재주가 뛰어나 현재의 몸으로 번뇌[結使]를 없애고 열반에 이르게 될 것이다."

그때 세존께서 목련에게 말씀하셨다.

"너는 지금 이 비구들을 저 부처님 세계로 다시 데려다 주라."

"그렇게 하겠습니다, 세존이시여."

목련은 다시 그 5백 비구들을 그물망에 담아 부처님 주위를 세 번 돌고 곧 물러나, 팔을 굽혔다 펼 정도의 짧은 시간에 그 부처님 세계에 이르렀다. 목련은 그 비구들을 거기 두고 그 부처님의 발에 예배한 뒤 다시 이 인계忍界로 돌아왔다.

그때 그 세계 비구들은 이 6계界에 대한 설법을 듣고 모든 번뇌가 없어져 법안法眼이 깨끗해졌다.

---

5 고려대장경 원문의 '안식眼識'은 문맥으로 보아 '안眼'이라야 옳다. 즉 '만일 눈에 의지하면……'이 되어야 한다.
6 곧 욕계欲界 6천을 말한다.

그때 세존께서 비구들에게 말씀하셨다.

"내 제자 중에서 성문聲門으로서 그 신족이 제일이어서 따를 이가 없는 자는 바로 대목건련大目乾連 비구이니라."

그때 비구들은 부처님의 말씀을 듣고 기뻐하며 받들어 행하였다.

〔 3 〕[7]

이와 같이 들었다.

어느 때 부처님께서는 발기국拔耆國의 사자원師子園[8]에서 신통이 있고 덕이 높은 비구인 현자賢者 사리불舍利弗・현자 대목건련大目乾連・현자 가섭迦葉・현자 리월離越・존자 아난阿難 등 5백 비구와 함께 계셨다.

그때 목건련과 대가섭과 아나율은 이른 아침에 사리불이 있는 곳으로 갔다. 아난은 그 세 분의 큰 성문이 사리불이 있는 곳으로 가는 것을 멀리서 보고 리월에게 말하였다.

"저 세 성문들이 사리불께서 계시는 곳으로 가시는군요. 우리 두 사람도 사리불께 가십시다. 왜냐하면 사리불의 기묘한 법을 들을 수 있기 때문입니다."

리월이 대답하였다.

"그렇게 하십시다."

그래서 리월과 아난은 사리불이 있는 곳으로 갔다.

사리불은 말하였다.

---

[7] 이 소경과 내용이 비슷한 경으로는『중아함경』제48권 184번째 소경인「우각사라림경牛角娑羅林經」과 서진西晉 시대 축법호竺法護가 한역한『생경生經』제2권「비구각언지경比丘各言志經」이 있다.

[8] 팔리어로는 gosiṅgasāla vanadāya이고, 우각사라림牛角娑羅林이라고도 한다.

"잘 오셨습니다. 여러분, 이 자리에 앉으십시오."

그때 사리불이 아난에게 말하였다.

"제가 지금 묻고 싶은 것이 있습니다. 이 우사자원牛師子園은 너무도 즐거운 곳으로, 천연의 향기는 사방에 가득합니다. 무엇이 이 동산을 이처럼 즐겁게 할까요?"

아난은 대답하였다.

"어떤 비구는 듣고 잊지 않는 것이 많으며, 모든 법의 의미를 빠짐없이 기억하고, 범행을 갖추어 수행합니다. 그는 이런 법을 모두 완전히 갖추고 빠뜨리지도 않으며, 또 사부대중에게 설법하되 차례를 잃지 않고 사납지도 않으며 어지러운 생각이 없습니다. 그런 비구는 이 우사자원에서 지내며 즐거워할 것입니다."

사리불은 다시 리월에게 말하였다.

"아난께서 지금 설명하셨으니, 나는 다시 당신에게 그 뜻을 묻고 싶습니다. 우사자원은 이처럼 즐겁습니다. 당신이 다음으로 그 말씀해 주십시오. 그 이유는 또 어떤 것입니까?"

리월이 대답하였다.

"이곳에서 비구들은 한적한 곳을 즐기며 고요히 생각하고 좌선하여 지관止觀과 상응합니다. 그런 비구는 이 우사자원에서 지내는 것을 즐거워할 것입니다."

존자 사리불은 다시 아나율에게 말하였다.

"이번엔 당신이 즐거운 이유를 말씀해 보십시오."

아나율은 대답하였다.

"어떤 비구는 천안天眼으로 환히 보아 중생들을 관찰하고는 죽는 이와 태어나는 이, 좋은 형상과 나쁜 형상, 좋은 세계와 나쁜 세계, 예쁜지 추한지 등을 모두 압니다. 어떤 중생이 몸과 입과 뜻으로 악을 행하고 성현을 비방했다가 몸이 무너지고 목숨이 끝난 뒤에 지옥에 태어나는지, 또 어떤 중생이 몸과 입과 뜻으로 선을 행하고 성현을 비방하지 않았는지, 마치 사람이 허공을 두루 살피듯, 천안을 가진 비구 또한 그와 같이 세계를 관찰하는데 조금도 어려움이 없습니다. 그런 비구는 이 우사자원에서 지내며 이처럼 즐거워할 것입니다."

사리불은 다시 가섭에게 말하였다.

"제가 이번엔 당신에게 묻겠습니다. 이와 같이 여러분들이 즐거운 이유를 말하였습니다. 다음에는 당신께서 말씀해 보십시오."

가섭은 대답하였다.

"어떤 비구는 스스로도 아련야행阿練若行을 행하고 또 남들도 아련야행을 행하게 하며, 또 한적한 것의 덕을 칭찬합니다. 스스로도 기운 누더기 옷을 입고 남들도 두타행頭陀行을 하게하며, 또 스스로도 만족할 줄을 알아 한적한 곳에서 살고 남들도 그런 행을 닦게 합니다. 스스로도 계덕戒德을 구족하여 삼매三昧를 성취하고 지혜智慧를 성취하고 해탈解脫을 성취하고 해탈지견解脫知見을 성취하며, 또 남들도 그런 법을 행하게 합니다. 스스로도 그 법을 칭찬하고 남을 교화하며, 남들도 그런 법을 행하고 가르치기를 싫어하지 않게 합니다. 이와 같은 비구는 이 우사자원에서 지내며 견줄 데 없이 즐거워할 것입니다."

존자 사리불은 다시 대목련에게 말하였다.

"여러분께서 모두 즐거운 이유를 말하였습니다. 다음에는 당신께서 즐거운 이유를 말씀해 보십시오. 지금 이 우사자원은 비할 바 없이 즐겁습니다. 당신은 어떻게 설명하시겠습니까?"

목련은 대답하였다.

"어떤 비구는 큰 신통이 있고 그 신통에서 자재를 얻었습니다. 그는 수천 가지로 변화하는 데 조금도 어려움이 없고, 또 한 몸을 나누어 무수한 몸을 만들기도 하고, 혹은 그것을 다시 모아 하나가 되기도 하며, 석벽을 그대로 지나가고 거센 강물처럼 솟았다 사라지기를 마음대로 하며, 나는 새처럼 흔적도 없이 허공에 머물고, 사나운 불처럼 산과 들을 태우며, 해와 달처럼 비추지 않는 곳이 없습니다. 또 손을 들어 해와 달을 만질 수도 있고, 또 몸을 변화시켜 범천에 이를 수도 있습니다. 이런 비구는 이 우사자원에 알맞을 것입니다."

그때 목련이 사리불에게 말하였다.

"우리는 제각기 분별해 말하였습니다. 이번엔 우리가 사리불께 그 이유를 묻겠습니다. 이 우사자원은 너무도 즐거운데 어떤 비구가 이곳에 알맞겠습니까?"

사리불이 말하였다.

"어떤 비구는 능히 그 마음을 항복 받되 그 마음은 그 비구를 항복 받지 못합니다. 만일 그 비구가 삼매를 얻고자 하면 곧 그 비구는 삼매를 얻을 수 있고, 뜻에 따라 예전과 최근에 성취한 삼매들을 즉시 갖출 수 있습니다. 마치 장자가 집에 좋은 옷을 상자에 가득 넣어 두었을 때, 그 장자는 마음에 따라 어떤 옷을 입고 싶으면 조금의 어려움도 없이 마음대로 꺼내 입는 것처럼, 그도 또한 마음대로 삼매에 들 수 있습니다. 그도 또한 그와 같아서, 그 마음은 그 비구를 부릴 수 있지만 그 비구는 그 마음을 부릴 수 있는 것이 아니며,[9] 마음대로 삼매에 들어가는 데에도 조금도 어려움이 없습니다. 그와 같이 비구가 그 마음을 부릴 수 있고 마음이 그 비구를 부리는 것이 아니라면, 그

---

9 고려대장경 원문은 '심능사비구 비비구능사심心能使比丘 非比丘能使心'으로 되어 있다. 이것은 이 경의 앞뒤 내용과 상반되고, 『중아함경』의 「우각사라림경」 내용과도 상반된다. 문맥에 따른다면 '비구능사심 비심능사비구比丘能使心 非心能使比丘,' 즉 '그 비구는 그 마음을 부릴 수 있지만 그 마음은 그 비구를 부릴 수 있는 것이 아니며'가 되어야 옳을 것으로 생각된다.

런 사람은 이 우사자원에 머물기 적당할 것입니다."

그때 사리불은 여러 현자들에게 말하였다.

"우리는 자기의 말재주를 따라 말하였고, 제각기 방편을 따라 그 뜻을 잘 설명하였습니다. 이제 우리 다 같이 세존께 나아가 어떤 비구가 이 우사자원에서 즐거워할 수 있는지를 여쭈어 보고, 세존께서 무슨 말씀이 있으시면 우리는 받들어 행합시다."

비구들은 대답하였다.

"그렇게 합시다, 사리불이여."

큰 성문들은 함께 여래께서 계신 곳으로 나아가 그 발에 머리 조아려 예배하고 한쪽에 앉았다. 그리고 대성문들은 있었던 일들을 자세히 부처님께 아뢰었다.

그때 세존께서 말씀하셨다.

"훌륭하구나, 아난의 말과 같으니라. 왜냐하면 아난 비구는 법을 들으면 기억할 수 있고 온갖 법에 빠뜨림이 없으며 범행을 갖춰 수행하나니, 그런 법을 잘 들어 잊지 않고 삿된 소견도 없으며, 사부대중에게 설법하되 말이 뒤섞이지 않고 또한 사납지도 않기 때문이다.

리월 비구의 말 또한 좋구나. 왜냐하면 그는 한적한 곳을 즐겨 사람들 속에 있지 않고, 항상 생각하고 좌선하며 다툼이 없고, 지관을 닦으면서 적막한 곳에서 한가히 살기 때문이다.

아나율 비구 또한 좋구나. 왜냐하면 아나율 비구는 천안이 제일이기 때문이다. 그는 마치 눈 있는 사람이 손바닥의 구슬을 살펴보듯 천안으로 삼천대천세계를 관찰한다. 아나율 비구 또한 그와 같아서 천안으로 삼천대천세계를 관찰하는 데 조금도 어려움이 없기 때문이다.

가섭 비구도 또한 좋구나. 왜냐하면 가섭 비구는 자신도 아련야행을 실천하고 또 한적한 곳에서 수행하는 것을 칭찬하며, 자신도 걸식하고 또 걸식하는 덕을 칭찬하며, 자신도 기운 누더기 옷을 입고 또 누더기 옷을 입는 덕을 칭찬하며, 자신도 만족할 줄 알고 또 만족할 줄 아는 덕을 칭찬하며, 자신도 바위 굴속에서 살고 또 바위 굴속에서 사는 덕을 칭찬하며, 자신도 계戒의 성취·삼매의 성취·지혜의 성취·해탈의 성취·해탈견해解脫見慧의 성취를 이루고 남들도 이 5분법신分法身을 성취하게 하며, 자신도 교화하고 남들도 그런 법을 실천하게 하기 때문이다.

훌륭하고, 훌륭하구나. 목건련의 말과 같으니라. 왜냐하면 목련 비구는 큰 위력이 있고 신통이 제일이며 마음의 자재를 얻었기 때문에 그는 하고 싶다고 마음먹은 것은 곧 능히 할 수 있으니, 즉 하나의 몸을 억만 개로 나누기도 하고 혹은 다시 합쳐 하나가 되기도 하며, 전혀 막힘이 없이 석벽을 그대로 통과하고 솟았다 사라지기를 마음대로 하며, 거센 강물처럼 걸림이 없고 허공의 새처럼 흔적이 없으며, 해와 달처럼 비추지 않는 곳이 없고 몸을 변화시켜 범천에 이를 수도 있기 때문이다.

훌륭하구나, 사리불의 말과 같으니라. 왜냐하면 사리불은 그 마음을 항복 받았으니, 그 마음이 사리불을 항복 받는 것이 아니다. 만일 삼매에 들고 싶으면 그는 조금의 어려움도 없이 곧 성취하나니, 마치 장자가 조금의 어려움도 없이 좋은 옷을 마음대로 꺼내 입는 것과 같다. 사리불 비구도 이와 같이 그 마음을 항복 받았고 그 마음이 사리불을 항복 받은 것이 아니며, 마음대로 삼매에 들어가 모든 것이 눈앞에 나타나기 때문이다.

훌륭하고, 훌륭하구나. 비구들이여, 너희들의 말은 모두 방편을 따른 것이다. 이제 다시 내 말을 들어보아라. 어떤 비구가 이 우사자원에서 즐거울 수 있는가?

어떤 비구는 촌락을 의지해 살면서 때가 되면 가사를 입고 발우를 가지고 마을에 들어가 걸식한다. 그는 걸식을 마치고는 머물던 곳으로 돌아와 손과 얼굴을 씻고 나무 아래에서 몸과 뜻을 바르게 하고 가부좌하고 앉아 생각을 앞에 매어 둔다. 그리고 그 비구는 이렇게 생각한다.

'나는 이 자리에서 꼼짝하지 않고 기어코 번뇌를 없애고 번뇌 없음을 성취하리라.'

그래서 그 비구는 곧 번뇌에서 마음이 해탈한다. 그런 비구라면 이 우사자원에 머물기 알맞을 것이다.

이와 같나니 비구들이여, 항상 부지런히 정진하고 게으르지 않으면 어느 곳에서나 받들어 높이지 않는 이가 없으리라. 이와 같나니 비구들이여, 마땅히 이와 같이 배워야 하느니라."

그때 모든 비구들은 부처님의 말씀을 듣고 기뻐하며 받들어 행하였다.

〔 4 〕

이와 같이 들었다.

어느 때 부처님께서는 사위국 기수급고독원에 계셨다.

그때 세존께서 모든 비구들에게 말씀하셨다.

"내가 이제 공양[呪願]이 지닌 여섯 가지 공덕을 설명하리니, 너희들은 자세히 듣고 잘 생각하고 기억하라."

모든 비구들이 대답하였다.

"그렇게 하겠습니다, 세존이시여."

비구들은 부처님의 가르침을 듣고 있었다.

세존께서는 말씀하셨다.

"여섯 가지 공덕이란 무엇인가? 첫째 그로 인해 시주 단월檀越들은 세 가지 법을 성취한다. 시주 단월이 성취하는 세 가지 법이란 무엇인가? 그로 인해 시주들은 믿음[信根]을 성취하고, 계덕戒德을 성취하며, 들음[聞]을 성취한다. 이것이 이른바 '시주 단월들은 세 가지 법을 성취한다'는 것이니라.

보시한 물건도 역시 세 가지 법을 성취한다. 어떤 것이 세 가지인가? 그 보시한 물건은 빛깔을 성취하고, 맛을 성취하며, 향기를 성취하게 된다. 이런 세 가지 법이 있다.

비구들이여, 이것이 이른바 '이 여섯 가지는 큰 공덕을 얻고 이름과 덕망이 널리 알려지며 감로와 같은 과보를 받는다'는 것이다.

그러므로 비구들이여, 만일 이 여섯 가지를 성취하고 싶다면 늘 보시를 생각하라. 이와 같나니 비구들이여, 마땅히 이와 같이 배워야 하느니라."

그때 모든 비구들은 부처님의 말씀을 듣고 기뻐하며 받들어 행하였다.

〔5〕

이와 같이 들었다.

어느 때 부처님께서는 사위국 기수급고독원에 계셨다.

그때 세존께서는 한량없는[無央數] 대중을 위해 설법하고 계셨다.

그때 그 자리에 있던 어떤 비구가 '여래께서 나에게 일러주는 말씀이 계셨으면' 하고 생각하였다. 세존께서는 그 비구의 마음속 생각을 아시고 모든 비구들에게 말씀하셨다.

"만일 어떤 비구가 '여래께서 몸소 나를 가르쳐 주셨으면' 하고 생각한다면, 그 비구는 계를 청정하게 갖추어 더러움이 없게 하고, 지관을 닦아 행하며 한적한 곳을 즐겨야 할 것이다. 또 만일 비구가 의복·음식·침구와 질병을 치료하는 의약품을 구하고자 한다면, 그도 계덕을 성취하고 공적하고 한가한 곳에 지내며 스스로 수행하여 지관과 서로 상응해야 할 것이다.

또 비구가 만족할 줄 알려거든, 그도 계덕을 두루 갖추려고 생각하고 한적한 곳에서 지내며 스스로 수행하여 지관과 서로 상응해야 할 것이다.

또 비구가 사부대중을 비롯한 국왕과 백성들과 형상이 있는 모든 중생들에게 알려지고 싶다면, 그도 계덕을 두루 갖추려고 생각해야 할 것이다.

또 비구가 4선禪에서 후회하는 마음이 없고 또 변하지 않기를 바란다면, 그도 계덕을 성취하려고 생각해야 할 것이다.

또 비구가 4신족神足을 얻고 싶다면, 그도 계덕을 두루 갖추어야 할 것이다.

또 비구가 8해탈문解脫門을 얻어 아무런 장애가 없고 싶다면, 그도 계덕을 두루 갖추려고 생각해야 할 것이다.

또 비구가 천이天耳를 얻어 하늘과 인간 소리를 환하게 듣고 싶다면, 그도 계덕을 두루 갖추려고 생각해야 할 것이다.

또 비구가 남의 마음속 생각과 모든 감각기관의 이지러짐을 알기를 바란다면, 그도 계덕을 두루 갖추려고 생각해야 할 것이다.

또 비구가 중생들의 마음이 탐욕이 있는 마음인지 탐욕이 없는 마음인지, 성내는 마음인지 성냄이 없는 마음인지, 어리석은 마음인지 어리석음이 없는 마음인지 사실 그대로 알기를 바라고, 애욕의 마음인지 애욕이 없는 마음인지, 집착하는 마음인지 집착이 없는 마음인지 사실 그대로 알기를 바라며, 어지러운 마음인지 어지러움이 없는 마음인지, 병든 마음인지 병이 없는 마음인지, 소심한 마음인지 소심함이 없는 마음인지, 헤아리는 마음인지 헤아림이 없는 마음인지, 아파하는 마음인지 아픔이 없는 마음인지, 삼매의 마음인지 삼매가 없는 마음인지, 해탈한 마음인지 해탈이 없는 마음인지 사실 그대로 알기를 바란다면, 이러기를 바라는 사람은 계덕을 두루 갖추려고 생각해야 할 것이다.

또 비구가 한량없는 신통을 얻어 한 몸을 나누어 무수한 몸을 만들고 그것을 다시 합쳐 하나로 만들며, 솟았다 가라앉기를 자유자재로 하고 몸을 바꾸어 범천까지 가려고 한다면, 그도 계덕을 두루 갖추려고 생각해야 할 것이다.

또 비구가 전생의 무수한 겁 동안 있었던 일, 즉 1생이나 2생 내지 1천 생·백천억 생과 성겁成劫·패겁敗劫·성패겁成敗劫 등 헤아릴 수 없는 세월과 '나는 일찍이 여기서 죽어 저기에 태어났는데 이름은 무엇이고 자字는 무엇이었으며, 혹은 저기서 죽어 이곳에 와 태어났다'는 것 등을 스스로 기억하고 싶다면, 무수한 겁 동안 있었던 이러한 일들을 스스로 기억하고 싶다면 계덕을 두루 갖추려고 생각하고 다른 생각이 없어야 할 것이다.

또 비구가 천안을 얻어 중생들의 좋은 세계와 나쁜 세계, 좋은 형상과 나쁜 형상, 예쁜지 추한지를 사실 그대로 알고, 또 어떤 중생이 몸과 입과 뜻으로 악을 행하고 성현을 비방해 몸이 무너지고 목숨이 끝난 뒤 지옥에 태어나는 것을 보고, 어떤 중생이 몸과 입과 뜻으로 선을 행하고 성현을 비방하지 않으며 바른 마음과 소견으로 몸이 무너지고 목숨이 끝난 뒤 천상의 좋은 곳에 태어나는 것을 환히 보려고 한다면, 이러기를 바라는 자는 계덕을 두루 갖추려고 생각해야 할 것이다.

또 비구가 번뇌를 없애고 번뇌가 없게 되어 마음이 해탈하고 지혜로 해탈하여, '나고 죽음은 이미 다하고 범행은 이미 섰으며, 할 일을 이미 마쳐 다시는 태를 받지 않는다'고 사실 그대로 알려고 한다면, 그도 계덕을 두루 갖추려고 생각하고 어지러운 생각 없이 안으로 고요히 사유하며 한적한 곳에서 지내야 할 것이다.

비구들이여, 계덕을 두루 갖추려고 생각하고 다른 생각은 없도록 하며, 위의를 성취해 완전히 갖추려면, 조그만 허물도 두려워해야 하거늘 더구나 큰 허물이야 어떻겠는가?

만일 여래가 가르쳐 주기를 바라는 비구가 있다면 항상 계덕을 두루 갖추려고 생각해야 한다. 계덕을 두루 갖추었으면 들음[聞]을 두루 갖추려고 생각해야 하고, 들음을 두루 갖추었으면 보시[施]를 두루 갖추려고 생각해야 하며, 보시를 두루 갖추었으면 지혜智慧를 두루 갖추고 해탈지견解脫知見을 두루 갖추려고 생각해야 하느니라.

만일 비구가 계신戒身·정신定身·혜신慧身·해탈신解脫身·해탈지견신解脫知見身을 두루 갖춘다면, 그는 하늘·용·귀신의 공양을 받고 공경할 만하고 귀히 여길 만하여 하늘과 사람들이 모두 받들 것이다.

그러므로 비구들이여, 5분법신分法身을 두루 갖춘 사람은 세상의 복밭[福田]으로서 그보다 더 훌륭한 이는 없다고 생각하라. 이와 같나니 비구들이여, 마땅히 이와 같이 배워야 하느니라."

그때 모든 비구들은 부처님의 말씀을 듣고 기뻐하며 받들어 행하였다.

증일아함경 제 30 권

37. 육중품 ②

〔 6 〕[1]

이와 같이 들었다.

어느 때 부처님께서는 사위국 기수급고독원에 계셨다.

그때 존자 사리불은 세존께서 계신 곳에 나아가 그 발에 머리 조아려 예배하고 한쪽에 앉았다. 그때 사리불이 세존께 아뢰었다.

"저는 지금 사위성에서 여름 안거를 마쳤습니다. 이제는 세상으로 나가 유행하며 교화하고자 합니다."

세존께서 말씀하셨다.

"지금이 바로 그때이니라."

사리불은 자리에서 일어나 세존의 발에 머리 조아려 예배하고 물러나 떠나갔다.

---

1 이 소경과 내용이 비슷한 경으로는 『중아함경』 제5권 24번째 소경인 「사자후경師子吼經」이 있다.

사리불이 떠난 지 오래지 않아 어떤 비구가 사리불을 비방하려는 마음으로 세존께 아뢰었다.

"사리불은 비구들과 다투고는 참회하지도 않고 지금 사람들 세상으로 나가 유행하고 있습니다."

그러자 세존께서 한 비구에게 말씀하셨다.

"너는 빨리 가서 내가 사리불을 부른다고 일러라."

"그렇게 하겠습니다."

부처님께서 목련과 아난에게 분부하셨다.

"너희들은 절 안에 있는 비구들을 모두 세존이 있는 곳으로 모이게 하라. 왜냐하면 사리불이 삼매에 들어 여래 앞에서 사자처럼 외치려 하기 때문이니라."

비구들은 부처님 분부를 받고 모두 세존께서 계시는 곳으로 모였고 세존의 발에 머리 조아려 예배하고 한쪽에 앉았다.

세존의 분부를 받은 비구는 곧 사리불이 있는 곳으로 가서 사리불에게 말하였다.

"여래께서 뵙고자 하십니다."

사리불은 곧 부처님께서 계신 곳으로 나아가 세존의 발에 머리 조아려 예배하고 한쪽에 앉았다. 부처님께서 사리불에게 말씀하셨다.

"아까 그대가 떠난 지 오래지 않아 행실이 나쁜 어떤 비구가 이곳으로 찾아와 '사리불 비구는 다른 모든 비구들과 다투고는 참회하지도 않고 사람들 세상으로 나가 유행하고 있습니다'라고 말하였다. 과연 그런가?"

사리불이 부처님께 아뢰었다.

"여래의 생각에 맡기겠습니다."

세존께서 말씀하셨다.

"나는 안다. 그러나 지금 대중들이 모두 의심하고 있다. 그대는 대중들에게 말하여 그대의 결백을 알려야 할 것이다."

사리불이 부처님께 아뢰었다.

"저는 어머니 뱃속에서 나와 나이 80이 되어가도록 늘 생각해 왔습니다. 즉 일찍이 살생한 적이 없고 거짓말한 적이 없으며, 설사 장난칠 때라 하더라도 거짓말을 하지 않았고 또 일찍이 남들과 다툰 적도 없습니다. 만일 정신을 차리지 못할 때라면 혹 그럴 수도 있을 것입니다. 그러나 세존이시여, 저는 지금 마음이 깨끗한데 어떻게 저 범행을 닦는 이들과 다투겠습니까?

저 땅은 깨끗한 것도 받아들이고 더러운 것도 받아들이며, 똥·오줌 등 더러운 것도 모두 받아들이고 고름·피·눈물·가래마저도 거절하지 않습니다. 그러면서도 저 땅은 나쁘다고도 말하지 않고 좋다고도 말하지 않습니다. 세존이시여, 저도 그와 같아서 마음이 흔들리지 않는데 어떻게 범행을 닦는 이들과 다투고 멀리 유행할 수 있겠습니까? 마음이 온전하지 못한 자라면 그럴 수 있을 것입니다. 그러나 저는 지금 마음이 바른데 어떻게 범행을 닦는 이들과 다투고 멀리 유행을 떠날 수 있겠습니까?

저 물은 좋아하는 물건도 깨끗하게 하고 좋아하지 않는 물건도 깨끗하게 하며, 저 물은 '나는 이것은 깨끗이 하고 이것은 그만두자'고 생각하지 않습니다. 저도 그와 같아서 달리 생각하지 않는데 어떻게 범행을 닦는 이들과 다투고 멀리 떠나 유행할 수 있겠습니까?

맹렬한 불은 산과 들을 태우며 예쁘고 추한 것을 가리지 않고 끝내 다른 생각이 없습니다. 저도 그와 같거늘 어떻게 범행을 닦는 이들과 다툴 생각이 있겠습니까?

땅을 쓰는 빗자루[2]는 예쁘고 추한 것을 가리지 않고 모두 쓸며 끝내 다른 생각이 없으며, 또 두 뿔이 잘린 소는 너무도 얌전하고 사납지 않아 잘 다룰 수 있어 마음먹은 곳으로 끌고 가는 데 전혀 어려움이 없습니다. 세존이시여, 제 마음도 그와 같아서 헤치려는 생각을 일으키지 않습니다. 그런데 어떻게 범행을 닦는 이들과 다투고 멀리 유행을 떠나겠습니까?

전다라旃陀羅 여인은 헤진 옷을 입고 세상에서 걸식하면서도 아무런 거리낌이 없습니다. 세존이시여, 저도 그와 같아서 다른 생각이 없는데 다툼을 일으키고 멀리 유행을 떠나겠습니까?

기름 가마가 군데군데 부서졌다면 눈 가진 사람은 누구나 곳곳에서 기름이 새어 나오는 것을 볼 수 있습니다. 세존이시여, 저도 그와 같아서 아홉 구멍으로 더러운 것들이 새고 있습니다. 그런데 어떻게 범행을 닦는 이들과 다투겠습니까?

나이 젊고 얼굴이 단정한 여자의 목에 죽은 송장을 걸치면 그 여자는 싫어하고 괴로워합니다. 세존이시여, 저도 그와 같아서 이 몸을 싫어하고 괴로워하는 것이 그와 다름이 없습니다. 그런데 어떻게 범행을 닦는 이와 다투고 멀리 유행을 떠나겠습니까? 그것은 그렇지 않습니다. 세존께서도 그것을 아시고, 저 비구도 그것을 알 것입니다. 만일 그런 일이 있었다면 저 비구가 제 참회를 받아 주기를 바랍니다."

그때 세존께서는 그 비구에게 말씀하셨다.

"너는 지금 스스로 참회해야 한다. 왜냐하면 만일 참회하지 않는다면 네 머리가 일곱 조각으로 부서질 것이기 때문이니라."

그때 그 비구는 두려운 생각이 들어 온몸의 털이 곤두섰다. 그는 곧 자리에서 일어나 여래의 발에 예배하고 세존께 아뢰었다.

---

2 고려대장경 원문에는 '刷灑'자로 되어 있으나 명본에는 '추箒'자로 되어 있다. 문맥으로 보아 '추'자가 합당하리라 여겨져 명본에 의거해 번역한다.

"저는 이제 사리불께 잘못했다는 것을 알겠습니다. 원컨대 세존께서는 저의 참회를 받아 주소서."

세존께서 말씀하셨다.

"비구야, 너는 사리불에게 참회하라. 만일 그러지 않으면 네 머리가 일곱 조각이 날 것이다."

그러자 그 비구는 곧 사리불에게 그 발에 머리 조아려 예배하고 사리불에게 아뢰었다.

"원컨대 제 참회를 받아 주십시오. 제가 어리석어 진실을 분별하지 못했습니다."

그때 세존께서 사리불에게 말씀하셨다.

"너는 지금 이 비구의 참회를 받아 주고 또 손으로 그 머리를 어루만져 주어라. 왜냐하면 만일 이 비구의 참회를 받아 주지 않으면 머리가 일곱 조각이 날 것이기 때문이다."

사리불은 손으로 그 머리를 어루만지며 그 비구에게 말하였다.

"그대 참회를 받아 주겠소. 그대는 어리석고 미혹한 사람과 같았지만 우리 불법은 매우 넓고 크오. 그대는 이제 제때에 뉘우칠 줄 알았으니, 훌륭하오. 내 이제 그대의 참회를 받아들이겠으니 이후로 다시는 그런 잘못을 저지르지 마시오."

그래도 이렇게 두 번 세 번 되풀이하였다.

사리불은 다시 그 비구에게 말하였다.

"다시는 그런 잘못을 저지르지 마시오. 왜냐하면 지옥에 들어가는 여섯 가지 법이 있고, 천상에 태어나는 여섯 가지 법이 있으며, 열반에 들어가는 여섯 가지 법이 있기 때문이오.

어떤 것이 여섯 가지인가? 남을 해치려 하는 것, '나는 이미 해치려는 마음을 일으켰다'고 하며 곧 기뻐 뛰면서 어쩔 줄 모르는 것, '나는 다른 사람들도 남을 해치도록 가르쳐 그들이 해치려는 마음을 일으키도록 하리라'고 하는 것, 남을 해치고 나서 기뻐하는 것, '나는 이런 향기롭지 못한 질문을 하리라'고 하는 것, 이런 일이 일어나지 않으면 곧 근심하고 걱정하는 것이오. 이것이 이른바 '사람을 나쁜 곳에 떨어지게 하는 여섯 가지 법이 있다'라고 한 것이오.

어떤 것이 사람을 좋은 곳에 태어나게 하는 여섯 가지인가? 이른바 몸의 계행을 완전히 갖추는 것, 입의 계행을 완전히 갖추는 것, 뜻의 계행을 완전히 갖추는 것, 목숨을 청정하게 하는 것, 죽이고 해치려는 마음이 없는 것, 질투하는 마음이 없는 것, 이것이 이른바 '좋은 곳에 태어나게 하는 여섯 가지가 있다'라고 한 것이오.

열반에 이르기 위해 어떤 여섯 가지 법을 닦아야 하는가? 이른바 6사념법思念法이니, 어떤 것이 여섯 가지인가? 이른바 몸으로 자비를 행하여 더러움이 없는 것, 입으로 자비를 행하여 더러움이 없는 것, 뜻으로 자비를 행하여 더러움이 없는 것, 이익을 얻으면 남들과 고루 나누고 아까워하지 않는 것, 결점이 없는 금계禁戒를 받들어 지키고 지혜로운 자들이 소중히 여기는 이러한 계를 완전히 구족하는 것, 모든 삿된 소견과 바른 소견과 괴로움의 근본을 완전히 없앨 수 있는 성현의 출요出要 등 이런 여러 소견들을 모두 분명히 아는 것, 이것이 이른바 '사람을 열반에 이르게 하는 여섯 가지 법'이라 하는 것이오. 비구여, 그대는 이제 방편을 구해 이 여섯 가지 법을 행하도록 하오. 이와 같나니 비구여, 마땅히 이와 같이 배워야 하오."

그때 그 비구는 다시 자리에서 일어나 사리불의 발에 예배하고 말하였다.

"저는 이제 거듭 스스로 참회합니다. 어리석고 미혹한 사람처럼 저는 진실을 분별하지 못하였습니다. 원컨대 사리불께서는 저의 참회를 받아 주십시오. 이후로 다시는 범하지 않겠습니다."

사리불이 말하였다.

"그대의 참회를 받아 주겠소. 성현의 법은 매우 넓고 크오. 그대는 과거를 고치고 미래를 닦아 다시는 범하지 마시오."

그때 그 비구는 사리불의 말을 듣고 기뻐하며 받들어 행하였다.

〔7〕[3]

이와 같이 들었다.

어느 때 부처님께서는 사위국 기수급고독원에 계셨다.

그때 세존께서 모든 비구들에게 말씀하셨다.

"내가 이제 첫째가는 가장 공한 법을 설명하리니, 너희들은 잘 사유하고 기억하라."

"그렇게 하겠습니다, 세존이시여."

비구들은 부처님의 가르침을 듣고 있었다.

세존께서 말씀하셨다.

"어떤 것이 가장 공한 법인가? 저 눈은 생길 때에는 곧 생기지만 그 오는 곳을 볼 수 없고, 멸할 때에는 곧 멸하지만 그 멸하는 곳을 볼 수 없다. 다만 임시로 이름이 붙여진 법〔假號法〕과 인연의 법〔因緣法〕은 제외한다.

어떤 것이 임시로 붙여진 이름과 인연의 법인가? 이른바 이것이 있으면 곧 있고 이것이 생기면 곧 생기는 것이다. 즉 무명無明을 인연해 행行이 있고, 행을 인연해 식識이 있으며, 식을 인연해 명색名色이 있고, 명색을 인연해 6입入이 있으며, 6입을 인연해 접촉〔更樂 : 觸〕이 있

---

3 이 소경과 내용이 비슷한 경으로는 『잡아함경』 제13권 335번째 소경인 「제일의공경第一義空經」이 있다.

고, 접촉을 인연해 느낌[痛 : 受]이 있으며, 느낌을 인연해 애욕[愛]이 있고, 애욕을 인연해 집착[取]이 있으며, 집착을 인연해 존재[有]가 있고, 존재를 인연해 태어남[生]이 있으며, 태어남을 인연해 죽음[死]이 있고, 죽음을 인연해 근심[愁]·걱정[憂]·괴로움[苦]·번민[惱] 등 헤아릴 수 없는 것들이 있게 된다. 이와 같이 괴로움의 쌓임은 이 인연으로 된 것이니라.

이것이 없으면 곧 없고 이것이 멸하면 곧 멸한다. 즉 무명이 멸하면 행이 멸하고, 행이 멸하면 식이 멸하며, 식이 멸하면 명색이 멸하고, 명색이 멸하면 6입이 멸하며, 6입이 멸하면 접촉이 멸하고, 접촉이 멸하면 느낌이 멸하며, 느낌이 멸하면 애욕이 멸하고, 애욕이 멸하면 집착이 멸하며, 집착이 멸하면 존재가 멸하고, 존재가 멸하면 태어남이 멸하며, 태어남이 멸하면 죽음이 멸하고, 죽음이 멸하면 근심·걱정·괴로움·번민이 모두 멸한다. 다만 임시로 이름이 붙여진 법만은 제외한다.

귀·코·혀·몸·뜻이라는 법도 또한 그와 같으니, 즉 생길 때에는 곧 생기지만 그 오는 곳을 알 수 없고, 멸할 때에는 곧 생기지만 멸하는 곳을 알 수 없다. 다만 그 임시로 이름이 붙여진 법만은 제외한다.

임시로 이름이 붙여진 법[假號法]이란 이것이 생기면 곧 생기고 이것이 멸하면 곧 멸하는 것이다. 이 6입도 지은 사람이 없고, 또한 명색과 6입도 부모로 말미암아 있기는 하지만 태에 들어간 자는 없다. 이것들은 인연으로 있는 것이요, 이 또한 임시로 붙여진 이름이며, 반드시 앞의 대상이 있은 뒤에야 비로소 있는 것이다.

마치 나무를 비벼 불을 구할 때 앞의 대상이 있는 뒤에야 불이 생기는 것과 같다. 그러나 불은 나무에서 나온 것도 아니요, 또 나무를 떠나 생기는 것도 아니다. 설사 어떤 사람이 나무를 쪼개어 불을 찾더라도 불을 얻지는 못하리니, 그것은 모두 인연이 모인 뒤에야 불이 있기 때문이다.

이 6정情[4]이 일으키는 병 또한 그와 같아서 모두 인연이 모임으로 말미암아 그 가운데서 병을 일으킨다. 이 6입入은 생길 때에는 곧 생기지만 그 오는 곳을 볼 수 없고, 멸할 때에는 곧 멸하지만 그 멸하는 곳을 볼 수 없다. 그러나 임시로 이름이 붙여진 법만은 제외하나니, 그것은 부모의 인연이 모임으로 말미암아 있는 것이니라."

그때 세존께서 곧 이런 게송을 말씀하셨다.

> 처음에는 어머니 태 안에 들며
> 차츰차츰 엉긴 수酥처럼 되다가
> 드디어 혹처럼 되고
> 그런 뒤 비슷한 형상으로 변한다.
>
> 머리와 목이 먼저 생기고
> 다음에 차츰 손발이 생기며
> 온갖 뼈마디가 제각기 생기고
> 털과 손발톱 · 이빨 생긴다.
>
> 만일 그 어머니 온갖 음식과
> 갖가지 요리를 먹으면
> 그 정기로써 살아가나니
> 태를 받은 목숨의 근본이니라.

---

[4] 여섯 감각기관인 6근根의 다른 이름이다. 즉 이 경의 앞뒤에서 말한 6입入을 가리킨다.

그로써 형체가 이루어지고
모든 감각기관이 빠짐없이 갖춰져
어머니로부터 태어나게 되나니
태를 받는 괴로움 이러하니라.

"비구들아, 마땅히 알아야 한다. 인연이 모여 곧 이 몸도 이루어진 것이니라. 또 비구들아, 한 사람의 몸에는 360개의 뼈가 있고, 9만 9천 개의 털구멍이 있으며, 5백 개의 맥脈이 있고, 5백 개의 근육이 있으며, 8만 종의 벌레가 산다.

비구들아, 알아야 한다. 6입으로 된 이 몸에는 이런 재앙이 있느니라. 비구들아, '누가 이 뼈를 만들었는가? 누가 이 근육과 맥을 붙였는가? 누가 이 8만 종의 벌레를 만들었는가?'라고 생각하고 사유해보아라. 그 비구가 이렇게 생각하고 사유해본다면 그는 곧 두 가지 과보를 얻게 되리니, 아나함阿那含이 되거나 혹은 아라한阿羅漢이 될 것이다."

그때 세존께서는 곧 이런 게송을 말씀하셨다.

360개의 뼈가
사람의 몸속에 있네.
이는 과거 부처님께서 하신 말씀
나도 이제 그렇게 말한다.

근육은 5백 개
맥의 수도 그렇고
벌레는 8만 종

9만 9천 개의 털구멍.

마땅히 몸을 이렇게 관찰하며
비구들이여, 부지런히 정진하라.
아라한 도를 재빨리 얻어
열반의 세계에 이르게 되리라.

이런 법은 모두 비고 고요하건만
어리석은 사람들 그것을 탐내고
지혜로운 사람들 마음으로 기뻐하며
이 공한 법의 근본을 듣는다네.

"비구들아. 이것이 이른바 첫째가는 가장 공한 법이니라. 나는 여래께서 말씀하신 법을 너희들에게 설명하였다. 나는 이제 사랑하고 가엾이 여기는 마음으로 할 일을 다 하였다.

너희들은 그 법을 수행하기를 항상 생각하고, 한적한 곳에서 좌선하며 사유하기를 게을리 하지 말라. 지금 수행하지 않는다면 나중에 후회하더라도 이익이 없을 것이다. 이것이 나의 교훈이다. 이와 같나니 비구들아, 마땅히 이와 같이 배워야 하느니라."

그때 비구들은 부처님의 말씀을 듣고 기뻐하며 받들어 행하였다.

〔 8 〕

이와 같이 들었다.

어느 때 부처님께서는 사위국 기수급고독원에 계셨다.

그때 생루生漏 범지[5]는 세존께서 계신 곳으로 나아가 서로 문안하고 한쪽에 앉았다. 그때 생루 범지가 세존께 아뢰었다.
"구담이시여, 지금 찰리刹利는 마음으로 무엇을 바라고, 무슨 일을 하며, 어떤 가르침에 집착하고, 무엇을 구경究竟으로 여깁니까? 또 지금 바라문은 마음으로 무엇을 바라고, 무슨 일을 하며, 어떤 가르침에 집착하고, 무엇을 구경으로 여깁니까? 또 지금 국왕은 마음으로 무엇을 바라고, 무슨 일을 하며, 어떤 가르침에 집착하고, 무엇을 구경으로 여깁니까? 또 지금 도둑은 마음으로 무엇을 바라고, 무슨 일을 하며, 어떤 가르침에 집착하고, 무엇을 구경으로 여깁니까? 또 지금 여자는 마음으로 무엇을 바라고, 무슨 일을 하며, 어떤 가르침에 집착하고, 무엇을 구경으로 여깁니까?"
그때 세존께서 범지에게 말씀하셨다.
"찰리 종족은 항상 싸우기를 좋아하고, 온갖 기술이 많으며, 사무를 좋아하고, 중도에 쉬지 않고 끝까지 하기를 바란다."
"바라문은 마음으로 무엇을 바랍니까?"
"바라문은 마음으로 주술을 좋아하고, 반드시 살 집을 지으며, 한적한 곳을 좋아하고, 범천에 뜻을 둔다."
"국왕은 마음으로 무엇을 바랍니까?"
"범지여, 알아야 한다. 왕은 정치의 권력을 얻기를 바라고, 군대와 무기에 뜻을 두며, 재물에 탐착하느니라."
"도둑은 마음으로 무엇을 바랍니까?"
"도둑은 훔칠 뜻을 품고 간사한 데 마음을 두며, 자기가 한 짓을 남들이 모르게 하려고 한다."
"여자는 마음으로 무엇을 바랍니까?"

---

5 팔리어로는 Jāṇussoṇībrāhmaṇa이고, 생문生聞 범지라고도 한다.

"여자는 남자에게 뜻을 두고, 재물에 탐착하며, 남녀 간의 일에 마음이 매여 있고 자유롭기를 바라느니라."

그때 범지가 세존께 아뢰었다.

"참으로 놀랍고, 참으로 뛰어나십니다. 그런 일들을 다 아시고 계셨군요. 그것은 진실이요, 헛말이 아닙니다. 그러면 지금 비구는 마음으로 무엇을 바랍니까?"

세존께서 말씀하셨다.

"계덕을 두루 갖추고, 마음은 도법에 노닐며, 뜻을 네 가지 진리에 두고, 열반에 이르려고 한다. 이것이 비구가 구하는 것이니라."

이때 생루 범지가 세존께 아뢰었다.

"그렇습니다, 세존이시여. 비구가 먹는 마음은 움직일 수 없습니다. 그 이치는 실로 그러합니다. 구담이시여, 열반은 매우 즐거운 것이고, 여래께서는 너무도 많은 말씀을 해 주셨습니다. 마치 장님이 눈을 뜨고, 귀머거리가 소리를 듣게 되며, 어둠 속에 있던 자가 빛을 보는 것과 같습니다. 오늘 여래께서 하신 말씀도 그와 같아서 전혀 다르지 않습니다. 저는 이제 나라 일이 너무 많아 이만 돌아가려 합니다."

세존께서는 말씀하셨다.

"때를 알아서 하라."

그때 생루 범지는 곧 자리에서 일어나 부처님 주위를 세 번 돌고 곧 물러갔다.

그때 생루 범지는 부처님의 말씀을 듣고 기뻐하며 받들어 행하였다.

〔 9 〕

이와 같이 들었다.

어느 때 부처님께서는 사위국 기수급고독원에 계셨다.
그때 생루 범지는 세존께서 계신 곳으로 나아가, 그 발에 머리 조아려 예배하고 한쪽에 앉았다. 그때 범지가 세존께 아뢰었다.
"이 가운데서 어떤 비구가, 또 어떻게 해야, 범행을 닦으며 번뇌가 흘러나오는 일이 없고 청정하게 범행을 닦을 수 있겠습니까?"
세존께서 말씀하셨다.
"만일 어떤 사람이 계율을 완전히 갖추고 범하지 않는다면, 이것을 청정하게 범행을 닦는 것이라 한다. 또 범지여, 눈으로 빛깔을 보더라도 생각을 일으키지 않고 분별을 일으키지 않으며 나쁜 생각을 없애고 좋지 못한 법을 버려 눈을 온전하게 할 수 있다면, 이것이 이른바 '이 사람은 청정하게 범행을 닦는다'고 하는 것이다.
또 귀로 소리를 듣거나, 코로 냄새를 맡거나, 혀로 맛을 보거나, 몸으로 감촉을 느끼거나, 뜻으로 법을 알더라도 분별이나 생각이 전혀 없고 청정하게 범행을 닦아 그 뜻을 온전하게 할 수 있다면, 이런 사람은 범행을 닦으며 번뇌가 흘러나오는 일이 없을 수 있느니라."
바라문이 부처님께 아뢰었다.
"어떤 사람이 범행을 닦지 않고, 청정한 행을 두루 갖추지 못합니까?"
세존께서 말씀하셨다.
"사람들이 함께 모여 있다면 그것은 범행이 아니니라."
바라문이 부처님께 여쭈었다.
"어떤 사람이 번뇌가 있고 두루 갖추지 못합니까?"
세존께서 대답하셨다.
"어떤 사람이 여자와 교접하거나 손발을 서로 비비거나 그녀를 마음에 품고 잊지 않는다면, 범지여, 이것이 이른바 '행을 두루 갖추지 못하고, 온갖 음탕한 마음이 흘러나오는 것이며, 음욕·성냄·어리석음과 상응하는 것'이니라.

또 범지여, 여자와 장난을 치거나 서로 말을 주고받는다면, 범지여, 이것이 이른바 '이 사람은 행을 온전히 갖추지 못한 것이고, 음욕·성냄·어리석음이 흘러나오며, 범행을 갖추지 못하고 청정한 행을 닦지 않는다'고 하는 것이니라.

또 범지여, 어떤 여자의 음탕한 눈길과 서로 마주쳤는데도 눈길을 옮기지 않고 거기서 곧 음욕과 성냄과 어리석음의 생각을 일으켜 온갖 어지러운 생각들을 한다면, 범지여, 이것이 이른바 '이 사람은 범행이 깨끗하지 못하고 범행을 닦지 않는다'고 하는 것이니라.

또 범지여, 어떤 사람이 우는 소리나 웃는 소리를 멀리서 듣고 거기서 음욕과 성냄과 어리석음을 일으켜 온갖 어지러운 생각들을 한다면 범지여, 이것이 이른바 '이 사람은 범행을 깨끗이 닦지 않고, 음욕·성냄·어리석음과 상응하며, 행을 완전히 갖추지 못했다'고 하는 것이니라.

또 범지여, 어떤 사람이 일찍이 보았던 여자를 뒤에 다시 생각해 그 머리와 눈을 기억하고는 거기서 그리움을 내어 으슥한 곳에서 음욕·성냄·어리석음을 일으켜 나쁜 행과 상응한다면, 범지여, 이것이 이른바 '이 사람은 범행을 닦지 않는다'고 하는 것이니라."

그때 생루 범지가 세존께 아뢰었다.

"참으로 놀랍고 참으로 뛰어나십니다. 사문 구담께서는 범행도 아시고 범행이 아닌 것도 아시며, 번뇌가 흘러나오는 행도 아시고 번뇌가 흘러나오지 않는 행도 아십니다. 왜냐하면 저도 그렇게 생각했기 때문입니다. 세상 사람들은 여자와 손발이 서로 닿게 되면 곧 온갖 어지러운 생각들을 일으킵니다. 그때 저는 이렇게 생각했습니다.

'이 사람은 행이 깨끗하지 못하고, 음욕과 성냄과 어리석음과 상응한다. 첫째가는 접촉은 여자이고, 첫째가는 욕망은 눈과 눈이 서로 마주치는 것이다. 그렇게 여자는 말과 웃음으로 남자를 얽어매고, 혹은 말을 걸어 남자를 얽어맨다.'

지금 저는 '이런 여섯 종류의 사람은 모두 깨끗하지 못한 행을 한다'고 이렇게 생각합니다. 오늘 여래께서는 너무도 많은 말씀을 해 주시니, 마치 장님이 눈을 뜨고 헤매던 사람이 길을 발견하며 어리석은 사람이 도를 듣게 되고 눈을 가진 사람이 빛깔을 보는 것과 같습니다.

여래께서는 그와 같이 설법하셨습니다. 저는 지금 부처님과 법과 승가에 귀의합니다. 지금부터 다시는 살생하지 않겠습니다. 원컨대 저를 우바새로 받아 주소서."

그때 생루 범지는 부처님의 말씀을 듣고 기뻐하며 받들어 행하였다.

〔 10 〕[6]

이와 같이 들었다.

어느 때 부처님께서는 비사리毗舍離 교외의 숲에서 대비구들 5백 명과 함께 계셨다.

그때 존자 마사馬師는 때가 되어 가사를 입고 발우를 가지고 성에 들어가 걸식하였다.

그때 살차니건자薩遮尼揵子[7]는 멀리서 마사가 오는 것을 보고 곧 마사에게 가서 말하였다.

---

6 이 소경과 내용이 비슷한 경으로는 『잡아함경』 제5권 110번째 소경인 「살차경薩遮經」이 있다.
7 팔리어로는 Saccaka Niganthaputto라고 한다.

"그대의 스승은 어떤 이치를 말하고, 어떤 교리와 어떤 계율로 그대들에게 설법하는가?"

마사는 대답하였다.

"범지여, 색色은 무상한 것이다. 무상한 것은 괴로운 것이요, 괴로운 것은 나(我)가 없으며, 나가 없는 것은 곧 공空한 것이다. 공하다면 그것은 내 소유가 아니요 나도 그것의 소유가 아니니, 이것이 지혜로운 자들이 배우는 것이다. 통(痛:受)·상想·행行·식識도 무상한 것이니, 이 5성음盛陰은 무상한 것이다. 무상한 것은 괴로운 것이요, 괴로운 것은 나가 없으며, 나가 없는 것은 곧 공한 것이다. 공하다면 그것은 내 소유가 아니요 나도 그것의 소유가 아니다. 그대가 알고 싶어하는 우리 스승의 가르침과 훈계는 그 이치가 이와 같고, 제자들을 위해 이런 이치를 말씀하신다."

그때 니건자는 두 손으로 귀를 막으면서 말하였다.

"그만, 그만. 마사여, 나는 그런 소리 듣고 싶지 않다. 아무리 구담 사문이 그렇게 가르친다 해도 나는 조금도 듣고 싶지 않다. 왜냐하면 내 주장대로라면 색色은 영원한데 그 사문의 주장은 무상하다고 하기 때문이다. 언제 한 번 사문 구담을 만나 함께 변론해서 사문 구담의 뒤바뀐 생각을 고쳐 주리라."

그때 비사리성에 살던 5백 동자는 한 곳에 모여 서로 이야기하고 있었다. 그때 니건자가 5백 동자에게 가서 동자들에게 말하였다.

"너희들은 모두 오라. 우리 함께 사문 구담에게 가자. 왜냐하면 저 사문 구담과 변론해서 저 사문이 바른 진리의 길을 볼 수 있도록 해 주고 싶기 때문이다. 저 사문은 색을 무상한 것이라고 말하지만 내 주장대로라면 색은 영원한 것이다.

마치 역사力士가 털이 긴 양을 손으로 잡고 동·서 어디로든 마음대로 끌고 가되 아무 어려움이 없는 것처럼, 나도 그와 같이 저 사문 구담과 변론하며 마음대로 그를 잡았다 놓았다 하기에 아무 어려움이 없으리라. 또 여섯 개의 이빨을 가진 사나운 코끼리는 깊은 산에서 놀아도 아무것도 어려워할 것이 없는 것처럼, 나도 이제 그와 같아 그자와 변론하기에 아무 어려움이 없으리라. 또 건장한 두 사내가 연약한 한 사람을 붙잡아 불에 지지며 마음대로 뒤집되 아무 어려움이 없는 것처럼, 나도 그와 같이 저와 변론하되 아무 어려움이 없으리라.

나는 변론으로 코끼리도 죽일 수 있거늘 하물며 사람이겠는가? 또 코끼리도 동·서·남·북으로 마음대로 부리는데 어찌 사람만 그리 못하겠느냐? 마음이 없는 물건인 이 강당의 들보나 기둥도 오히려 옮길 수 있는데 하물며 사람과 변론해서 이기는 일 정도이겠는가? 나는 그가 얼굴의 구멍에서 피를 쏟으며 죽게 하리라."

그 모임에 있던 어떤 동자가 말하였다.

"니건자는 끝내 저 사문을 변론으로 대적할 수 없을 것이다. 아마 사문 구담이 니건자를 변론으로 대적할 수 있을 것이다."

또 어떤 동자는 이렇게 말하였다.

"사문은 니건자를 변론으로 대적할 수 없을 것이다. 그러나 니건자는 저 사문을 변론으로 대적할 수 있을 것이다."

그때 니건자는 이렇게 생각하였다.

'만일 저 사문 구담의 주장이 저 마사 비구의 말대로라면 상대할 만하겠지만 다른 이치가 있더라도 들어 보면 알 것이다.'

그때 니건자는 5백 동자에게 앞뒤로 둘러싸여 세존께서 계신 곳으로 나아가 서로 문안하고 한쪽에 앉았다. 이때 니건자가 세존께 아뢰었다.

"어떻소? 구담이여, 어떤 교리와 어떤 계율로 제자들을 훈계하오?"

부처님께서 니건자에게 말씀하셨다.

"나는 이렇게 주장한다. 색은 무상한 것이다. 무상한 것은 곧 괴로운 것이요, 괴로운 것은 나가 없으며, 나가 없는 것은 곧 공한 것이다. 공하다면 그것은 내 소유가 아니요, 나도 그것의 소유가 아니다. 통·상·행·식도 그러하니, 이 5성음盛陰은 다 무상한 것이다. 무상한 것은 곧 괴로운 것이요, 괴로운 것은 나가 없으며, 나가 없는 것은 곧 공한 것이다. 공하다면 그것은 내 소유가 아니요, 나도 그것의 소유가 아니다. 내 가르침은 이런 이치이니라."

니건자는 말하였다.

"나는 그런 이치는 듣고 싶지 않소. 왜냐하면 내가 이해하기로는 색은 영원하기 때문이오."

"그대는 일단 마음을 모으고 오묘한 이치를 사유해 보라. 그 다음에 다시 말하라."

"내가 지금 말한 '색은 영원하다'는 이치는 이 5백 동자도 그렇게 생각하는 것이오."

세존께서 말씀하셨다.

"그대가 지금 말한 '색은 영원하다'는 이치는 이 5백 동자도 그렇게 생각하는 것이라고?"

세존께서 말씀하셨다.

"너는 지금 너의 주장을 말하면서 왜 저 5백 사람을 끌어들이는가?"

니건자가 대답하였다.

"나는 '색은 영원하다'고 말하오. 사문께선 어떤 주장을 하고 싶소?"

세존께서 말씀하셨다.

"나는 '색은 무상하고 또한 나가 없다'고 말한다. 억지와 거짓으로 수數를 모아 이 색이 있는 것일 뿐, 진실함도 없고 단단함도 견고함도 없어 눈덩이와 같은 것이니, 그것은 없어지는 법이요 변하는 법이다. 너는 지금 '몸은 영원하다'고 말하였다. 내가 이제 너에게 물으리니 마음대로 대답하라. 어떤가? 니건자여, 전륜성왕은 자기 나라에서 자유로울 수 있는가? 그래서 그 대왕은 놓아주지 않을 자도 놓아주고 결박하지 않을 자도 결박할 수 있는가?"

니건자가 대답하였다.

"성왕이라면 그런 자유로운 힘이 있어 죽이지 않을 자도 죽일 수 있고, 결박하지 않을 자도 결박할 수 있소."

"어떤가? 니건자여, 그런 전륜성왕도 늙겠는가? 머리가 하얗게 세고 얼굴이 쭈글쭈글해지며 옷에는 때가 꼬질꼬질 끼겠는가?"

그러자 니건자는 잠자코 대답하지 않았다. 세존께서 두 번 세 번 물었으나 그는 여전히 잠자코 대답하지 않았다.

그때 밀적 금강역사密跡金剛力士가 손에 금강저金剛杵를 들고 허공에서 말하였다.

"네가 대답하지 않는다면 여래 앞에서 네 머리를 부수어 일곱 조각을 내리라."

그때 세존께서는 니건자에게 말씀하셨다.

"너는 지금 허공을 보라."

니건자는 공중을 우러러 밀적 금강역사를 보고 또 '만일 네가 여래의 물음에 대답하지 않는다면 네 머리를 부수어 일곱 조각을 내리라'라는 공중의 그 소리를 들었다. 그는 그것을 보고 놀랍고 두려워 온몸의 털이 곤두섰다.

그는 세존께 아뢰었다.

"원컨대 구담이여, 나를 살려 주시오. 그리고 이제 다시 물으시오. 내가 대답하겠소."

세존께서 말씀하셨다.

"어떤가? 니건자여, 전륜성왕도 늙겠는가? 그 역시 머리가 하얗게 세고 이빨이 빠지며 피부가 늘어지고 얼굴이 쭈글쭈글해지겠는가?"

니건자는 대답하였다.

"사문 구담이 그렇게 말하더라도 나는 '색은 영원하다'고 주장하겠소."

"그대는 잘 사유해본 뒤에 대답하라. 앞뒤의 말이 서로 맞지 않는구나. 전륜성왕도 늙는지, 또 머리가 하얗게 세고 이빨이 빠지며 피부가 늘어지고 얼굴이 쭈글쭈글해지는지 그것만 논하라."

니건자가 대답하였다.

"전륜성왕도 아마 늙을 것이오."

"전륜성왕은 자기 나라에서는 언제나 자유로울 수 있는데, 왜 늙음과 병듦과 죽음은 물리치지 못하는가? 만일 '내게는 늙음과 병과 죽음이 필요 없다. 나는 영원히 이러하리라'고 하며 그렇게 하고 싶어한다면 그것이 과연 이치에 옳겠는가?"

그때 니건자는 잠자코 대답하지 않았고, 근심과 걱정으로 괴로워하며 잠자코 아무 말도 하지 않았다. 니건자는 온몸에서 땀을 흘렸고 그 땀은 옷을 적시고 또 앉은자리와 땅까지 적셨다.

세존께서 말씀하셨다.

"니건자여, 그대는 대중들이 있는 자리에서 이렇게 사자처럼 외쳤었다.

'너희 동자들은 나와 함께 저 구담에게로 가자. 그와 변론하여, 마치 털이 긴 양을 손으로 잡고 동·서로 마음대로 끌되 아무 어려움이 없는 것처럼, 또 큰 코끼리가 깊은 산중에 들어가 마음대로 노닐되 두려움이 없는 것처럼, 또 건장한 두 사내가 연약한 한 사람을 잡고 불

에 지지며 마음대로 뒤적거리는 것처럼 그를 항복 받으리라.'

너는 또 '나는 항상 변론으로 큰 코끼리를 죽일 수 있다. 이런 들보나 기둥이나 초목들은 다 마음이 없는 것이지만, 이런 것들과도 변론해 굽히고 펴고 숙이고 쳐들게 할 수 있고 또 겨드랑 밑으로 땀을 흘리게 할 수도 있다'고 하지 않았느냐?"

그때 세존께서 세 가지 법의를 들추어 니건자에게 보이면서 말씀하셨다.

"너는 여래의 겨드랑이에 흐른 땀이 없는 것을 보라. 그런데 지금 너는 땀을 흘려 땅까지 적시는구나."

니건자는 또 잠자코 대답하지 않았다.

그때 모여 있던 대중들 가운데에 두마頭摩[8]라는 동자가 있었는데, 두마 동자가 세존께 아뢰었다.

"저는 지금 베풀어 주신 것을 감당할 수 있고, 또 드릴 말씀이 있습니다."

세존께서는 말씀하셨다.

"마음대로 말하라."

두마 동자가 부처님께 아뢰었다.

"마치 마을에서 멀지 않은 곳에 목욕하기 좋은 연못이 있는데, 그 목욕하는 연못에 다리가 많은 벌레가 있는 경우와 같습니다. 그러면 그 마을 사람들은 남녀노소 할 것 없이 그 목욕하는 연못으로 가 그 벌레를 잡아내고 제각기 기왓장이나 돌로 그 팔과 다리를 때려 잘라버립니다. 결국 그 벌레는 물로 도로 들어가고 싶어도 끝내 그리될 수 없습니다. 이 니건자도 그와 같습니다. 그는 처음에는 서슬이 시퍼런

---

8 팔리어로는 Dummukha이고, 또는 돌목가突目佉라고도 한다.

마음으로 여래와 변론하려 하며 마음에 질투와 교만을 품었었는데, 이제 여래께서 그것을 완전히 없애 영원히 남김 없게 하셨습니다. 따라서 이 니건자는 다시는 여래께 찾아와 변론하지 못할 것입니다.'

그때 니건자가 두마 동자에게 말하였다.

"너는 지금 어리석어 참과 거짓도 분별하지 못하는구나. 또 나는 너하고 변론하는 것이 아니라 사문 구담과 변론하고 있는 것이다."

니건자가 부처님께 아뢰었다.

"이치를 물어 주시오. 내가 다시 말하겠소."

세존께서는 말씀하셨다.

"어떤가? 니건자여, 전륜성왕이 늙음·병듦·죽음이 닥치지 않게 하려 한다면, 그럴 수 있겠는가? 그 성스러운 대왕은 그 소원을 이룰 수 있겠는가?"

"그 소원은 이룰 수 없소."

"이 색은 있게 하고 이 색은 없게 하려고 한다면 될 수 있겠는가?"

"될 수 없소, 구담이여."

"어떤가? 니건자여, 이 색은 영원한가, 무상한가?"

"색은 무상한 것이오."

"만일 무상하다면 그것은 바뀌고 변하는 법이다. 너는 그래도 '이것은 나다'라거나 '나는 저것의 소유이다'라고 보겠는가?"

"아니오, 구담이여."

"그러면 통·상·행·식은 영원한가, 무상한가?"

"무상하오."

"만일 무상하다면 그것은 변하고 바뀌는 법이다. 그런데도 너는 과연 그것을 있다고 보는가?"

"그것은 없는 것이오."

"이 5성음盛陰은 영원한가, 무상한가?"

"무상하오."

"만일 무상하다면 그것은 변하고 바뀌는 법이다. 그런데도 너는 과연 그것을 있다고 보는가?"

"그것은 없는 것이오."

"어떠냐, 니건자야. 너는 '영원하다'고 말했었는데, 그 말은 이 이치와 어긋나지 않는가?"

그때 니건자는 세존께 아뢰었다.

"제가 지금 어리석어 진리를 분별하지 못하고 그런 감정을 품어 구담과 논쟁하며 '색은 영원하다'고 말했습니다. 어떻게 맹수인 사자가 멀리서 사람이 오는 것을 보고 두려워하겠습니까? 끝내 그럴 일은 없습니다. 지금 여래께서도 그와 같아 털끝만큼도 두려움이 없으십니다. 제가 지금 미치고 어리석어 깊은 이치를 알지 못하고 감히 사문 구담을 괴롭혔습니다.

사문 구담께서 많은 말씀을 해 주시니, 마치 장님이 눈을 뜨고 귀머거리가 소리를 듣게 되며 헤매던 이가 길을 발견하고 눈 없던 자가 빛깔을 보게 된 것과 같습니다. 사문 구담께서도 그처럼 무수한 방편으로 설법해 주셨습니다.

저는 이제 사문 구담과 법과 비구 스님들께 귀의합니다. 제가 우바새가 되도록 허락하소서. 지금부터 목숨을 마칠 때까지 살생하지 않겠습니다. 원컨대 구담과 비구 스님들께선 제 청을 받아 주소서. 저는 부처님과 비구 스님들께 공양을 올리고 싶습니다."

세존께서는 잠자코 그 청을 받아 주셨다. 니건자는 세존께서 잠자코 청을 받으신 것을 보고 곧 자리에서 일어나 부처님 주위를 세 번 돈 뒤에 그 발에 머리 조아려 예배하고 떠났다.

그는 비사리의 동자들이 있는 곳으로 가 동자들에게 말하였다.

"너희들은 내게 공양할 재료를 지금 곧 내게 가져오고 때를 어기지 말라. 나는 지금 사문 구담과 그 비구 스님들을 초청하였다. 내일 공양하리라."

동자들은 각기 공양거리를 마련해 가지고 와서 그에게 주었다. 니건자는 그날 밤으로 갖가지 맛있는 음식을 장만하고 좋은 자리를 펴고 때가 되어 세존께 아뢰었다.

"이제 때가 되었습니다. 세존께서는 왕림하소서."

세존께서는 때가 되자 가사를 입고 발우를 가지고 비구 스님들을 데리고 비사리로 가시어 니건자의 집에 이르러 자리에 앉으셨다. 비구들도 차례로 앉았다. 니건자는 부처님과 비구들이 좌정한 것을 보고 갖가지 음식을 손수 돌렸다.

그리고 부처님과 비구들이 공양을 마치자 그는 깨끗한 물을 돌리고, 곧 작은 자리를 가지고 와서 여래 앞에 앉아 설법을 듣고자 하였다.

그때 세존께서는 그를 위해 차근차근 미묘한 논을 말씀하셨다. 이른바 논이란, 보시론・계율론・하늘에 태어나는 것에 대한 논이요, 탐심은 더럽고 음욕은 깨끗지 못한 행이므로 그것을 벗어나는 것이 즐거움이라 하셨다.

세존께서는 니건자의 마음이 열리고 뜻이 풀린 것을 보시고는, 모든 부처님께서 항상 말씀하시는 괴로움과 괴로움의 발생과 괴로움의 소멸과 괴로움의 소멸에 이르는 길을 그 니건자에게 모두 말씀하셨다. 이때 니건자는 곧 그 자리에서 온갖 번뇌가 없어지고 법안이 깨끗해졌다.

그때 세존께서는 곧 이런 게송을 말씀하셨다.

제사에선 불이 제일이 되고
문장에선 게송이 으뜸이 되며
사람 중에선 임금이 제일이고
모든 물은 바다가 근원이며
별 가운데에선 달이 가장 밝고
광명 중에선 해가 제일이라네.

위와 아래와 또 사방과
모든 땅에서 자라는 만물
하늘과 사람들 그 가운데서
부처님이 더 없이 높은 분이니
만일 그 덕을 구하고 싶다면
세 부처님을 최상으로 여겨라.

세존께서는 이 게송을 마치시고 곧 자리에서 일어나 떠나셨다.

이때 니건자의 5백 제자는 자신들의 스승이 부처님의 교화를 받았다는 소식을 듣고 저희들끼리 말하였다.

"우리 스승께서 어쩌다 구담을 스승으로 섬기게 되었을까?"

그래서 그 제자들은 비사리성을 나서 길에 서서 기다렸다.

그때 니건자는 부처님께 나아가 법을 듣고자 하였고, 세존께서는 그를 위해 설법하시어 기뻐하게 하셨다. 니건자는 설법을 듣고 곧 자리에서 일어나 그 발에 머리 조아려 예배하고 물러나 떠났다.

니건자의 제자들은 멀리서 그들의 스승이 오는 것을 보고 저희끼리 말하였다.

"저 사문 구담의 제자가 지금 저기 온다."

그리곤 제각기 기왓장과 돌을 들고 그를 때려 죽였다. 그때 여러 동자들은 니건자가 그 제자들에게 맞아 죽었다는 소식을 듣고 세존께 나아가 세존의 발에 머리 조아려 예배하고 한쪽에 앉았다. 그때 동자들이 세존께 아뢰었다.

"여래께서 교화하신 니건자가 지금 제자들에게 살해당했습니다. 그는 지금 목숨을 마치고 어디에 태어났습니까?"

세존께서 말씀하셨다.

"그는 덕이 있는 사람으로서 네 가지 진리를 완전히 갖추고 세 가지 번뇌〔結使〕를 없애 수다원須陀洹을 이루었으니 반드시 괴로움을 벗어날 것이다. 지금 그는 목숨을 마치고 삼십삼천에 태어났다. 그는 미륵부처님을 뵙고는 완전히 괴로움을 벗어날 것이니, 이것이 곧 그 이치이다. 그것을 생각하며 수행하라."

그때 동자들은 세존께 아뢰었다.

"참으로 이상하고 참으로 놀랍습니다. 그 니건자는 세존께 찾아와 변론으로 겨루려다가 도리어 제 변론에 스스로 묶여 여래의 교화를 받았습니다. 여래를 뵙는 일은 결코 허망하지 않습니다. 마치 사람들이 바다에 들어가 보배를 구하면 반드시 그것을 얻고 끝내 헛되이 돌아오지 않는 것처럼, 어떤 사람이 여래께 찾아온다면 그는 반드시 법의 보배를 얻고 끝내 헛되이 돌아가지 않습니다."

그때 세존께서는 동자들을 위해 미묘한 법을 말씀하시어 그들을 기쁘게 하셨다. 그러자 동자들은 부처님으로부터 설법을 듣고 자리에서 일어나 부처님 주위를 세 번 돈 뒤에 부처님의 발에 머리 조아려 예배하고 곧 물러나 떠났다. 그때 동자들은 부처님의 말씀을 듣고 기뻐하며 받들어 행하였다.

증일아함경 제31권

38. 역품力品 ①

〔 1 〕[1]

이와 같이 들었다.

어느 때 부처님께서는 사위국 기수급고독원에 계셨다.

그때 세존께서 모든 비구들에게 말씀하셨다.

"여섯 가지 보통의 힘이 있다. 어떤 것이 여섯 가지인가? 어린애는 울음으로 힘을 삼아 할 말이 있으면 반드시 먼저 운다. 여자는 성냄으로 힘을 삼아 성을 낸 뒤에 말을 한다. 사문과 바라문은 참음으로 힘을 삼아 항상 겸손할 것을 생각하고 남들보다 낮춘 뒤에 자신의 말을 한다. 국왕은 교만으로 힘을 삼아 그 큰 권력으로 자신의 말을 한다. 그리고 아라한은 골똘하고 정밀함으로 힘을 삼아 자신의 말을 한다. 모든 불세존佛世尊께서는 큰 자비를 성취하고 그 큰 자비로 힘을 삼아

---

1 이 소경과 내용이 비슷한 경으로는 『잡아함경』 제26권 692번째 소경인 「팔력경八力經」과 693번째 소경인 「광설팔력경廣說八力經」이 있다.

중생들에게 널리 이익을 주느니라.

비구들아, 이것을 일러 '여섯 가지 보통의 힘이 있다'고 하는 것이다. 그러므로 비구들이여, 항상 큰 자비를 수행할 것을 생각하라. 비구들아, 마땅히 이와 같이 배워야 하느니라."

그때 모든 비구들은 부처님의 말씀을 듣고 기뻐하며 받들어 행하였다.

〔 2 〕
이와 같이 들었다.

어느 때 부처님께서는 사위국 기수급고독원에 계셨다.

그때 세존께서 모든 비구들에게 말씀하셨다.

"너희들은 늘 무상하다는 생각〔無常想：無常觀〕을 사유思惟하고, 무상하다는 생각을 널리 펴라. 무상無常하다는 생각을 사유하고 무상하다는 생각을 널리 펴고 나면, 욕계欲界・색계色界・무색계無色界에 대한 욕망을 모두 끊고 또 무명과 교만을 끊게 될 것이다. 마치 불로 초목을 태우면 남김없이 영원히 없어지고 흔적도 없는 것처럼, 이 또한 그와 같아 만일 무상하다는 생각을 닦는다면 욕계와 색계와 무색계의 욕망을 모두 끊고 무명과 교만도 남김없이 영원히 없어질 것이다.

왜냐하면 비구가 무상하다는 생각을 닦으면 마음에 욕심이 없어지기 때문이다. 그는 욕심 없는 마음으로 곧 법을 잘 분별하고 그 뜻을 사유하여 근심・걱정・괴로움・번민이 없어지게 되고, 법의 뜻을 사유함으로써 곧 어리석음과 미혹이 없어질 것이다.

만일 수행하는 사람이라면, 싸우는 이를 보게 되면 그는 곧 이렇게 생각한다.

'저때 여러 사람들은 무상하다는 생각을 닦지 않고 무상하다는 생각을 널리 펴지 않기 때문에 저렇게 싸우는 것이다. 저들은 싸우면서 그 뜻을 보지 못하고 그 뜻을 보지 못하기 때문에 곧 미혹한 마음이 있게 된다. 저들은 이런 미혹한 마음을 가지고 있으니 목숨을 마치면 곧 아귀·축생·지옥의 세 갈래 나쁜 세계로 들어가느니라.

그러므로 비구들아, 무상하다는 생각을 닦고 무상하다는 생각을 널리 펴면, 곧 성내는 생각과 어리석은 생각이 없어져 능히 법을 보고 그 뜻을 보아 목숨을 마친 뒤에는 천상·인간·열반의 세 갈래 좋은 세계에 태어나게 될 것이다. 비구들아, 마땅히 이와 같이 배워야 하느니라."

그때 모든 비구들은 부처님의 말씀을 듣고 기뻐하며 받들어 행하였다.

[3]²

이와 같이 들었다.

어느 때 부처님께서는 마갈국(摩竭國) 우가지강(憂迦支江) 가에 계셨다.

그때 세존께서 어떤 나무 아래로 가 손수 자리를 펴고 앉아 몸과 뜻을 바르게 하고 생각을 매어 앞에 두고 계셨다.

그때 어떤 범지가 그곳을 지나가게 되었다. 그 범지는 세존의 발자국이 오묘한 것을 보고 곧 이렇게 생각하였다.

'이것은 어떤 사람의 발자국인가? 이것은 하늘·용·귀신·건답화(乾沓惒 : 건달바)·아수륜(阿須倫)·사람 혹은 사람이 아닌 자의 발자국인가? 아니면 우리의 선조 범천의 것인가?'

범지는 곧 발자국을 따라 앞으로 나아갔다. 그는 세존께서 어떤 나

---

2 이 소경과 내용이 비슷한 경으로는 『잡아함경』 제4권 101번째 소경인 「인간경(人間經)」과 『별역잡아함경』 제13권 267번째 소경이 있다.

무 아래에 앉아 몸과 뜻을 바르게 하고 생각을 매어 앞에 두고 계신 것을 멀리서 보았다. 그는 이 모습을 보고 말하였다.

"당신은 하늘입니까?"

세존께서는 말씀하셨다.

"나는 하늘이 아니다."

"건답화입니까?"

"나는 건답화도 아니다."

"용입니까?"

"나는 용도 아니다."

"열차閱叉입니까?"

"나는 열차도 아니다."

"우리들의 선조입니까?"

"나는 그대의 선조도 아니다."

그러자 바라문이 세존께 여쭈었다.

"그러면 당신은 누구십니까?"

세존께서 말씀하셨다.

"애욕[愛]이 있으면 취함[受:取]이 있고 취함이 있으면 애욕이 있다. 인연이 모인 뒤에 서로가 서로를 일으키는 것이 이와 같아 이리하여 5성음盛陰의 괴로움은 끊어질 때가 없다. 그러므로 애욕을 알면 곧 다섯 가지 욕망[五欲]을 알게 되고, 또 바깥의 6진塵과 안의 6입入을 알게 되며, 곧 이 성음盛陰의 본말을 알게 되느니라."

그때 세존께서 곧 이런 게송을 말씀하셨다.

　　세상에는 다섯 가지 욕망이 있고
　　뜻이 여섯째로 생겨나는 것이니

안팎의 여섯 가지 입처入處를 알아
괴로움을 완전히 없앨 것을 생각하라.

"그러므로 방편을 구해 안팎의 여섯 가지를 없애도록 하라. 범지여, 이와 같이 공부해야 하느니라."

그때 그 범지는 부처님의 이러한 가르침을 듣고 되풀이해 깊이 사유하며 마음에서 놓지 않았다. 그래서 곧 그 자리에서 온갖 번뇌가 없어지고 법안이 깨끗해졌다.

그때 그 범지는 부처님의 말씀을 듣고 기뻐하며 받들어 행하였다.

〔 4 〕³

이와 같이 들었다.

어느 때 부처님께서는 사위국 기수급고독원에 계셨다.

그때 세존께서 모든 비구들에게 말씀하셨다.

"나는 옛날 깨달음을 얻기 전 보살로 있을 때 이런 생각을 했었다. '이 세상은 너무도 괴롭다. 태어남이 있고 늙음·병듦·죽음이 있으며 이 5성음盛陰은 그 근본을 다할 수가 없다.'

그때 나는 다시 생각하였다.

'어떤 인연으로 이 태어남〔生〕·늙음〔老〕·병듦〔病〕·죽음〔死〕이 있으며, 어떤 인연으로 이런 재앙이 있게 된 걸까?'

이렇게 사유했을 때 다시 이런 생각이 떠올랐다.

---

3 이 소경과 내용이 비슷한 경으로는『잡아함경』제12권 287번째 소경인「성읍경城邑經」과 오吳 시대 지겸支謙이 한역한『패다수하사유십이인연경貝多樹下思惟十二因緣經』과 당唐 시대 현장玄奘이 한역한『연기성도경緣起聖道經』과 송宋 시대 법현法賢이 한역한『불설구성유경佛說舊城喩經』이 있다.

'태어남이 있으면 곧 늙음・병듦・죽음이 있다.'

이렇게 사유했을 때 다시 '어떤 인연으로 태어남이 있는 걸까? 이것은 존재[有]에서 생긴 것이다'는 생각이 떠올랐다.

또 '존재는 무엇으로 말미암아 있는 걸까?'라는 생각을 하였고, 이렇게 사유했을 때 곧 '이 존재는 취함[受:取]으로 말미암아 있다'는 생각을 하였다.

다시 '이 취함은 무엇으로 말미암아 있는 걸까?' 하고 생각하였고, 그때 지혜로 관찰해보니 애욕[愛]으로 말미암아 취함이 있는 것이었다.

다시 '이 애욕은 무엇으로 말미암아 생기는 걸까?' 하고 사유하였고, 거듭 관찰해보니 느낌[痛:受]으로 말미암아 애욕이 있는 것이었다.

다시 '이 느낌은 무엇으로 말미암아 생기는 걸까?' 하고 사유하였고, 이렇게 관찰했을 때, 접촉[更樂:觸]으로 말미암아 이 느낌이 있는 것이었다.

다시 '이 접촉은 무엇으로 말미암아 있는 걸까?' 하고 거듭 사유하였고, 내가 이렇게 생각했을 때, 6입入을 인연하여 이 접촉이 있는 것이었다.

이때 나는 '이 6입은 무엇으로 말미암아 있는 걸까?' 하고 거듭 사유하였고, 이렇게 관찰했을 때, 명색名色으로 말미암아 6입이 있는 것이었다.

이때 나는 다시 '명색은 무엇으로 말미암아 있는 걸까?' 하고 이렇게 생각하였고, 이렇게 관찰했을 때, 식識으로 말미암아 명색이 있는 것이었다.

'이 식은 무엇으로 말미암아 있는 걸까?' 하고 이렇게 관찰했을 때,

행行으로 말미암아 식이 생기는 것이었다.

이때 나는 다시 '행은 무엇으로 말미암아 생기는 걸까?' 하고 이렇게 생각하였고, 이렇게 관찰했을 때, 행은 어리석음[癡]으로 말미암아 생기는 것이었다.

무명無明을 인연하여 행이 있고, 행을 인연하여 식이 있으며, 식을 인연하여 명색이 있고, 명색을 인연하여 6입이 있으며, 6입을 인연하여 접촉이 있고, 접촉을 인연하여 느낌이 있으며, 느낌을 인연하여 애욕이 있고, 애욕을 인연하여 취함이 있으며, 취함을 인연하여 존재가 있고, 존재를 인연하여 태어남이 있으며, 태어남을 인연하여 죽음이 있고, 죽음을 인연하여 근심·걱정·번민·고통이 헤아릴 수 없게 된다. 이것을 괴로움 무더기의 발생이라 한다.

나는 그때 다시 '어떤 인연으로 말미암아 태어남·늙음·병듦·죽음이 멸하는가?' 하고 이렇게 생각하였고, 내가 그것을 관찰했을 때 태어남이 멸하면 늙음·병듦·죽음이 멸하는 것이었다.

그때 다시 '무엇으로 말미암아 태어남이 없게 되는가?' 하고 생각하였고, 이 태어남의 근원인 존재가 멸하면 태어남도 곧 멸한다는 것을 관찰하였다.

다시 '무엇으로 말미암아 존재가 없어지는가?' 하고 생각하였고, 이때 '취함이 없으면 존재가 없다'는 이런 생각을 일으켰다.

이때 나는 '무엇으로 말미암아 취함이 멸하는가?'라는 이런 생각을 하였고, 이렇게 관찰했을 때, 애욕이 멸하면 취함도 곧 멸하는 것이었다.

다시 '무엇으로 말미암아 애욕이 멸하는가?'라는 이런 생각을 하였고, 느낌이 멸하면 애욕이 멸한다는 것을 거듭 다시 관찰하였다.

다시 '무엇으로 말미암아 느낌이 멸하는가?' 하고 사유하였고, 이렇게 관찰했을 때, 접촉이 멸하면 느낌이 멸하는 것이었다.

다시 '접촉은 무엇으로 말미암아 멸하는가?' 하고 사유하였고, 이렇게 관찰했을 때, 6입이 멸하면 접촉이 멸하는 것이었다.

다시 '이 6입은 무엇으로 말미암아 멸하는가?' 하고 관찰하였고, 이렇게 관찰했을 때, 명색이 멸하면 6입이 멸하는 것이었다.

다시 '명색은 무엇으로 말미암아 멸하는가?' 하고 관찰하였고, 식이 멸하면 명색이 멸하는 것이었다.

다시 '이 식은 무엇으로 말미암아 멸하는가?' 하고 관찰하였고, 행이 멸하면 식이 멸하는 것이었다.

다시 '이 행은 무엇으로 말미암아 멸하는가?' 하고 관찰하였고, 어리석음이 멸하면 행이 멸하는 것이었다.

행이 멸하면 식이 멸하고, 식이 멸하면 명색이 멸하며, 명색이 멸하면 6입이 멸하고, 6입이 멸하면 접촉이 멸하며, 접촉이 멸하면 느낌이 멸하고, 느낌이 멸하면 애욕이 멸하며, 애욕이 멸하면 취함이 멸하고, 취함이 멸하면 존재가 멸하며, 존재가 멸하면 태어남이 멸하고, 태어남이 멸하면 늙음과 병듦이 멸하며, 늙음과 병듦이 멸하면 죽음이 멸한다. 이것이 이른바 5성음盛陰의 소멸이라 하는 것이다.

이때 나는 다시 이렇게 생각하였다.

'이 식이 가장 근본이 되어 사람들에게 태어남·늙음·병듦·죽음이 있게 된다. 그러나 사람들은 그 태어남·늙음·병듦·죽음의 근본원인을 알지 못한다.'

마치 어떤 사람이 산 속의 작은 길을 따라 가다가 옛사람들이 다니던 옛날의 큰 길을 발견한 것과 같다. 이때 그는 그 길을 따라 조금 더 앞으로 나아가다가 옛 성곽과 동산과 목욕하는 연못을 발견하였는데 수목이 우거지고 성에는 아무도 살고 있지 않았다. 그는 그것을 보고 본국으로 돌아가 왕에게 아뢰었다.

'저는 어제 산 속에서 놀다가 아름다운 성을 발견하였는데 수목이 우거지고 그 성에는 아무도 살고 있지 않았습니다. 대왕께서는 사람들을 보내어 그 성에서 살게 하소서.'

이때 국왕은 그 사람의 말을 듣고 곧 사람들을 살게 하였다. 그래서 그 성은 옛날과 같이 백성들이 번성하고 즐거움이 견줄 데 없게 되었다.

비구들이여, 알아야 한다. 나는 옛날 보살이 되기 전에 산중에서 도를 배우다가 옛날의 모든 부처님들이 노니시던 곳을 발견하였고, 그 길을 따라 태어남·늙음·병듦·죽음이 일어나는 근본을 알았으며, 발생이 있고 소멸이 있음을 모두 분별하고, 태어남의 괴로움·태어남의 발생·태어남의 소멸·태어남의 소멸에 이르는 길을 모두 알았다. 존재·취함·애욕·느낌·접촉·6입·명색·식·행·어리석음에 있어서도 또한 그러하나이다.

무명이 일어나면 행이 일어나고 행이 지은 것은 모두 식을 말미암았다. 나는 이제 이 식을 밝혀 사부대중에게 그 근본을 설명하는 것이다. 너희들은 그 근본의 일어남을 알아서 괴로움을 알고 괴로움의 발생·괴로움의 소멸·괴로움의 소멸에 이르는 길을 알고, 그것을 생각해 분명하게 해야 한다. 6입이 있으면 태어남·늙음·병듦·죽음이 있고, 6입이 멸하면 곧 태어남·늙음·병듦·죽음이 멸한다. 그러므로 모든 비구들아, 너희들은 마땅히 방편을 구해 6입을 멸하도록 해야 한다. 모든 비구들아, 마땅히 이와 같이 배워야 하느니라."

그때 모든 비구들은 부처님의 말씀을 듣고 기뻐하며 받들어 행하였다.

〔 5 〕
이와 같이 들었다.

어느 때 부처님께서는 사위국 기수급고독원에 계셨다.

그때 부처님께서 한량없는 백천만 대중을 위해 설법하고 계셨다.

그때 아나율도 그 자리에 있었는데, 그 아나율은 대중 속에서 졸고 있었다. 그때 부처님께서 아나율이 조는 것을 보시고 곧 게송으로 말씀하셨다.

법을 받들면 유쾌히 잠들고
그 뜻에 뒤섞인 어지러움 없다.
저 성현께서 말씀하신 법
지혜로운 이들이 즐기는 것이라.

마치 저 깊고 깊은 연못이
맑고 깨끗해 티끌 하나 없듯
그와 같이 법을 듣는 사람
청정한 마음으로 즐거이 받아들인다.

마치 저 크고 반듯한 돌이
바람에 조금도 움직이지 않듯
그와 같이 칭찬이나 비방을 듣더라도
그 마음 조금도 움직이지 않는다.

그때 세존께서 아나율에게 말씀하셨다.

"너는 나라의 법이나 도적이 두려워 도를 닦느냐?"

아나율이 대답하였다.

"아닙니다, 세존이시여"

"그러면 너는 왜 출가하여 도를 배우느냐?."

"이 늙음·병듦·죽음과 근심·걱정·괴로움·번민을 싫어하고, 고통에 시달리기 때문에 그것을 버리기 위해 출가하여 도를 배우는 것입니다."

"족성자야, 너는 지금 견고한 믿음으로 출가하여 도를 배우고 있다. 그런데 지금 세존이 몸소 설법하는데 어떻게 거기서 졸고 있느냐?"

이때 존자 아나율이 곧 자리에서 일어나 오른쪽 어깨를 드러내고 길게 꿇어앉아 합장하고 세존께 아뢰었다.

"지금부터는 몸이 문드러지더라도 결코 여래 앞에서 졸지 않겠습니다."

그때 존자 아나율은 새벽이 되도록 자지 않았다. 그러나 잠을 버릴 수는 없었고 결국 눈이 손상되었다. 그때 세존께서는 아나율에게 말씀하셨다.

"너무 열심히 정진하면 조바심이라는 덮개〔調戲蓋〕[4]와 상응하고 또 너무 게으르면 결박〔結〕과 상응하게 된다. 너의 행동은 그 중간이어야 하느니라."

아나율은 부처님께 아뢰었다.

"저는 전에 벌써 여래 앞에서 맹세하였습니다. 이제 와서 그 약속을 어길 수는 없습니다."

그때 세존께서는 의사 기역耆域[5]에게 말씀하셨다.

---

4 도거악작개(掉擧惡作蓋, uddhacca-kukkucca-nīvaraṇa)라고도 하며, 5개蓋 중 하나이다. 마음이 들뜨고 불안한 것을 말한다.

5 팔리어로는 Jīvaka이고, 기역祇域·기바가耆婆伽라고도 하며, 활活이라 한역하기도 한

"너는 아나율의 눈을 치료해 주라."

기역이 대답하였다.

"만일 아나율이 조금이라도 잠을 잔다면 저는 그 눈을 치료할 수 있습니다."

세존께서 아나율에게 말씀하셨다.

"너는 잠을 자라. 왜냐하면 모든 법은 먹어야 존재하고 먹지 않으면 존재하지 못하기 때문이니라. 눈은 잠으로 음식을 삼고 귀는 소리로 음식을 삼으며 코는 냄새로 음식을 삼고 혀는 맛으로 음식을 삼으며 몸은 감촉으로 음식을 삼고 뜻은 법으로 음식을 삼는다. 그리고 나는 지금 열반에도 음식이 있다고 말한다."

아나율이 부처님께 아뢰었다.

"열반은 무엇으로 음식을 삼습니까?"

"열반은 방일하지 않는 것으로 음식을 삼는다. 그러므로 방일하지 않는 것을 타고 무위無爲에 이르느니라."

"세존께서 비록 눈은 잠으로 음식을 삼는다고 말씀하셨지만 저는 차마 잘 수 없습니다."

아나율이 낡은 옷을 깁고 있을 때였다. 이때 육안은 허물어지고 티 없이 맑은 천안을 얻었다.

그때 아나율은 보통의 방식대로 옷을 기우려 하였으나 실을 바늘구멍에 꿸 수가 없었다. 이때 아나율은 이렇게 생각하였다.

'이 세상에서 도를 얻은 나한은 나를 위해 바늘을 꿰어다오.'

세존께서는 깨끗한 천이天耳로 '이 세상에서 도를 얻은 아라한은 나를 위해 바늘을 꿰어다오'라고 하는 이 소리를 들으셨다. 세존께서는

다. 부처님 생존 당시의 명의이다.

아나율이 있는 곳으로 가 말씀하셨다.

"너는 그 바늘을 가져오라. 내가 꿰매 주리라."

아나율은 부처님께 아뢰었다.

"아까 제가 말한 것은 세상에서 복을 구하려는 사람은 저를 위해 바늘을 꿰어달라는 것이었습니다."

세존께서는 말씀하셨다.

"세상에서 복을 구하는 사람으로 나보다 더한 사람은 없다. 여래는 여섯 가지 법에 있어서 만족할 줄을 모른다. 무엇이 여섯 가지인가? 첫째는 보시요, 둘째는 교훈이며, 셋째는 인욕이요, 넷째는 법다운 설명과 이치에 맞는 설명이며, 다섯째는 중생을 보호하는 것이요, 여섯째는 위없이 바르고 참된 도를 구하는 것이다.

아나율아, 이것이 이른바 '여래는 이 여섯 가지 법에 있어서 만족할 줄을 모른다'는 것이니라."

아나율은 아뢰었다.

"여래의 몸은 진실한 법의 몸이신데 다시 무슨 법을 구하려 하십니까? 여래께서는 이미 생사의 바다를 건너고 또 애착을 벗어나셨는데, 지금 또 애써 복의 도를 구하시는군요."

세존께서는 말씀하셨다.

"그렇다. 아나율아. 네 말과 같다. 여래도 이 여섯 가지 법에 있어서 만족할 줄 모른다는 것을 안다. 만일 중생들이 죄악의 근본인 몸·입·뜻의 행을 안다면 끝내 세 갈래 나쁜 곳에 떨어지지 않을 것이다. 저 중생들은 죄악의 근원을 알지 못하기 때문에 세 갈래 나쁜 곳에 떨어지는 것이니라."

그때 세존께서는 곧 이런 게송을 말씀하셨다.

이 세상에 있는 모든 힘 중에
천상과 인간에서 노닐게 하는 것
복의 힘이 가장 훌륭하나니
그 복으로 불도도 성취하네.

"그러므로 아나율아, 방편을 구해 이 여섯 가지 법을 얻도록 하라. 비구들이여, 이와 같이 공부해야 하느니라."

그때 비구들은 부처님의 말씀을 듣고 기뻐하며 받들어 행하였다.

〔 6 〕[6]

이와 같이 들었다.

어느 때 부처님께서는 사위국 기수급고독원에 계셨다.

그때 모든 비구들이 사위성에 가서 걸식乞食을 하다가, 바사닉왕의 궁궐문 밖에서 많은 사람들이 손을 들고 부르짖으며 원통함을 호소하는 소리를 들었다.

'우리나라에 앙굴마鴦掘魔[7]라는 도적이 있습니다. 그는 매우 흉포凶暴

---

6 이 소경과 내용이 비슷한 경으로는 『잡아함경』 제38권 1,077번째 소경인 「적경賊經」과 『별역잡아함경』 제1권 16번째 소경, 서진西晉 시대 축법호竺法護가 한역한 『불설앙굴마경佛說鴦掘摩經』, 서진 시대 법거法炬가 한역한 『불설앙굴계경佛說鴦崛髻經』, 유송劉宋 시대 구나발타라求那跋陀羅가 한역한 『앙굴마라경央掘魔羅經』이 있다.

7 팔리어로 Aṅgulimāla라고 하는데, Aṅguli는 손가락, māla는 목걸이라는 의미이다. 앙굴마라央掘魔羅라고 음사하며, 의역하여 지만指鬘이라고 한다. 사람을 죽여서 그 손가락을 잘라 꿰어 목에 걸고 다녀서 붙여진 이름이다. 경전에 따르면 그는 사위성에 살던 바라문의 5백 제자 가운데 가장 뛰어났고 힘이 세고 용모가 준수했다. 어느 날 스승의 아내가 그를 유혹하자 이를 뿌리쳤는데, 앙심을 품은 그 아내가 일부러 자신의 옷을 찢어 남편에게 그를 모함했다. 이것을 믿은 스승은 그에게 복수하기 위해서 백 명의 사람을 죽여서 그 엄지손가락으로 목걸이를 만들어서 목에 걸면, 그의 수행이 완성된다고 거짓을 말한다. 이것을 믿은 앙굴마라가 살인을 행하다가 부처님을 만나서 교화를 받고 참회한 후 출가하여 후에 아라한이 되었다고 한다.

하여 중생을 수 없이 죽입니다. 중생들에게 무자비하기 때문에 온 나라 사람들이 모두 그를 두려워합니다. 그는 날마다 사람을 죽여 그 손가락으로 목걸이를 만들므로 이름을 지만指鬘이라고 합니다. 원컨대 대왕께서 가시어 그와 싸우소서."

비구들은 걸식을 마치고 기원정사祇洹精舍로 돌아와 가사와 발우를 두고 니사단을 어깨에 걸치고 세존께 나아가 머리를 조아려 그 발에 예를 올리고 한쪽에 앉았다. 그때 비구들이 세존께 아뢰었다.

"오늘 저희 비구들은 사위성에 들어가 걸식하다가, 많은 사람들이 궁궐 문밖에서 '지금 대왕의 나라에 앙굴마라는 도적이 있습니다. 그는 사람됨이 흉포하고 자비심이 없어 모든 중생들을 마구 죽입니다. 사람들이 없어지고 나라가 비게 되는 것은 모두 그 사람 때문입니다.

또 그는 사람 손가락을 잘라 꽃다발처럼 만든다고 합니다' 하고 원통함을 호소하는 것을 보았습니다."

세존께서 비구들의 말을 듣고 곧 자리에서 일어나 잠자코 걸어가셨다.

그때 세존께서는 곧장 그가 있다는 곳으로 가셨고, 땔감을 줍고 풀을 지며 밭갈이하던 사람들과 소나 염소를 치던 사람들은 세존께서 그 길로 가시는 것을 보고 제각기 아뢰었다.

'사문이시여, 사문이시여, 그 길로 가지 마십시오. 왜냐하면 그 길가에는 앙굴마라는 도적이 살고 있습니다. 그래서 그 길로 가려는 사람은 반드시 열 명·스무 명·서른 명·마흔 명·쉰 명씩 모여서 가곤 합니다. 그렇게 하는데도 거기를 무사히 지나가지 못하고 모두 앙굴마에게 잡히고 맙니다. 그런데 사문 구담께서 동행도 없이 혼자 가시다가 앙굴마에게 변을 당하신다면, 그건 너무 생각이 없으신 것입니다.'

세존께서는 이 말을 듣고도 멈추지 않고 계속 나아가셨다.
그때 앙굴마의 어머니는 음식을 가지고 앙굴마가 있는 곳으로 갔다. 그때 앙굴마는 '내 손가락목걸이는 이제 그 수가 찼을까?' 하고 생각하고는 곧 손가락 숫자를 세어 보았으나 아직 수가 차지 않았다. 다시 세어 보았으나 꼭 한 사람 손가락이 모자랐다. 앙굴마는 좌우를 둘러보며 살아 있는 사람이 있는지 찾아보고 잡아 죽이려고 하였다. 그러나 사방으로 멀리까지 살펴보았으나 사람은 보이지 않았다. 그는 이렇게 생각하였다.

'우리 스승께선 〈만일 어머니를 죽일 수 있는 자라면 반드시 천상天上에 태어나리라〉고 가르치셨다. 그런데 지금 어머니가 몸소 이곳에 와 있다. 즉시 잡아 죽인다면 손가락 수도 채우고 또 천상에 태어날 수도 있으리라.'

이때 앙굴마는 왼손으로 어머니의 머리를 붙잡고 오른손으로 칼을 빼어들고는 어머니에게 말하였다.

"잠깐만 그렇게 계십시오, 어머니."

그때 세존께서는 '저 앙굴마가 5역죄를 짓겠구나' 하고 생각하고는, 곧 눈썹 사이에서 광명을 놓아 그 산을 두루 비추었다. 앙굴마는 광명을 보고 다시 그 어머니에게 말하였다.

"이 산을 비추는 것이 무슨 광명입니까? 국왕이 군사를 모아 나를 치려고 하는 것은 아닐까요?"

그 어머니가 말하였다.

"너는 이제 알아야 한다. 이것은 해나 달이나 불의 광명이 아니고, 제석이나 범천왕의 광명도 아니다.'

그때 그 어머니는 곧 이런 게송을 말하였다.

이것은 불빛이 아니고
해나 달, 제석이나 범천의 광명도 아니라네.
새와 짐승들도 놀라지 않고
즐거이 우는 소리 보통 때와 다르구나.

이 광명 너무도 맑고 깨끗해
사람을 한량없이 기쁘게 하나니
분명 저 존귀하고 가장 훌륭하신
10력力을 지니신 분 이곳에 오셨으리.

천상과 이 세상사람 중에서
천안으로 이 세계 살펴보시고
일부러 너를 제도하시고자
세존께서 이곳으로 오신 것이리.

앙굴마는 부처라는 말을 듣고 너무 기뻐 어쩔 줄을 모르면서 중얼 거렸다.

"우리 스승께선 또 내게 '만일 네가 어머니를 죽일 수 있고 또 사문 구담을 죽일 수 있다면 반드시 천상에 태어날 것이다'라고 가르치셨 다."

이때 앙굴마가 어머니에게 말하였다.

"어머니, 여기 잠깐만 계십시오. 저는 먼저 사문 구담을 잡아 죽이 고, 그런 뒤에 밥을 먹겠습니다."

앙굴마는 곧 그 어머님을 놓아주고 세존을 쫓아갔다. 세존이 오는 모습을 멀리서 바라보니 마치 금덩이 같아서 비추지 않는 곳이 없었다. 그는 그 모습을 보고 웃으며 이렇게 말하였다.

"이제 저 사문이 내 손아귀에 들어 왔으니, 반드시 죽이리라. 이 길을 지나려는 백성들은 모두들 무리를 지어 함께 지나가는데, 저 사문은 혼자 길동무도 없구나. 내 이제 저 자를 잡아 죽이리라."

앙굴마는 곧 허리에 찼던 칼을 빼어 세존을 향해 달려들었다. 그러자 세존께서는 곧 왔던 길로 발길을 돌려 천천히 걸어가셨다. 앙굴마는 온힘을 다해 달리며 뒤쫓았지만 여래를 따라잡을 수 없었다. 앙굴마는 세존을 향해 소리쳤다.

"멈춰라, 멈춰라, 사문아."

세존께서는 말씀하셨다.

"나는 멈추었는데 네가 멈추지 않는구나."

앙굴마는 달려오면서 멀리서 게송으로 이렇게 말하였다.

  도망가면서 도리어 멈췄다 말하고
  나에게 멈추지 않는다 하는구나.
  나에게 그 뜻을 설명해 보라
  왜 너는 멈추었고 내가 멈추지 않은 것인지.

세존께서는 게송으로 대답하셨다.

  세존이 멈추었다 말하는 것은
  모든 중생을 해치지 않는 것
  너는 지금 죽이려는 마음을 가져
  악의 근본을 벗어나지 못하는구나.

자비스런 마음의 땅에 나는 머물러
모든 사람 가엾이 여겨 보호하거늘
너는 지옥 고통의 종자를 심으며
악의 근본을 벗어나지 못하는구나.

앙굴마는 이 게송을 듣고 생각하였다.
'내가 정말 악한 걸까? 우리 스승은 나에게 〈이것이 바로 큰 제자로서 큰 과보를 얻는 것이니, 천 사람을 죽여 그 손가락으로 목걸이를 만들 수 있다면 그는 소원을 이룰 것이다. 그런 사람은 목숨을 마친 뒤에 천상의 좋은 곳에 태어날 것이요, 만일 그를 낳은 어머니와 사문 구담을 죽인다면 반드시 범천에 태어날 것이다〉라고 말하지 않았는가?'

그때 부처님께서는 위신력을 부려 그가 정신을 번쩍 차리게 하셨다. 그는 생각하였다.

'범지의 여러 서적에도 〈여래께서 세상에 출현하심을 만나기는 참으로 어려운 일이니, 아주 가끔씩 몇 억겁 만에 출현하신다. 그분이 세상에 출현하시면 건너지 못한 이는 건너게 하고 해탈하지 못한 이는 해탈하게 하신다.

그분은 여섯 가지 소견을 없애는 법을 말씀하시니, 여섯 가지란 무엇인가? 나[我]가 있다는 소견을 가진 이를 위해서는 여섯 가지 소견을 없애는 법[8]을 말씀하시고, 나가 없다는 이를 위해서는 나가 없다는 소견을 없애는 법을 말씀하시며, 나는 있기도 하고 없기도 하다는 소견을 가진 이를 위해서는 나는 있기도 하고 없기도 하다는 소견의 법

---

8 고려대장경 원문이 '멸육견지법滅六見之法'으로 되어 있으나 내용상 '나가 있다는 소견을 없애는 법,' 즉 '멸아견지법滅我見之法'이 되어야 옳을 것으로 생각된다.

을 말씀하시고,⁹ 또 스스로 관찰하면서 관찰하는 법을 말씀하시며, 스스로 나는 없다는 법을 말씀하시고, 내가 설명하는 것도 아니고 내가 설명하지 않는 것도 아니라는 법을 말씀하신다. 여래께서 세상에 출현하시면 이 여섯 가지 소견을 없애는 법을 말씀하신다〉는 이런 말이 있다.

또 나는 힘껏 달릴 때에는 코끼리나 말, 수레 및 어떤 사람도 따라 잡을 수 있다. 그런데 지금 저 사문은 빨리 걷지도 않는데 따라잡을 수가 없다. 저분이 분명 여래일 것이다'

그때 앙굴마는 곧 이런 게송을 말하였다.

거룩한 분께서 나를 위하여
미묘한 게송을 말씀하셨네.
이처럼 악한 사람 진리를 알았으니
모두 존귀한 분 위신력 덕분이네.

지금 즉시 이 날카로운 칼을
깊은 구덩이에 던져 버리자
저 사문의 발자국에 예를 올리고
지금 곧 사문이 되기를 구하리.

그때 앙굴마는 곧 부처님 앞으로 나아가 아뢰었다.

---

9 고려대장경 원문은 '언유아견무유아견역여설유아견무아견지법言有我見無有我見亦與說有我見無我見之法'으로 되어 있다. 내용상 '멸滅'자를 넣어 '언유아견무유아견역여설멸유아견무아견지법言有我見無有我見亦與說滅有我見無我見之法,' 즉 '나는 있기도 하고 없기도 하다는 소견을 가진 이를 위해서는 나는 있기도 하고 없기도 하다는 소견을 멸하는 법을 말씀하시고'가 되어야 옳을 것으로 생각된다.

"세존이시여, 원컨대 제가 사문이 되는 걸 하소서."
세존께서는 말씀하셨다.
"잘 왔구나, 비구야."
그 자리에서 앙굴마는 바로 사문이 되어 세 가지 법의를 입었다. 세존께서는 곧 게송으로 말씀하셨다.

너는 이제 머리를 깎았으니
결박 버리기 또한 그같이 하라.
결박이 없어지면 큰 과보 이루고
근심과 고뇌 다시는 없으리라.

앙굴마는 이 게송을 듣고 곧 온갖 번뇌가 없어지고 법안이 깨끗해졌다. 세존께서는 앙굴마 비구를 데리고 사위성 기원정사로 돌아가셨다.

그때, 바사닉왕은 네 종류의 군사를 모아 앙굴마를 치러가려고 하였고, 왕은 '나는 지금 세존께 나아가 이 사실을 세존께 자세히 아뢰고, 만일 세존께서 무슨 말씀이 있으면 받들어 행하리라'고 생각하였다. 바사닉왕은 곧 네 종류의 군사를 모으고 세존께 나아가 머리를 조아려 그 발에 예를 올리고 한쪽에 앉았다.

그때 세존께서 왕에게 물으셨다.
"대왕께선 지금 어딜 가시는 길이기에 몸에 그처럼 먼지를 뒤집어썼습니까?"
바사닉왕은 부처님께 아뢰었다.
"지금 우리나라에 너무도 흉포하고 모든 중생에게 무자비한 앙굴마라는 도적이 있습니다. 나라가 황폐해지고 백성들이 뿔뿔이 흩어지는 것은 다 그 도적 때문입니다. 그 자는 사람을 잡아 죽여 그 손가락으로 목걸이를 만든다고 합니다. 그는 악한 귀신이지, 사람이라 할 수 없습니다. 그래서 제가 지금 그 자를 치려고 합니다."

세존께서는 말씀하셨다.

"만일 앙굴마가 견고한 신심으로 출가하여 도를 배우는 것을 대왕께서 보신다면 어떻게 하시겠습니까?"

"만일 그러는 줄 안다면 마땅히 받들어 섬기고 공양하며 때맞춰 예배할 것입니다. 그러나 세존이시여, 그는 악한 사람으로 착함이라곤 털끝만큼도 없어 항상 중생을 죽이기만 하는데, 어떻게 그런 마음이 있어 출가해 도를 배울 수 있겠습니까? 결코 그럴 리가 없습니다."

그때 앙굴마는 세존에게서 멀지 않은 곳에서 가부좌하고 앉아, 몸과 마음을 바르게 하고 생각을 매어 앞에 두고 있었다. 세존께서는 오른손을 뻗어 그를 가리키며 대왕에게 말씀하셨다.

"저 자가 바로 그 도적 앙굴마입니다."

왕은 그 말을 듣자 무서운 생각이 들어 온몸의 털이 곤두섰다. 세존께서는 말씀하셨다.

"두려워하지 마십시오. 가까이 가 보시면 의심이 저절로 풀릴 것입니다."

이때 왕은 부처님의 말씀을 듣고 앙굴마에게 다가가서 물었다.

"네 성은 무엇인가?"

앙굴마는 대답하였다.

"제 성은 가가伽伽이고, 어머니 이름은 만족滿足입니다."

그러자 왕은 곧 그 발에 예를 올리고 한쪽에 앉아 말하였다.

"이 바른 법 가운데서 즐거워하며 게으름 없이 청정한 범행을 닦는다면 괴로움을 완전히 벗어날 것이오. 내가 목숨을 마칠 때까지 의

복・음식・침구와 병을 치료할 의약을 공양하리다."

앙굴마는 잠자코 대답하지 않았다. 왕은 곧 자리에서 일어나 머리를 조아려 그 발에 예를 올리고 세존께 돌아왔다.

그는 머리를 조아려 세존의 발에 예를 올리고 한쪽에 앉았다. 이때 왕이 다시 부처님께 아뢰었다.

"항복하지 않는 자를 항복 받고, 굴복하지 않는 자를 굴복시키시다니, 참으로 기이하고 참으로 놀랍습니다. 그처럼 극악한 자를 항복 받으시다니 일찍이 없던 일입니다. 원컨대 세존께서는 무궁한 수명을 누리시며 온 백성들을 길러 주소서. 세존의 은혜를 입어 이 어려움을 면하였습니다. 저는 나라 일이 너무 많아 이만 돌아가고자 합니다."

세존께서는 말씀하셨다.

"왕께서 때를 알아 하십시오."

대왕은 곧 자리에서 일어나 머리를 조아려 세존의 발에 예를 올리고 물러나 떠났다.

그때 앙굴마는 아련야阿練若를 닦으면서 다섯 가지 누더기 옷[五納衣][10]을 입고 때가 되면 발우를 가지고 집집으로 걸식을 다녔으며, 한 번 돌고는 다시 시작하였다. 헤어진 누더기를 입은 모습은 너무도 누추하였고, 한데 앉아서는 몸을 덮지도 않았다. 앙굴마는 한적한 곳에서 그런 행을 스스로 닦았다. 그리하여 족성자들이 출가하여 도를 배우는 목적인 위없는 범행을 닦으려 하였고, '나고 죽음은 이미 다하고 범행은 이미 섰으며, 할 일을 이미 마쳐 다시는 태를 받지 않는다'고 사실 그대로 알았다.

---

10 부처님께서 제정하신 법의法衣는 버려진 천으로 만들었다는 의미에서 분소의糞掃衣라고도 하고, 또 여러 가지 색깔의 천을 이어 붙여 만든 옷이라 하여 5납의納衣・백납의百納衣라고도 한다.

이때 앙굴마는 바로 아라한이 되어 여섯 가지 신통이 맑게 트이고 더러움이 전혀 없게 되었다.

때가 되어 가사를 입고 발우를 가지고 사위성에 들어가 걸식하고 있을 때였다. 그때 그는 어떤 부인이 산통을 심하게 겪고 있는 모습을 보고 생각하였다.

'중생들은 극심한 고통을 겪으며 한없이 다시 태에 드는구나.'

앙굴마는 걸식을 마친 후 가사와 발우를 두고는 니사단을 어깨에 걸치고 세존께 나아가 머리 조아려 그 발에 예를 올리고 한쪽에 앉아 앉았다.

이때 앙굴마는 세존께 아뢰었다.

"저는 아까 가사를 입고 발우를 가지고 사위성에 들어가 걸식하다가, 아기를 배어 몸이 매우 무거운 어떤 부인을 보고 '중생들이 겪는 괴로움이 어찌 저리도 심한가'고 생각하였습니다."

세존께서는 말씀하셨다.

"너는 지금 그 부인에게 찾아가 '저는 성현에게서 다시 태어난 뒤로는 살생한 적이 없습니다'고 말하라. 이 정성스러운 말을 지니면 그 부인의 태는 별탈이 없을 것이다."

"그렇게 하겠습니다, 세존이시여."

앙굴마는 그날로 가사를 입고 발우를 가지고 사위성으로 들어가서는 그 산모를 찾아가 말하였다.

"저는 성현에게서 다시 태어난 뒤로 두 번 다시 살생하지 않았습니다. 이 정성스러운 말을 기억하신다면 순산할 것입니다."

그때 그 산모는 곧 순산하였다.

언젠가 앙굴마가 문밖에서 걸식할 때였다. 여러 남녀노소들은 그를 보고 저희끼리 말하였다.

"저 자는 앙굴마다. 중생을 헤아릴 수 없이 죽여 놓고 지금은 버젓이 성안을 다니며 걸식하는구나."

성안의 백성들은 제각기 기왓장과 돌을 던졌고 개중에는 칼로 찌르는 자도 있었다. 그는 머리와 눈을 다치고 옷이 모두 찢어진 채 온몸에 피를 흘리며 곧 사위성을 벗어나 여래께서 계신 곳으로 갔다.

세존께서는 그가 머리와 눈을 다치고 피가 뚝뚝 흐르는 옷을 입고 오는 모습을 멀리서 보시고 말씀하셨다.

"너는 참아야 한다. 왜냐하면 그 죄는 오랫동안 받아야 할 것이기 때문이다."

그때 앙굴마는 세존의 앞으로 나아가 머리를 조아려 그 발에 예를 올리고 한쪽에 앉았다. 앙굴마는 여래 앞에서 이런 게송을 말하였다.

견고한 마음으로 법의 글귀 듣고
견고한 마음으로 불법 행하며
견고한 마음으로 착한 벗 가까이하면
곧 저 열반에 이르게 되리라.

내 본래 큰 도적이었으니
그 이름은 앙굴마
악의 흐름에 떠다녔으나
고맙게도 존자께서 건져주셨네.

이제는 내가 지은 업을 보았고
또한 법의 근본도 관찰하여
세 가지 밝음〔三明〕에 이르게 되었고

부처님 행의 업을 성취하였네.

내 본래 무해無害라는 이름으로
헤아릴 수 없이 많은 중생 죽였지만
지금은 이름이 진제실眞諦實
그 어떤 중생도 해치지 않네.

만일 이 몸이나 입이나 뜻에
해치려는 마음이 전혀 없다면
그 이름을 무살해無殺害라 하나니
하물며 다른 생각 일으킴이랴.

활 만드는 장인 뿔을 잘 다루고
뱃사공은 물길을 능숙히 타며
훌륭한 목수 나무를 잘 다루듯
지혜로운 사람 자기 몸을 다루네.

어떤 이 채찍으로 굴복시키려 하고
어떤 이 말로써 굴복시키려 하지만
나는 끝내 무기를 쓰지 않나니
나는 이제 스스로를 항복 받았네.

사람이 이전에 죄를 지었더라도
뒤에 그쳐 다시는 저지르지 않으면
이는 세상을 비추는 것
구름이 사라지고 달이 나타나듯.

사람이 이전에 죄를 지었더라도
뒤에 그쳐 다시는 저지르지 않으면
이는 세상을 비추는 것
구름이 사라지고 해가 나타나듯.

어리거나 젊거나 연로한 비구들이
부처님의 법을 닦아 행한다면
이는 세상을 비추는 것
구름 없는 하늘의 저 달처럼.

어리고 젊고 연로한 비구들이
부처님의 법을 닦아 행한다면
이는 세상을 비추는 것
구름 없는 하늘의 저 해처럼.

내 이제는 집착과 감정 적어지고
음식에 있어선 만족할 줄 알며
온갖 괴로움을 다 벗어났으니
과거의 인연 이제는 다하였네.

다시는 죽음의 길 받지 않고
구태여 살기를 좋아하지도 않나니
이제는 그저 때를 기다리며
스스로 기뻐하고 어지럽지 않노라.

이때 여래께서는 앙굴마의 말을 긍정하셨다. 앙굴마는 여래께서 긍정하시는 것을 보고 곧 자리에서 일어나 세존의 발에 예를 올리고 떠났다. 그때 비구들이 세존께 아뢰었다.

"저 앙굴마는 전생에 어떤 공덕을 지었기에 지금 저렇게 총명하고 지혜로우며 세상에 드물 만큼 얼굴이 단정합니까? 또 어떤 악업을 지었기에 지금 저 몸으로 헤아릴 수 없는 중생을 죽였습니까? 또 어떤 공덕을 지었기에 지금 여래를 만나 아라한의 도를 얻게 된 것입니까?"

세존께서는 비구들에게 말씀하셨다.

"아주 먼 옛날 이 현겁賢劫에 가섭迦葉 여래如來·지진至眞·등정각等正覺이라는 부처님께서 이 세상에 출현하셨고, 그 가섭여래께서 세상을 떠난 뒤에 대과大果라는 왕이 나라를 다스리며 이 염부제閻浮提를 맡았었다. 그 왕에게는 8만 4천 명의 궁녀와 시녀가 있었지만 그 누구에게서도 자식이 없었다. 대과왕은 여러 나무신·산신·해·달·별 등에 빠짐없이 기도하며 자식을 얻고자 하였다. 그러자 왕의 첫째 부인은 곧 아이를 배었고, 8·9개월이 지나 아들을 낳았는데 세상에 드물 만큼 얼굴이 단정하였다. 그때 그 왕은 이렇게 생각하였다.

'몇 년을 자식도 없이 지내던 내가 이제야 비로소 아들을 얻었다. 이제 이름을 짓고 다섯 가지 욕망〔五欲〕을 마음껏 누리게 하리라.'

왕은 관상을 볼 줄 아는 여러 신하들을 불러 모으고 명령하였다.

'내가 이제 아들을 얻었으니 각기 이름을 지어 보라.'

신하들은 왕의 분부를 받고 왕에게 아뢰었다.

'이 태자는 너무도 기묘하고 비할 바 없이 단정하며 얼굴빛이 복숭아꽃 같습니다. 반드시 큰 세력을 가질 것이니 이름을 대력大力이라 하소서.'

관상가들은 태자의 이름을 짓고 제각기 자리에서 일어나 떠났다. 왕은 그 태자를 사랑하여 잠시도 눈앞에서 떼어놓지 않았다.

태자가 나이 여덟 살이 되던 때였다. 그는 신하들을 거느리고 부왕에게 나아가 아침 문안을 드렸다. 왕은 '태자가 참으로 기특하구나' 하고 생각하고는 곧 태자에게 말하였다.

'내가 이제 너를 결혼시키고 싶은데 어떠냐?'

태자는 아뢰었다.

'제가 아직 나이도 어린데 구태여 결혼해 무엇하겠습니까?'

부왕은 우선 참고 결혼시키지 않았다. 그렇게 20년이 지나 왕은 다시 말하였다.

'내 너를 결혼시키고 싶구나.'

태자는 아뢰었다.

'결혼은 해서 무엇하겠습니까?'

그때 부왕은 신하들과 백성에게 말하였다.

'내 자식도 없이 오랫동안 지내다가 겨우 아들을 하나 낳았는데 결혼할 생각은 않고 티 없이 청정하게만 지내는구나.'

그래서 왕은 태자의 이름을 청정淸淨이라고 고쳤다.

청정 태자가 나이 30이 되자 왕은 다시 신하들에게 분부하였다.

'나는 이제 이미 늙었고 다른 아들이 없다. 오직 청정 태자가 있을 뿐이니, 지금 왕위를 태자에게 주어야겠다. 그러나 태자가 다섯 가지 욕망을 좋아하지 않으니, 이 나라 일을 어떻게 처리해야겠는가?'

신하들은 아뢰었다.

'방편을 써서 다섯 가지 욕망을 즐기게 하소서.'

부왕은 곧 종을 치고 북을 울려 온 나라에 영을 내렸다.

'누구든 청정 태자로 하여금 다섯 가지 욕망을 좋아하게 할 수 있는 자가 있다면, 내 천금과 여러 가지 보물을 내리리라.'

그때 예순네 가지 술수를 환히 아는 음종淫種이라는 여자가 있었다.

그녀는 왕이 '누구든 청정 태자로 하여금 다섯 가지 욕망을 좋아하게 할 수 있는 자가 있다면 천 금과 여러 가지 보물을 내리리라'는 명령을 내렸다는 소식을 듣고, 곧 왕에게 가서 아뢰었다.

'저에게 천 금과 여러 가지 보물을 주신다면 태자로 하여금 다섯 가지 욕망을 즐기게 하겠습니다.'

부왕은 대답하였다.

'정말 그렇게 할 수 있다면 더욱 중히 상을 내리고 약속을 어기지 않을 것이다.'

그 음녀는 아뢰었다.

'태자는 어느 곳에서 주무십니까?'

'저 동쪽 별당에 있다. 거기는 여자란 없고 오직 남자 한 사람이 시봉하고 있을 뿐이다.'

'원컨대 대왕께서는 내궁(內宮)에 영을 내려 마음대로 출입하되 막지 말게 하소서.'

그 음녀는 그날 밤 두 시를 알리는 소리가 나자 태자가 거처하는 방 문밖에서 거짓으로 소리 내어 울었다. 태자는 여자의 울음소리를 듣고 시자에게 물었다.

'어떤 사람이 이곳에서 우는가?'

시자는 아뢰었다.

'어떤 여자가 문밖에서 울고 있습니다.'

'너는 빨리 가서 우는 까닭을 물어보라.'

그 시자가 가서 우는 까닭을 묻자 음녀가 대답하였다.

"남편에게 버림받아서 울고 있는 것입니다."

시자는 돌아와 태자에게 아뢰었다.

'그 여자는 남편에게 버림받았고 또 도둑이 두려워 운다고 합니다.'

'그 여자를 데려다 코끼리 우리에 두라.'

그러나 그곳에 가서도 또 울었다. 다시 마구간에 데려다 두었지만 거기서도 또 울었다. 태자는 다시 시자에게 말하였다.

'이리 데리고 오라.'

곧 데려다 방에 들여놓았지만 거기서도 또 울었다. 태자는 친히 그에게 물었다.

'왜 또 우는가?'

음녀는 대답하였다.

'태자시여, 외롭고 연약한 여자라 너무도 두렵습니다. 그래서 우는 것입니다.'

'이 평상 위에 올라오라. 무서움이 없어질 것이다.'

그때서야 여자는 잠자코 말이 없었고, 또 울지도 않았다. 그리고 그녀는 곧 옷을 벗더니 태자에게 다가가 태자의 손을 끌어다 자기 가슴 위에 얹었다. 태자는 곧 깜짝 놀랐지만 차츰차츰 흥분하게 되었고, 욕정이 일어 곧 그녀를 취하게 되었다.

이튿날 아침 청정 태자는 부왕에게 갔다. 부왕은 태자의 얼굴빛이 보통 때와 다른 것을 멀리서 보고 말하였다.

'너는 바라던 일이라도 이루었는가?'

태자는 대답했다.

'예, 대왕의 말씀대로 입니다.'

부왕은 너무 기뻐 어쩔 줄 모르며 말하였다.

'소원이 무엇이냐, 내 뭐든지 들어주리라.'

'소원대로 해 주시겠다는 약속을 중간에 후회하지 않으신다면 소원을 말씀드리겠습니다.'

'네 말대로 결코 중간에 후회하지 않으리라. 소원이 무엇이냐?'

'지금 대왕께서는 이 염부제를 다스리며 무엇이든 마음대로 하실 수 있습니다. 염부제 안에 있는 모든 처녀들을 먼저 우리 집에 왔다가 그 뒤에 시집가게 하소서.'

'네 말대로 하리라.'

왕은 곧 나라 안의 온 백성들에게 영을 내렸다.

'아직 시집가지 않은 처녀는 먼저 청정 태자에게 보냈다가 시집가도록 하라.'

그때 그 성의 수만須蠻이라는 여자가 차례가 되어 왕에게 가게 되었다. 수만 장자의 딸은 벗은 몸에 맨발로 사람들 속을 다니면서도 부끄러움이 없었다. 사람들은 그것을 보고 저희끼리 말하였다.

'저 여인은 장자의 딸로서 그 이름이 널리 알려져 있다. 그런데 어떻게 벗은 몸으로 사람들 속을 다니는가? 나귀와 무엇이 다른가?'

그녀는 사람들에게 대답하였다.

'나는 나귀가 아니다. 너희들이 바로 나귀다. 너희들은 여자가 여자를 보고 부끄러워하는 것을 본적이 있는가? 이 성 사람들은 모두 여자고, 오직 청정 태자만 남자다. 나도 청정 태자의 문 앞에 가면 옷을 입을 것이다.'

그때 성 사람들은 저희끼리 말하였다.

'저 여자 말이 참으로 우리 마음에 든다. 우리는 정말로 여자요 남자도 아니다. 오직 청정 태자만이 남자다. 우리도 오늘부터는 남자 노릇을 하자.'

그래서 그 성 백성들은 모두 전쟁 도구를 갖추고는 갑옷을 입고 몽둥이를 들고 부왕에게 가서 말하였다.

'두 가지 소원이 있습니다. 들어주소서.'

왕은 물었다.

'두 가지 소원이 무엇이냐?'

백성들은 왕에게 아뢰었다.

'만일 대왕께서 살고 싶으시면 저 청정 태자를 죽이십시오. 만일 태자를 살리고자 하신다면 지금 당장 대왕을 죽일 것입니다. 우리는 이 나라의 법도를 능멸하는 저 청정 태자를 더 이상 받들어 섬길 수 없습니다.'

그때 부왕은 곧 이런 게송을 말하였다.

집안을 위해선 한 사람을 잊고
마을을 위해선 한 집안을 잊고
나라를 위해선 한 마을을 잊고
내 몸을 위해선 세상을 잊는다.

부왕은 이 게송을 말한 뒤 백성들에게 말하였다.

'지금 곧 너희들 뜻대로 하라.'

그때 사람들은 곧 청정 태자를 잡아와 두 손을 결박하고 성 밖으로 끌고 가서 저희끼리 말하였다.

'우리 다 함께 기왓장이나 돌로 때려죽이자. 어떻게 혼자 죽이겠는가?'

그때 청정태자는 죽음에 이르러 이렇게 말하고 맹세하였다.

'여러분, 나를 마음대로 죽이시오. 부왕께선 내 소원을 들어주셨으니 나는 지금 죽더라도 감히 사양할 수가 없소.

제가 다음 세상에서는 이 원수를 꼭 갚게 하시고, 또 참사람 나한을 만나 빨리 해탈을 얻게 하소서.'

그때 백성들은 태자를 잡아 죽이고 제각기 흩어졌느니라.

비구들이여, 다른 생각을 말라. 그때 그 대과왕大果王이 어찌 다른 사람이겠는가? 지금의 저 앙굴마의 스승이었던 자가 바로 그 사람이다. 그때의 음녀는 지금 그 스승의 아내요, 그때의 백성들은 앙굴마에게 죽은 8만 명의 백성들이며, 그때의 청정 태자는 지금의 앙굴마 비구가 바로 그 사람이니라.

그는 죽음에 다다라 그런 서원을 세웠기 때문에 손을 온전치 못하게 하리라고 하던 원한을 갚았고 그 인연으로 한없이 사람을 죽였다. 또 그 뒤에 부처님을 뵙고 싶다는 서원을 세웠기 때문에 지금 해탈을 얻어 아라한이 된 것이다. 이것이 그 경위이니 그렇게 알아야 하느니라."

세존께서는 다시 비구들에게 말씀하셨다.

"내 제자 중에서 제일 총명하고 지혜가 빠른 이는 바로 앙굴마 비구이니라."

그때 비구들은 부처님의 말씀을 듣고 기뻐하며 받들어 행하였다.

증일아함경 제 32 권

38. 역품 ②

〔7〕

이와 같이 들었다.

어느 때 부처님께서는 라열성羅閱城의 기사굴산耆闍崛山에서 대비구들 5백 명과 함께 계셨다.

그때 세존께서 모든 비구들에게 말씀하셨다.

"너희들은 이 영취산靈鷲山을 보느냐?"

비구들은 아뢰었다.

"예, 봅니다."

"너희들은 알아야 한다. 아주 먼 옛날에 이 산은 다른 이름이었느니라. 너희들은 또 저 광보산廣普山을 보느냐?"

"너희들은 알아야 한다. 아주 먼 옛날에 이 산은 지금과 다른 이름이었느니라. 너희들은 또 저 백선산白善山[1]을 보느냐?"

---

1 팔리어로는 Paṇḍava이고, 반다바般茶婆·반다바槃茶婆로 음역하며, 백산白山이라고

"예, 봅니다."

"아주 먼 옛날에 이 산은 지금과 다른 이름이었느니라. 너희들은 또저 부중산負重山² 을 보느냐?"

"예, 봅니다."

"너희들은 선인굴산仙人掘山³ 을 보느냐?"

"예, 봅니다."

"저 산은 아주 먼 옛날에도 지금 이름과 같았고 다른 이름이 없었다. 왜냐하면 저 선인산仙人山에는 신통이 있는 보살과 도를 얻은 아라한이 항상 있었고, 여러 선인들이 살았었기 때문이니라. 또한 벽지불도 저 산에서 노닐었느니라. 내 이제 그 벽지불의 이름을 말하리니, 너희들은 자세히 듣고 잘 생각해 기억하라.

아리타阿利吒와 파리타婆利吒라는 이름의 벽지불辟支佛이 계셨고, 심제중審諦重 벽지불과 선관善觀 벽지불과 구경究竟 벽지불과 총명聰明 벽지불과 무구無垢 벽지불과 제사념관帝闍念觀 벽지불과 무멸無減・무형無形・승승勝・최승最勝・극대極大・극뇌전광명極雷電光明 벽지불이 계셨다.

비구들이여, 부처가 세상에 출현하기 전, 이런 5백 벽지불이 이 선인산仙人山에서 살고 있었다. 여래가 도술천兜術天에서 이 세상으로 내려오려 했을 때, 저 정거천자淨居天子가 먼저 이 세상에 내려와 두루 알렸다.

'이 부처 세계를 깨끗이 하라. 지금부터 2년 뒤에는 여래께서 세상

한역하기도 한다. 왕사성 5산의 하나이다.

2 팔리어로 Vebhāra이고, 비바라毗婆羅・비부라毗富羅로 음역하며, 방산方山으로 한역하기도 한다. 왕사성 5산의 하나이다.

3 팔리어로는 Isigili이고, 이사기리伊師耆利로 음역하며, 선탄산仙吞山이라 한역하기도 한다. 왕사성 5산의 하나이다. 신수대장경 각주에 의하면 "송・원・명 3본에는 모두 선인굴산仙人窟山으로 되어 있다"고 한다.

에 출현하실 것이다.'
 여러 벽지불은 이 말을 듣고 모두 허공에 올라가 이런 게송을 읊었다.

> 모든 부처님 세상에 나오시기 전
> 이곳에서 성현들이 살았네.
> 스스로 깨달은 벽지불들
> 언제나 이 산에서 살고 있었네.

> 이 산의 이름은 선인산仙人山
> 벽지불이 살던 곳
> 많은 선인과 아라한들 있어
> 이 산은 한 번도 빈 적이 없었네.

 그때 모든 벽지불들은 곧 공중에서 몸을 불태워 반열반般涅槃에 들었다. 왜냐하면 세상에는 두 부처의 이름이 있을 수 없기 때문에 열반에 든 것이다. 한 무리의 상단에 두 길잡이가 있을 수 없고, 한 나라에 두 임금이 있을 수 없으며, 한 부처 세계에도 두 부처의 이름이 있을 수 없다.
 왜냐하면 아주 먼 옛날 이 라열성에 희익喜益이라는 왕이 있었다. 그는 늘 지옥의 고통을 생각하고 아귀와 축생의 고통을 생각하였다. 그때 그는 생각하였다.
 '나는 항상 지옥·축생·아귀의 고통을 기억한다. 나는 다시는 이 세 갈래 나쁜 길에는 들어가지 않으리라. 그러기 위해서는 왕의 지위와 처자와 종들을 모두 버리고 견고한 믿음으로 집을 떠나 도를 배워

야 한다.'

그래서 희익대왕은 그 지독한 괴로움이 싫어 곧 왕의 지위를 버리고는 수염과 머리를 깎고 세 가지 법의를 입고 출가하여 도를 배웠다. 그는 한적한 곳에서 자신을 극복하며 5성음盛陰을 관찰하고 그 무상함을 분명하게 관찰하였다. 즉 '이것은 색色이다. 이것은 색의 발생[色習]⁴이다. 이것은 색의 소멸[色滅]이다. 통(痛 : 受)·상想·행行·식識도 그와 같아서 모두 무상한 것이다.'

이렇게 5성음盛陰을 관찰했을 때 발생했던 법은 모두 소멸하는 법이 되었고, 이렇게 관찰하고 난 뒤 벽지불의 도道를 성취하였다.

그때 벽지불이 된 희익은 곧 다음 게송을 읊었다.

나는 저 지옥의 고통과
축생 등 다섯 갈래를 기억하고는
그것을 버리고 도를 배워
홀로 떠나 근심이 없네.

그때 그 벽지불도 저 선인산에 살았느니라. 비구들아, 이런 사실로 보아 알아야 한다. 저 산에는 언제나 신통을 얻은 보살과 도를 얻은 참사람[眞人]들이 살았고, 선인의 도를 배우는 사람이 그곳에서 살았기 때문에 이름을 선인산이라고 하였고, 다시 다른 이름이 없는 것이다.

여래가 세상에 출현하기 전에는 여러 하늘들이 늘 이 선인산에 내려와 공경하였다. 왜냐하면 이 산에는 순전히 참사람들만 살고 다른

---

4 신수대장경 각주에 의하면 "원元·명明 2본과 성본聖本에는 색습色習이 색집色集으로 되어 있다"고 한다.

잡된 사람은 없었기 때문이다.

그리고 이다음에 미륵부처님이 세상에 강림하실 때에도 다른 산들은 제각기 다른 이름이 있겠지만, 이 선인산만은 다른 이름이 없을 것이다. 또 이 현겁賢劫[5] 동안에도 이 산 이름만은 달라지지 않을 것이다.

그러므로 너희 비구들이 이 산을 가까이하고 받들어 섬기며 공경한다면 온갖 공덕이 더욱 늘어날 것이다. 모든 비구들아, 마땅히 이와 같이 배워야 하느니라."

그때 모든 비구들은 부처님의 말씀을 듣고 기뻐하며 받들어 행하였다.

〔8〕[6]

이와 같이 들었다.

어느 때 부처님께서는 사위국 기수급고독원에 계셨다.

그때 세존께서 모든 비구들에게 말씀하셨다.

"너희들은 생각을 오로지하여 스스로를 닦아야 한다. 어떻게 생각을 온전히 해야 하는가? 비구는 가야 할 때 갈 줄 알고, 움직이는 태도·나아가고 멈춤·굽히고 폄·구부리고 우러름·옷을 입는 법·잠자기와 깨기·말하기와 침묵하기에 있어 모두 때를 알아야 한다.

---

[5] 팔리어로는 bhadda-kappa이고, 발타겁跋陀劫이라고도 한다. 3겁의 하나로 과거의 주겁住劫을 장엄겁莊嚴劫, 미래의 주겁을 성수겁星宿劫이라 하며, 현재의 주겁을 현겁이라 한다. 사람의 수명이 1백 년에 1세씩 늘어 10세에서 8만 4천 세까지 늘어났다가 다시 1백 년에 1세씩 줄어 8만 4천 세에서 10세가 되는 것을 20번 반복하는 동안 구류손불·구나함모니불·가섭불·석가모니불을 비롯한 천 불이 출현하므로, 수많은 현성賢聖이 출현하는 시기라 하여 이 겁을 현겁이라 한다.
[6] 이 소경과 내용이 비슷한 경으로는『잡아함경』제43권 1,171번째 소경인「육종중생경六種衆生經」이 있다.

또 비구가 만일 마음이 온전하고 바르다면, 그 비구는 아직 생기지 않은 탐욕의 번뇌〔欲漏〕7가 생기지 않고 이미 생긴 것은 곧 사라질 것이며, 아직 생기지 않은 생존의 번뇌〔有漏〕를 생기지 못하게 하고 이미 생긴 것은 사라지게 할 것이며, 아직 생기지 않은 무명의 번뇌〔無明漏〕를 생기지 못하게 하고 이미 생긴 것은 사라지게 할 것이다.

또 만일 생각을 오로지 해 6입入을 분별한다면 끝내 나쁜 길에 떨어지지 않을 것이다. 6입入을 어떻게 분별하면 나쁜 길에 떨어지는가? 눈으로 곱거나 추한 빛깔을 볼 때 고운 것을 보면 기뻐하고 나쁜 것을 보면 기뻐하지 않으며, 귀로 곱거나 추한 소리를 들을 때 고운 소리를 들으면 기뻐하고 나쁜 소리를 들으면 기뻐하지 않으며, 코·혀·몸·뜻에 있어서도 또한 그와 같이 하는 것이다.

마치 여섯 가지 동물이 그 성향과 행동이 각각 다른 것과 같다. 만일 어떤 사람이 개·여우·원숭이·상어·독사·새를 잡아 밧줄로 매서 하나로 묶고 풀어놓는다면, 여섯 동물은 각각 그 성향과 행동이 달라 개는 마을로 달아나려고 마음먹고, 여우는 무덤 사이로 달아나려고 마음먹으며, 상어는 물속으로 달아나려고 마음먹고, 원숭이는 숲 속으로 달아나려고 마음먹으며, 독사는 구멍 속으로 들어가려고 마음먹고, 새는 공중으로 날아가려고 마음먹는다. 이와 같이 여섯 동물들은 그 성향과 행동이 각각 다르니라.

또 어떤 사람이 이 여섯 가지 동물을 잡아 한 곳에 매어 두고 동서남북 어디로도 가지 못하게 한다고 하자. 그러면 그들은 비록 몸부림쳐보지만 그 자리를 떠나지 못한다.

---

7 유루·무명루와 함께 3루漏라고 한다. 무명을 제외한 욕계의 모든 번뇌를 욕루欲漏라 하고, 무명을 제외한 색계·무색계의 모든 번뇌를 유루有漏라 하며, 3계의 무명을 무명루無明漏라 한다.

우리의 6정情[8]도 그와 같아 각각 주인이 따로 있어 행하는 것이 같지 않고, 좋거나 나쁘거나 그 보는 것이 각각 다르다. 그때 비구는 그 6정情을 한 곳에 매어 둔다. 그러므로 비구들이여, 생각을 오로지 해 어지럽지 않다면, 그때는 악마 파순이 그 틈을 노리지 못하고 온갖 착한 공덕은 모두 성취될 것이다.

이와 같이 비구들아, 눈을 완전히 갖출 것을 늘 생각한다면 곧 두 가지 과보를 얻으리니 현세에서 아나함과阿那含果를 얻거나 혹은 아라한과阿羅漢果를 얻을 것이다. 모든 비구들아, 마땅히 이와 같이 배워야 하느니라."

그때 모든 비구들은 부처님의 말씀을 듣고 기뻐하며 받들어 행하였다.

[9]

이와 같이 들었다.

어느 때 부처님께서는 바라나波羅㮈의 녹야원鹿野園에서 대비구들 5백 명과 함께 계셨다.

그때 세존께서 모든 비구들에게 말씀하셨다.

"무상無常한 것이라는 생각[無常想:無常觀]을 닦고, 무상한 것이라는 생각을 널리 펴라. 무상한 것이라는 생각을 닦고 무상한 것이라는 생각을 널리 펴고 나면 욕애欲愛를 끊고 색애色愛와 무색애無色愛[9]를 끊으며 교만憍慢과 무명無明을 모두 끊게 될 것이다. 무엇 때문인가?

---

8 6근根・6입入이라고 하며, 눈[眼]・귀[耳]・코[鼻]・혀[舌]・몸[身]・뜻[意]을 말한다. 근根에는 정식情識이 있기 때문에 정이라고 표현한 것이다.
9 욕계欲界에서의 갈애, 색계色界・무색계無色界에서의 갈애를 각각 욕애・색애・무색애라 한다.

아주 먼 옛날에 선목善目이라는 벽지불이 있었다. 그는 용모가 단정하고 얼굴빛이 복숭아꽃 같았으며 눈길이 자상하고 입에서는 우발화優鉢華 향기가 나고 몸에서는 전단향 냄새가 났다. 어느 때 선목 벽지불은 때가 되어 가사를 입고 발우를 가지고 바라나성에 들어가 걸식하다가 어느 장자 집에 이르러 문밖에 잠자코 서 있었다. 그때 그 장자의 딸이 단정하기 짝이 없고 세상에 드물 만큼 얼굴이 빼어나며 입에서는 우발화 향기가 나고 몸에서는 전단향 냄새가 나는 도인이 문밖에 서 있는 것을 멀리서 보고, 갑자기 욕정이 일어 그 비구에게 다가가 말하였다.

'당신은 너무도 단정하고 얼굴빛이 복숭아꽃 같은 것이 세상에서 보기 드문 분이십니다. 제가 비록 여자의 몸이지만 저 또한 그 단정함이 서로 짝이 될 만합니다. 그러나 우리 집에는 보배가 많고 재물도 한량없습니다. 그러므로 사문이 되기는 매우 어렵습니다.'

벽지불이 물었다.

'누이여, 지금 나의 어디를 좋아하는가?'

장자의 딸이 대답하였다.

'저는 바로 당신의 눈빛을 좋아합니다. 또 입에서는 우발화 향기가 나고 몸에서는 전단향 냄새가 납니다.'

그때 벽지불은 곧 왼손을 펴고 오른손으로 그 눈을 빼어 손바닥에 놓고 말하였다.

'그대가 좋아하는 눈이란 바로 이것이다. 누이여, 지금 어디를 좋아하겠는가? 이것은 마치 부스럼과 같아서 탐낼 것이 하나도 없다. 또 이 눈에서는 더러운 것이 새어 나온다. 누이여, 알아야 한다. 이 눈〔眼〕은 물거품 같아서 견고하지 않고, 허깨비처럼 진실한 것이 아니건만 세상 사람을 속이고 미혹하게 하는 것이다.

귀(耳)・코(鼻)・혀(口)・몸(身)・뜻(意)도 그와 같아서 견고하지 않고 거짓되어 진실하지 않은 것이다. 입은 침 그릇으로서 더러운 물질을 내뱉고, 순전히 흰 뼈만 머금고 있는 이 몸은 괴로움의 그릇으로서 없어질 법이요 언제나 더러운 것이 가득 차고 온갖 벌레가 득실거리는 곳이며, 또 그림을 그려 놓은 병과 같지만 그 안에는 더러운 물질이 가득하다.

누이여, 지금 어디를 좋아하겠는가? 그러므로 누이여, 마땅히 그 마음을 오로지하여 이것은 허깨비처럼 거짓되어 진실이 아니라고 생각하라. 만일 누이가 내 눈빛을 무상하다고 생각한다면 가지고 있던 좋아하던 생각과 욕심은 저절로 사라질 것이다. 귀・코・혀・몸・뜻도 다 무상하다고 생각하고 나면 가지고 있던 욕정은 저절로 사라질 것이다. 이렇게 6입入에 대해 사유한다면 욕정은 곧 사라질 것이다.'

그때 장자의 딸은 곧 두려운 생각이 들어 앞으로 나아가 벽지불의 발에 예를 올리고 아뢰었다.

'지금부터는 허물을 고치고 선을 닦아 다시는 욕정을 일으키지 않겠습니다. 원컨대 저의 참회를 받아 주소서.'

이렇게 두 번 세 번 수행하기를 맹세하였다. 벽지불은 대답하였다.

'그만하라, 그만하라. 누이여, 그것은 너의 허물이 아니다. 그것은 내가 전생의 죄로 이런 형상을 받았기 때문에, 보는 사람들로 하여금 욕정을 일으키게 한 것이다. 이 눈을 자세히 관찰해 보라. 이 눈(眼)은 나(我)가 아니요, 나 또한 그의 소유가 아니다. 또 내가 그것을 만든 것이 아니요, 그것이 나를 만든 것도 아니다. 그것은 없는 가운데서 생겨서는 곧 무너져 없어지는 것이다. 그것은 과거도 현재도 미래도 아니요, 모두 인연이 모여 된 것이다.

이른바 인연이 모인 것이란 '이것을 인연하여 저것이 있고 이것이 일어나면 저것이 일어난다. 이것이 없으면 저것도 없고 이것이 소멸하면 저것도 소멸한다'는 것이다. 귀·코·혀·몸·뜻도 그와 같아서 모두 비고 고요한 것이다.

그러므로 누이여, 눈빛에 집착하지 말라. 눈빛에 집착하지 않으면 곧 안온한 곳에 이르게 되어 다시는 욕정이 일어나지 않을 것이다. 누이여, 이와 같이 공부해야 하느니라.'

이렇게 벽지불은 그 여자에게 네 가지 무상한 법을 설하고 허공으로 올라가 열여덟 가지 신통을 보이고는 머물던 곳으로 돌아갔다. 그때 그 여자는 눈·귀·코·혀·몸·뜻을 관찰해 아무것도 없는 것임을 밝게 알고 한적한 곳에서 이 법을 깊이 사유하였다. 그리고 다시 6입入에 주인이 없음을 깊이 사유하고 4등심等心[10]을 얻었다. 그는 몸이 무너지고 목숨이 끝난 뒤에는 범천梵天에 태어났다.

비구들이여, 알아야 한다. 만일 무상하다는 생각을 사유하고 무상하다는 생각을 널리 편다면 욕애·색애·무색애를 모두 끊고 교만과 무명이 모두 없어질 것이다. 그러므로 비구들이여, 이와 같이 공부해야 하느니라."

그때 비구들은 부처님의 말씀을 듣고 기뻐하며 받들어 행하였다.

〔 10 〕[11]

이와 같이 들었다.

어느 때 부처님께서는 사위국 기수급고독원에 계셨다.

---

10 4무량심無量心이라고도 하며, 자애로운 마음[慈]·불쌍히 여기는 마음[悲]·기뻐하는 마음[喜]·평정한 마음[捨]을 말한다.
11 이 소경과 내용이 비슷한 경으로는『중아함경』제59권 213번째 소경인「법장엄경法莊嚴經」이 있다.

그때 바사닉왕은 마부에게 명령하였다.

"너는 지금 보배로운 깃털로 장식한 수레를 준비하라. 내가 밖으로 나가 유람하고 싶구나."

그는 왕의 명령을 받고 곧 보배로운 깃털로 장식한 수레를 준비하고 왕에게 나아가 아뢰었다.

"보배로운 깃털로 장식한 수레를 준비하였습니다. 왕께선 때를 알아 하소서."

바사닉왕은 그를 데리고 사위성을 나서 동산으로 갔다. 동산의 숲에선 아무 소리도 들리지 않고 사람들도 없어 매우 조용하고 공허하였다. 그는 이를 보고 여래께서 말씀하신 모든 법의 근본을 생각하였다.

그때 시자는 왕 뒤에서 왕에게 부채질을 하고 있었다. 왕은 그에게 말하였다.

"이 동산의 과일나무들에선 어떤 소리도 없고, 또 사람들도 없어 매우 조용하고 공허하다. 지금 여래·지진·등정각을 청해 이곳에서 노닐며 교화하게 하고 싶구나. 그러나 지금 어디 계시는지 모르겠구나. 내가 찾아가 뵙고 싶구나."

시자는 아뢰었다.

"석가족 땅에 녹당鹿堂[12]이라는 마을이 있는데, 여래께서는 지금 그곳에서 노닐며 교화하고 계십니다."

"그 녹당은 여기서 얼마나 되는가?"

"여래께서 머무시는 곳은 여기서 멀지 않습니다. 그 달리는 거리로 계산하면 3유순由旬쯤 될 것입니다."

---

12 팔리어로는 Metalāpa이고, 미루리彌婁離라고도 하며, 길상吉祥이라 한역하기도 한다.

"보배로운 깃털로 장식한 수레를 빨리 준비하라. 내 지금 여래를 뵙고 싶구나."

시자는 왕의 명령을 받고는 곧 수레를 준비하고 왕에게 나아가 아뢰었다.

"수레가 준비되었습니다. 왕께선 때를 알아 하소서."

왕은 곧 수레를 타고 그 마을로 갔다.

그때 많은 비구들은 밖에서 경행經行을 하고 있었다. 왕은 수레에서 내려 그 비구들에게 갔다. 그곳에 도착해서는 머리를 조아려 그 발에 예를 올리고 한쪽에 서서 아뢰었다.

"지금 여래께서는 어디 계십니까? 제가 뵙고 싶습니다.'

비구들은 말하였다.

"세존께서는 저 강당 안에 계십니다. 가서 뵐 수 있으니 어렵게 생각지 마십시오. 왕께선 가실 때 천천히 발걸음을 옮겨 소리가 나지 않게 하십시오."

그때 바사닉왕이 시자를 돌아보았다.

시자는 생각하였다.

'왕께서 지금 혼자 세존을 뵈려 하시니, 나는 여기 있자.'

왕은 혼자서 세존께 나아갔다.

그때 세존께서는 천안으로 바사닉왕이 문밖에 서 있는 것을 보시고 곧 자리에서 일어나 왕에게 문을 열어 주었다. 왕은 세존을 보자 곧 머리를 조아려 그 발에 예를 올리고 자기 성명을 일컬었다.

"저는 바사닉왕입니다."

이렇게 이름을 세 번 일컬었다.

세존께서는 말씀하셨다.

"당신은 왕이시고, 저는 석가족에서 출가하여 도를 닦는 자입니다.'

왕은 아뢰었다.

"원컨대 세존께서는 무궁한 수명을 누리시며 천상과 인간을 안락하게 하소서."

세존께서는 말씀하셨다.

"대왕께선 무궁한 수명을 누리시며 법으로 다스리고 비법非法으로 다스리진 마십시오. 법으로 다스렸던 분들은 모두 천상의 좋은 곳에 태어났고, 목숨을 마친 뒤에도 그 이름이 시들지 않아 세상 사람들이 '옛날에 법으로 세상을 다스리며 왜곡시키는 법이 없었던 국왕이 계셨었다'는 말을 전하게 하였습니다. 만일 이 왕의 국토에 사는 백성들이 왕의 공덕을 찬탄하고 기억하며 잊지 않는다면 왕께서는 천상에서 여섯 가지 공덕이 늘어갈 것입니다.

그 여섯 가지란, 첫째는 천상에서의 수명이요, 둘째는 천상에서의 몸이며, 셋째는 천상에서의 즐거움이요, 넷째는 천상에서의 신통이며, 다섯째는 천상에서의 부유함이요, 여섯째는 천상에서의 광명입니다.

그러므로 대왕께서는 법으로 다스려야지 비법으로 다스려선 안 됩니다. 저도 지금 몸에 그런 공덕이 있기 때문에 사람들의 공경과 예배를 받는 것입니다."

왕은 부처님께 아뢰었다.

"여래의 공덕이라면 마땅히 사람들의 예배를 받아야 합니다."

"대왕께선 어째서 여래는 사람들의 예배를 받아 마땅하다고 말씀하십니까?"

"여래에겐 여섯 가지 공덕이 있기 때문에 사람들의 예배를 받아 마땅하십니다. 그 여섯 가지란, 여래의 바른 법은 너무도 부드럽고 아름다우며 지혜로운 사람들이 닦아야 할 것이니, 이것이 여래의 첫째 공덕으로서 섬길 만하고 공경할 만한 것입니다.

또 여래의 성중은 너무도 온화하고 유순하며 여러 법을 성취하였으니, 계율을 성취하고 삼매를 성취하고 지혜를 성취하고 해탈을 성취하고 해탈지견을 성취하였습니다. 성중이란 이른바 사쌍팔배四雙八輩[13]니, 이들이 바로 여래의 성중으로서 공경할 만하고 높일 만한 세상의 큰 복 밭입니다. 이것이 여래의 둘째 공덕입니다.

또 여래의 사부대중은 가르치는 행법行法을 잘 익히고, 거듭거듭 물음으로써 여래를 귀찮게 하지 않습니다. 이것이 여래의 셋째 공덕입니다.

또 세존이시여, 세상에서 뛰어난 큰 재주를 가진 찰리·바라문·거사·사문들이 모여 이렇게 논의하는 것을 저는 보았습니다.

'우리는 이 이치를 저 사문 구담에게 가서 물어보자. 만일 저 사문 구담이 이 이치에 대답하지 못한다면 그에게 부족한 점이 있는 것이다. 그러나 만일 그가 잘 대답한다면 우리 모두 그 훌륭함을 칭찬하자.'

그래서 4성姓들은 세존께 나아가 그 이치를 묻기도 하고 혹은 잠자코 있기도 하였습니다. 그때 세존께서는 그들을 위해 설법하셨고, 법을 들은 그들은 다시는 묻지 못했는데 하물며 따지려 했겠습니까? 그들은 모두 여래를 스승으로 섬겼으니, 이것이 그 넷째 공덕입니다.

또 저 62가지 소견을 가진 이들이 세상 사람들을 속이면서 바른 법을 이해하지 못하고 그로 말미암아 어리석게 됩니다. 그러나 여래께서는 그 여러 삿된 소견을 없애고 바른 소견을 닦게 하셨습니다. 이것이 여래의 다섯째 공덕입니다.

---

13 예류향·예류과, 일래향·일래과, 불환향·불환과, 아라한향·아라한과의 네 쌍 여덟 무리를 말한다.

또 중생들이 몸과 입과 뜻으로 악을 행하다가도 목숨을 마칠 때 여래의 공덕을 생각하기만 해도 세 갈래 나쁜 길을 떠나 천상에 태어나게 되고 아무리 나쁜 사람이라도 천상에 태어나게 됩니다. 이것이 여래의 여섯째 공덕입니다. 그래서 중생들은 여래를 뵙기만 하면 모두들 공경하는 마음을 내어 공양하는 것입니다."

세존께서는 말씀하셨다.

"훌륭하고, 훌륭합니다. 대왕께서는 여래 앞에서 사자처럼 외쳐 여래의 공덕을 연설하였습니다. 그러므로 대왕께서는 여래를 향하는 마음을 항상 가지도록 하십시오. 대왕이여, 이와 같이 공부해야 합니다."

이와 같이 세존께서는 바사닉왕을 위해 미묘한 법을 말씀하시어 그를 기쁘게 하셨다. 그때 대왕은 부처님의 설법을 듣고 곧 자리에서 일어나 세존의 발에 예를 올리고 물러났다.

그가 떠난 지 오래지 않아 부처님께서는 비구들에게 말씀하셨다.

"너희들은 이 법을 받들어 공양하고 잘 외워 익혀야 한다. 왜냐하면 이것은 저 바사닉왕이 한 말이기 때문이니라. 너희들도 사부대중을 위해 그 이치를 널리 설명하라. 비구들이여, 이와 같이 공부해야 하느니라."

그때 비구들은 부처님의 말씀을 듣고 기뻐하며 받들어 행하였다.

〔 11 〕

이와 같이 들었다.

어느 때 부처님께서는 라열성의 가란타죽원迦蘭陀竹園에서 대비구들 5백 명과 함께 계셨다.

그때 아사세왕我闍世王은 신하들에게 명령하였다.

"너희들은 보배로운 깃털로 장식한 수레를 빨리 준비하라. 내가 세존을 뵈러 가고 싶구나."

신하들은 왕의 명령을 받고 곧 보배로운 깃털로 장식한 수레를 준비하고 왕에게 나아가 아뢰었다.

"수레 준비가 이미 끝났습니다. 왕께선 때를 알아 하소서."

이때 왕은 보배로운 깃털로 장식한 수레를 타고 세존께 나아가 머리를 조아려 그 발에 예를 올리고 한쪽에 앉았다. 그때 아사세왕이 세존께 아뢰었다.

"원컨대 세존께서는 제 청을 허락하여 이 라열성에서 90일 동안의 여름 안거를 지내소서."

그때 세존께서는 묵묵히 왕의 청을 허락하셨다. 왕은 세존께서 잠자코 청을 허락하시는 것을 보고 곧 자리에서 일어나 머리를 조아려 그 발에 예를 올리고 물러갔다. 그리고 아사세왕은 때맞춰 의복·음식·침구·병을 치료하는 의약품을 공양하였다.

그때 비사리성毗舍離城에선 귀신이 흥성하여 죽는 사람이 헤아릴 수 없었으니, 하루 동안에 죽는 사람이 1백여 명이나 되었다. 귀신 나찰이 그곳에 가득 차 얼굴과 눈이 누렇게 떴고 어떤 이들은 3일이나 4일 만에 죽었다. 그래서 비사리성 사람들은 두려움에 떨며 모두들 한곳에 모여 함께 의논하였다.

"이 큰 성은 너무도 번성했고 토지와 사람이 풍족해 한없이 부유하고 즐거워 저 석제환인이 사는 하늘의 궁전 같았다. 그런데 지금은 귀신의 피해를 입어 모조리 죽고 쓸쓸하기가 산이나 들과 같다. 누가 이 재앙을 물리칠 수 있는 신덕神德을 가졌겠는가?"

그때 백성들은 저희끼리 말하였다.

"우리는 사문 구담께서 가시는 곳에는 어떤 삿된 귀신도 침범하지 못한다고 들었다. 만일 그 여래께서 이곳으로 오신다면 이 귀신들은 모두 스스로 도망쳐 흩어질 것이다. 그런데 지금 세존께서는 라열성에 머무시며 아사세왕의 공양을 받고 계시니, 아마도 이곳으로 와 교화하지 않으실 것이다."

또 어떤 사람은 이렇게 말하였다.

"여래께서는 큰 자비로 중생을 가엾이 여겨 일체를 두루 살피시고 제도하지 못한 이를 제도하시고, 일체 중생을 버리지 않으시기를 마치 어머니가 자식을 사랑하듯 하신다. 그러므로 만일 청하는 사람이 있다면 여래께서는 곧 오실 것이요, 아사세왕도 결국 만류하지 못할 것이다. 누가 저 아사세왕의 땅으로 가서 세존께 '지금 우리 성이 큰 곤욕을 당하고 있습니다. 원컨대 세존께서는 가엾이 여겨 돌보아 주소서'라고 아뢸 수 있겠는가?"

그때 최대最大라는 큰 장자가 그 대중 가운데 있었다. 대중들은 그에게 말하였다.

"우리는 사문 구담께서 가시는 곳에는 어떤 나쁜 귀신도 피해를 입히지 못한다고 들었습니다. 만일 그 여래께서 이곳으로 오시기만 한다면 이 재앙을 능히 없앨 것입니다. 그대는 저 세존께 찾아가 이런 사정을 자세히 아뢰어 이 성이 영원히 존재할 수 있게 하십시오."

장자는 잠자코 대중들의 말을 따라 곧 자리에서 일어나 집으로 갔다. 집에 도착해서는 여행 도구를 챙기고 여러 하인을 거느리고 세존께 나아가 머리를 조아려 그 발에 예를 올리고 한쪽에 앉았다. 그때 장자는 세존께 아뢰었다.

"비사리성 사람들이 큰 재앙을 만나 많은 백성들이 죽어 나가는데, 줄지어 시체를 실어내는 수레를 계산해 보면 하루에도 1백여 대가 넘습니다. 원컨대 세존께서는 가엾이 여기고 돌보시어 저 남아 있는 사람들을 안온한 곳으로 건져 아무 일도 없게 하소서. 또 저희들은 세존께서 가시는 곳에는 하늘도 용도 귀신들도 감히 침범하지 못한다고 들었습니다. 원컨대 저희를 살피시고 저희 성으로 오시어 백성들을 건져 안온하게 아무 일도 없게 하소서."

세존께서는 말씀하셨다.

"나는 이미 라열성 아사세왕의 청을 받아들였다. 모든 불세존은 두 말하는 법이 없다. 만일 저 아사세왕이 허락한다면 여래는 가리라."

최대 장자는 부처님께 아뢰었다.

"그것은 매우 어려운 일입니다. 아사세왕은 결코 우리나라에 오시도록 여래를 놓아주지 않을 것입니다. 왜냐하면 아사세왕은 우리나라에 털끝만큼도 좋은 마음을 가지고 있지 않기 때문입니다. 그는 언제나 무슨 수단을 써서라도 우리나라 백성들을 해치려고 합니다.

만일 아사세왕이 저를 본다면 그는 곧 저를 잡아 죽일 것입니다. 그런데 어떻게 이런 사정을 말할 수 있겠습니까? 우리나라 백성들이 귀신들에게 피해를 입고 있다는 소식을 듣는다면 그는 한량없이 기뻐할 것입니다."

세존께서는 말씀하셨다.

"너는 두려워 말고 지금 왕에게 가서 이렇게 말하라.

'여래께서 왕의 신상에 대해 예언하셨는데, 그 말씀은 결코 거짓이 없고 두 말씀이 없습니다. 죄 없는 부왕을 죽였으니 왕께서는 마땅히 아비지옥阿鼻地獄에 태어나 그곳에서 1겁을 지내야만 합니다. 그러나 지금 그 죄를 벗어나 과거의 허물을 뉘우치고 여래의 법 안에서 믿음을 성취하였으니, 그 공덕으로 말미암아 그 죄가 남김없이 소멸하게 되었습니다. 따라서 이제는 목숨을 마치게 되면 박구지옥拍毬地獄에 태어날 것이요, 그곳에서 목숨을 마치면 사천왕천에 태어날 것이며, 거기서 목숨을 마치면 염천豔天에 태어날 것이요, 염천에서 목숨을 마치면 도술천兜術天・화자재천化自在天・타화자재천他化自在天에 태어났다가 다시 차례로 내려와 사천왕천에 태어날 것입니다. 대왕께선 아셔야 합니다. 그렇게 20겁 동안 나쁜 세계에 떨어지지 않고 항상 천상과 인간 세상에 태어날 것이며, 최후에는 인간의 몸을 받아 견고한 믿음으로 수염과 머리를 깎고 세 가지 법의를 입고 출가하여 도를 배워 제악除惡이라는 벽지불이 될 것입니다.'

그 왕이 이 말을 들으면 너무 기뻐 어쩔 줄 모르면서 '네 소원이 무엇인가? 내 어김없이 들어주리라'고 너에게 말하리라."

장자는 세존께 아뢰었다.

"저는 이제 세존의 위신력을 받들어 저 왕에게 가겠습니다."

그는 곧 자리에서 일어나 머리를 조아려 그 발에 예를 올리고 왕에게 갔다. 그때 아사세왕은 여러 신하들과 함께 높은 궁전 위에서 강론하고 있었다. 이때 이 장자가 왕에게 다가갔다. 왕은 멀리서 보고 신하들에게 말하였다.

"만일 저 사람이 여기로 온다면 너희들은 어떻게 할 것인가?"

그러자 어떤 이는 "우리는 그를 잡아 다섯 동강을 내겠습니다"고 말하고, 또 어떤 이는 "목을 베어 나무에 매달겠습니다"고 말하였다.

왕은 말하였다.

"너희들은 빨리 저자를 죽여 나를 만나는 일이 없도록 하라."

장자는 이 말을 듣고 너무도 두려웠지만 이내 소리를 높여 이렇게 외쳤다.

"저는 부처님이 보내서 왔습니다."

왕은 부처님이라는 소리를 듣고 곧 자리에서 내려와 오른쪽 무릎을 땅에 꿇고 여래가 계신 곳을 향하며 장자에게 물었다.

"여래께서는 어떤 분부가 계셨느냐?"

장자는 말하였다.

"세존께서 성왕聖王의 신상에 대해 예언하셨는데, 그 말씀은 결코 거짓이 없고 두 가지 말씀이 없습니다. 여래께서는 '왕께선 부왕을 죽였으니 그 죄로 말미암아 마땅히 아비지옥에 들어가 1겁을 지내야만 합니다. 그러나 이내 여래 앞에서 허물을 고쳤으니, 이제는 박구지옥에 태어나게 되었으며, 거기서 목숨을 마치면 사천왕천에 태어나고 계속해서 타화자재천에 났다가 다시 차례로 내려와 사천왕천에 태어날 것입니다. 그렇게 20겁 동안에 세 갈래 나쁜 세계에 떨어지지 않고 천상과 인간을 돌아다니다가 최후에는 인간의 몸을 받아 견고한 믿음으로 출가하여 도를 배우고 제악除惡이라는 벽지불이 되어 세상에 출현할 것입니다'고 말씀하셨습니다."

왕은 이 말을 듣고 너무 기뻐 어쩔 줄 모르며 장자에게 말하였다.

"너의 소원이 무엇이냐? 내 들어주리라."

장자가 왕에게 아뢰었다.

"소원이 있으니 왕께선 물리치지 마소서."

"네가 무엇을 원하는지 말만 하라. 내 물리치지 않으리라."

"비사리성 백성들이 재앙을 만나 귀신에게 피해를 입은 자들이 헤아릴 수 없습니다. 원컨대 대왕께서는 세존께서 저 나라로 가 저 귀신들을 모두 흩어 달아나게 하도록 세존을 놓아주소서. 왜냐하면 여래께서 가시는 곳에는 하늘도 용도 귀신들도 그 틈을 엿보지 못한다고 저희는 들었기 때문입니다. 원컨대 대왕께서는 세존께서 저 나라로 가도록 허락하소서."

왕은 이 말을 듣고 곧 길게 탄식하며 말하였다.

"네 소원이 너무 커 보통 사람이 감당할 수 있는 것이 아니구나. 만일 네가 내게 성이나 마을이나 나라의 재물·처자를 요구했다면 나는 아까워하지 않았을 것이다. 네가 세존께서 가시도록 청할 줄은 내 미처 생각하지 못했구나. 그러나 나는 이미 네 소원을 들어 준다고 약속하였으니 이제 네 뜻을 따르리라."

그때 장자는 매우 기뻐하면서 곧 자리에서 일어나 하직하고 물러갔다.

그는 세존께 나아가 아뢰었다.

"아사세왕이 세존께서 우리나라로 가시는 것을 허락하였습니다."

세존께서는 말씀하셨다.

"너희들은 먼저 가거라. 여래는 때를 보아 가리라."

장자는 머리를 조아려 그 발에 예배한 뒤 부처님 주위를 세 번 돌고 물러갔다. 세존께서는 이른 아침에 비구들에게 앞뒤로 둘러싸여 가란타죽원을 나와 비사리성으로 향하셨다.

그때 아사세왕은 일산을 든 한 사람과 함께 높은 누각 위에 있다가 세존께서 그 나라를 향해 떠나시는 것을 멀리서 보고 탄식하면서 좌우에 말하였다.

"우리가 그 장자에게 속았다. 저들을 살리기 위해 여래께서 이 나라를 떠나시게 하다니."

아사세왕은 먼지로 세존의 몸이 더럽혀질까 염려해 곧 5백 개의 일산을 들고 세존을 배웅하였다. 라열성 사람들도 또 5백 개의 일산을 들고 여래의 뒤를 따랐다. 그때 또 석제환인(釋提桓因)도 세존의 마음속 생각을 알고 먼지로 여래의 몸이 더럽혀질까 염려하여 5백 개의 보배 일산을 허공에 두었고, 여러 강의 신들도 5백 개의 일산을 들고 허공에 있었다. 또 비사리성 백성들도 세존께서 성으로 들어오신다는 소식을 듣고 5백 개의 보배 일산을 들고 나와 세존을 맞이하였다. 그래서 2천5백 개의 보배 일산이 허공에 떠있게 있었다.

그때 세존께서는 그 일산들을 보고 빙그레 웃으셨다. 모든 불세존들의 상법常法대로 여래께서 웃으셨을 때 파랑·노랑·하양·검정·빨강의 다섯 가지 광명이 그 입에서 나왔다.

시자 아난은 그 광명을 보고 이렇게 생각하였다.

'무슨 까닭일까? 세존께서 웃으실 때에는 반드시 인연이 있다. 함부로 그러시는 것이 아니다.'

그때 아난이 꿇어앉아 합장하고 세존께 아뢰었다.

"여래께서는 결코 함부로 웃지 않으십니다. 웃음에는 반드시 그 이유가 있으십니다."

세존께서는 말씀하셨다.

"너는 지금 여래에게 공양한 저 2천5백 개의 보배 일산을 보느냐?"

"예, 봅니다."

"만일 여래가 출가하여 도를 배우지 않았다면 2천5백 세 동안 전륜성왕이 되어 백성들을 다스렸을 것이다. 그러나 여래는 출가하여 도를 배웠으니 다시는 저런 보배 일산 공양을 받지 않으리라.

아난아, 알아야 한다. 아주 먼 옛날에 선화치善化治라는 왕이 있었다. 그는 밀치라국蜜絺羅國을 법으로 다스리며 백성들을 대하는 데에도 법이 있었다. 그래서 이 염부리閻浮里 땅을 통솔함에 그 명령을 따르지 않는 자들이 없었다.

그 왕에게는 8만 4천 명의 부인과 시녀가 있었는데 모두 찰리刹利 종족이었고, 그 첫째 부인의 이름은 일광日光이었다. 그러나 대를 이을 자식이 없었다. 그때 왕은 이렇게 생각하였다.

'내가 지금 이 염부리 땅을 통솔한다고는 하지만 자식이 없다.'

그는 곧 산신·나무신과 천지신명에게 자식을 점지해 달라고 빌었다. 그러자 며칠 지나지 않아 그 부인이 아이를 배었다. 일광 부인은 왕에게 아뢰었다.

'대왕이여, 아소서. 제가 지금 아이를 밴 것이 느껴집니다. 잘 보호해야 하겠습니다.'

그렇게 8·9개월이 지나 한 사내아이를 낳았는데, 용모가 단정하고 얼굴빛이 복숭아꽃 같았다. 부인은 그 모습을 보고 매우 기뻐하며 대왕에게 가서 보였다. 왕은 아이를 보고 너무 기뻐 어쩔 줄 몰랐고, 8만 4천 부인들도 새로 태어난 태자를 보고 다들 기뻐하였다.

그때 왕은 신하들과 나라의 스승과 도사들을 불러 아들의 상을 보게 하고 또 이름을 지어 세상에 퍼지게 하라 하였다. 관상가들은 왕에게 아뢰었다.

'지금 태어난 태자는 너무도 단정한 것이 이 세상 사람들과 다르니, 보기만 하면 사랑하지 않을 자가 없습니다. 그러니 애념愛念이라 이름하소서.'

그들은 이름을 짓고 제각기 돌아갔다.

그때 왕은 태자를 사랑해 잠시도 눈을 떼지 않았고, 또 태자를 위해 세 계절[14]의 강당을 짓고 미녀들을 가득 채워 태자와 즐기게 하였다. 그때 태자는 이렇게 생각하였다.

'이 미녀들 중에 과연 이 세상을 떠나지 않고 영원히 존재하며 또 변하거나 바뀌지 않을 사람이 있을까? 그러나 저들을 관찰해보면 모두들 무상하여 이 세상에 영원히 존재할 자는 없다. 저들은 다 허망하여 진실이 아닌데도 사람들로 하여금 집착하고 사랑하며 즐기게 한다. 그래서 모두들 그것을 멀리 여읠 줄 모른다. 나에게 저들이 필요

---

14 인도의 기후는 1년이 여름·겨울·우기로 나뉜다.

할까? 저들을 버리고 도를 배워야겠다.'

애념 태자는 곧 그날로 수염과 머리를 깎고 세 가지 법의를 입고 출가하여 도를 배웠고, 그 밤에 모든 결박을 끊고 '발생한 법은 모두 다 없어진다'는 것을 사유하여 벽지불이 되었다.

그는 벽지불이 되어 곧 이런 게송을 읊었다.

탐욕은 무상한 법
변하고 바뀌며 진실함도 안정됨도 없네.
이것이 큰 재앙이 됨을 알아
짝하는 이 없이 홀로 노니네.

벽지불은 이 게송을 마치고 곧 허공으로 날아올라 밀치라성을 세 바퀴 돌았다. 그때 국왕은 높은 궁전 위에서 궁녀들과 즐겁게 놀다가 그 벽지불이 성을 세 바퀴 도는 모습을 보고는 너무 기뻐 어쩔 줄 몰랐고 '나의 태자가 마치 새처럼 허공을 나는구나'라고 하였다. 그러나 그가 벽지불이 된 줄은 모르고 말하였다.

'아들아, 이 궁전으로 내려오너라. 나와 함께 즐겁게 놀자.'

아난아, 그때 그 벽지불은 그 부모를 제도하기 위해 곧 궁전으로 내려왔다. 이때 왕이 그에게 말하였다.

'태자야, 지금 왜 그런 시녀들이나 입는 옷을 걸치고, 또 다른 사람들과 달리 수염과 머리까지 깎았느냐?'

벽지불은 대답하였다.

'소자가 지금 입고 있는 옷은 매우 기이하고 고상하여 보통 사람들이 좋아하는 것이 아닙니다.'

'무슨 이유로 궁중에는 오지 않는가?'

'지금부터 다시는 애욕을 익히지 않고, 다섯 가지 욕망 속에서 지내는 것을 좋아하지도 않을 것입니다.'

'만일 다섯 가지 욕망 속에서 지내는 것이 마음에 들지 않는다면 나의 후원後園에서 지내라.'

그때 국왕은 곧 몸소 동산으로 가서 집을 지었다. 벽지불은 그 부모를 제도하기 위해 그 동산의 집에 머무르며 왕의 공양을 받다가 며칠을 지낸 뒤 곧 무여열반無餘涅槃의 세계에서 반열반하였다.

왕은 그 사리를 거두어 화장하고 그곳에 큰 신사神寺를 세웠다. 세월이 흐른 뒤 왕은 그 동산으로 유람을 갔다가 그 절이 허물어지고 파괴된 것을 보고 생각하였다.

'이곳은 내 아들의 절인데 벌써 이처럼 허물어졌구나.'

그때 국왕은 곧 자기 일산으로 그 신사를 덮어 주었으니, 그것은 다 사랑하는 마음이 다하지 않았기 때문이었느니라.

아난아, 그때의 선화왕善化王이 누구일까라는 생각은 말라. 그가 바로 나이니라. 나는 그때 아들을 위해 일산으로 그 절을 덮어 준 공덕으로 천상과 인간을 돌아다니면서 여러 백천 번 전륜성왕이 되었고 또 제석帝釋과 범천梵天이 되었다. 나는 그때 그가 벽지불인 줄을 몰랐었다. 만일 그가 벽지불인 줄 알았더라면 그 공덕은 이루 헤아릴 수 없었을 것이다. 만일 여래가 위없이 바른 도를 이루지 않았더라면 다시 2천5백 번이나 전륜성왕이 되어 천하를 다스렸을 것이다. 그러나 지금 도를 이루었기 때문에 이 2천5백 개의 일산이 저절로 나타난 것이다. 아난아, 이런 인연으로 여래가 웃은 것이다. 모든 부처님을 섬기는 공덕은 이와 같이 헤아릴 수 없는 것이다. 그러므로 아난아, 방편을 구해 모든 불세존을 공양하도록 하라. 아난아, 이와 같이 공부해야 하느니라."

그때 세존께서는 비구들을 거느리고 비사리성에 도착해 성문에 서서 이런 게송을 말씀하셨다.

내 이제 여래가 되었으니
이 세상에서 가장 제일이라
이 정성스러운 말을 가지면
비사리성엔 재앙 없으리.

그리고 이 지성스런 법으로.
열반의 세계로 가게 되리라
이 정성스러운 말을 가지면
비사리성엔 재앙 없으리.

그리고 이 지성스러운 승가
여러 성현들 중 제일이니라.
이 지성스러운 말을 가지면
비사리성엔 재앙 없으리.

두 발 가진 사람도 안온을 얻고
네 발 가진 짐승도 또한 그러하며
길을 가는 이에게도 축복이 있고
길을 오는 이에게도 또한 그러하리.

밤이나 낮이나 안온을 얻고
괴롭히는 자가 없을 것이니
이 정성스러운 말을 가지면

비사리성에 재앙은 없어지리.

여래께서 이렇게 말씀하시고 나자 나찰 귀신들은 그 자리에 있을 수 없어 제각기 달아나 다시는 비사리성으로 들어오지 못했고, 모든 병자들의 병이 낫게 되었다.

그때 세존께서는 미후지彌猴池 가에 머무셨고, 그 나라 사람들은 의복·음식·침구·병을 치료할 의약품으로 받들어 섬기고 공양하였다. 그리고 그 귀천을 따라 제각기 부처님과 비구 스님들께 공양하고 또 8관재關齋를 닦으며 그때를 놓치지 않았다. 그때 비사리성에는 외도들의 스승이 여섯 사람 있어 그곳에서 교화하고 있었다. 이른바 여섯 스승이란 불란가섭不蘭迦葉[15]·아이단阿夷耑[16]·구야루瞿耶樓[17]·파휴가전波休迦栴[18]·선비로지先比盧持[19]·니건자尼揵子[20] 등이었다. 이 여섯 스승들은 한 곳에 모여 이렇게 말하였다.

"저 사문 구담은 이 비사리성에 머무르면서 사람들의 공양을 받는데 우리는 그들의 공양을 받지 못한다. 우리는 그를 찾아가 누가 이기고 누가 지는지 변론해 보자."

불란가섭이 말하였다.

"모든 사문 바라문들은 남의 말을 받아들이지 않고 방편으로 힐난한다. 이것은 사문 바라문의 법이 아니다. 저 구담 사문도 남의 말을

---

15 팔리어로 Pūraṇa-Kassapa이고, 부란나가섭富蘭那迦葉으로 음역하기도 한다.
16 팔리어로 Ajita Kesakambala이고, 아기다시시흠바라阿耆多翅舍欽婆羅로 음역하기도 한다.
17 팔리어로 Makkhali Gosāla이고, 말가리구사리末伽梨瞿舍梨로 음역하기도 한다.
18 팔리어로 Pakudha kaccāyana이고, 파부타가전나婆浮陀伽旃那로 음역하기도 한다.
19 팔리어로는 Sañjaya Belaṭṭhimputta이고, 산야이비라리불散若夷毗羅梨沸로 음역하기도 한다.
20 팔리어로는 Nigaṇṭha Nāta putta이고, 니건자尼乾子라고도 한다.

받아들이지 않고 방편으로 힐난한다. 우리가 어떻게 그와 변론할 수 있겠는가."

아이단은 말하였다.

"보시는 없다. 받는 이도 없고 주는 이도 없다. 또 이승·저승도 없고 중생도 없고 선·악의 과보도 없다."

구야루는 말하였다.

"항수恒水 가에서 헤아릴 수 없이 많은 사람을 죽여 시체로 산을 이루고, 그 강 건너편에서 온갖 공덕을 짓는다하더라도 그로 인한 선·악의 과보는 전혀 없다."

파휴가전은 말하였다.

"설사 항수 왼쪽에서 보시하고 계율을 지키며 때때로 이바지해 모자람이 없게 하더라도 그에 따른 복의 과보는 없다."

선비로지는 말하였다.

"말도 없고 말의 과보도 없다. 오직 침묵만이 즐겁다."

니건자는 말하였다.

"말도 있고, 말의 과보도 있다. 사문 구담도 사람이요, 나도 사람이다. 구담이 아는 것이 있으면 우리도 아는 것이 있다. 사문 구담에게 신통이 있으면 우리에게도 신통이 있다.

만일 그 사문이 한 가지 신통을 나타내면 우리는 두 가지 신통을 나타내고, 그가 두 가지 신통을 나타내면 우리는 4신족을 나타내며, 그가 네 가지를 나타내면 우리는 여덟 가지를 나타내고, 그가 여덟 가지를 나타내면 우리는 열여섯 가지를 나타내며, 그가 열여섯 가지를 나타내면 우리는 서른두 가지를 나타내어 언제나 그 보다 많이 나타내 끝까지 그에게 굴복하지 않는다면, 충분히 그와 힘을 겨룰 수 있을 것이다. 그리고 만일 그가 우리 변론을 받아들이지 않는다면 그것은 곧 그의 허물이다. 사람들은 듣고 나서 다시는 그를 공양하지 않을 것이고, 우리가 그 공양을 얻게 될 것이다."

이때 어떤 비구니가 이 말을 듣고 말했다.

"저 외도의 여섯 스승이 한자리에 모여 '사문 구담은 남의 주장을 받아들이지 않는다. 우리는 충분히 그를 이길 수 있다'고 논의하는구나."

그때 수로니輸盧尼 비구니[21]는 허공으로 날아올라 그 여섯 스승들에게 이런 게송을 읊었다.

아무도 우리 스승 짝할 이 없고
가장 높아 그보다 나은 이 없네.
나는 바로 그분의 제자
그 이름은 수로니輸盧尼라네.

만일 너희에게 깨침이 있다면
나와 함께 변론해 보자.
나는 낱낱이 그 물음에 대답하리.
마치 사자가 사슴을 낚아채듯이.

거룩한 우리 스승 제해 놓고는
여래라 일컬을 이 본래 없나니
내 비록 비구니이지만
외도들 항복 받기엔 충분하다네.

---

21 신수대장경 각주에 의하면 "송·원·명 3본에는 수로니輸盧尼 비구니가 수로輸盧 비구니로 되어 있다"고 하며, 본 경의 뒷부분에서도 '수로 비구니'라 하였다.

비구니가 이렇게 말했을 때 외도들의 여섯 스승은 그 얼굴조차 우러러보지 못하였다. 하물며 변론할 수 있었겠는가?

그때 비사리성 사람들은 비구니가 허공에서 여섯 스승과 변론하는데 여섯 스승들이 능히 대답하지 못하는 것을 멀리서 보고, 모두들 칭찬하고 한없이 기뻐하면서 말하였다.

"여섯 스승들이 오늘 저 분에게 항복하였다."

그때 여섯 스승들은 큰 근심에 잠겨 비사리성을 떠났고 다시는 성으로 들어오지 않았다.

그때 비구들은 수로輸盧 비구니가 여섯 스승들과 변론해 이겼다는 소식을 듣고 세존께 나아가 머리를 조아려 그 발에 예를 올리고 그 사실을 세존께 자세히 아뢰었다. 세존께서는 비구들에게 말씀하셨다.

"수로 비구니는 큰 신통과 큰 위신이 있고 지혜롭고 많이 안다. 나는 '저 외도들의 여섯 스승과 변론할 수 있는 이는 아무도 없고, 오직 나와 저 비구니뿐이다'고 늘 생각했었다."

세존께서는 다시 비구들에게 말씀하셨다.

"너희들은 저 비구니처럼 외도를 항복 받을 수 있는 다른 비구니를 본 적이 있느냐?"

비구들은 아뢰었다.

"없습니다, 세존이시여."

"비구들아, 나의 성문 중에 외도를 항복 받을 수 있는 데 있어 첫째가는 비구니는 바로 저 수로 비구니이니라."

그때 모든 비구들은 부처님의 말씀을 듣고 기뻐하며 받들어 행하였다.

〔 12 〕

이와 같이 들었다.

어느 때 부처님께서는 사위국 기수급고독원에 계셨다.

그때 세존께서 모든 비구들에게 말씀하셨다.

"여섯 가지 감각기관[六細滑更樂入]이 있다. 여섯이란 이른바, 안입眼入・이입耳入・비입鼻入・설입舌入・신입身入・의입意入이니 이것을 6입入이라 한다.

범부들은 눈으로 빛깔을 보면 곧 집착하는 마음을 일으켜 그것을 버리지 못한다. 그는 그 빛깔을 보고 나서는 매우 애착하는 마음을 내어 생사에 떠다니면서 벗어날 때가 없다. 6정情[22]에 있어서도 그와 같아서 집착하는 생각을 내어 그것을 버리지 못하고, 그로 말미암아 흘러 다니면서 벗어날 때가 없다.

그러나 세존의 현명한 제자들은 눈으로 빛깔을 보아도 집착하지 않고 더러운 마음이 없이 곧 '이 눈은 무상한 것으로서 괴롭고 공이며 나가 아닌 것이다'고 분별한다.

6정情에 있어서 이와 같이 더러운 마음을 내지 않고 '이 6정은 무상하고 괴로우며 공이고 나가 아니다'고 분별한다. 이렇게 사유할 때에 두 가지 과보를 얻게 되나, 현세에서 아나함이 되거나 아라한이 되느니라.

마치 매우 주린 사람이 보리를 찧고 까불러 깨끗이 해 먹고 굶주림을 제거하려고 하는 것처럼, 성중도 그와 같이 이 6정情을 나쁘고 더러운 것이라 생각하고는 곧 도를 이루어 무여열반의 세계에 들어가느니라. 그러므로 비구들이여, 방편을 구해 이 6정을 없애도록 하라. 비

---

22 여섯 감각기관인 6근根의 다른 이름이다. 즉 이 경의 앞뒤에서 말한 6입入을 가리킨다.

구들이여, 이와 같이 공부해야 하느니라."

그때 비구들은 부처님의 말씀을 듣고 기뻐하며 받들어 행하였다.

증일아함경 제33권

39. 등법품等法品

〔1〕

이와 같이 들었다.

어느 때 부처님께서는 사위국 기수급고독원에 계셨다.

그때 세존께서 모든 비구들에게 말씀하셨다.

"만일 비구가 일곱 가지 법을 성취한다면 현세에서 무궁한 즐거움을 누리고 번뇌를 없애려 하면 곧 없앨 수 있을 것이다. 일곱 가지 법이란 무엇인가? 이른바 비구가 법을 알고, 이치를 알며, 때를 알고, 자기를 알며, 만족할 줄을 알고, 대중 가운데 들어갈 줄을 알며, 사람들을 관찰하는 것이니, 이것을 일곱 가지 법이라 하느니라.

비구가 법을 안다는 것은 무엇인가? 비구가 법을 안다는 것은 이른바 계경契經·기야祇夜·게偈·인연因緣·비유譬喩·본말本末·광연廣演·방등方等·미증유未曾有·광보廣普·수결授決·생경生經 등을 아는 것이다. 만일 비구가 법을 모른다면 그것은 12부 경전을 모르는 것이며, 그는 비구가 아니다. 비구로서 능히 법을 알기 때문에 법을 안다고 한다. 이와 같이 비구는 법을 알아야 하느니라.

비구가 뜻을 이해한다는 것은 무엇인가? 비구는 여래의 의도를 알고 깊은 이치를 이해하여 의심이 없어야 한다. 만일 비구가 깊은 이치를 이해하지 못한다면 그는 비구가 아니다. 비구로서 능히 깊은 이치를 이해하기 때문에 이치를 안다고 한다. 이와 같이 비구는 이치를 분별해야 하느니라.

비구가 적당한 때를 안다는 것은 무엇인가? 비구는 적당한 때를 알아, 관觀을 닦아야 할 때에는 곧 관을 닦고, 지止를 닦아야 할 때에는 곧 지를 닦으며, 침묵해야 할 때에는 침묵할 줄 알고, 가야 할 때에는 갈 줄 알며, 외워야 할 때에는 외울 줄 알고, 남을 가르쳐야 할 때에는 가르칠 줄 알며, 말해야 할 때에는 말할 줄 알아야 한다. 만일 비구가 이것을 몰라 지를 닦고 관을 닦으며 나아가고 그쳐야 할 때를 알지 못한다면 그는 비구가 아니다. 만일 비구로서 그때를 알아 적당한 때를 놓치지 않는다면 이것을 일러 적당한 방법을 따르는 것이라 한다. 이와 같이 비구는 그 적당한 때를 알아야 하느니라.

비구가 스스로 자신을 닦는다는 것은 무엇인가? 비구는 자기를 알아 '나는 지금 이런 소견과 지식과 생각과 앎을 가지고 있다. 이런 지혜가 있어 걸음걸이와 나아가고 멈춤을 항상 바른 법대로 한다'고 알아야 한다. 만일 비구가 지혜로운 드나듦과 가고 옴을 알지 못한다면 그는 비구가 아니다. 비구로서 적당한 나아감과 멈춤을 스스로 닦으면 이것을 자신의 행을 스스로 닦는 것이라 한다. 이것이 이른바 비구가 자기를 안다는 것이니라.

비구가 만족할 줄 안다는 것은 무엇인가? 비구는 스스로 잠자고 깨고 앉고 눕고 경행하고 나아가고 멈춤에 있어 그 적당함을 헤아려 능히 만족할 줄을 알아야 한다. 만일 비구가 그것을 알지 못한다면 그는 비구가 아니다. 비구로서 능히 그것을 알기 때문에 만족할 줄을 안다고 하는 것이다. 비구들이여, 이와 같은 것을 만족할 줄 아는 것이라 하느니라.

비구가 대중 가운데 들어갈 줄을 안다는 것은 무엇인가? 비구는 대중을 분별하여 '이들은 찰리 종족이고, 이들은 바라문들이며, 이들은 장자들이고, 이들은 사문들이다. 나는 이 법으로 적당하다면 저 무리 가운데로 들어가 말해야 할 경우와 침묵해야 할 경우를 모두 잘 알아서 하리라'고 알아야 한다. 만일 비구가 대중 가운데 들어갈 줄 모른다면 그는 비구가 아니다. 그가 비구로서 대중 가운데 들어갈 줄 알기 때문에 대중 가운데 들어갈 줄 안다고 한다. 이것이 이른바 비구가 대중 가운데 들어갈 줄 안다는 것이니라.

비구가 사람들의 근성을 안다는 것은 무엇인가? 비구들이여, 알아야 한다. 두 종류의 사람이 있다. 어떤 것이 두 종류인가? 어떤 한 사람은 동산으로 가서 비구를 직접 만나보려 하지만 다른 한 사람은 동산으로 가 비구 만나는 것을 좋아하지 않는다. 이 경우 동산으로 가서 비구를 직접 만나보려는 사람이 더 훌륭한 사람이다.

비구들이여, 또 두 종류의 사람이 있다. 어떤 것이 두 종류인가? 어떤 한 사람은 비구가 있는 곳으로 찾아가기는 하더라도 안부를 묻지 않고, 다른 한 사람은 비구를 보려고 절에 가지도 않는다. 이 경우 절에 가는 사람이 더 훌륭한 사람이다.

비구들이여, 또 두 종류의 사람이 있다. 어떤 것이 두 종류인가? 어떤 한 사람은 비구에게 찾아가 절후의 안부를 묻지만 다른 한 사람은 비구에게 찾아가지도 절후의 안부를 묻지도 않는다. 이 경우 절에 가는 사람이 가지 않는 사람보다 더 훌륭하니라.

비구들이여, 또 두 종류의 사람이 있다. 어떤 것이 두 종류인가? 어떤 한 사람은 비구에게 찾아가 지극한 마음으로 법을 듣지만 다른 한 사람은 비구에게 찾아가지도 지극한 마음으로 법을 듣지도 않는다. 이 경우 지극한 마음으로 법을 듣는 사람이 듣지 않는 사람보다 더 훌륭하니라.

비구들이여, 또 두 종류의 사람이 있다. 어떤 것이 두 종류인가? 어떤 한 사람은 능히 법을 관찰하고 받들어 가지며 외우지만 다른 한 사람은 법을 받들어 가지고 외우지 못한다. 이 경우 법을 받들어 가지고 외우는 사람이 그러지 않는 사람보다 더 훌륭하니라.

비구들이여, 또 두 종류의 사람이 있다. 어떤 것이 두 종류인가? 어떤 한 사람은 법을 들으면 그 뜻을 이해하지만 다른 한 사람은 법을 듣고도 그 뜻을 이해하지 못한다. 이 경우 법을 들으면 이해하는 사람이 그러지 못하는 사람보다 더 훌륭하니라.

비구들이여, 또 두 종류의 사람이 있다. 어떤 것이 두 종류인가? 어떤 한 사람은 법을 듣고 그 법을 성취하지만 다른 한 사람은 법을 듣지도 않고 법을 성취하지도 못한다. 이 경우 법을 듣고 법을 성취하는 사람이 그러지 못하는 사람보다 더 훌륭하니라.

비구들이여, 또 두 종류의 사람이 있다. 어떤 것이 두 종류인가? 어떤 한 사람은 법을 들으면 그 수행을 감당하여 바른 법을 분별하고 보호해 가지지만 다른 한 사람은 그 법을 수행하는 일을 감당하지 못한다. 이 경우 법을 수행할 수 있는 사람이 그 여러 종류의 사람 중에서 가장 높고 제일이니라.

마치 우유에서 낙酪이 생기고, 낙에서 소酥가 생기며, 소에서 제호醍醐가 생기면 제호가 제일이어서 어느 것도 따르지 못하는 것처럼, 만일 어떤 사람이 수행을 잘하면 그가 제일이어서 아무도 따르지 못하느니라. 이것이 이른바 비구가 사람의 근성을 관찰한다는 것이다. 만일 어떤 사람이 이것을 알지 못한다면 그는 비구가 아니다. 비구로서 법을 듣고 그 뜻을 분별한다면 그가 최상이다. 이와 같이 비구는 사람들의 성질을 관찰해야 하느니라.

만일 비구가 이 일곱 가지 법을 성취한다면 현세에서 즐겁고 함이 없을 것이요, 탐욕의 번뇌가 끊어지고 의심도 없어질 것이다.

그러므로 비구들이여, 방편을 구해 이 일곱 가지 법을 성취하도록 하라. 비구들이여, 이와 같이 공부해야 하느니라."

그때 비구들은 부처님의 말씀을 듣고 기뻐하며 받들어 행하였다.

〔 2 〕[1]

이와 같이 들었다.

어느 때 부처님께서는 사위국 기수급고독원에 계셨다.

그때 세존께서 모든 비구들에게 말씀하셨다.

"저 삼십삼천의 주도수晝度樹는 그 밑동의 세로와 가로가 각 50유순이요, 높이는 1백 유순이며 동서남북으로 드리운 그늘이 각각 50유순이나 된다. 삼십삼천들은 그곳에서 넉 달 동안 서로 어울려 즐기느니라.

비구들이여, 알아야 한다. 어떤 때에 그 주도수의 꽃과 잎이 시들어 땅위에서 누렇게 떨어지면 하늘들은 그 징조를 보고 다들 기뻐하며 즐거움이 솟아나 '이 나무는 오래지 않아 열매가 맺히겠구나'라고 한다.

비구들이여, 알아야 한다. 혹은 어떤 때에 그 나무의 열매가 모두 시들어 땅에 떨어지면 삼십삼천은 더욱 기뻐하며 그들끼리 말한다.

---

1 『중아함경』 제2경인 『주도수경晝度樹經』과 송宋나라 시호施護가 한역한 『불설원생수경佛說園生樹經』을 참조하라.

'이 나무는 오래지 않아 잿빛이 되겠구나.'

비구들이여, 알아야 한다. 다시 시간이 흘러 그 나무가 잿빛이 되면 삼십삼천은 잿빛이 된 나무를 보고 나서 매우 기뻐하며 그들끼리 말한다.

'이제 이 나무가 잿빛이 되었으니 오래지 않아 눈[羅網]이 생기겠구나.'

그 뒤 삼십삼천은 그 주도수에 눈이 생기는 것을 보게 되고, 또 오래지 않아 봉우리가 돋기 시작한다. 그때 삼십삼천은 그것을 보고 다시 기뻐하며 '이제 이 나무에 봉우리가 돋았으니 오래지 않아 봉우리가 터지겠구나'라고 말한다.

비구들이여, 알아야 한다. 삼십삼천은 그 나무의 봉우리가 조금씩 벌어지는 것을 보고는 모두들 기뻐하며 이렇게 말한다.

'이 나무가 이제 점점 봉우리를 여는 것을 보니 오래지 않아 온 나무에 꽃이 활짝 피어나겠구나.'

비구들이여, 알아야 한다. 어느 날 그 나무는 모든 봉우리를 터트리고, 그 모습을 본 모든 이들은 기뻐하며 이렇게 말한다.

'이 나무가 드디어 꽃을 활짝 피웠구나.'

그때 그 꽃향기는 바람을 거슬러 1백 유순까지 진동한다. 그때 여러 하늘들은 넉 달 동안 그곳에서 서로 어울려 즐기는데 그 즐거움은 이루 헤아릴 수 없느니라.

이와 같이 현성의 제자[賢聖弟子]가 출가하여 도를 배우려고 하는 때는 저 나뭇잎이 비로소 시들어 떨어지려고 하는 것과 같다. 또 현성의 제자가 처자와 재물을 버리고 견고한 믿음으로 출가하여 도를 배우며 머리와 수염을 깎는 것은 저 나뭇잎이 땅에 떨어지는 것과 같으니라.

비구들이여, 알아야 한다. 현성의 제자가 탐욕스러운 생각 없이 착하지 않은 법을 버리고 기쁨과 즐거움을 생각하며 초선初禪에서 마음이 노니는 것은 저 주도수가 잿빛이 되는 것과 같다. 또 현성의 제자가 각覺과 관觀을 쉬고 마음속으로 기뻐하며 그 한마음을 오로지하여 각과 관도 없이 제2선에서 마음이 노니는 것은 저 나무에 눈이 생기는 것과 같다.

또 현성의 제자가 기억하고 평정을 유지하며 몸의 즐거움을 스스로 깨달아, 모든 성현들이 구하는 평정[護]과 기억[念]을 완전히 갖추어 제3선에서 마음이 노니는 것은 저 나무에 봉우리가 생기는 것과 같다. 또 현성의 제자가 괴로움과 즐거움을 완전히 없애고, 근심은 이미 없어졌으며, 괴로움도 없고 즐거움도 없는 평정한 기억이 청정한 제4선에서 마음이 노니는 것은 저 나무의 봉우리가 점점 벌어지는 것과 같다.

또 현성의 제자가 번뇌를 완전히 다하고 번뇌가 없게 되어, 마음이 해탈하고 지혜로 해탈하여 현세에서 스스로 즐거워하며 '나고 죽음은 이미 다하고 범행은 이미 섰으며, 할 일을 이미 마쳐 다시는 태를 받지 않는다'고 사실 그대로 아는 것은, 저 나무에 꽃이 활짝 피는 것과 같으니라.

그때 현성의 제자는 그 계덕戒德의 향기가 사방에 두루 퍼져 칭찬하지 않는 이가 없으며, 저들이 넉 달 동안 스스로 즐기듯 4선禪에서 마음이 노닐며 그 행을 완전히 갖추게 된다.

그러므로 비구들이여, 방편을 구해 계덕의 향기를 갖추도록 하라. 비구들이여, 이와 같이 공부해야 하느니라.

그때 비구들은 부처님의 말씀을 듣고 기뻐하며 받들어 행하였다.

〔 3 〕[2]

이와 같이 들었다.

어느 때 부처님께서는 사위국 기수급고독원에 계셨다.

그때 세존께서 모든 비구들에게 말씀하셨다.

"내가 이제 일곱 가지 물과 관련된 비유로 사람도 그와 같음을 설명하리니, 자세히 듣고 자세히 들어 잘 사유하고 기억하라."

비구들은 아뢰었다.

"그렇게 하겠습니다, 세존이시여."

세존께서는 말씀하셨다.

"어떤 것이 일곱 가지 물과 관련된 비유로 사람도 그와 같다는 것인가? 물밑에 가라앉아 있는 사람이 있고, 또 잠깐 수면 위로 나왔다가 도로 가라앉는 사람이 있으며, 수면 위로 고개를 내밀고 주위를 살피는 사람이 있고, 수면 위로 계속 머리를 내밀고 있는 사람이 있으며, 물에서 헤엄쳐 나아가는 사람이 있고, 물에서 나와 저쪽 언덕으로 가려는 사람이 있으며, 이미 저쪽 언덕에 이른 사람이 있다. 비구들이여, 이것이 이른바 일곱 가지 물과 관련지어 비유할 수 있는 사람들이 세상에 있다는 것이니라.

어떤 사람이 물밑에 가라앉아 있으면서 나오지 못하는 사람인가? 이른바 어떤 사람은 착하지 않은 법이 그 몸에 가득 차서 몇 겁이 지나더라도 고치지 못한다. 그런 사람을 물밑에 가라앉아 있는 사람이라 하느니라.

어떤 사람이 수면 위로 나왔다가 도로 가라앉는 사람인가? 이른바 어떤 사람은 신근信根이 점점 엷어져 비록 착한 법이 있다지만 그것이

---

2 이 소경과 내용이 비슷한 경으로는 『중아함경』 제1권 4번째 소경인 「수유경水喩經」이 있다.

든든하지 못하다. 그래서 그는 몸과 입과 뜻으로 선을 행하다가 뒤에 다시 몸과 입과 뜻으로 악을 행하여 몸이 무너지고 목숨이 끝난 뒤에는 지옥에 태어난다. 그런 사람을 수면 위로 나왔다가 도로 가라앉는 사람이라 하느니라.

어떤 사람이 수면 위로 고개를 내밀고 주위를 살피는 사람인가? 이른바 어떤 사람은 믿음의 선근善根이 있으나 몸과 입과 뜻의 행에 있어서 조금도 그 법을 늘리지 않고 스스로 지키기만 한다. 그래서 그는 몸이 무너지고 목숨이 끝난 뒤에는 아수륜阿須倫에 태어난다. 그런 사람을 수면 위로 고개를 내밀고 주위를 살피는 사람이라 하느니라.

어떤 사람이 물에서 계속 머리를 내밀고 있는 사람인가? 이른바 어떤 사람은 믿음으로 정진하여 3결結을 끊고 다시는 물러나지 않으며 반드시 구경에 이르러 위없는 도를 성취한다. 그런 사람을 물에서 계속 머리를 내밀고 있는 사람이라 하느니라.

어떤 사람이 물을 헤엄쳐 건너려는 사람인가? 이른바 어떤 사람은 믿음으로 정진하면서 항상 부끄러워하여 3결結을 끊고 음욕과 성냄과 어리석음이 엷어져 이 세상에 태어나 괴로움을 완전히 벗어난다. 그런 사람을 물을 헤엄쳐 건너려는 사람이라 하느니라.

어떤 사람이 저쪽 언덕에 이르려는 사람인가? 어떤 사람은 믿음으로 정진하여 5하분결下分結을 끊고, 아나함阿那含이 되어 그곳에서 반열반에 들고 다시는 이 세상으로 돌아오지 않는다. 그런 사람을 저쪽 언덕에 이르려는 사람이라 하느니라.

어떤 사람이 이미 저쪽 언덕으로 건너간 사람인가? 이른바 어떤 사람은 믿음으로 정진하면서 부끄러워할 줄을 알고, 번뇌를 다해 번뇌가 없게 되어 현세에서 스스로 즐거워하며 '나고 죽음은 이미 다하고 범행은 이미 섰으며, 할 일을 이미 마쳐 다시는 태를 받지 않는다'고 사실 그대로 안다. 그는 이 무여열반無餘涅槃의 세계에서 반열반한다. 그런 사람을 이미 저쪽 언덕으로 건너간 사람이라 하느니라.

비구들아, 이것이 이른바 물과 관련된 사람의 일곱 가지 비유인데, 이를 이제 너희들에게 말하였다. 모든 불세존佛世尊께서 수행해야 할 일인 중생 제도를 나는 이제 이미 행하였다. 너희들은 한적한 곳이나 혹은 나무 밑에서 이 말을 되새기며 좌선하기를 게을리 하지 말라. 이것이 나의 가르침이니라."

그때 모든 비구들은 부처님의 말씀을 듣고 기뻐하며 받들어 행하였다.

〔 4 〕³

이와 같이 들었다.

어느 때 부처님께서는 사위국 기수급고독원에 계셨다.

그때 세존께서 모든 비구들에게 말씀하셨다.

"성왕聖王은 먼 곳에서 나라를 다스리지만 일곱 가지 법을 성취하기 때문에 원수나 도적에게 사로잡히지 않는다. 어떤 것이 일곱 가지인가? 그의 성은 매우 높고 가지런하게 정비되어 있다. 이것이 그 왕이 가장 먼저 성취하는 첫 번째 법이다. 또 그 성문은 매우 튼튼하다. 이것이 그 성이 성취하는 두 번째 법이다. 또 그 성 밖의 해자는 매우 깊고 넓다. 이것이 그 성이 성취하는 세 번째 법이다. 또 그 성안에는 온갖 곡식이 많아 창고에 가득 찬다. 이것이 그 성이 성취하는 네 번째 법이다. 또 그 성에는 섶과 풀이 풍족하다. 이것이 그 성이 성취하는 다섯 번째 법이다. 또 그 성에는 온갖 기구와 무기가 갖추어져 있

---

3 이 소경과 내용이 비슷한 경으로는 『중아함경』 제1권 3번째 소경인 「성유경城喩經」이 있다.

다. 이것이 그 성이 성취하는 여섯 번째 법이다. 또 그곳의 성주는 매우 총명하고 재주가 뛰어나 사람의 마음을 미리 알고 매질할 이는 매질하고 다스릴 이는 다스린다. 이것이 그 성이 성취하는 일곱 번째 법으로서, 이럴 경우 다른 나라에서 침노하지 못한다. 비구들이여, 이것이 이른바 '그 나라의 주인이 일곱 가지 법을 성취하면 남이 감히 넘보지 못한다'는 것이니라.

비구도 이와 같아서 일곱 가지 법을 성취하면 악마 파순波旬도 그 틈을 노리지 못한다. 어떤 것이 일곱 가지인가? 이른바 비구가 계율을 성취하고 위의를 완전히 갖추는 것이니, 소소한 계율도 범하기를 두려워하거늘 하물며 중요한 계율이겠는가? 이것이 이른바 비구가 성취하는 첫째 법으로서 악마 파순이 그 틈을 노리지 못하게 하는 것이니, 마치 저 성이 높고 크며 너무도 험준해 무너뜨릴 수 없는 것과 같으니라.

또 비구가 만일 눈으로 빛깔을 보더라도 집착하거나 기억하지 않고 눈을 온전히 해 번뇌가 새는 일 없이 눈을 잘 보호하고, 귀로 소리를, 코로 냄새를, 혀로 맛을, 몸으로 감촉을, 뜻으로 법을 인식할 때도 그와 같아서 잡된 생각을 일으키지 않고 뜻을 온전히 해 어지러운 생각 없이 뜻을 잘 보호한다면, 이것이 이른바 비구가 성취하는 둘째 법으로서 악마 파순이 그 틈을 노리지 못하게 하는 것이니, 마치 저 성문이 튼튼한 것과 같으니라.

또 비구가 많이 듣고 잊어버리지 않으며 항상 바른 법과 도의 가르침을 기억해 사유하며 과거에 겪은 일들을 빠짐없이 모두 다 안다면, 이것이 이른바 비구가 성취하는 셋째 법으로서 악마 파순이 그 틈을 노리지 못하게 하는 것이니, 저 성 밖의 해자가 매우 깊고 넓은 것과 같으니라.

또 비구가 온갖 방편을 갖추고, 가진 법은 모두 처음도 좋고 중간도 좋고 마지막도 좋으며 청정함을 완전히 갖추고 범행을 닦는다면, 이것이 이른바 비구가 성취하는 넷째 법으로서 저 성에 온갖 곡식이 많아 바깥의 도적들이 감히 침입할 엄두를 내지 못하는 것과 같으니라.

또 비구가 4증상심增上心[4]의 법을 사유하여 빠뜨림이 없으면, 이것이 이른바 비구가 성취하는 다섯째 법으로서 악마 파순이 그 틈을 노리지 못하게 하는 것이니, 마치 저 성에 섶과 풀이 많아 남들이 감히 침노하지 못하는 것과 같으니라.

또 비구가 4신족神足을 얻어 하는 일에 어려움이 없다면, 이것이 이른바 비구가 성취하는 여섯째 법으로서 악마 파순이 그 틈을 노리지 못하게 하는 것이니, 마치 저 성안에 무기가 완전히 갖추어져 있는 것과 같으니라.

또 비구가 음陰·입入·계界를 자세히 분별하고, 또 12인연으로 일어난 법을 분별한다면, 이것이 이른바 비구가 성취하는 일곱째 법으로서 악마 파순이 그 틈을 노리지 못하게 하는 것이니, 마치 저 성주가 총명하고 재주가 뛰어나 받아들일 것은 받아들이고 버릴 것은 버리는 것과 같다. 이제 이 비구도 그와 같아서 음·입·계의 모든 병을 자세히 분별해 안다.

만일 비구가 이 일곱 가지 법을 성취한다면 악마 파순이 끝내 그 틈을 노리지 못할 것이다.

그러므로 모든 비구들아, 너희들이 방편을 구해 음·입·계와 12인연을 잘 분별해 그 차례를 잃지 않는다면 곧 악마의 경계를 벗어나고 그 안에 머물지 않을 것이다. 모든 비구들아, 마땅히 이와 같이 배

---

4 팔리어로는 cattāro adhipatī이고, 곧 4선禪을 가리킨다.

위야 하느니라."

그때 모든 비구들은 부처님의 말씀을 듣고 기뻐하며 받들어 행하였다.

〔5〕
이와 같이 들었다.
어느 때 부처님께서는 사위국 기수급고독원에 계셨다.
그때 세존께서 모든 비구들에게 말씀하셨다.
"내가 이제 정신이 머무르는 일곱 곳[七神止處][5]을 설명하리라. 너희들은 자세히 듣고 잘 사유하고 기억하라."
비구들은 아뢰었다.
"그렇게 하겠습니다, 세존이시여."
세존께서 모든 비구들에게 말씀하셨다.
"정신이 머무르는 일곱 곳이란 무엇인가? 이른바 여러 가지 몸에 여러 가지 생각들을 가지는 중생들이 있으니 이른바 인간과 천상이니라. 또 여러 가지 몸에 같은 생각을 가지는 중생들이 있으니 이른바 이 세상에 처음으로 출현했다는 범가이천梵迦夷天이니라. 또 똑같은 몸에 여러 가지 생각을 가지는 중생들이 있으니 이른바 광음천光音天이니라. 또 똑같은 몸에 같은 생각을 가지는 중생들이 있으니 이른바 변정천遍淨天이니라. 또 한량없는 허공에 머무는 중생들이 있으니 그것은 공처천空處天이다. 또 한량없는 식識에 머무는 중생들이 있으니 그것은 식처천識處天이다. 또 아무것도 없는 경계에 머무는 중생들이 있으니 그것은 무유처천無有處天이니라.

---

[5] 팔리어로는 satta viññāṇaṭṭhitiyo이고, 7식주識住・7식지처識止處라고도 한다.

비구들아, 이것이 식이 머무는 일곱 곳[七識住處]이다. 나는 이제 식이 머무는 일곱 곳을 설명하였다. 모든 불세존께서 시행하는 일인 중생 제도를 나는 이제 이미 마쳤다. 너희들은 한적한 곳이나 나무 밑에서 이를 잘 수행하며 게을리 하지 말라. 이것이 내 가르침이니라."

그때 모든 비구들은 부처님의 말씀을 듣고 기뻐하며 받들어 행하였다.

〔6〕
이와 같이 들었다.

어느 때 부처님께서는 사위국 기수급고독원에 계셨다.

그때 존자 균두均頭는 중한 병이 들어 자리에 누워 스스로 기거하지 못하였다.

그때 균두는 곧 이렇게 생각하였다.

"여래 세존께서는 지금 나를 가엾이 여기지 않으시는구나. 이렇게 중한 병에 걸렸으니 목숨이 오래가지 않을 것이고 약도 쓸 수 없으리라. 나는 세존께서 '한 사람이라도 건지지 못한 이가 있으면 나는 끝내 버리지 않을 것이다'고 말씀하시는 것을 들었는데, 지금 이렇게 홀로 버림을 받았으니 이 괴로움을 어찌할까."

그때 세존께서는 균두 비구가 원망하는 소리를 천이天耳로 들으시고 비구들에게 말씀하셨다.

"너희들은 모두 모여라. 균두 비구를 문병하러 가자."

비구들은 아뢰었다.

"그렇게 하겠습니다, 세존이시여."

세존께서는 여러 비구들을 데리고 천천히 걸어 균두 비구의 방으로 가셨다. 그때 균두 비구는 멀리서 세존께서 오시는 것을 보고 곧 땅에 내려와 엎드렸다. 그러자 세존께서 균두 비구에게 말씀하셨다.

"너는 지금 병이 매우 위중하다. 자리에서 내려올 것 없다. 나는 이 자리에 앉겠다."

그때 세존께서는 균두에게 말씀하셨다.

"네 병은 더하냐, 덜하냐? 아니면 더하지도 덜하지도 않으냐? 내 말을 들을 수는 있겠느냐?"

균두 비구는 부처님께 아뢰었다.

"지금 저의 병은 너무 깊어 더하기만 할 뿐 나을 기미가 없습니다. 약이란 약은 다 써 보았습니다."

세존께서 물으셨다.

"병은 누가 간호하는가?"

"여러 범행자들이 찾아와 간호하고 있습니다."

세존께서 균두에게 말씀하셨다.

"너는 지금 나에게 7각의覺意를 설명할 수 있겠는가?"

그때 균두는 7각의의 이름을 세 번이나 일컬었다.

"저는 지금 여래 앞에서 7각의법을 설명할 수 있습니다."

"만일 네가 여래에게 설명할 수 있다면 지금 바로 설명해 보라."

그때 균두는 부처님께 아뢰었다.

"7각의란 무엇인가 하오면, 이른바 염각의念覺意이니 이는 여래께서 말씀하신 바이며, 법각의法覺意·정진각의精進覺意·희각의喜覺意·의각의猗覺意·정각의定覺意·호각의護覺意입니다. 세존이시여, 이른바 7각의란 바로 이것을 말하는 것입니다."

이때 존자 균두는 이렇게 말하고 나자 앓던 병이 깨끗이 나아 아무 고통도 없게 되었다. 그때 균두가 세존께는 아뢰었다.

"약 가운데 가장 효험이 좋은 약은 바로 7각의법입니다. 약 가운데 가장 효험이 좋은 약을 말하자면 이 7각의를 능가할 것이 없습니다. 지금 이 7각의를 사유했더니 앓던 온갖 병이 모두 깨끗이 나았습니다."

그때 세존께서 비구들에게 말씀하셨다.

"너희들은 이 7각의법을 받아 지녀 잘 기억하고 외우며 부처님과 법의 승가에 대해 의심하지 말라. 그리하면 중생들의 모든 병은 모두 깨끗이 나을 것이다.

왜냐하면 이 7각의는 매우 깨닫기 어렵고, 모든 법을 다 알아 모든 법을 밝게 비추게 하며, 또 좋은 약처럼 온갖 병을 치료하고, 감로처럼 아무리 먹어도 싫증이 나지 않기 때문이다.

만일 이 7각의를 얻지 못한다면 그런 중생은 생사에 흘러 다닐 것이다. 그러므로 비구들아, 방편을 구해 이 7각의를 닦도록 하라. 비구들아, 마땅히 이와 같이 배워야 하느니라."

그때 모든 비구들은 부처님의 말씀을 듣고 기뻐하며 받들어 행하였다.

〔7〕

이와 같이 들었다.

어느 때 부처님께서는 사위국 기수급고독원에 계셨다.

그때 세존께서 비구들에게 말씀하셨다.

"전륜성왕이 세상에 출현하면 곧 7보가 세상에 나타나게 된다. 즉 윤보輪寶・상보象寶・마보馬寶・주보珠寶・옥녀보玉女寶・거사보居士寶・전병보典兵寶이니 이것이 7보다. 이것이 이른바 전륜성왕이 세상에 출현하면 곧 7보가 세상에 널리 퍼진다는 것이니라.

만일 여래가 세상에 출현하면 곧 7각의覺意의 보배가 세상에 나타난다. 일곱 가지란 이른바 염각의念覺意·법각의法覺意·정진각의精進覺意·희각의喜覺意·의각의猗覺意·정각의定覺意·호각의護覺意로서 이것들이 세상에 나타난다. 여래가 세상에 출현하면 곧 이 7각의의 보배가 세상에 나타난다.

그러므로 모든 비구들아, 너희들은 마땅히 방편을 구해 이 7각의를 닦아야 하느니라. 모든 비구들아, 마땅히 이와 같이 배워야 하느니라."

그때 모든 비구들은 부처님의 말씀을 듣고 기뻐하며 받들어 행하였다.

〔 8 〕[6]

이와 같이 들었다.

어느 때 부처님께서는 사위국 기수급고독원에 계셨다.

그때 세존께서 비구들에게 말씀하셨다.

"만일 전륜성왕이 세상에 출현한다면 그는 곧 좋은 땅을 골라 성을 세울 것이다. 그 성은 동서로 12유순에 남북으로 7유순이며, 토지는 기름져 즐겁기가 말할 수 없을 것이다.

그 성은 외곽이 일곱 겹으로 둘러쳐지고 7보로 그 사이가 장식될 것이니, 7보란 금·은·수정·유리·호박·마노·자거이다. 이것을 7보라 하느니라.

다시 7보로 된 해자가 그 성을 일곱 겹으로 에워싸는데 매우 깊고 넓어 아무도 건널 수 없고 그 사이에는 모두 금모래가 깔린다. 또 7보 나무가 그 사이에 줄을 지어 자라고, 그 나무들은 일곱 가지 빛깔을

---

6 이 소경과 내용이 비슷한 경으로는 『장아함경』 제18권 「세기경世記經」의 전륜성왕품이 있고, 송宋 시대 시호施護가 한역한 『불설전륜왕칠보경佛說轉輪王七寶經』이 있다.

띠니 즉 금·은·수정·유리·자거·마노·호박 빛깔이니라.

또 그 성안에는 돌아가며 일곱 겹의 문이 있는데 모두 튼튼하고 이것 또한 7보로 만들어진다. 은 문은 금으로 그 사이를 꾸미고, 금 문은 은으로 그 사이를 꾸미며, 수정 문은 유리로 그 사이를 꾸미고, 유리문은 수정으로 그 사이를 꾸미며, 마노 문은 호박으로 그 사이를 꾸미는데 그 아름답기가 이루 말할 수 없느니라.

또 그 성안에는 사방에 네 개의 목욕하는 못이 있는데 그 낱낱의 못은 세로와 가로가 1유순으로서 자연의 물이 흐르고 금·은·수정으로 만들어져 있다. 은 못의 물이 얼면 곧 은이 되고 금 못의 물이 얼면 곧 금이 되므로 전륜성왕이 이것을 사용한다.

또 그 성안에는 일곱 가지 소리가 있다. 일곱 가지 소리란 이른바 고동소리·북소리·소고소리·종소리·장구소리·춤 소리·노래 소리니, 이것을 일곱 가지 소리라 한다. 그때 그곳의 백성들은 그것으로 항상 즐거워한다. 그리고 그 중생들에게는 추위와 더위가 없고 굶주림과 목마름이 없으며 또 병도 없다.

전륜성왕은 세상에 머물며 이리저리 다니면서 교화하고 이 7보와 4신족神足을 성취하여 모자람이 없고 끝내 잃어버리지도 않는다. 전륜성왕이 성취하는 7보란 무엇인가? 이른바 윤보輪寶·상보象寶·마보馬寶·주보珠寶·옥녀보玉女寶·거사보居士寶·전병보典兵寶이니라.

또 그에게는 매우 용맹스러운 천 명의 아들이 있어 외부의 도적들을 항복 받을 것이다. 그리하여 이 염부리 땅은 칼이나 몽둥이를 쓰지 않고 다스려질 것이다."

그때 어떤 비구가 세존께 아뢰었다.

"전륜성왕은 어떻게 윤보輪寶를 성취합니까?"

세존께서는 말씀하셨다.

"전륜성왕이 보름날 이른 아침에 목욕하고 머리를 감고 큰 대전에서 미녀들에게 둘러싸여 있으면, 그때 천 개의 바큇살이 완전히 갖춰진 윤보가 동방에서 와서 대전 앞에 머무른다. 그 바퀴는 찬란히 빛나는 것이 사람의 솜씨로 만들어진 것이 아닌데, 땅 위로 일곱 길쯤 떨어져 차츰 왕 앞으로 다가와 머무른다. 전륜성왕은 그것을 보고 이렇게 말한다.

'나는 옛날 사람들에게서〈전륜왕이 보름날 머리를 감고 손을 씻고 대전 위에 앉아 있으면 윤보가 스스로 동방에서 와 왕 앞에 머무른다〉고 들었다. 내가 이제 이 윤보를 시험해 보리라.'

그때 왕은 오른손으로 그 윤보를 잡고 이렇게 말한다.

'너는 지금 이치에 맞게 구르고 이치에 어긋나게 구르지 말라.'

그러면 윤보는 스스로 돌며 허공에 머무르고, 전륜성왕 역시 네 종류의 군사를 거느리고 허공에 머무른다. 이때 윤보가 굴러 동방을 향해 가면 전륜성왕도 윤보를 따라 간다. 또 윤보가 머무를 때에는 전륜성왕과 그 거느린 무리들도 따라 머무른다.

그때 동방의 여러 작은 나라 왕들과 백성들은 이 왕이 오는 것을 보고 모두 일어나 맞이하고, 또 금 발우에는 은가루를 담고 은 발우에는 금가루를 담아 전륜성왕에게 올리면서 아뢴다.

'잘 오셨습니다. 성왕이시여, 지금 이 나라는 백성이 풍성하고 그 즐거움은 헤아릴 수 없습니다. 원컨대 대왕께서 이곳을 다스리소서.'

그러면 전륜성왕은 그들에게 이렇게 말한다.

'너희들은 법으로 다스리고 법이 아닌 것으로 다스리지 말라. 또 살생과 도둑질과 음탕한 짓을 하지 말라. 부디 법이 아닌 것으로 다스리지 말라.'

그때 윤보는 다시 남방·서방·북방으로 옮겨가며 널리 백성들을 어루만져 교화하고는 왕이 본래 다스리던 곳으로 돌아와 땅위로 일곱 길쯤 떨어져 머무른다. 비구야, 전륜성왕은 이렇게 그 윤보를 성취하느니라.

비구는 다시 세존께 아뢰었다.

"전륜성왕은 어떻게 상보象寶를 성취합니까?"

세존께서는 말씀하셨다.

"비구여, 알아야 한다. 전륜성왕이 보름날에 목욕하고 큰 대전 위에 있으면, 그때 상보가 남방에서 온다. 그 코끼리는 여섯 개의 어금니를 가졌고 새하얀 털을 가졌으며, 일곱 부위가 가지런하고 온통 금·은의 보배로 주렁주렁 장식하였으며, 능히 허공을 날아다닌다. 왕은 그것을 보고 이렇게 생각한다.

'이 상보는 너무도 훌륭하고 묘해 세상에선 보기 드물며 성질이 부드러워 사납지 않구나. 내 이제 이 상보를 시험해 보리라.'

그때 전륜성왕은 아침 해가 뜰 무렵 이 상보를 타고 천하 밖을 다니면서 백성들을 교화한다. 전륜성왕은 이렇게 상보를 성취하느니라."

이때 비구가 세존께 아뢰었다.

"전륜성왕은 어떻게 마보馬寶를 성취합니까?"

세존께서는 말씀하셨다.

"전륜성왕이 세상에 출현할 때, 그때 마보가 서방에서 온다. 그 말은 새파란 털에 꼬리털은 붉고 빛나며 걸어도 몸이 흔들리지 않고 아무 장애도 없이 허공을 날아다닐 수 있다. 왕은 그것을 보고 매우 기뻐하면서 이렇게 생각한다.

'이 말은 참으로 훌륭하고 묘하구나. 이제 부려 보리라. 또 성질이 선량해 사납지 않구나. 내 이제 이 마보를 시험해 보리라.'

그때 전륜성왕은 곧 그 말을 타고 4천하를 다니면서 백성들을 교화한 뒤에 왕이 본래 다스리던 곳으로 돌아온다. 비구여, 이렇게 전륜성왕은 마보를 성취하느니라."

비구는 부처님께 다시 아뢰었다.

"또 어떤 인연으로 주보珠寶를 성취합니까?"

세존께서는 말씀하셨다.

"비구여, 전륜성왕이 세상에 출현할 때 주보가 동방에서 오는데, 그 구슬은 8각형에 네 면에는 불꽃같은 광명이 있으며 길이는 한 자 여섯 치다. 전륜성왕은 그것을 보고 이렇게 생각한다.

'이 주보는 너무도 훌륭하고 묘하다. 내 이제 시험해 보리라.'

그때 전륜성왕은 한밤중에 네 종류의 군사를 모두 모으고 이 마니보摩尼寶를 높은 깃대 꼭대기에 다는데, 그때 그 광명은 그 나라 안의 12유순을 비춘다. 그때 성안의 백성들은 그 광명을 보고 저희끼리 말한다.

'해가 벌써 떴다. 집안일을 하자.'

그때 전륜성왕은 대전 위에서 백성들을 본 뒤에 다시 궁전으로 들어간다. 전륜성왕은 다시 그 마니摩尼를 궁전에 두는데 궁전 안팎이 모두 밝아 두루 비치지 않는 곳이 없다. 비구여, 이렇게 전륜성왕은 주보를 성취하느니라."

비구는 부처님께 다시 아뢰었다.

"전륜성왕은 어떻게 옥녀보玉女寶를 성취합니까?"

세존께서는 말씀하셨다.

"비구여, 알아야 한다. 전륜성왕이 세상에 출현할 때 자연히 이 옥녀보가 나타난다. 그녀는 얼굴이 단정하고 얼굴빛이 복숭아꽃 같으며, 크지도 않고 작지도 않으며, 희지도 않고 검지도 않으며, 성질이 부드러워 사납지 않고 입에서는 우발화優鉢華 향기가 나고 몸에서는 전단향 냄새가 난다. 그녀는 항상 성왕의 좌우에서 시중들며 그때를 어기지 않고 언제나 온화하고 즐거운 얼굴빛으로 왕의 얼굴을 바라본다. 비구야, 이렇게 전륜성왕은 그 옥녀보를 성취하느니라."

비구는 다시 부처님께 아뢰었다.

"전륜성왕은 어떻게 거사보居士寶를 성취합니까?"

세존께서는 말씀하셨다.

"비구여, 전륜성왕이 세상에 출현할 때 곧 그 거사보도 세상에 나타난다. 그는 크지도 않고 작지도 않으며 몸은 붉은빛에 재주가 뛰어나고 지혜는 통달하여 어떤 일이고 해결하지 못하는 것이 없으며, 또 천안통天眼通을 얻은 자이다. 그 거사는 왕에게 찾아가 이렇게 아뢴다.

'성왕께서는 만수무강 하소서. 만일 왕께서 금·은과 보배를 원하신다면 모두 가져다 바치겠습니다.'

그리곤 그 거사는 천안으로 관찰해 보배창고가 있는 곳과 보배창고가 없는 곳을 모두 보고선 왕이 필요로 하는 보배가 있을 때 때맞춰 가져다 바쳤다. 그때 전륜성왕은 그를 시험하려고 곧 그를 데리고 강을 건너다가 반대쪽 언덕에 이르기 전에 그에게 말한다.

'나는 지금 금·은·보배가 필요하다. 지금 당장 마련하라.'

장자長者는 이렇게 아뢴다.

'저쪽 언덕에 가서 마련하겠습니다.'

'나는 지금 당장 여기서 보배가 필요하다. 저쪽 언덕까지 갈 수 없다.'

그때 거사는 곧 그 앞에 무릎을 꿇고 앉아 물을 향해 합장하는데 그러면 곧바로 물속에서 7보가 솟아 나온다. 그때 전륜성왕은 그 장자에게 이렇게 말한다.

'그만둬라. 그만둬라. 거사여, 더는 보배가 필요 없다.'

비구야, 이렇게 전륜성왕은 거사보를 성취하느니라."
비구는 다시 부처님께 아뢰었다.
"전륜성왕은 어떻게 전병보典兵寶를 성취합니까?"
세존께서는 말씀하셨다.
"비구여, 전륜성왕이 세상에 출현할 때 곧 이 보배가 있어 스스로 찾아와 응하는데, 세상을 뒤덮는 총명에 사람의 마음을 미리 알고 몸과 얼굴은 매우 아름답다. 그는 왕에게 와서 이렇게 아뢴다.
'원컨대 성왕께서는 마음껏 즐기소서. 만일 성왕께서 군사가 필요하시면 곧 바로 대령하여 나아가고 그침을 적당히 하여 그때를 잃지 않겠습니다.'
그리곤 전병보는 왕의 생각을 따라 군사들을 구름같이 모아 왕의 좌우에 둔다. 그때 전륜성왕은 전병보를 시험하려고 '내 군사들이 지금 당장 구름처럼 모였으면' 하고 생각한다. 그러면 군사들은 당장 왕의 문밖에 모인다. 만일 전륜성왕이 마음속으로 군사들을 머무르게 하고 싶어하면 군사들은 곧 머무르고, 나아가게 하고 싶어하면 곧 나아간다. 비구여, 이렇게 전륜성왕은 전병보를 성취하느니라. 비구여, 알아야 한다. 전륜성왕은 이렇게 7보를 성취하느니라."
이때 그 비구는 다시 세존께 아뢰었다.
"전륜성왕은 어떤 4신족神足을 성취하여 좋은 이익을 마음대로 얻습니까?"
부처님께서 비구에게 말씀하셨다.
"전륜성왕은 세상에 드물 만큼 용모가 단정하여 온 세상 사람들보다 뛰어난 것이 마치 저 하늘 사람은 아무도 따라올 자가 없는 것과 같다. 이것이 그 전륜성왕이 성취하는 첫 번째 신족이다.
또 전륜성왕은 세상을 뒤덮을 만큼 총명하여 익히지 못하는 것이 없는 사람 중의 영웅이다. 따라서 당대에는 그 지혜의 풍부함에 있어 아무도 전륜성왕을 능가하지 못한다. 이것이 그가 성취하는 두 번째 신족이다.

비구여, 또 전륜성왕은 병이 없이 몸이 건강하고 먹을 수 있는 음식은 저절로 소화되어 대소변에 괴로움이 없다. 비구여, 이것이 전륜성왕이 성취하는 세 번째 신족이다.

비구여, 또 전륜성왕은 그 수명이 헤아릴 수 없을 만큼 매우 길어, 당대 사람들의 수명으로는 아무도 전륜성왕의 수명을 능가할 자가 없다. 비구여, 이것이 전륜성왕이 성취하는 네 번째 신족이다. 비구여, 전륜성왕에게는 이런 4신족이 있느니라."

그 비구는 다시 세존께 아뢰었다.

"전륜성왕은 목숨을 마친 뒤에 어느 곳에 태어납니까?"

세존께서는 말씀하셨다.

"전륜성왕은 목숨을 마친 뒤에 삼십삼천에 태어나고 그 수명은 1천 세다. 왜 그렇게 되는가? 전륜성왕은 스스로도 살생하지 않고 남들도 살생을 하지 않게 하며, 스스로도 도둑질하지 않고 남들도 도둑질을 하지 않게 하며, 스스로도 음행하지 않고 남들도 음행을 하지 않게 하며, 스스로도 거짓말하지 않고 남들도 거짓말을 하지 않게 한다. 그래서 스스로도 열 가지 착한 법을 행하고 남들도 열 가지 착한 법을 행하게 한다. 비구여, 알아야 한다. 전륜성왕은 이런 공덕으로 말미암아 목숨을 마친 뒤에 삼십삼천에 태어나느니라."

그때 그 비구는 이렇게 생각하였다.

'전륜성왕은 참으로 흠모할 만하구나. 그를 사람이라고 하자니 사람이 아니요, 그는 사실 하늘이 아니면서 하늘의 일을 행해 온갖 묘한 즐거움을 누리고 세 갈래 나쁜 길에 떨어지지도 않는다. 만일 지금 내

가 계율을 용맹스럽게 지켜 그 복으로 장래에 전륜성왕이 된다면 또한 유쾌하지 않겠는가?'

그때 세존께서는 그 비구의 마음속 생각을 아시고 그에게 말씀하셨다.

"너는 지금 여래 앞에서 그런 생각을 말라. 왜냐하면 전륜성왕이 비록 7보와 4신족을 성취하여 아무도 따라올 자가 없다고는 하지만 그도 오히려 지옥·아귀·축생의 세 갈래의 나쁜 길을 면하지 못하기 때문이다. 왜냐하면 전륜성왕은 4선禪과 4신족神足과 4제諦를 얻지 못해 그 인연으로 다시 세 갈래 나쁜 길에 떨어지기 때문이다. 사람 몸을 얻기는 매우 어렵고 여덟 가지 어려움을 당해 헤어나기도 매우 어려우며, 바른 나라에 태어나기도 쉽지 않고 좋은 벗을 구하기도 쉽지 않으며, 선지식을 만나고 싶어해도 그 또한 쉽지 않고 여래를 따라 법 안에서 도를 배우려 하여도 또한 만나기 어려우며, 여래가 세상에 출현하는 일은 매우 만나기 어렵고 그 설법하시는 가르침 또한 마찬가지라 해탈解脫과 4제諦와 4비상非常은 참으로 듣기 어렵다.

저 전륜성왕은 이 네 가지 법을 완전히 성취하지 못한다. 비구여, 여래가 세상에 출현하면 곧 7보가 세상에 나타난다. 여래의 7각의覺意라는 보배는 완전한 구경에 이르게 하는 것으로 천상과 인간이 기리는 것이다. 비구여, 지금 범행을 잘 닦으면 현재의 몸으로 괴로움을 완전히 벗어날 것인데 저 전륜성왕의 7보가 무슨 소용이 있겠는가?"

그 비구는 여래의 이와 같은 가르침을 듣고 한적한 곳에서 도의 가르침을 깊이 사유하였다. 족성자들이 수염과 머리를 깎고 출가하여 도를 배우는 목적은 위없는 바른 업을 닦아 '나고 죽음은 이미 다하고 범행은 이미 섰으며, 할 일을 이미 마쳐 다시는 태를 받지 않는다'고 사실 그대로 알기 위함이다. 그때 그 비구는 곧 나한이 되었다.

그때 그 비구는 부처님의 말씀을 듣고 기뻐하며 받들어 행하였다.

〔 9 〕[7]

이와 같이 들었다.

어느 때 존자 동진가섭童眞迦葉[8]은 사위국의 주암원晝闇園[9]에 있었다. 가섭이 한밤중에 경행經行하고 있는데, 그때 어떤 하늘이 가섭에게 찾아와 허공에서 가섭에게 이렇게 말하였다.

"비구여, 이 집은 밤에는 연기가 피어나고 낮에는 불길이 치솟는다는 것을 알아야 한다. 또 바라문은 지혜로운 자들에게 이렇게 말하였다.

'너는 이제 칼〔刀〕을 가지고 산길을 뚫어라. 산길을 뚫을 때 분명 등짐을 발견하게 될 것이니 너는 그것을 뽑아 버려야 한다. 너는 이제 산길을 뚫어라. 산을 뚫을 때 분명 산을 보게 될 것이니 너는 그 산을 버려야 한다. 너는 이제 산길을 뚫어라. 산길을 뚫을 때 분명 두꺼비를 발견하게 될 것이니 너는 그 두꺼비를 버려야 한다. 너는 이제 산길을 뚫어라. 산길을 뚫을 때 분명 고깃덩어리를 발견하게 될 것이니 고깃덩어리를 보게 되거든 그것을 버리고 떠나야 한다. 너는 이제 산길을 뚫어라. 산길을 뚫을 때 분명 칼〔枷〕[10]을 발견하게 될 것이니 칼을 보게 되거든 그것을 버리고 떠나야 한다. 너는 이제 산길을 뚫어

---

7 이 소경과 내용이 비슷한 경으로는 『잡아함경』 제38권 1,079번째 소경인 「유경喩經」과 『별역잡아함경』 제1권 18번째 소경, 송 시대 시호施護가 한역한 『불설전륜왕칠보경佛說轉輪王七寶經』이 있다.

8 팔리어로는 Kumāra Kassapa이고, 동자가섭童子迦葉이라고도 하며, 구마라가섭鳩摩羅迦葉으로 음역하기도 한다.

9 팔리어로는 Andhavana이고, 암림闇林이라고도 하며, 안타림安陀林으로 음역하기도 한다.

10 죄인을 구속해 머리에 씌우던 형틀을 가리킨다.

라. 산길을 뚫고 나면 분명 두 갈래 길이 나타날 것이니 두 갈래 길을 보게 되거든 그것을 버리고 떠나야 한다. 너는 이제 산길을 뚫어라. 산길을 뚫고 나면 분명 나뭇가지를 발견하게 것이니 나뭇가지를 보게 되거든 그것을 버리고 떠나야 한다. 너는 이제 산길을 뚫어라. 산길을 뚫고 나면 분명 용을 발견하게 될 것이니 용을 보게 되거든 이야기를 나누려 하지 말고 스스로 귀의하며 사모하도록 하라.'

비구여, 이 뜻을 잘 생각해 보라. 만일 이해하지 못하겠거든 바로 사위성으로 가서 세존께 나아가 이 뜻을 여쭈어 보라. 그리고 만일 여래께서 말씀이 있으시거든 잘 명심하고 실행하라. 왜냐하면 나는 여태껏 여래와 여래의 제자 혹은 내게서 들은 자들을 제외하고는, 어떤 사문 바라문이건 악마이건 악마의 하늘이건 이 뜻을 아는 자를 보지 못했기 때문이다."

가섭은 대답하였다.

"참으로 좋은 일입니다."

가섭은 이른 아침에 세존께 나아가 머리를 조아려 그 발에 예를 올리고 한쪽에 앉아 그 사실을 세존께 자세히 아뢰었다. 그리고는 가섭이 세존께 여쭈었다.

"저는 지금 여래께 그 뜻을 여쭙나이다. 그 하늘이 한 말은 무슨 뜻입니까? 왜 그 집은 밤에는 연기가 피어나고 낮에는 불길이 치솟습니까? 왜 바라문이라고 이름하고, 왜 지혜로운 자라고 이름했습니까? 산길을 뚫는다는 것은 무슨 뜻입니까? 그가 말한 칼〔刀〕도 무슨 뜻인지 모르겠습니다. 왜 등짐이라고 말했습니까? 또 그가 말한 산山이란 무슨 뜻입니까? 왜 또 두꺼비를 말했습니까? 왜 또 고깃덩어리를 말했습니까? 왜 또 칼〔枊〕을 말했습니다. 왜 또 두 갈래 길을 말했습니까? 나뭇가지는 무슨 뜻입니까? 왜 용이라고 이름했습니까?"

세존께서는 말씀하셨다.

"'집'이란 곧 이 몸뚱이니, 이는 물질인 4대大로 만들어져 부모의 혈맥을 받아 점점 자라나며 항상 먹이고 길러 부족함이 없게 하지만 그것은 곧 무너지고 흩어지는 법이다. '밤에는 연기가 피어난다'는 것은 중생들의 마음속 생각을 말한 것이요, '낮에는 불길이 치솟는다'는 것은 몸과 입과 뜻으로 짓는 행을 말한 것이다. '바라문'은 아라한을 말한 것이요, '지혜로운 자'는 공부하는 이를 말한 것이다.

'산길을 뚫는다'는 것은 정진하는 마음을 말한 것이요, '칼(刀)'은 지혜를 말한 것이며, '등짐'은 5결結을 말한 것이요, '산'은 교만을 말한 것이며, '두꺼비'는 성내는 마음을 말한 것이요, '고깃덩어리'는 탐욕을 말한 것이며, 칼(柳)은 다섯 가지 욕망(五欲)을 말한 것이요, '두 갈래 길'은 의심을 말한 것이며, '나뭇가지'는 무명을 말한 것이요, '용'은 여래·지진·등정각을 말한 것이다.

그 하늘이 한 말은 이런 뜻이다. 네가 이제 이 뜻을 깊이 사유한다면 오래지 않아 번뇌가 없어질 것이다."

그때 가섭은 여래의 이러한 가르침을 받고 한적한 곳에서 스스로 수행하였다. 족성자들이 수염과 머리를 깎고 출가하여 도를 배우는 목적은 범행을 닦아 '나고 죽음은 이미 다하고 범행은 이미 섰으며, 할 일을 이미 마쳐 다시는 태를 받지 않는다'고 사실 그대로 알기 위함이다. 그때 그 비구는 곧 나한이 되었다.

그때 가섭은 부처님의 말씀을 듣고 기뻐하며 받들어 행하였다.

〔 10 〕[11]

---

11 이 소경과 내용이 비슷한 경으로는 『중아함경』 제2권 9번째 소경인 「칠거경七車經」이 있다.

이와 같이 들었다.

어느 때 부처님께서는 라열성羅閱城의 가란타죽원迦蘭陀竹園에서 대비구들 5백 명과 함께 계셨다.

만원자滿願子[12] 역시 5백 명의 비구들을 거느리고 고향에서 유행하고 있었다. 그때 세존께서는 라열성에서 90일 동안의 여름 안거를 마치고 천천히 세간을 유행하며 사위국 기수급고독원으로 오셨다. 그때 다른 비구들도 제각기 흩어져 세간을 유행하다가 세존께서 계신 곳으로 모였다. 그들은 도착한 뒤 머리를 조아려 그 발에 예를 올리고 한쪽에 앉았다. 그때 세존께서 여러 비구들에게 물으셨다.

"너희들은 어디서 여름 안거를 지냈는가?"

비구들은 아뢰었다.

"저희들은 고향에서 여름 안거를 지냈습니다."

"너희들 고향에서는 어떤 비구가 스스로 아련야阿練若를 행하고 또 아련야를 칭찬하였으며, 스스로도 걸식하고 남들도 때를 어기지 않고 걸식하게 하였으며, 스스로도 누더기 옷을 입고 남들도 누더기 옷을 입게 하였으며, 스스로 만족할 줄 아는 행을 닦고 또 만족할 줄 아는 행을 칭찬하였으며, 스스로도 욕심을 적게 가지고 또 욕심을 적게 가지는 행을 칭찬하였는가? 또 스스로도 한적한 곳을 좋아하고 남들도 한적한 곳을 즐기게 하였으며, 스스로도 자기 행을 지키고 남들도 자신의 행을 지키게 하였으며, 스스로도 계행을 청정하게 온전히 지키고 남들도 계행을 닦게 하였으며, 스스로도 삼매를 성취하고 남들도 삼매를 닦게 하였으며, 스스로도 지혜를 성취하고 남들도 지혜를 닦게 하였으며, 스스로도 해탈을 성취하고 남들도 해탈을 닦게 하였으

---

[12] 팔리어로는 Puṇṇa Mantāni-putta이고, 부루나미다라니자富樓那彌多羅尼子로 음역하기도 한다. 부처님의 제자 중 설법에 가장 뛰어났다고 한다.

며, 스스로도 해탈의 지혜를 성취하고 남들도 그 법을 닦게 하였으며, 몸소 교화하기를 싫어하지 않고 설법하기를 게을리 하지 않았는가?"

그러자 모든 비구들이 세존께 아뢰었다.

"만원자滿願子 비구가 이 모든 비구들 중에서 능히 교화할 수 있었습니다. 그는 스스로도 아련야행阿練若行을 닦고 또 아련야행을 칭찬하였으며, 스스로 누더기 옷을 입고 욕심을 적게 가지며 만족할 줄을 알았고, 용맹하게 정진하고 걸식하며 한적한 곳을 좋아하였으며, 계율·삼매·지혜·해탈·해탈지견을 성취하였습니다. 그는 또 남들도 그런 법을 행하게 하고 스스로 능히 교화하고 설법하기를 싫어하지 않았습니다."

그때 세존께서는 비구들을 위해 미묘한 법을 말씀하셨다. 비구들은 부처님 설법을 듣고 곁에 잠시 머물다가 이내 자리에서 일어나 부처님을 세 번 돌고 물러갔다.

그때 사리불은 세존에게서 멀지 않은 곳에서 가부좌하고 앉아 몸과 마음을 바르게 하고 생각을 매어 앞에 두고 있다가 이렇게 생각하였다.

'만원자는 지금 좋은 이익을 한껏 얻었다. 왜냐하면 범행을 닦는 모든 비구들이 그의 덕을 칭찬하였고 또 세존께서도 그 말을 옳다 하시면서 부정하지 않으셨기 때문이다. 나는 언제나 그를 만나 이야기를 나눠볼 수 있을까?'

그때 만원자는 고향에서 교화를 두루 마치고 천천히 세간을 유행하며 교화하다가 세존께서 계시는 곳으로 와 머리를 조아려 그 발에 예를 올리고 한쪽에 앉았다. 그때 세존께서는 차근차근 그를 위해 설법하셨다. 만원자는 그 설법을 듣고 나서 곧 자리에서 일어나 머리를 조아려 그 발에 예를 올리고 물러갔다. 그는 니사단을 오른쪽 어깨에 걸치고 주암원晝闇園으로 갔다.

그때 어떤 비구는 만원자가 니사단을 오른쪽 어깨에 걸치고 그 동산으로 가는 것을 보고 곧 사리불에게 가서 말하였다.

"세존께서 항상 칭찬하시던 만원자가 지금 막 여래께 찾아와 부처님으로부터 설법을 듣고는 동산으로 갔습니다. 존자께서는 때를 알아 하십시오."

사리불은 이 비구의 말을 듣고 곧 자리에서 일어나 니사단을 오른쪽 어깨에 걸치고 그 동산으로 갔다. 그때 만원자는 어떤 나무 밑에서 가부좌하고 앉아 있었으므로 사리불도 어떤 나무 밑에 단정히 앉아 사유하였다. 그러다가 사리불은 곧 자리에서 일어나 만원자에게로 가 서로 문안하고 한쪽에 앉았다. 그때 사리불이 만원자에게 물었다.

"어떻습니까? 만원자여, 세존을 말미암으면 범행을 닦고 제자가 될 수 있습니까?"

만원자는 대답하였다.

"그렇습니다, 그렇습니다."

사리불이 다시 물었다.

"세존으로 인해 청정한 계율을 닦을 수 있습니까?"

"아닙니다."

"마음의 청정함을 말미암으면 여래 밑에서 범행을 닦을 수 있습니까?"

"아닙니다."

"소견이 청정하면 여래 밑에서 범행을 닦을 수 있습니까?"

"아닙니다."

"어떻습니까, 망설임이 없으면 범행을 닦을 수 있습니까?"

"아닙니다."

"행적이 청정하면 범행을 닦을 수 있습니까?"

"아닙니다."

"어떻습니까, 도道 안에서 지혜를 청정하게 닦으면 범행을 닦을 수 있습니까?"

"아닙니다."

"어떻습니까, 지견이 청정하면 범행을 닦을 수 있습니까?"

"아닙니다."

사리불은 말하였다.

"제가 여래 밑에서 범행을 닦을 수 있느냐고 물었을 때, 당신은 그렇다고 대답했습니다. 그런데 제가 지혜롭거나 마음이 청정하거나 도와 지견이 청정하면 범행을 닦을 수 있느냐고 묻자 당신은 다시 아니라고 대답하였습니다. 그렇다면 당신은 지금 어떻게 여래 밑에서 범행을 닦을 수 있었습니까?"

만원자는 대답하였다.

"계율이 청정한 이치는 마음을 청정하게 했고, 마음이 청정한 이치는 소견을 청정하게 했으며, 소견이 청정한 이치는 망설임 없음을 청정하게 했고, 망설임 없음이 청정한 이치는 행적을 청정하게 했으며, 행적이 청정한 이치는 도를 청정하게 했고, 도가 청정한 이치는 지견을 청정하게 했으며, 지견이 청정한 이치는 열반의 이치에 들어가게 하였습니다. 이렇게 여래 밑에서 범행을 닦을 수 있었습니다."

사리불이 물었다.

"당신이 지금 한 말씀은 무슨 뜻입니까?"

만원자가 말했다.

"제가 이제 비유를 들어 그 뜻을 설명해 보겠습니다. 지혜로운 사람은 비유를 들면 그 뜻을 이해합니다. 지혜로운 분께선 스스로 깨달으십시오. 마치 지금 바사닉왕이 사위성에서 바지국婆祇國까지, 두 나라 사이에 일곱 대의 수레를 배치해 놓은 것과 같습니다. 바사닉왕은 성을 나와 먼저 첫 번째 수레를 탑니다. 그리고 두 번째 수레에 이르면 곧바로 두 번째 수레를 타고 첫 번째 수레를 버립니다. 조금 더 나아가서는 세 번째 수레를 타고 두 번째 수레를 버리며, 다시 더 나아가서는 네 번째 수레를 타고 세 번째 수레는 버립니다. 다시 더 나아가서는 다섯 번째 수레를 타고 네 번째 수레를 버리고, 더 나아가서는 여섯 번째 수레를 타고 다섯 번째 수레를 버리며, 다시 더 나아가서는 일곱 번째 수레를 타고 여섯 번째 수레는 버리고 바지국으로 들어갑니다. 바사닉왕이 궁중에 들어갔을 때 만일 누군가 '대왕께선 오늘 어떤 수레를 타고 이 궁전으로 오셨습니까' 하고 묻는다면 그 왕이 무어라고 대답하겠습니까?"

사리불이 대답하였다.

"누군가 묻는다면 분명 '나는 사위성에서 나와 먼저 첫 번째 수레를 타고 두 번째 수레까지 왔고, 다시 두 번째 수레를 버리고 세 번째 수레를 탔으며, 다시 세 번째 수레를 버리고 네 번째 수레를 탔고, 다시 네 번째 수레를 버리고 다섯 번째 수레를 탔으며, 다시 다섯 번째 수레를 버리고 여섯 번째 수레를 탔고, 여섯 번째 수레를 버리고는 일곱 번째 수레를 타고 바지국에 도착하였다'고 대답할 것입니다. 왜냐하면 앞 수레로 말미암아 두 번째 수레로 왔고 이렇게 계속해 서로를 말미암아 그 나라에 이르게 되었기 때문입니다. 만일 누군가 묻는다면 분명 이렇게 대답할 것입니다."

만원자는 말하였다.

"계율이 청정한 이치 또한 그와 같고, 마음이 청정함으로 말미암아 소견이 청정하게 되었고, 소견의 청정함으로 말미암아 망설임을 버린 청정함에 이르게 되었으며, 망설임 없는 이치로 말미암아 행적의 청정함에 이르게 되었고, 행적의 청정함으로 말미암아 도의 청정함에 이르게 되었으며, 도의 청정함으로 말미암아 지견의 청정함에 이르게 되었고, 지견이 청정한 이치로 말미암아 열반의 이치에 이르게 되어 여래 밑에서 범행을 닦게 된 것입니다.

왜냐하면 계율이 청정한 이치는 곧 받아들이는 형태인데 여래께서는 받아들임〔受入〕을 없애라고 말씀하셨고, 마음이 청정한 이치 또한 곧 받아들이는 형태인데 여래께서는 받아들임을 없애라고 말씀하셨으며, 나아가 지견의 이치 또한 받아들임인데 여래께서는 받아들임을 없애라고 말씀하셨기 때문입니다. 이렇게 나아가 열반에 이르러야 여래 밑에서 범행을 닦을 수 있습니다.

만일 계율의 청정함으로 여래 밑에서 범행을 닦을 수 있다면 범부들 또한 멸도滅道를 얻어야 할 것입니다. 왜냐하면 범부에게도 그런 계법戒法이 있기 때문입니다. 세존께서 말씀하신 바는 차례를 따라 도를 이루어야 열반의 세계에 이를 수 있다는 것이지 계율의 청정함만으로 멸도에 이를 수 있다는 것은 아닙니다. 마치 어떤 사람 7층 다락 꼭대기에 오르려 한다면 반드시 차례대로 올라가야 하는 것과 같습니다. 계율이 청정한 이치도 그와 같아 점점 마음에 이르게 되고, 마음으로 말미암아 소견에 이르게 되며, 소견으로 말미암아 망설임 없음에 이르게 되고, 망설임 없음으로 말미암아 깨끗한 행적에 이르게 되며, 깨끗한 행적으로 말미암아 도에 이르게 되고, 깨끗한 도로 말미암아 지견에 이르게 되며, 깨끗한 지견으로 말미암아 열반에 이르게 되는 것입니다."

그러자 사리불이 곧 찬탄하였다.

"훌륭하고, 훌륭합니다. 그 이치를 잘 설명하였습니다. 당신의 이름은 무엇입니까? 여러 범행 비구들은 당신을 어떻게 부릅니까?"

만원자는 대답하였다.

"제 이름은 만원자滿願子이고, 어머니의 성은 미다나니彌多那尼[13]입니다."

"훌륭하고, 훌륭합니다. 만원자여, 우리 성현의 법에서 아무도 짝할 이가 없겠습니다. 마음에 감로甘露를 품고 끝없이 펼쳐 자세히 설명하였습니다. 제가 지금 매우 깊은 이치를 물었는데 당신은 모두 자세히 설명하셨습니다. 설사 모든 범행인이 당신을 머리에 이고 온 세상을 돈다하더라도 오히려 그 은혜를 갚지 못할 것입니다. 누구든 찾아와 가까이하고 문안하는 이가 있다면 그는 좋은 이익을 얻을 것입니다. 저도 오늘 좋은 이익을 얻고 그 가르침을 받았습니다."

만원자가 말하였다.

"훌륭하고, 훌륭하십니다. 당신 말씀과 같습니다. 당신의 이름은 무엇이며, 여러 비구들은 당신을 어떻게 부릅니까?"

"제 이름은 우파제사憂波提舍[14]이고, 어머니의 이름은 사리舍利이며 비구들은 저를 사리불舍利弗이라 부릅니다."

만원자는 말하였다.

"저는 이제 어르신과 변론하였었군요. 법의 주인께서 이곳으로 찾아오신 줄 미처 몰랐습니다. 만일 존자 사리불께서 이곳을 찾아 주신 줄을 알았다면 그런 변론으로 문답을 주고받지 않았을 것입니다. 존자께서 그런 깊은 이치를 물으셨을 때 아마 전 바로 정신이 나갔을 것입니다. 훌륭하십니다. 사리불께서는 부처님 제자 중 가장 어른으로

---

13 팔리어로는 Mantāni이고, 미다라니彌多羅尼라고도 하며, 만자녀滿慈女로 한역하기도 한다.
14 팔리어로는 Upatissa이고, 우파제憂波提라고도 하며, 대광大光으로 한역하기도 한다.

서 항상 감로 같은 법의 맛으로 스스로 즐기시는 분이십니다. 설사 모든 범행인이 존자 사리불을 머리에 이고 여러 해 동안 온 세상을 돈다 하더라도 잠깐 동안의 은혜조차 갚지 못할 것입니다. 어떤 중생이라도 존자께 찾아와 문안드리고 가까이한다면 그는 좋은 이익을 선뜻 얻게 될 것입니다. 저 역시 좋은 이익을 얻었습니다."

그때 두 현자는 그 동산에서 이렇게 서로 이야기를 나누었다. 그 두 사람은 서로의 말을 듣고 기뻐하며 받들어 행하였다.

등법等法과 주도晝度와
물의 비유〔水喩〕와 성곽의 비유〔城郭喩〕와
식識・균두均頭・두 전륜성왕〔二輪〕과
파밀波蜜과 7거車에 대해 설하셨다.

증일아함경 제 34 권

40. 칠일품七日品 ①

〔 1 〕

이와 같이 들었다.

어느 때 부처님께서는 사위국 기수급고독원에 계셨다.

그때 많은 비구들은 식후에 모두 보회강당普會講堂에 모여 이런 논의를 하였다.

'수미산은 너무나 넓고 커서 어떤 산도 그에 미치지 못한다. 매우 기이하고 뛰어나며 넓고 크고 극히 험준하다. 그러나 그렇다 해도 오래지 않아 모두 부서져 흔적도 없게 된다. 수미산에 의지해 큰 산들이 또 있지만 그것 역시 부서진다.'

그때 세존께서는 천이天耳로 비구들의 이런 이야기 들으시고, 곧 자리에서 일어나 그 강당으로 가 자리에 앉으셨다. 그때 세존께서 비구들에게 말씀하셨다.

"너희들은 여기 모여 무슨 이야기를 하고 있었는가? 무슨 일을 하려고 하는가?"

비구들은 아뢰었다.

"저희들은 여기 모여 법을 이야기하고 있었습니다. 지금껏 이야기한 것은 모두 법다운 이야기였습니다."

세존께서 말씀하셨다.

"훌륭하구나. 비구들이여, 너희들은 출가한 사람이니 응당 법을 논하고 또한 성현의 침묵도 버리지 않아야 한다. 왜냐하면 비구들은 한 곳에 모이면 두 가지 일을 해야 하기 때문이다. 두 가지란 무엇인가? 첫째는 함께 법을 논하는 것이요, 둘째는 성현의 침묵이다. 너희들이 이 두 가지를 아울러 행한다면 마침내 안온을 얻고 때를 놓치지 않을 것이다. 너희들은 아까 어떤 법다운 논의를 하였는가?"

비구들은 아뢰었다.

"저희들은 이곳에 모여 이런 이야기를 나누었습니다.

'매우 기이하고 매우 뛰어나다. 저 수미산은 너무도 높고 넓고 크다. 그러나 그 수미산이 그렇다 해도 오래지 않아 부서지며, 또 그 주위의 철위산鐵圍山[1] 역시 그와 같이 부서질 것이다.'

아까 저희들은 이곳에 모여 이런 법다운 이야기를 나누었습니다."

세존께서는 말씀하셨다.

"너희들은 이 세상 경계가 부서지는 과정에 대해 듣고 싶으냐?"

비구들은 세존께 아뢰었다.

"지금이 바로 그때입니다. 원컨대 세존께서는 지금 곧 말씀하시어 중생들의 마음을 해탈시켜 주소서."

"너희들은 잘 사유하고 기억해 마음속에 깊이 간직하라."

비구들은 세존께 아뢰었다.

---

[1] 팔리어로는 Cakkavāla-pabbata이고, 철륜위산鐵輪圍山・금강산金剛山이라고 한다.

"그렇게 하겠습니다, 세존이시여."

비구들은 부처님의 말씀을 듣고 있었다. 세존께서는 말씀하셨다.

"수미산은 너무도 넓고 커서 어떤 산도 그에 미치지 못한다. 비구들이여, 수미산을 알고 싶은가? 물 위로 나온 높이가 8만 4천 유순이요, 물속에 들어간 깊이 또한 8만 4천 유순이니라. 그 수미산은 금·은·수정·유리의 네 가지 보배로 되어 있고 그 네 모서리도 금·은·수정·유리의 네 가지 보배로 되어 있느니라.

금으로 된 성엔 은으로 외곽外郭이 둘러쳐졌고, 은으로 된 성엔 금으로 외곽이 둘러쳐졌으며, 수정으로 된 성엔 유리로 외곽이 둘러쳐졌고, 유리로 된 성엔 수정으로 외곽이 둘러쳐졌다.

또 수미산 위에는 다섯 종류의 하늘이 살고 있는데, 그들은 모두 과거 인연으로 그곳에서 사는 자들이다. 어떤 것이 다섯 종류의 하늘인가? 이른바 그 은으로 된 성에는 세각천細脚天이 그곳에서 살고 있고, 금으로 된 성에는 시리사천施利沙天이 그곳에서 살고 있으며, 수정으로 된 성에는 환열천歡悅天이 그곳에서 살고 있고, 유리로 된 성에는 역성천力盛天이 그곳에서 살고 있다.

금성과 은성 중간에는 비사문천왕毗沙門天王이 헤아릴 수 없이 많은 야차들을 거느리고 그곳에서 살고 있고, 금성과 수정성 중간에는 비류박차천왕毗留博叉天王이 온갖 용신들을 거느리고 그곳에서 살고 있으며, 수정성과 유리성 중간에는 비류륵차천왕毗留勒叉天王이 그곳에서 살고 있고, 유리성과 은성 중간에는 제두뢰타천왕提頭賴吒天王이 그곳에서 살고 있느니라.

비구들이여, 마땅히 알아야 한다. 수미산 아래에는 아수륜阿須倫이 살고 있다. 그 아수륜은 삼십삼천과 싸우려 할 때 먼저 세각천과 싸운다. 거기서 이기면 다시 금성으로 가서 시리사천과 싸우고, 시리사천에게 이기면 다시 수정성으로 가서 환열천과 싸우고, 거기서 이기면 다시 유리성으로 가고, 그곳의 역성천에게 이기면 곧 삼십삼천과 싸운다.

비구들아, 마땅히 알아야 한다. 수미산 정상에는 삼십삼천이 그곳에서 살고 있는데, 밤낮으로 환하게 밝으니 이는 그들 자신의 몸에서 나온 빛들이 서로 비추기 때문에 그렇게 된 것이다.

수미산을 의지해 해와 달이 도는데, 일천자日天子의 성곽城郭은 세로와 가로가 51유순이요, 월천자月天子의 성곽은 세로와 가로가 39유순이다. 가장 큰 별은 세로와 가로가 1유순요, 가장 작은 별은 세로와 가로가 2백 걸음이다. 수미산 정산은 동서남북으로 세로와 가로가 8만 4천 유순이다.

수미산 가까이 남쪽으로 큰 철위산이 있는데 길이는 8만 4천 리요, 높이는 8만 리다. 또 그 산 주위로 니미타산尼彌陀山[2]이 그 산을 에워싸고 있으며, 니미타산과 떨어져 또 가라산佉羅山[3]이 있으며, 그 산 밖에는 또 이사산伊沙山[4]이라는 산이 있고, 그 산 밖에는 또 마두산馬頭山이라는 산이 있으며, 마두산 밖에는 비나야산毗那耶山[5]이 있고, 비나야산 다음에는 철위산과 대철위산大鐵圍山이 있다.

철위산 중간에는 여덟 개의 큰 지옥地獄[6]이 있고, 그 낱낱의 지옥에

---

2 니미타尼彌陀는 팔리어로 Nemindhara이고, 니민다尼民陀라고도 하며, 지변持邊·지지持地로 한역하기도 한다. 일곱 겹의 금산金山 중 가장 바깥쪽에 있는 산이다.
3 가라佉羅는 팔리어로 Karavika이고, 가라치訶羅置라고도 하며, 첨목檐木·공파空破로 한역하기도 한다. 이 산에는 보배나무가 자라는데, 그 모양이 첨산목檐山木과 비슷하다고 한다.
4 이사伊沙는 팔리어로 Īsadhara이고, 이사다伊沙陀라고도 하며, 지축持軸·자재지自在持로 한역하기도 한다.
5 비나야毗那耶는 팔리어로 Vinataka이고, 장애障礙·상비象鼻로 한역하기도 한다.
6 나락가(那落迦, naraka)·니리(泥犁, niraya)라고도 하며, 불락不樂·가염可厭·고구苦

는 16격자隔子⁷가 있다. 그 철위산은 염부리閻浮里 땅에 큰 이익을 준다. 왜냐하면 만일 철위산이 없었다면 이 세상은 항상 악취가 가득했을 것이기 때문이다. 철위산 바깥에는 향적산香積山이 있고 향적산 기슭에는 8만 4천 마리 흰 코끼리가 그곳에서 살고 있는데, 모두들 여섯 개의 어금니를 가졌고 금과 은으로 주렁주렁 장식하였다. 그 향산香山에는 8만 4천 개의 굴이 있어 코끼리들은 거기서 살고 있는데, 모두 금·은·수정·유리로 되어 있다. 그 중 가장 좋은 코끼리는 석제환인釋提桓因이 타고, 가장 나쁜 코끼리는 전륜성왕轉輪聖王이 타느니라.

향적산 기슭에는 또 마타摩陀라는 연못이 있는데 그곳에는 우발연화優鉢蓮華·구모두화拘牟頭華 등이 모두 자라므로 코끼리들은 그 뿌리를 파먹는다. 마타못 옆에는 우사가라優闍伽羅라는 산이 있는데 그 산에는 여러 가지 초목과 새와 짐승과 벌레들이 살고, 또 그 산을 의지해 신통을 가진 도인들이 그곳에서 살고 있다. 또 반다바般茶婆라는 산과 기사굴산耆闍崛山이 있는데 이 산들은 염부리 땅이 의지하는 곳이다.

비구들이여, 알아야 한다. 언젠가 때가 되어 이 세간이 부서지려 할 때면, 하늘이 비를 내리지 않아 심은 모종이 자라지 않고 작은 강과 샘들이 모두 말라버린다. 일체의 행行은 모두 무상하여 오래 머무르지 못하느니라.

비구들이여, 알아야 한다. 언젠가 때가 되면 이른바 긍가강恒伽江·사두강私頭江·사타강死陀江·바차강婆叉江의 네 개의 큰 강도 모두 바짝 말라버린다. 비구들이여, 이와 같이 갖가지로 덧없이 변한다는 것

具·고기盎器·무유無有로 한역하기도 한다.
7 『장아함경』 제30경인 「세기경世記經」 지옥품地獄品에는 16소지옥小地獄으로 되어 있다.

은 바로 이런 것을 말하는 것이니라.

비구들이여, 언제가 때가 되어 이 세상에 두 개의 해가 나타나면, 이때 온갖 초목은 모두 시들어 떨어진다. 비구들이여, 이와 같이 무상해 오래 머무르지 못하고, 이때 온갖 샘과 작은 강들은 모두 말라 버리느니라. 비구들이여, 알아야 한다. 이 세상에 두 개의 해가 나타나면, 그때 네 개의 큰 바다도 아래로 1백 유순이나 말라버리고 점점 더해 아래로 7백 유순까지 바닷물이 말라버리느니라.

비구들이여, 알아야 한다. 이 세상에 세 개의 해가 나타날 때면, 네 개의 큰 바다는 아래로 1천 유순이나 말라버리고 점점 더해 아래로 7천 유순까지 바닷물이 말라버리느니라.

비구들이여, 알아야 한다. 이 세상에 네 개의 해가 나타날 때면, 네 개의 큰 바다는 그 깊이가 1천 유순밖에 되지 않는다. 비구들이여, 이와 같이 모든 행은 무상해 오래 머무르지 못하느니라.

비구들이여, 알아야 한다. 언젠가 때가 되어 이 세상에 다섯 개의 해가 나타나면, 이때 네 개의 큰 바다는 7백 유순밖에 바닷물이 남지 않고 그것도 점점 줄어 1백 유순이 된다.

비구들이여, 알아야 한다. 다섯 개의 해가 나타날 때면, 이때 바닷물은 1유순밖에 남지 않고 그것도 점점 말라 완전히 없어진다. 다섯 개의 해가 나타날 때면 바닷물은 겨우 일곱 자밖에 남지 않았다가 다섯 개의 해가 나타났을 때 바닷물은 남김없이 모두 말라버리고 만다. 비구들이여, 알아야 한다. 모든 행은 무상해 오래 머무르지 못하느니라.

비구들이여, 알아야 한다. 언젠가 때가 되어 여섯 개의 해가 나타나면, 이 땅은 6만 8천 유순 깊이까지 모두 타 연기가 나고 수미산 역시 점점 녹아 부서지게 된다. 여섯 개의 해가 나타날 때면 이 삼천대천세계가 모두 녹아 부서지게 되니, 마치 옹기 굴에 기와를 굽는 것과 같다. 이때 삼천대천세계도 그와 같이 온 세계가 빈틈없이 벌겋게 타오른다. 비구들이여, 알아야 한다. 여섯 개의 해가 나타날 때면, 여덟 가지 큰 지옥도 모두 녹아 없어지고 사람들도 죄다 죽으며, 수미산을 의지해 있는 다섯 가지 하늘들도 모두 목숨을 마치고, 삼십삼천과 염천豔天, 나아가 타화자재천他化自在天까지도 또한 모두 목숨을 마쳐 궁전이 텅텅 비게 된다. 여섯 개의 해가 나타날 때면, 이때 수미산과 삼천대천세계는 온통 활활 타올라 흔적도 없게 된다. 비구들이여, 이와 같이 모든 행은 무상해 오래 머무르지 못하느니라.

비구들이여, 알아야 한다. 언젠가 때가 되어 일곱 개의 해가 나타나면, 이 땅 6만 8천 유순 깊이까지 그리고 삼천대천세계에 모두 불길이 치솟는다. 또 일곱 개의 해가 나타날 때면 저 수미산도 점점 녹아내려 백천 유순 높이가 저절로 무너져 흔적도 없게 되니, 티끌이나 연기도 볼 수 없는데 더구나 그 재를 볼 수 있겠는가? 이때는 삼십삼천과 나아가 저 타화자재천의 궁전까지 다 불에 타고 그 불꽃이 범천梵天까지도 올라간다. 범천의 궁전에 새로 태어난 천자들은 지금까지 그런 겁의 말기에 일어나는 불길을 본적이 없으므로 그 불빛을 보고는 불에 탈까봐 모두들 두려워한다. 그러나 오래전 그곳에 태어난 천자들은 그런 겁의 말기에 일어나는 불길을 일찍이 본적이 있기 때문에 곧 뒤에 태어난 천자들은 찾아가 이렇게 위로한다.

'너희들은 두려워하지 말라. 저 불은 결코 여기까지 오지 않는다.'

비구들이여, 알아야 한다. 일곱 개의 해가 나타날 때, 이 세간에서 여섯 하늘에 이르기까지 나아가 삼천대천세계가 모두 재가 되고 또 어떤 형태의 물질도 없게 된다. 비구들이여, 이와 같이 모든 행은 무상해 오래 보존할 수 없고 모두 소멸도 돌아가고 마느니라. 그때 사람들은 목숨을 마치고 모두 타방 세계에 태어나거나 혹은 천상에 태어난다. 설사 지옥에 있던 중생이라도 묵은 죄가 이미 끝났다면 천상이나 혹은 타방 세계에 태어나고, 지옥에 있던 중생으로서 지은 죄가 끝나지 않았으면 다시 타방세계로 옮겨간다. 비구들이여, 알아야 한다. 일곱 개의 해가 나타날 때면, 다시는 해와 달의 광명과 별들의 비춤이 없게 된다. 이때 해와 달은 이미 없어져 다시는 낮과 밤이 없다. 비구들이여, 이른바 인연의 과보로 말미암아 이렇게 파괴되는 것이니라.

비구들이여, 또 알아야 한다. 그 무너진 겁이 다시 이루어질 때, 언젠가 때가 되면 불길이 저절로 꺼지고 허공에서 큰 구름이 일어나 비가 내리기 시작한다. 이때 이 삼천대천세계는 물이 가득 차 범천까지 이르게 될 것이다. 비구들이여, 알아야 한다. 이때 그 물은 차차 정지했다가 스스로 말라버린다.

거기에 다시 수람隨嵐[8]이라는 바람이 일어난다. 그 바람은 그 물을 불어 한 곳에 모으고, 다시 1천 수미산·1천 기미타산·1천 니미타산·1천 가라산·1천 이사산·1천 비나야산·1천 철위산·1천 대철위산을 만들고, 또 8천 지옥을 만들며, 다시 1천 마두산·1천 향적산·1천 반다바산·1천 우사가산[9]·1천 염부제·1천 구야니·1천 불우체·1천 울단왈을 만들고, 다시 1천 개의 사해四海를 만들며, 1천 개의 사천왕궁·1천 개의 삼십삼천·1천 염천·1천 도술천·1천 화자재천·1천 타화자재천을 만드느니라.

비구들이여, 알아야 한다. 언젠가 때가 되면 물이 없어지고 땅이 다시 생긴다. 그때 땅 위에 지비地肥가 저절로 생기는데, 너무도 향기롭

---

8 비람毗嵐 또는 비람바毗嵐婆, veramba라고도 하며, 신맹迅猛·선선旋이라고도 한다.
9 앞에서는 우사가라산優闍伽羅山이라 하였고, 송·원·명 3본에도 우사가라산으로 되어 있다.

고 맛있는 것이 감로#露보다 훌륭하다. 그 지비의 맛이 궁금한가? 달달한 포도주 맛과 같으니라.

　비구들이여, 알아야 한다. 언제가 때가 되어 광음천光音天은 저희끼리 이렇게 말하였다.

　'우리 저 염부제로 가서 그 지형을 살펴보고 곧장 돌아오자.'

　광음천자光音天子들은 이 세상에 내려왔다가 지비가 있는 것을 보고는 곧 손가락으로 찍어 맛보고는 집어먹었다. 이때 지비를 많이 먹은 천자는 점점 위신과 광명이 없어지고 몸이 무거워지며 뼈와 살이 생겨 곧 신족神足을 잃고 다시는 허공을 날지 못하게 되었다. 그러나 지비를 적게 먹은 천자는 몸이 무거워지지 않고 신족도 잃지 않아 허공을 날 수 있었느니라.

　이때 신통을 잃은 천자들은 모두 울부짖으면서 저희끼리 '우리는 이제 너무도 처량한 처지가 되었다. 신통을 잃어 다시는 하늘로 돌아가지 못하고 이 세상에 살게 되었으니, 그것은 지비를 먹었기 때문이다'고 말하며 서로의 얼굴을 바라보았다. 그때 탐욕이 많은 천자는 곧 여자가 되어 정욕을 행하면서 서로 즐겼다. 비구들이여, 이른바 세상이 처음 생겼을 때 이런 음행하는 법이 있어 세상에 퍼졌으니, 이는 옛날부터 항상 있었던 법이다. 이 세상에는 반드시 여인이 있기 마련이니 이는 지금에만 적용되는 것이 아니라 옛날도 그러했다. 이때 다른 광음천들은 이 천자가 타락한 것을 보고 모두 와서 꾸짖었다.

　'너희들은 왜 이런 더러운 짓을 하느냐?'

　그때 타락한 중생들은 생각했다.

　'우리는 방법을 궁리해 남들이 보지 못하게 하고 같이 자자.'

　그렇게 해서 집을 짓고 그 몸뚱이를 가리게 되었다. 비구들이여, 이른바 이런 인연으로 지금의 집이 있게 되었다.

비구들이여, 알아야 한다. 언젠가 때가 되어 지비는 저절로 땅으로 들어가고 그 후 멥쌀이 자랐다. 그것은 너무도 곱고 깨끗하며 또 껍질이 없고 향기도 좋아 사람을 살찌우고 하얗게 한다. 그것은 아침에 베면 저녁에 다시 나고 저녁에 베면 아침에 다시 났다. 비구들이여, 이른바 그때 처음으로 멥쌀이라는 이름이 생겼다.

비구들이여, 언젠가 때가 되어 사람들은 게을러져 생활에 힘쓰지 않게 되었다. 그때 어떤 사람이 이렇게 생각하였다.

'내가 무엇 하러 날마다 이 멥쌀을 거두는가? 이틀에 한 번씩만 거두자.'

그래서 그는 이틀에 한 번씩 멥쌀을 거두었다. 그때 그들은 차차 아이를 배게 되었고, 그로 말미암아 '난다'는 사실이 있게 되었다.

또 어떤 중생이 그 중생에게 '우리 함께 멥쌀을 거두러 가자'고 말하자 그 사람은 '나는 이틀 양식을 이미 준비해 놓았다'고 대답하였다. 이 사람은 그 말을 듣고 '그럼 나는 나흘치 양식을 쌓아두겠다' 하고 생각하고는 곧 나흘치 양식을 준비하였다.

또 다른 중생이 그 중생에게 '우리 함께 멥쌀을 거두러 가자'고 말하자 그 사람은 '나는 나흘치 양식을 이미 거둬놓았다'고 대답하였다. 이 사람은 그 말을 듣고 '그럼 나는 여드레치 양식을 준비하리라'고 생각하고는 곧 여드레치 양식을 쌓아두었다.

그때부터 그 멥쌀이 다시는 나지 않았다. 중생들은 제각기 생각하였다.

'세상에 큰 재앙이 닥쳤다. 이젠 멥쌀이 예전처럼 나지 않게 되었다. 이제 이 멥쌀을 고루 나누자.'

그들은 곧 그 멥쌀을 나눠가졌다. 그때 한 중생이 다시 생각하였다.

'나는 이제 내 멥쌀은 감추어 두고 남의 멥쌀을 훔쳐야겠다.'

그래서 그 중생은 자기 멥쌀은 감추어 두고 남의 멥쌀을 훔쳤다.
멥쌀 주인은 그것을 보고 그에게 말하였다.
'너는 왜 내 멥쌀을 가져가느냐? 이번만은 네 죄를 용서해 주겠으니 다시는 범하지 말라.'
그때 이 세상에는 처음으로 도둑질하는 마음이 있게 되었다. 이때 또 다른 중생이 이 말을 듣고 생각하였다.
'나도 이제 내 멥쌀을 감추고 남의 멥쌀을 훔치리라.'
그래서 그 중생은 곧 자기 몫은 놔두고 남의 몫을 가져왔다. 주인은 그것을 보고 그에게 말하였다.
'네가 왜 내 멥쌀을 가져가느냐?'
그러나 그는 잠자코 대답하지 않았다. 그러자 그 주인은 곧 주먹으로 그를 때리면서 말하였다.
'지금부터는 다시 침범하지 말라.'
그때 많은 사람들은 중생들이 서로 도둑질한다는 소식을 듣고 모두 모여 저희끼리 말하였다.
'세상에 서로 훔치는 나쁜 법이 있다. 이제 우리의 토지를 지킬 사람을 세워 토지를 지키게 하자. 총명하고 재주가 뛰어난 사람을 우리의 토지를 지킬 자로 추대하자.'
그들은 곧 토지의 수호자들을 뽑고 그에게 말하였다.
'당신들은 알아야 합니다. 세상에 물건을 훔치는 나쁜 법이 있으니, 당신들이 토지를 지켜준다면 값을 치르겠소. 누구든 몰래 들어와 남의 멥쌀을 훔치는 자가 있거든 곧 그 죄를 벌하시오.'
그때 토지의 수호자를 두게 되었다.
비구들이여, 알아야 한다. 그때 그 토지의 수호자를 찰리종刹利種이라 불렀느니라. 그러나 그것은 다 옛날 법으로서 지금의 법은 아니니라."

그때 세존께서 곧 이런 게송을 말씀하셨다.

  처음으로 찰리 종족이 생겨
  모든 성 가운데서 최상이 되었고
  총명하고 재주가 뛰어난 그들
  천상과 인간의 존경을 받았네.

"그때부터 남의 물건을 침범하는 이가 있으면 찰리가 즉시 그들을 잡아들여 법으로 다스렸다. 그러나 그 죄를 고치지 않고 일부러 다시 범하는 자가 생기자 찰리의 주인은 곧 명령하여 칼이나 몽둥이를 만들게 하고는 그를 잡아들여 그 목을 베고 나무에 매달았다. 그때부터 이 세상에 처음으로 살생이 있게 되었느니라.

사람들은 '멥쌀을 훔치는 자는 찰리 주인이 곧 잡아서 죽인다'는 명령을 듣고 모두들 두려워 온몸의 털이 곤두섰다. 그래서 어떤 이들은 초막을 짓고 들어앉아 좌선하면서 범행을 닦으며 마음을 오로지하였다. 즉 가업과 처자와 며느리를 버리고 홀로 그 마음을 고요히 하며 범행을 닦았다. 이로 말미암아 바라문婆羅門이라는 성명이 있게 되었으니, 이렇게 그때부터 두 종성이 이 세상에 있게 되었느니라.

비구들이여, 알아야 한다. 그때 도둑으로 말미암아 살생이 있게 되었고, 살생으로 말미암아 칼과 몽둥이가 생기자, 그때 찰리 주인은 백성들에게 말하였다.

'단정하고 재주가 뛰어난 자가 있으면 그로 하여금 이 백성들을 통치하게 하리라.'

또 말하였다.

'남의 물건을 훔치는 자가 있으면 그로 하여금 그 죄를 다스리게 하리라.'

그때부터 비사毘舍 종성이 이 세상에 있게 되었다. 그때 여러 중생들은 생각하였다.

'지금 중생들이 서로를 죽이는 것은 다 그 직업 때문이다. 나는 지금부터 그들을 위해 심부름해 줌으로써 생활해 가리라.'

그래서 그때부터 수다라首陀羅 종성이 이 세상에 나타났느니라."

그때 세존께서는 곧 이런 게송을 말씀하셨다.

맨 처음엔 찰리종이 있게 되었고
그 다음엔 바라문이 있게 되었으며
다음 세 번째는 그 이름 비사
또 다음엔 수타라 성 있게 되었네.

이 네 가지 종성이 있어
차차 서로 의지해 살아가게 되었으니
그들은 모두 하늘에서 생긴 몸
모두가 같은 한 빛깔이다.

"비구들이여, 알아야 한다. 그때 죽이고 훔치는 마음이 있게 되자 그 자연의 멥쌀은 완전히 없어졌느니라.

그때 곧 다섯 가지 종자가 있게 되었다. 첫째는 뿌리 종자, 둘째는 줄기 종자, 셋째는 가지 종자, 넷째는 꽃 종자, 다섯째는 열매 종자와 또 그밖에 다른 방법으로 자라는 종자이다. 이것을 다섯 가지 종자라 하는데 이것들은 다 다른 나라에서 바람에 불려 온 것으로서 그것을 취해 종자로 삼아 스스로 살아가게 되었느니라.

비구들이여, 세상에는 이와 같은 징조로써 곧 태어남·늙음·병 듦·죽음이 있어 오늘날 5성음盛陰의 이 몸이 있게 되었고 괴로움을 벗어나지 못하게 되었다. 이것이 이른바 겁이 이루어지고 무너지는 때의 변화이니라.

내가 너희들에게 한 말은 모든 불세존들께서도 항상 행하신 바로서, 이제 너희들에게 모두 설명하였다. 너희들은 고요한 곳에 한가히 지내기를 즐기고 고요히 생각하며 좌선하기를 게을리 하지 말라. 지금 정성을 들이지 않으면 뒤에 후회하여도 아무 이익이 없느니라. 이것이 내 가르침이니라."

그때 비구들은 부처님의 말씀을 듣고 기뻐하며 받들어 행하였다.

〔 2 〕[10]

이와 같이 들었다.

어느 때 부처님께서는 라열성 가란타죽원에서 대비구들 5백 명과 함께 계셨다.

그때 마갈국摩竭國의 왕 아사세阿闍世는 여러 신하들에게 이렇게 말하였다.

"저 발지국拔祇國은 매우 풍요롭고 백성들이 매우 많다. 내 저 나라를 정벌해 저 땅을 빼앗으리라."

이때 아사세왕은 바리가婆利迦 바라문에게 명령하였다.

"너는 지금 세존께 가서 내 이름으로 문안드리며 예를 올리고는 '아사세왕은 세존께 여쭈겠습니다. 저 발지국을 정벌하려 하는데 어떻겠

---

10 『중아함경』 제 142번째 소경인 「우세경雨勢經」에 더 자세히 설명되어 있다.

습니까?' 하고 아뢰어라. 그리고 만일 세존께서 무슨 말씀이 있으시거든 너는 잘 기억해두었다가 내게 와서 말하라. 왜냐하면 여래께서는 결코 두 가지로 말씀하지 않으시기 때문이니라."

바라문은 왕의 명령을 받고 세존께 찾아가 안부를 여쭙고는 한쪽에 앉았다. 이때 바라문이 세존께 아뢰었다.

"아사세왕은 세존께 예를 올리고 받들어 문안드렸습니다."

또 거듭 아뢰었다.

"저 발지국을 정벌하려 하는데 먼저 부처님께 찾아와 여쭙습니다. 어떻겠습니까?"

그 바라문은 옷으로 머리와 다리를 감싸고 상아로 만든 신을 신고 허리에는 날카로운 칼을 차고 있었기 때문에 그에게는 설법할 수가 없었다.

그래서 세존께서는 아난에게 말씀하셨다.

"만일 발지 백성들이 일곱 가지 법을 닦는다면 결코 외적들에 의해 파괴되지 않을 것이다. 일곱 가지 법을 법이란 무엇인가? 만일 발지국 백성들이 모두 한 곳에 모여 흩어지지 않는다면 다른 나라에 의해 파괴되지 않을 것이니, 이것이 외적에게 패하지 않는 첫 번째 법이니라.

또 아난아, 발지국 백성들이 위아래로 서로 화합하고 순종한다면 그들은 바깥사람들에게 사로잡히지 않을 것이다. 아난아, 이것이 외적들에 의해 파괴되지 않는 두 번째 법이니라.

또 아난아, 만일 발지국 백성들이 음탕하지 않아 남의 여자를 탐내지 않는다면 이것이 외적들에 의해 파괴되지 않는 세 번째 법이니라.

또 아난아, 만일 발지국 백성들이 여기에서 들은 것을 저기 가서 전하지 않고, 저기에서 들은 것을 여기 와서 전하지 않는다면 이것이 외적들에 의해 파괴되지 않는 네 번째 법이니라.

또 아난아, 만일 발지국 백성들이 사문과 바라문을 공양하고 범행 닦는 이들을 섬기며 예배한다면 이것이 다섯 번째 법이니, 이때는 외적들에 의해 파괴되지 않느니라.

또 아난아, 만일 발지국 백성들이 남의 재물을 탐내지 않는다면 이것이 외적들에 의해 파괴되지 않는 여섯 번째 법이니라.

다시 아난아, 만일 발지국 백성들이 모두 한마음이 되어 절〔神寺〕만을 향하지 않고 그 뜻을 오로지 한다면 이것이 외적들에 의해 파괴되지 않는 일곱 번째 법이니라.

아난아, 이른바 저 발지국 백성들이 이 일곱 가지 법을 닦는다면 결코 외적들에 의해 파괴되지 않을 것이니라."

이때 범지가 부처님께 아뢰었다.

"설사 그들이 한 가지 법만 성취하더라도 파괴할 수 없는데 하물며 일곱 가지 법을 닦는데 어떻게 파괴할 수 있겠습니까? 그만하시지요, 그만하시지요. 세존이시여. 나라 일이 너무 많아 이만 돌아갈까 합니다."

그때 범지는 곧 자리에서 일어나 떠났다.

그 범지가 떠난 지 오래지 않아 세존께서 비구들에게 말씀하셨다.

"내가 이제 타락하지 않게 하는 일곱 가지 법을 설명하리니 너희들은 자세히 듣고 잘 사유해 기억하라."

"예, 그렇게 하겠습니다. 세존이시여."

그때 비구들은 부처님 가르침을 듣고 있었다.

세존께서는 말씀하셨다.

"타락하지 않게 하는 일곱 가지 법이란 무엇인가?

비구들아, 마땅히 알아야 한다. 만일 비구들이 한 자리에 모여 서로 화합하고 순종하며 위아래가 서로를 받들고 위를 향해 자꾸 나아간다면, 온갖 착한 법을 닦으며 물러나지 않고 또 악마가 틈을 노리지 못할 것이니, 이것이 타락하지 않게 하는 첫 번째 법이니라.

다음에는 비구들이 서로 화합하고 가르침을 순종하며 위를 향해 자꾸 나아간다면 마왕에게 파괴되지 않을 것이니, 이것이 타락하지 않게 하는 두 번째 법이니라.

다음에는 비구들이 세상일에 집착하지 않고 세상의 영화에 힘쓰지 않으며 위를 향해 자꾸 나아간다면 악마의 하늘이 틈을 노리지 못할 것이니, 이것이 타락하지 않게 하는 세 번째 법이니라.

다음에는 비구들이 세상의 잡된 서적을 읽지 않고 온종일 그 마음을 채찍질하면서 위를 향해 자꾸 나아간다면 마왕이 틈을 노리지 못할 것이니, 이것이 타락하지 않게 하는 네 번째 법이니라.

다음에는 비구들이 그 법을 부지런히 닦으면서 잠을 떨어버리고 항상 스스로 깨어 있으면서 위를 향해 자꾸 나아간다면 마왕이 틈을 노리지 못할 것이니, 이것이 타락하지 않게 하는 다섯 번째 법이니라.

다음에는 비구들이 산술을 배우지 않고 또 남들에게 익히게 하지도 않으며, 한적한 곳을 즐기며 그 법을 닦는다면 악마가 틈을 노리지 못할 것이니, 이것이 타락하지 않게 하는 여섯 번째 법이니라.

다음에는 비구들이 일체 세간은 즐거워할 만한 것이 아니라는 생각을 일으켜 선정을 익히고 어떤 가르침도 참아내면서 위를 향해 자꾸 나아간다면 악마가 틈을 노리지 못할 것이니, 이것이 타락하지 않게 하는 일곱 번째 법이니라.

만일 비구들이 이 일곱 가지 법을 성취하여 서로 화합하고 순종한다면 악마가 틈을 노리지 못할 것이니라.”

그때 세존께서는 이런 게송을 말씀하셨다.

세상의 잡된 일 덜어 버리고
또 어지러운 일 생각지 말라.
만일 그렇게 행하지 않는다면
삼매도 또한 얻지 못하리라.

법을 즐거워할 수 있다면
그 법의 뜻을 잘 분별하리라.
비구가 이 행을 즐거워한다면
그는 곧 삼매를 성취하리라.

"그러므로 모든 비구들아, 너희들은 부디 방편을 구해 이 일곱 가지 법을 성취하도록 해야 하느니라. 모든 비구들아, 마땅히 이와 같이 배워야 하느니라."

그때 모든 비구들은 부처님의 말씀을 듣고 기뻐하며 받들어 행하였다.

〔 3 〕
이와 같이 들었다.
어느 때 부처님께서는 사위국 기수급고독원에 계셨다.
그때 세존께서 모든 비구들에게 말씀하셨다.
"내 이제 7사使[11]를 설명하리니 너희들은 잘 사유해 기억하라."
"그렇게 하겠습니다, 세존이시여."
비구들은 부처님의 가르침을 듣고 있었다.

---

11 7수면隨眠이라고도 하는데, 수면은 근본번뇌의 다른 명칭이다. 그 작용이 매우 미세하여 알아차리기 어렵다.

세존께서는 말씀하셨다.

"일곱 가지란 무엇인가? 첫째는 탐욕의 번뇌[欲使]요, 둘째는 성냄의 번뇌[恚使]며, 셋째는 교만의 번뇌[憍慢使]요, 넷째는 어리석음의 번뇌[癡使]며, 다섯째는 의심의 번뇌[疑使]요, 여섯째는 소견의 번뇌[見使]며, 일곱째는 욕심세계의 번뇌[欲世間使]니라.

비구들이여, 이른바 이 7사使가 중생들을 영원히 어둠 속에서 지내게 하고 그 몸을 묶어 세상을 이리저리 떠돌며 쉴 새 없게 하며, 또 생사의 근본을 알지 못하게 하느니라. 이는 마치 흰 소와 검은 소가 한 멍에에 묶여 서로를 끌어당기면서 서로 벗어나지 못하는 것과 같다. 중생들도 그와 같아서 탐욕의 번뇌와 무명의 번뇌에 결박되어 서로 벗어나지 못하고, 그 나머지 다섯 가지 번뇌도 또한 추종하며 다섯 가지 번뇌가 따르게 된다. 7사를 따라다니는 것도 그와 같으니라. 만일 범부가 이 7사使에 묶인다면 생사에 흘러 다니면서 해탈하지 못하고, 괴로움의 근본도 알지 못할 것이니라.

비구들이여, 알아야 한다. 이 7사로 말미암아 곧 지옥·축생·아귀의 세 갈래 나쁜 길이 있게 되고, 또 7사로 말미암아 악마의 경계를 벗어나지 못하느니라.

그런데 이 7사에는 또 일곱 가지 약이 있다.

일곱 가지란 무엇인가? 탐욕의 번뇌는 염각의念覺意로 다스리고, 성냄의 번뇌는 법각의法覺意로 다스리며, 삿된 소견의 번뇌는 정진각의精進覺意로 다스리고, 욕심세계의 번뇌는 희각의喜覺意로 다스리며, 교만의 번뇌는 의각의猗覺意로 다스리고, 의심의 번뇌는 정각의定覺意로 다스리며, 무명의 번뇌는 호각의護覺意로 다스린다. 비구들이여 이른바 이 7사使는 7각의覺意로 다스리느니라.

비구들이여, 알아야 한다. 나는 옛날 불도를 이루지 못하고 보살행을 할 때, 보리수 밑에 앉아 이렇게 생각하였다.

'욕계의 중생들은 무엇에 얽매여 있는가?'

그리고는 이렇게 생각하였다.

'이 중생들은 7사 때문에 생사에 흘러 다니면서 영원히 해탈하지 못한다. 나도 지금 이 7사에 얽매여 해탈하지 못하고 있다.'

그때 나는 다시 이렇게 생각하였다.

'이 7사는 무엇으로 다스릴 수 있을까?'

그리고 다시 이렇게 생각하였다.

'7사는 7각의로 다스려야 한다. 나는 7각의를 생각하자.'

7각의를 생각했을 때 번뇌의 마음이 완전히 없어져 곧 해탈하였고, 그 뒤에 위없는 바른 도를 성취하게 되었으며, 7일 동안 가부좌하고 그 7각의를 거듭 사유하였었느니라.

그런 까닭에 모든 비구들아, 7사使를 버리고자 한다면 이 7각의覺意를 생각하며 수행해야 한다. 모든 비구들아, 마땅히 이와 같이 배워야 하느니라."

그때 모든 비구들은 부처님의 말씀을 듣고 기뻐하며 받들어 행하였다.

〔 4 〕

이와 같이 들었다.

어느 때 부처님께서는 사위국 기수급고독원에 계셨다.

그때 세존께서 모든 비구들에게 말씀하셨다.

"섬길 만하고 공경할 만한 사람이 일곱 종류 있으니, 이들은 세상의 위없는 복밭이니라. 어떤 이들이 일곱 종류의 사람인가? 첫째는 자애로운 이들이요, 둘째는 불쌍히 여기는 이들이며, 셋째는 기뻐하는 이들이요, 넷째는 평정을 지키는 이들이며, 다섯째는 공空을 아는 이들이요, 여섯째는 잡생각이 없는 이들이며, 일곱째는 바라는 것이 없는 이들이다. 이들이 이른바 섬길 만하고 공경할 만한 일곱 종류의 사람으로서 이들은 세상의 위없는 복밭이니라. 왜냐하면 이 일곱 가지 법을 행하는 중생이 있으면 그는 현세에서 그 과보를 얻기 때문이니라."

그때 아난이 세존께 아뢰었다.

"어찌하여 수다원·사다함·아나함·아라한·벽지불은 말씀하지 않으시고 이 일곱 가지만 말씀하십니까?"

세존께서는 말씀하셨다.

"자애로운 이들을 비롯한 일곱 종류 사람들의 행은 수다원 내지 부처와 같지 않다. 비록 수다원과 내지 부처에게 공양한다 하더라도 현세에서 그 과보를 얻지는 못한다. 그러나 이 일곱 종류 사람들에게 공양하면 그는 현세에서 과보를 얻는다. 그러므로 아난아, 부디 부지런히 힘쓰고 용기를 내어 이 일곱 가지 법을 성취하도록 하라. 아난아, 이와 같이 공부해야 하느니라."

그때 아난은 부처님의 말씀을 듣고 기뻐하며 받들어 행하였다.

〔 5 〕

이와 같이 들었다.

어느 때 부처님께서는 비사리毗舍離의 미후지獼猴池 가에서 대비구들 5백 명과 함께 계셨다.

그때 세존께서는 때가 되어 가사를 입고 발우를 가지고 아난을 데리고 비사리로 들어가 걸식하셨다. 그때 비사리성에는 비라선毗羅先이라는 큰 장자가 있었는데, 그는 헤아릴 수 없이 많은 재물을 가지고 있었다. 그러나 인색하고 탐욕스러워 보시할 마음은 조금도 없고 오직 과거에 지은 복을 먹기만 하고 새 복은 짓지 않았다. 그 장자가 많은 미녀들을 거느리고 후궁에서 풍류를 즐기고 있을 때였다.

그때 세존께서는 그 거리로 가시어 아시면서 일부러 아난에게 물으셨다.

"지금 풍류 소리가 들리는 저 집은 누구 집인가?"

아난이 부처님께 아뢰었다.

"저것은 비라선 장자 집입니다."

"저 장자는 지금부터 이레 뒤에 목숨을 마치고 체곡지옥(涕哭地獄)에 떨어질 것이다. 왜냐하면 그것은 늘 있어 왔던 법도로서, 선근을 끊은 사람은 목숨을 마친 뒤 모두 체곡지옥에 태어나게 되어 있기 때문이다. 지금 저 장자는 과거에 지은 복이 이미 다했고 새 복은 짓지 않았다."

"혹 저 장자가 이레 뒤에 목숨을 마치지 않게 할 수 있는 인연이 있습니까?"

"목숨을 마치지 않게 할 인연은 없다. 과거에 지은 업이 이제 다했으니 그것은 면할 수 없느니라."

"그러면, 저 장자를 체곡지옥에 태어나지 않게 할 방법은 없습니까?"

"이 방법을 쓴다면 저 장자를 지옥에 들어가지 않게 할 것이다."

"어떤 방법이면 저 장자를 체곡지옥에 들어가지 않게 하겠습니까?"

"만일 저 장자가 수염과 머리를 깎고 세 가지 법의를 입고 출가하여 도를 배운다면 죄를 면할 수 있을 것이다."

"그러면 제가 이제 저 장자를 출가시켜 도를 배우게 하겠습니다."

아난은 곧 세존을 하직하고 그 장자 집으로 가서 문밖에 섰다. 그때 장자는 아난이 온 것을 멀리서 보고 곧 나가 맞이하며 앉기를 청하였다. 아난은 그 장자에게 말하였다.

"저는 방금 일체지(一切智)를 가지신 분에게서 들었습니다. 그런데 여래께서 그대가 지금부터 이레 뒤에 목숨을 마치고 체곡지옥에 태어날 것이라고 예언하셨습니다."

"혹 제가 이레 뒤에 목숨을 마치지 않게 할 수 있는 인연은 있습니까?"

"이레 뒤에 목숨을 마치지 않게 할 인연은 없습니다."

"그럼 혹 제가 목숨을 마친 뒤에 체곡지옥에 태어나지 않게 할 수 있는 인연은 있습니까?"

"세존께서는 또, 만일 장자께서 수염과 머리를 깎고 세 가지 법의를 입고 출가하여 도를 배운다면 지옥에 들어가지 않을 것이라고 말씀하셨습니다. 당신이 지금 출가하여 도를 배운다면 저쪽 언덕에 이르게 될 것입니다."

장자는 말하였다.

"아난이여, 우선 먼저 가십시오. 저도 곧 바로 따라가겠습니다."

아난은 곧 그를 두고 떠났다. 장자는 생각하였다.

'이레라고 하였으니 아직은 멀었다. 나는 일단 지금은 다섯 가지 욕망[五欲]을 즐기자. 그런 후에 출가하여 도를 배우자.'

아난은 그 이튿날 다시 장자 집으로 가서 그에게 말하였다.

"하루가 지났으니 이제 엿새 밖에 남지 않았습니다. 지금 즉시 출가해야 합니다."

장자는 말하였다.

"아난이여, 우선 먼저 가십시오. 저도 곧 바로 따라가겠습니다."

그러나 그 장자는 여전히 떠나지 않았다. 그때 아난은 이틀 사흘 나아가 엿새가 되는 날에도 장자의 집으로 가 그에게 말하였다.

"지금 즉시 출가해야 합니다. 나중에 후회해도 소용없습니다. 만일 출가하지 않는다면 오늘 목숨을 마치고 체곡지옥에 태어날 것입니다."

장자는 아난에게 말하였다.

"아난이여, 우선 먼저 가십시오. 곧 바로 뒤를 따라가겠습니다."

아난은 말하였다.

"장자여, 지금 도대체 어떤 신통으로 저기 갈 수 있기에 저를 먼저 가라고 하십니까? 이번만큼은 우리 함께 갑시다."

그리하여 아난은 그 장자를 데리고 세존께서 계신 곳으로 가 머리를 조아려 그 발에 예를 올리고 부처님께 아뢰었다.

"지금 이 장자가 출가하여 도를 배우겠다고 합니다. 원컨대 여래께서는 수염과 머리를 깎도록 허락하여 도를 배울 수 있게 하소서."

부처님께서는 아난에게 말씀하셨다.

"네가 직접 그 장자를 제도하라."

아난은 부처님 분부를 받고 곧 장자의 수염과 머리를 깎아 주고 세 가지 법의를 입히고 바른 법을 배우게 하였다. 이때 아난은 그 비구에게 이렇게 가르쳤다.

"그대는 생각하며 수행하라. 즉 부처님을 생각하고, 법을 생각하며, 비구승을 생각하고, 계율을 생각하며, 보시를 생각하고, 하늘을 생각하며, 휴식을 생각하고, 호흡을 생각하며, 몸을 생각하고, 죽음을 생각하라. 이와 같은 법을 수행하여야 한다. 비구여, 이른바 이 열 가지를 생각하는 자는 큰 과보를 얻어 감로법의 맛을 보게 될 것이다."

이때 비라선은 이러한 법을 수행하고 나서 그날로 목숨을 마치고 사천왕천에 태어났다. 아난은 곧 그를 화장하고 세존께 돌아와 머리를 조아려 그 발에 예를 올리고 한쪽에 섰다. 아난이 세존께 아뢰었다.

"아까 그 비라선 비구는 이제 목숨을 마치고 어디 태어났습니까?"
세존께서는 말씀하셨다.
"그 비구는 목숨을 마치고 지금 사천왕천에 태어났느니라."
"거기서 목숨을 마치면 어디에 태어나게 됩니까?"
"거기서 목숨을 마치면 삼십삼천에 태어날 것이요, 계속해서 다시 염천艶天・도술천兜術天・화자재천化自在天・타화자재천他化自在天에 태어날 것이요, 거기서 목숨을 마치면 다시 돌아와 사천왕천에 태어날 것이다. 아난아, 이와 같이 비라선 비구는 일곱 번 천상과 인간을 두루 돌아다닌 후 마지막에 사람의 몸을 얻어 출가하고 도를 배워 괴로움을 완전히 벗어날 것이다. 왜냐하면 그는 여래를 믿는 마음이 있었기 때문이니라.

아난아, 알아야 한다. 이 염부제 땅은 남북이 2만 1천 유순이요, 동서가 7천 유순인데, 만일 어떤 사람이 이 염부제 땅에 사는 모든 사람들에게 공양한다면 그 복을 많다고 하겠는가?"

아난은 아뢰었다.
"매우 많습니다. 매우 많습니다. 세존이시여."
부처님께서 아난에게 말씀하셨다.
"만일 어떤 중생이 소 젖을 짜는 동안만이라도 믿는 마음을 끊지 않고 이 10념念을 닦는다면 그 복은 너무도 많아 헤아릴 수 있는 사람이 없을 것이다. 그러므로 아난아, 부디 방편을 구해 10념을 닦도록 하라. 아난아, 이와 같이 공부해야 하느니라."

그때 아난은 부처님의 말씀을 듣고 기뻐하며 받들어 행하였다.

〔 6 〕[12]

이와 같이 들었다.

어느 때 부처님께서는 사위국 기수급고독원에 계셨다. 그때 세존께서 비구들에게 말씀하셨다.

"내가 최고로 미묘한 법을 설명하리라. 그것은 처음도 중간도 마지막도 좋고 뜻이 심오하며 범행을 완전히 갖추어 닦을 수 있는 것이다. 이 경을 모든 번뇌를 깨끗이 하는 법이라 이름하나니, 너희들은 잘 사유하고 기억하라."

모든 비구들이 대답하였다.

"그렇게 하겠습니다, 세존이시여."

비구들은 부처님의 가르침을 듣고 있었다.

왜 이 경을 모든 번뇌를 깨끗이 하는 법이라 이름하는가? 어떤 번뇌는 봄으로 말미암아 끊어지고, 어떤 번뇌는 공경함으로 말미암아 끊어지며, 어떤 번뇌는 가까이함으로 말미암아 끊어지고, 어떤 번뇌는 멀리함으로 말미암아 끊어지며, 어떤 번뇌는 즐김으로 말미암아 끊어지고, 어떤 번뇌는 위의로 말미암아 끊어지며, 어떤 번뇌는 사유로 말미암아 끊어지느니라.

어떤 번뇌가 봄[見]으로 말미암아 끊어지는가? 이른바 범부는 성인을 보지 못하고 여래의 법을 순종하지 않으며, 성현의 법을 옹호하지 않고 선지식을 가까이하지 않으며, 선지식과 함께 일하지 않는다.

그래서 법을 듣고 사유해야 할 법은 분별하지 않고 사유하지 말아야 할 것을 사유한다. 그래서 생기지 않았던 탐욕의 번뇌[欲漏]가 생기고 이미 생긴 탐욕의 번뇌는 더욱 많아지며, 생기지 않았던 생존의 번뇌가 생기고 이미 생긴 생존의 번뇌는 더욱 많아지며, 생기지 않았던

---

12 이 소경과 내용이 비슷한 경으로는 『중아함경』 제2권 10번째 소경인 「누진경漏盡經」과 후한後漢 시대 안세고安世高가 한역한 『불설일체류섭수인경佛說一切流攝守因經』이 있다.

무명의 번뇌가 생기고 이미 생긴 무명의 번뇌는 더욱 많아진다. 이것이 사유하지 말아야 할 법을 사유한다는 것이니라.

그는 사유해야 할 어떤 법을 사유하지 않는가? 이른바 사유할 법이란, 생기지 않은 탐욕의 번뇌를 생기지 못하게 하고 이미 생긴 탐욕의 번뇌는 없애며, 생기지 않은 생존의 번뇌를 생기지 못하게 하고 이미 생긴 생존의 번뇌는 없애며, 생기지 않은 무명의 번뇌를 생기지 못하게 하고 이미 생긴 무명의 번뇌는 없애는 것이다. 이른바 이런 법은 사유해야하는데 사유하지 않고 사유하지 말아야 할 것을 사유한다. 사유해야 할 것을 사유하지 않아, 생기지 않았던 탐욕의 번뇌가 생기고 이미 생긴 탐욕의 번뇌가 더욱 많아지며, 생기지 않았던 생존의 번뇌가 생기고 이미 생긴 생존의 번뇌가 더욱 많아지며, 생기지 않았던 무명의 번뇌가 생기고 이미 생긴 무명의 번뇌는 더욱 많아진다.

그는 이렇게 생각한다.

'어떨까, 아주 먼 옛날이 있었을까? 지금의 나도 아주 먼 옛날에 존재했을까?'

또 이렇게도 생각한다.

'아주 먼 옛날이 없었을까? 아주 먼 옛날엔 어떻게 존재하게 되었을까? 아주 먼 옛날엔 누구로 있었을까? 어떨까, 또 아주 먼 미래가 있을까? 지금의 나도 아주 먼 미래에 존재할까?'

혹은 또 이렇게 말한다.

'아주 먼 미래는 없을까? 아주 먼 미래엔 어떻게 존재하게 될까? 아주 먼 미래엔 누가 될까? 어떨까, 이 중생들은 아주 긴 시간 동안 존재할까? 이 중생들이 아주 긴 시간 동안 존재한다면 어디에서 온 걸까? 여기서 목숨을 마치면 어디에 태어날까?'

그는 이런 나쁜 생각을 내고는 곧 여섯 가지 소견을 일으키고 계속해서 삿된 소견을 낸다. 즉 '나[我]는 있다'는 소견을 확실히 가지고, '나는 없다'는 소견을 확실히 가지며, '나는 있기도 하고 없기도 하다'는 소견을 확실히 가진다. 또 그 몸을 관찰하고는 '자기에게서 자기를 볼 수 없다'는 소견을 일으키고, '나 없음에서 나 없음을 볼 수 없다'는 이런 소견을 일으킨다. 그 가운데서 이런 소견들을 일으킨다. 그때 그들은 다시 이런 삿된 소견을 일으킨다.

'나란 곧 금생에도 이러하고 후생에도 이러하다. 언제나 세상에 존재하면서 없어지지도 않고 변하지도 않으며 옮기지도 않는다.'

이것이 이른바 삿된 소견의 무더기이다. 삿된 소견의 재앙·근심·슬픔·괴로움·번민은 모두 이것으로 말미암아 생겨 고칠 수 없고 또 버릴 수도 없어 괴로움의 근본을 더욱 더해 간다. 그래서 사문의 행과 열반의 길을 가지 못하느니라.

또 비구들이여, 현성의 제자는 그 법을 닦되 차례를 잃지 않고 잘 옹호하며 선지식과 더불어 한다. 그는 능히 분별하여 사유하지 말아야 할 법도 잘 알고 사유해야 할 법도 잘 안다. 그래서 그는 사유하지 말아야 할 법을 사유하지 않고 사유해야 할 법을 사유하느니라.

그는 사유하지 말아야 할 어떤 법을 사유하지 않는가? 모든 법에 있어서 생기지 않았던 탐욕의 번뇌가 생기고 이미 생긴 탐욕의 번뇌는 더욱 많아지며, 생기지 않았던 생존의 번뇌가 생기고 이미 생긴 생존의 번뇌는 더욱 많아지며, 생기지 않았던 무명의 번뇌가 생기고 이미 생긴 무명의 번뇌는 더욱 많아진다면, 이른바 이런 법은 사유하지 말아야 할 법이므로 사유하지 않는다.

그는 사유해야 할 어떤 법을 사유하는가? 모든 법에 있어서 생기지 않은 탐욕의 번뇌가 생기지 않고 이미 생긴 탐욕의 번뇌를 없애며, 생기지 않은 생존의 번뇌가 생기지 않고 이미 생긴 생존의 번뇌를 없애며, 생기지 않은 무명의 번뇌는 생기지 않고 이미 생긴 무명의 번뇌를 없애며, 이른바 이런 법은 사유해야 할 법이므로 사유한다.

그는 사유하지 말아야 할 것은 사유하지 않고 사유해야 할 것은 사유한다. 그는 이렇게 사유하여 곧 세 가지 법을 없애니, 어떤 것이 세 가지인가?

몸이 있다고 보는 소견과 그릇된 계율에 대한 집착과 의심이다. 이것을 바로 알고 보지 못하면 번뇌의 행이 더할 것이요, 만일 잘 보고 듣고 생각하고 알면 번뇌의 행이 더하지 않을 것이다. 이미 알고 이미 보았다면 번뇌가 생기지 않을 것이니, 이른바 이런 번뇌가 봄으로 말미암아 끊어지는 것이다.

그 어떤 번뇌가 공경함(恭敬)으로 말미암아 끊어지는가? 이른바 비구는 굶주림과 추위를 참고, 비바람·모기·등에와 욕설과 비난으로 매우 고달프고 몸에 병이 생겨 극심한 고통을 겪으며 곧 죽을 지경이 되더라도 그것을 능히 참아낸다. 만일 그렇게 하지 못하면 곧 괴로움이 생기고 만일 그것을 참으면 이런 괴로움은 생기지 않는다. 이른바 이런 번뇌가 공경함으로 말미암아 끊어지는 것이다.

그 어떤 번뇌가 가까이함(親近)으로 말미암아 끊어지는가? 이른바 비구는 조심해서 옷을 받고는 그것을 호사로 생각하지 않으며, 다만 그것으로 몸을 지탱하고, 추위와 더위를 피하며, 비바람이 몸에 들이치지 않게 하고, 몸을 가려 알몸을 드러내지 않을 생각만 한다. 또 조심해서 때맞춰 걸식하고는 그것에 집착하는 마음을 내지 않으며, 다만 그것으로 몸을 지탱하고, 묵은 병을 고치고 새 병은 생기지 않게 하며, 온갖 행을 잘 단속하여 범하는 일이 없고, 언제나 안온하게 범행을 닦으면서 세상에 오래 살 생각만 한다. 또 조심해서 침구를 가까이하고는 화려한 장식에 집착하지 않으며, 다만 굶주림과 추위·비와 바람·모기와 등에를 막고, 그 몸을 지탱해 도법을 행할 생각만 한다. 또 조심해서 의약을 가까이하고는 그 의약에 집착하는 마음을 내지 않고 다만 병을 고쳐 몸을 안온하게 할 생각만 한다. 만일 가까이하지 않으면 곧 번뇌의 근심이 생기고 가까이하면 번뇌의 근심이 없어진다. 이른바 이런 번뇌가 가까이함으로 말미암아 끊어지는 것이다.

그 어떤 번뇌가 멀리함〔遠離〕으로 말미암아 끊어지는가? 이른바 비구는 마치 포악한 코끼리·낙타·소·말·호랑이·이리·개·독사와 깊은 구덩이·위험한 언덕·가시덤불·벼랑·진창 등을 멀리 피하듯이 어지러운 생각들을 없앤다. 또 나쁜 벗을 따르지 않고 나쁜 사람을 가까이하지도 않으며, 깊이 사유해 이런 생각을 마음에서 지우지 않는다. 만일 잘 단속하지 않으면 곧 번뇌가 생기고 잘 단속하면 번뇌가 생기지 않는다. 이른바 이런 번뇌가 멀리함으로 말미암아 끊어지는 것이다.

그 어떤 번뇌가 즐김〔娛樂〕으로 말미암아 끊어지는가? 이른바 비구가 탐욕이 생겨도 버리지 못하고 성이 나도 버리지 못하며 미움이 생겨도 버리지 못할 때, 만일 그것을 버리지 못하면 번뇌가 생기고 그것을 능히 버리면 번뇌가 일어나지 않는다. 이른바 이런 번뇌가 즐김으로 말미암아 끊어지는 것이다.

어떤 번뇌가 위의威儀로 말미암아 끊어지는가? 이른바 비구는 눈으로 빛깔을 보더라도 빛깔에 대한 생각을 일으키지 않고 또 더러운 마음도 일으키지 않아 눈을 온전히 하며, 결함도 샘도 없이 눈을 잘 단속한다. 귀로 소리를 듣거나 코로 냄새를 맡거나 혀로 맛을 보거나 몸으로 감촉을 느낄 때도 마찬가지며, 뜻으로 법을 알더라도 더러운 마음을 전혀 일으키지 않고 또 집착하는 생각을 일으키지도 않으며 그 뜻을 단속한다. 만일 그 위의를 갖추지 않으면 번뇌가 생기고 그 위의를 갖추면 번뇌의 재앙이 생기지 않는다. 이른바 이런 번뇌가 위의로 말미암아 끊어지는 것이다.

그 어떤 번뇌가 사유로 말미암아 끊어지는가? 이른바 비구는 염각의念覺意를 닦아 탐욕 없음에 의지하고 더러움 없음에 의지하고 완전히 사라짐에 의지하여 벗어남[出要]을 구하며, 법각의法覺意・정진각의精進覺意・희각의喜覺意・의각의猗覺意・정각의定覺意・호각의護覺意를 닦아 탐욕 없음에 의지하고 더러움 없음에 의지하고 완전히 사라짐에 의지하여 벗어남을 구한다. 만일 그것을 닦지 않으면 번뇌의 재앙이 생기고 그것을 닦으면 번뇌의 재앙이 생기지 않는다. 이른바 이런 번뇌는 사유로 말미암아 끊어지는 것이다.

또 비구들이여, 비구가 모든 번뇌에 있어서 봄으로써 끊을 것은 보아서 끊고, 공경함으로 끊을 것은 공경하여 끊으며, 가까이함으로 끊을 것은 가까이하여 끊고, 멀리함으로 끊을 것은 멀리하여 끊으며, 즐김으로 끊을 것은 즐김으로 끊고, 위의로 끊을 것은 위의로 끊으며, 사유로 끊을 것은 사유하여 끊는다면, 이것이 이른바 비구가 일체 위의를 완전히 갖추어 결박을 끊고 애욕을 떠나 네 가지 흐름[四流]을 건너 점점 괴로움을 벗어난다는 것이니라.

비구들아, 모든 번뇌를 없애고, 모든 불세존들께서 늘 행하시는 일인 형상이 있는 모든 중생들을 자비스레 생각하는 것을 나는 이제 다 해 마쳤다. 너희들은 항상 고요한 곳이나 나무 밑을 좋아하며 부지런히 정진하고 게을리 하지 말라. 지금 부지런히 하지 않으면 뒤에 후회해도 아무 소용이 없느니라. 이것이 내 교훈이니라."

그때 모든 비구들은 부처님의 말씀을 듣고 기뻐하며 받들어 행하였다.

증일아함경 제 35 권

40. 칠일품 ②

〔 7 〕[1]

이와 같이 들었다.

어느 때 부처님께서는 아유사강阿踰闍江 가에서 대비구들 5백 명과 함께 계셨다.

그때 대균두大均頭는 한적한 곳에서 이렇게 생각하였다.

'항상 공덕을 더하는 어떤 이치가 있을까, 그런 이치는 없을까?'

균두는 곧 자리에서 일어나 세존께서 계시는 곳으로 나아가 그 발에 머리 조아려 예를 올리고 한쪽에 앉았다. 그때 균두가 부처님께 아뢰었다.

"세존이시여, 저는 아까 한적한 곳에서 '혹 그 일을 하면 공덕을 더할 수 있는 그런 이치가 있을까'라고 생각하였습니다. 저는 지금 세존

---

[1] 이 소경에 대한 이해를 도울 만한 경으로는 『중아함경』 7번째 소경인 「세간복경世間福經」이 있다.

께 여쭈옵나니, 원컨대 말씀해 주소서."

세존께서 말씀하셨다.

"공덕을 더할 수 있느니라."

"어떤 일들이 공덕을 더하게 합니까?"

"공덕을 더하는 일곱 가지 일이 있으니, 그 복은 헤아릴 수 없고 또 그것을 헤아릴 수 있는 사람도 없느니라. 어떤 것이 일곱 가지인가? 이른바 족성자族姓子나 족성녀族姓女가 승가람僧伽藍[2]이 없는 곳에 승가람을 세운다면, 이것이 첫 번째로서 그 복은 헤아릴 수 없다.

또 균두야, 만일 선남자나 선여인이 승가람과 비구 스님들에게 침상과 자리를 보시한다면, 균두야, 이것이 두 번째로서 그 복은 헤아릴 수 없다.

또 균두야, 만일 선남자나 선여인이 비구 스님들에게 음식을 보시한다면, 균두야, 이것이 세 번째로서 그 복은 헤아릴 수 없다.

또 균두야, 만일 선남자나 선여인이 선여인이 비구 스님들에게 비를 막을 옷을 보시한다면 균두야, 이것이 네 번째 공덕으로서 그 복은 헤아릴 수 없다.

또 균두야, 족성자나 족성녀가 비구 스님들에게 약을 보시한다면, 이것이 다섯 번째로서 그 복은 헤아릴 수 없다.

또 균두야, 선남자나 선여인이 광야에 좋은 우물을 판다면, 균두야, 이것이 여섯 번째 공덕으로서 그 복은 헤아릴 수 없다.

또 균두야, 만일 선남자나 선여인이 길가에 집을 지어 현재·미래·과거의 나그네들이 묵을 수 있게 한다면, 균두야, 이것이 일곱 번째 공덕으로서 그 복은 헤아릴 수 없느니라.

---

2 승가라마僧伽藍摩라고도 하고, 약칭으로 가람伽藍이라고도 하며, 중원衆園으로 한역하기도 한다. 승려들이 거처하는 동산을 뜻하는데 사원寺院의 통칭으로 쓰인다.

균두야, 이것이 이른바 일곱 가지 공덕으로서 그 복이 헤아릴 수 없다는 것이다. 다니거나 앉거나 혹은 목숨을 마치더라도 그 복은 그의 뒤를 그림자처럼 따른다. 그 덕은 헤아릴 수 없어 어마어마한 복이 있다고만 말하니, 이는 또한 바닷물을 말이나 되로 그 양을 잴 수 없어 어마어마한 물이라고만 말하는 것과 같다. 이 일곱 가지 공덕도 그와 같아서 그 복은 끝을 알 수 없느니라.

그러므로 균두야, 선남자와 선여인은 부디 방편을 구해 이 일곱 가지 공덕을 성취해야 하느니라. 이와 같나니 균두야, 이와 같이 공부해야 하느니라."

그때 균두는 부처님의 말씀을 듣고 기뻐하며 받들어 행하였다.

〔 8 〕

이와 같이 들었다.

어느 때 부처님께서는 사위국 기수급고독원에 계셨다.

그때 세존께서 모든 비구들에게 말씀하셨다.

"너희들은 죽음에 대한 생각을 닦고 죽음에 대해 깊이 사유해야 하느니라."

그러자 그 자리에 있던 어떤 비구가 세존께 아뢰었다.

"저는 항상 죽음에 대한 생각을 닦고 깊이 사유하고 있습니다."

"너는 죽음에 대해 어떻게 사유하고 수행하는가?"

"죽음에 대해 사유할 때 '이레 동안만 살 수 있다면 7각의覺意를 사유하여 여래의 법에서 많은 이익을 얻고, 죽은 뒤에도 여한이 없을 것이다'고 마음먹고 있습니다. 세존이시여, 저는 이와 같이 죽음에 대해 사유합니다."

"그만해라, 그만해라. 비구야, 그것은 죽음에 대해 생각하는 것이 아니다. 그것은 방일하는 법이니라."

또 다른 어떤 비구가 세존께 아뢰었다.

"저는 능히 죽음에 대한 생각을 닦을 수 있습니다."

세존께서 말씀하셨다.

"너는 죽음에 대한 생각을 어떻게 수행하고 사유하는가?"

"저는 이렇게 생각합니다. '엿새 동안만 살 수 있다면 여래의 바른 법을 사유한 뒤에 곧 목숨을 마치더라도 그것은 매우 유익한 일이다'고 마음먹고 있습니다. 이렇게 죽음에 대해 사유합니다."

"그만해라, 그만해라. 비구야, 그것도 방일한 법이다. 그것은 죽음에 대해 사유하는 것이 아니니라."

또 다른 어떤 비구가 부처님께 아뢰었다.

"저는 닷새만 살았으면 좋겠습니다."

이렇게 어떤 이는 나흘을 이야기하고, 또 어떤 이들은 사흘, 이틀, 하루를 이야기하였다. 그때 세존께서 비구들에게 말씀하셨다.

"그만해라, 그만해라. 비구들아, 그것 역시 방일한 법이다. 죽음에 대해 사유하는 것이 아니니라."

그때 다른 어떤 비구가 세존께 아뢰었다.

"저는 능히 죽음에 대한 생각을 닦을 수 있습니다. 제가 때가 되어 가사를 입고 발우를 가지고 사위성에 들어가 걸식하고는, 다시 사위성을 나서 머물던 곳으로 돌아와 고요한 방에서 7각의를 사유하고 목숨을 마치면, 이것이 곧 죽음에 대해 사유하는 것이라 여깁니다."

세존께서 말씀하셨다.

"그만해라, 그만해라. 비구야, 그것도 죽음에 대해 사유하고 수행하는 것이 아니다. 너희 여러 비구들이 말한 것은 모두 방일한 행이요, 죽음에 대한 생각을 수행하는 법이 아니니라."

그때 세존께서 거듭 비구들에게 말씀하셨다.

"만일 저 바가리婆迦利 비구와 같은 이라면 그는 곧 죽음에 대해 사유한다고 할 수 있다. 그 비구는 죽음에 대하여 잘 사유하고 이 몸의 지저분한 분비물과 더러움을 싫어하였다. 만일 비구가 죽음에 대해 사유하며 생각을 매어 앞에 두고, 마음이 움직이지 않으며 드나드는 호흡의 나가고 들어오는 횟수를 줄곧 생각하면서 그 사이에 7각의를 깊이 사유한다면, 여래의 법에 있어서 많은 이익이 있을 것이다. 왜냐하면 모든 행行은 다 비고 고요하여 생기는 것이나 사라지는 것 모두 허깨비로서 진실함이 없기 때문이니라.

그러므로 비구들이여, 만일 드나드는 호흡 속에서 죽음에 대해 사유한다면 곧 태어남·늙음·병듦·죽음·근심·걱정·괴로움·번민을 벗어날 수 있을 것이다. 이와 같나니 비구들이여, 마땅히 이와 같이 공부해야 함을 알아야 한다."

그때 비구들은 부처님의 말씀을 듣고 기뻐하며 받들어 행하였다.

〔 9 〕[3]

이와 같이 들었다.

어느 때 부처님께서는 사위국 기수급고독원에 계셨다.

그때 바사닉왕波斯匿王이 신하들에게 명령하였다.

"보배로운 깃털로 장식한 수레를 속히 준비하라. 내가 세존께 나아가 예를 올리고 문안드리리라."

대왕은 곧 성을 나가서 세존께서 계신 곳으로 나아가 세존의 발에 머리 조아려 예를 올리고 한쪽에 앉았다. 그때 여래께서는 무수한 대

---

[3] 이 소경과 내용이 비슷한 경으로는 『중아함경』 제37권 151번째 소경인 「아섭화경阿攝惒經」이 있다.

중들에게 에워싸여 설법하고 계셨다. 이때 일곱 명의 니건자와 일곱 명의 옷을 벗은 외도와 일곱 명의 검은 범지와 일곱 명의 옷을 벗은 바라문이 세존 가까이 지나갔다.

이때 바사닉왕은 그 사람들이 세존 가까이 지나가는 것을 보고 곧 부처님께 아뢰었다.

"멈추지 않고 지나가는 저 사람들을 보니 모두 욕심이 적고 만족할 줄을 알며 집도 직업도 없는 사람들입니다. 지금 이 세상 아라한들 중에서 저들이 가장 우두머리가 되겠습니다. 왜냐하면 저들은 많은 사람들 중에서 극심한 고행을 닦으면서 세상의 이익을 탐내지 않기 때문입니다."

세존께서 말씀하셨다.

"대왕이여, 아직 진인眞人 즉 나한羅漢을 분별하지 못하시는군요. 옷을 벗었다고 아라한阿羅漢이라 하는 것은 아닙니다. 대왕께서는 아셔야 합니다. 저것은 다 진실한 행이 아닙니다. 먼 과거부터 그 변화를 관찰해 보아야 하고, 또 친해야 할 사람을 친할 줄 알고 가까이할 사람을 가까이할 줄 아는지 관찰해 보아야 합니다.

어째서인가? 아주 먼 옛날에 일곱 범지가 한 곳에서 공부하고 있었는데, 그들은 매우 노쇠하였고 풀로 옷을 만들어 입고 나무 열매를 먹었습니다. 그들은 온갖 삿된 소견을 내어 제각기 이렇게 생각하였습니다.

'우리는 이 고행의 덕택으로 뒤에 큰 나라의 왕이 되거나 혹은 제석이나 범천이나 사천왕이 되자.'

그때 그 바라문들의 조상인 하늘의 스승 아사타阿私陀가 그 범지들의 마음속 생각을 알고 곧 범천에서 사라져 일곱 바라문이 있는 곳으로 왔습니다. 하늘의 스승 아사타는 하늘의 복장을 버리고 바라문 모양을 하고는 맨 땅에서 경행하였습니다. 이때 그 일곱 범지는 아사타가 경행하는 모습을 멀리서 보고 제각기 성을 내며 이렇게 말했습니다.

'저 탐욕스러운 자는 대체 누구기에 감히 우리 범행인梵行人들 앞을 지나가는가? 당장 주문을 외워 재로 만들어 버리리라.'

그 일곱 범지는 곧 손으로 물을 움켜 그에게 뿌리면서 범지들은 주문을 외웠습니다.

'너는 당장 재가 되라.'

그렇게 바라문들이 성을 내었지만 그 하늘 스승의 얼굴빛은 더욱 단정해졌습니다. 왜냐하면 자애로움으로 성내는 마음을 없앴기 때문입니다. 그때 일곱 범지는 이렇게 생각했습니다.

'우리가 계율에서 타락한 것은 아닐까? 우리는 이처럼 성을 내는데 저 사람은 저처럼 단정하구나.'

그때 일곱 범지는 하늘의 스승에게 이런 게송을 읊었습니다.

하늘인가 건달바인가
나찰인가 귀신인가
지금 그대의 이름은 무엇인가.
우리들은 그것을 알고 싶구나.

그때 하늘의 스승 아사타가 즉시 게송으로 대답하였습니다.

하늘도 아니요 건달바도 아니며
귀신도 아니요 나찰도 아니네.
하늘의 스승 아사타

내가 바로 그라네.

'나는 너희들의 마음속 생각을 알고 일부러 저 범천에서 내려온 것이다. 범천은 여기서 너무 멀고, 제석천도 그러며, 전륜성왕도 될 수 없다. 그런 고행으로는 제석천도 범천도 사천왕도 될 수 없다.'
그리고 그 하늘의 스승 아사타는 곧 이런 게송을 말하였습니다.

마음속엔 여러 가지 생각
바깥 복장은 추하고 더럽구나.
그저 부지런히 바른 소견을 닦아
나쁜 길에서 멀리 떠나라.

마음으로 계율 지켜 행을 깨끗이 하고
입으로 말하는 행도 그와 같이 하며
나쁜 생각에서 멀리 떠나면
반드시 저 천상에 태어나리라.

그때 일곱 범지가 하늘의 스승에게 아뢰었습니다.
'당신이 정말 하늘의 스승입니까?'
그는 대답했습니다.
'그렇다. 명심하라. 범지들이여, 벌거벗는다고 천상에 태어날 수 있는 것은 아니며, 그런 고행을 닦는다고 반드시 범천에 태어나는 것도 아니며, 또 알몸을 드러내고 갖가지 고행을 일삼는다고 그곳에 태어날 수 있는 것도 아니다. 다만 마음을 잘 거두어 움직이지 않게 하면 곧 천상에 태어날 것이다. 그대들이 익힌 그런 행으로는 천상에 태어

날 수 없느니라.'

대왕이여, 이 사실로 보더라도 옷을 벗었다 하여 아라한이라 할 수는 없습니다. 범부는 진인眞人을 알아보고 싶어도 그럴 수 없습니다. 그러나 진인은 범부들이 익히는 그런 행을 잘 분별합니다. 또 범부는 범부의 행을 알아볼 수 없습니다. 진인이라야 범부의 행을 알 수 있는 것입니다.

대왕께선 아셔야 합니다. 부디 방편을 구해 먼 과거부터 있어 왔지만 현재에는 맞지 않는 줄 아셔야 합니다. 부디 이렇게 관찰해야 합니다. 대왕이여, 방편을 구해 이와 같이 공부해야 합니다."

그때 바사닉왕이 세존께 아뢰었다.

"여래의 말씀은 너무도 시원스럽습니다. 이는 세상 사람이 깨달을 수 있는 것이 아닙니다. 그러나 나라 일이 너무 많아 이만 돌아가야겠습니다."

"왕께선 형편대로 하십시오."

왕은 곧 자리에서 일어나 세존의 발에 예를 올리고 물러갔다.

그때 바사닉왕은 부처님의 말씀을 듣고 기뻐하며 받들어 행하였다.

[10][4]

이와 같이 들었다.

어느 때 부처님께서는 석시가비라위국釋翅迦毗羅衛國의 니구루원尼拘屢園에서 대비구들 5백 명과 함께 계셨다.

그때 세존께서는 공양을 마치고 니구루원에서 비라야毗羅耶로 가셔서 마을의 어떤 나무 밑에 앉아 계셨다.

---

4 이 소경과 내용이 비슷한 경으로는 『중아함경』 제28권 115번째 소경인 「밀환유경蜜丸喩經」이 있다.

이때 지팡이를 짚은 석가족 사람이 가비라월을 나와 세존께서 계신 곳에 나아가 잠자코 서 있었다. 그때 지팡이를 짚은 석가족 사람이 세존께 여쭈었다.

"사문께서는 무엇을 가르치고 무엇을 주장하시오?"

세존께서 말씀하셨다.

"범지는 알아야 하오. 내 주장은 하늘이나 용이나 귀신이 미칠 수 있는 것이 아니오. 세상에 집착하는 것도 아니고 또 세상에 머무르는 것도 아니오. 내 주장은 바로 이것을 말할 뿐이오."

그러자 지팡이를 짚은 석가족 사람은 머리를 끄덕이며 찬탄하고는 곧 물러갔다. 이때 여래께서도 곧 자리에서 일어나 본 처소로 돌아가셨다. 그때 세존께서 모든 비구들에게 말씀하셨다.

"조금 전 저 동산에 앉아 있었는데 지팡이를 짚은 어떤 석가족이 나에게 찾아와 '사문께서는 무엇을 주장하시오'라고 물었다. 그래서 나는 '내가 주장하는 것은 하늘이나 세상 사람들이 미칠 수 있는 것이 아니오. 세상에 집착하는 것도 아니고 세상에 머무르는 것도 아니오. 내 주장은 바로 이것을 말할 뿐이오'라고 대답하였다. 그랬더니 지팡이를 짚은 석가족 사람은 이 말을 듣고 곧 물러갔느니라."

그때 어떤 비구가 세존께 아뢰었다.

"세상에 집착하지 않고 또 세상에 머무르지도 않는다는 것은 무엇입니까?"

세존께서 말씀하셨다.

"내가 주장하는 것은 이 세상에 전혀 집착하지 않는 것이다. 지금과 같은 경우에도 탐욕에서 해탈하고 그 석가족의 의심을 끊어 잡생각이 없다. 내 주장은 바로 이것을 말할 뿐이니라."

세존께서는 이렇게 말씀하시고 곧 일어나 방으로 들어가셨다. 이때 비구들은 저희끼리 말하였다.

"아까 세존께서 하신 말씀은 그 뜻이 너무 간략하다. 누가 능히 그 뜻을 자세히 설명할 수 있을까?"

또 그들은 말하였다.

"세존께서는 늘 존자 대가전연大迦栴延을 칭찬하신다. 지금 그 뜻을 설명할 수 있는 사람은 오직 가전연뿐이다."

이에 비구대중들은 가전연에게 말하였다.

"아까 여래께서는 그 뜻을 너무 간략히 말씀하셨습니다. 원컨대 존자께서 자세히 설명하고 낱낱이 분별해 이 사람들은 모두 이해시켜 주십시오."

가전연이 대답하였다.

"마치 마을의 어떤 사람이 진귀한 목재를 구하려고 마을을 나섰다가, 큰 나무를 보고는 곧 그것을 베어 가지와 잎사귀만 가지고 나무는 버리고 떠나는 것과 같군요. 지금 그대들도 그와 같아서 여래를 버려두고 가지에서 목재를 찾는구려. 여래께서는 모든 것을 관찰하고 보아 세상을 빠짐없이 두루 비추시는 천상과 인간의 길잡이십니다. 여래께서 법의 참 주인이시니 그대들도 때가 되면 여래께서 그 뜻을 설명하시는 기회를 만나게 될 것입니다."

비구들은 대답하였다.

"여래께선 법의 참 주인으로서 그 뜻을 자세히 설명하실 수 있습니다. 그러나 존자께서도 세존께 수기를 받으셨으니 그 뜻을 자세히 설명하실 수 있습니다."

가전연은 대답하였다.

"그대들은 자세히 듣고 잘 사유해 기억하십시오. 내가 그 뜻을 분별해 자세히 설명하겠습니다."

비구들이 말하였다.

"매우 좋습니다."

이때 비구들은 곧 그 가르침을 들었다. 가전연은 말하였다.

"여래께서는 '내 주장은 하늘이나 용이나 귀신이 미칠 수 있는 것이 아니요, 세상에 집착하는 것도 아니고 세상에 머무르는 것도 아니다. 그리고 나는 거기서 해탈하였고 온갖 의심을 끊어 다시는 망설임이 없다'고 말씀하셨습니다. 지금 중생들은 다투기를 좋아해 온갖 어지러운 생각을 일으키는데, 여래께서는 또 '나는 거기에 물들어 집착하는 마음을 일으키지 않는다'고 말씀하셨습니다.

그것은 바로 탐욕의 번뇌〔貪欲使〕, 성냄·삿된 소견·욕심세계의 번뇌, 교만의 번뇌, 의심의 번뇌, 무명의 번뇌로서 칼과 몽둥이의 고통스러운 과보를 초래하기도 하고, 사람들과 다투며 여러 가지 나쁜 행을 일으키고 어지러운 생각과 좋지 않은 행을 일으키게 합니다.

눈〔眼〕으로 빛깔〔色〕을 보면 빛깔이라는 분별〔識想〕이 일어나고, 이 세 가지가 서로 인因이 되어 접촉〔更樂〕이 있게 되며, 접촉으로 말미암아 느낌〔痛〕이 생기고, 느낌으로 말미암아 지각〔覺〕이 생기며, 지각으로 말미암아 생각〔想〕이 생기고, 생각으로 말미암아 곧 헤아리게 되며 거기서 온갖 집착하는 생각을 일으키게 됩니다.

귀〔耳〕로 소리〔聲〕를 듣고, 코〔鼻〕로 냄새〔香〕를 맡으며, 혀〔舌〕로 맛〔味〕을 보고, 몸〔身〕으로 감촉〔細滑〕을 느끼고, 뜻〔意〕으로 법法을 알고는 곧 그에 대한 분별을 일으킵니다. 이 세 가지가 서로 인因이 되어 접촉이 생기고, 접촉으로 말미암아 느낌이 생기며, 느낌으로 말미암아 지각이 생기고, 지각으로 말미암아 생각이 생기며, 생각으로 말미암아 곧 헤아리게 되고 거기서 온갖 집착하는 생각을 일으킵니다.

이것이 곧 탐욕의 번뇌, 성냄의 번뇌, 삿된 소견의 번뇌, 교만의 번뇌, 욕심세계의 번뇌, 어리석음의 번뇌, 의심의 번뇌로서 이것은 모두 칼이나 몽둥이의 변고 등 이루 헤아릴 수 없는 여러 가지 변고를 일으킵니다.

만일 어떤 사람이 '눈이 없고 빛깔이 없어도 접촉이 있다'고 말한다면 그것은 옳지 않습니다. 또 '접촉이 없어도 느낌이 있다'고 말한다면 그것도 옳지 않습니다. 또 '느낌이 없어도 집착하는 생각이 있다'고 말한다면 그것도 옳지 않습니다. 또 어떤 사람이 '귀가 없고 소리가 없으며, 코가 없고 냄새가 없으며, 혀가 없고 맛이 없으며, 몸이 없고 감촉이 없으며, 뜻이 없고 법이 없어도 분별이 있다'고 말한다면 결코 그런 이치는 없습니다. 또 만일 '분별이 없어도 접촉이 있다'고 말한다면 그것은 옳지 않습니다. 또 '접촉이 없어도 느낌이 있다'고 말한다면 그것도 옳지 않습니다. 또 '느낌이 없어도 집착하는 생각이 있다'고 말한다면 그것도 옳지 않습니다.

만일 어떤 사람이 '눈이 있고 빛깔이 있으면 거기서 분별이 생긴다'고 말한다면 그것은 반드시 그렇습니다. 또 '귀와 소리·코와 냄새·혀와 맛·몸과 감촉·뜻과 법이 있으면 거기서 분별이 생긴다'고 말한다면 그것은 반드시 그렇습니다. 여러분, 마땅히 아셔야 합니다. 이런 까닭으로 세존께서 '내 주장은 하늘이나 세상 사람이나 악마나 혹은 악마의 하늘이 미치지 못하는 것이다. 또한 그것은 세상에 집착하지도 않고 세상에 머무르지도 않는 것이다. 나는 그 탐욕에서 해탈을 얻어 의심을 끊고 다시는 망설임이 없다'고 말씀하신 것입니다. 세존께서는 이런 이유로 그 뜻을 간략히 말씀하신 것입니다.

그대들이 만일 마음으로 이해하지 못하겠거든 다시 여래께 찾아가 이 뜻을 거듭 여쭈어 보십시오. 그리고 여래께서 무슨 말씀이 있으시거든 잘 기억해 받들어 가지십시오."

그때 많은 비구들은 가전연의 말을 듣고 옳다고 말하지도 않고 그르다고 말하지도 않고 곧 자리에서 일어나 떠났다. 그들은 저희끼리 말하였다.

"우리는 이 이치를 여래께 여쭈어 봅시다. 그리고 세존께서 무슨 말씀이 있으시면 잘 받들어 행합시다."

그때 비구대중들은 세존께서 계신 곳으로 나아가 세존의 발에 머리 조아려 예를 올리고 한쪽에 앉았다. 그리고 비구대중들은 조금 전 있었던 일을 빠짐없이 세존께 아뢰었다.

그때 여래께서 비구들에게 말씀하셨다.

"가전연 비구는 총명하고 말솜씨[辯才]가 있어 그 뜻을 자세히 설명하였다. 만일 너희들이 내게 찾아와 그 뜻을 물었더라도 나 또한 그렇게 너희에게 설명하였을 것이다."

그때 아난이 여래의 뒤에 있었는데, 아난이 부처님께 아뢰었다.

"이 경의 이치는 너무도 심오합니다. 마치 어떤 사람이 길을 가며 갈증을 느끼다가 감로를 얻게 되었는데 그것을 맛보니 너무도 향기롭고 맛있어 아무리 먹어도 싫증이 나지 않는 것과 같습니다. 이것도 그와 같아서 선남자나 선여인이 찾아간 곳에서 이 법을 듣는다면 싫증을 내지 않을 것입니다."

아난은 거듭 세존께 아뢰었다.

"이 경의 이름은 무엇이며, 어떻게 받들어 가져야 합니까?"

세존께서 아난에게 말씀하셨다.

"이 경의 이름은 '감로법미(甘露法味)'이다. 잘 기억해 받들어 가져야 하느니라."

그때 아난은 부처님의 말씀을 듣고 기뻐하며 받들어 행하였다.

41. 막외품莫畏品

〔 1 〕⁵

이와 같이 들었다.

어느 때 부처님께서는 석시가비라위釋翅迦毗羅衛의 니구루원尼拘屢園에 계셨다.

이때 석가족 마하남摩呵男이 세존께서 계신 곳에 찾아와 세존의 발에 머리 조아려 예를 올리고 한쪽에 앉았다. 그때 석가족 마하남이 세존께 아뢰었다.

"저는 여래로부터 직접 이렇게 들었습니다.

'어떤 선남자나 선여인이 3결사結使를 끊으면 수다원須陀洹을 이루리니, 이를 불퇴전不退轉이라 한다. 그는 반드시 도道의 결과를 이루어 다시는 어떤 외도들도 찾지 않고 또 다른 사람들의 말도 깊이 새기지 않을 것이다.'

만일 그렇다면 그것은 옳지 않습니다. 저는 난폭한 소나 말이나 낙타를 보면 곧 두려움이 생겨 온몸의 털이 곤두서곤 합니다. 그때 저는 '만일 내가 지금 이렇게 두려움을 품고 목숨을 마친다면 어디에 태어나게 될까?' 하고 생각합니다."

세존께서 마하남에게 말씀하셨다.

"두려워하는 마음을 갖지 말라. 설사 목숨을 마친다 하더라도 세 갈래 나쁜 길에는 떨어지지 않을 것이다. 왜냐하면 그것을 소멸하는 세 가지 이치가 있기 때문이다. 세 가지 이치란 무엇인가?

설사 음욕에 집착해 번민과 어지러운 생각을 일으키고, 또 남을 해

---

5 이 소경과 내용이 비슷한 경으로는 『잡아함경』 제33권 930번째 소경과 『별역잡아함경』 제8권 155번째 소경이 있다.

치려는 마음을 일으켰다 하더라도 이미 그런 음욕이 없어지고 나면 남을 해치려는 마음을 일으키지 않고, 현세에서 고뇌를 일으키지 않을 것이다. 또 온갖 나쁘고 좋지 않은 법으로 자기를 해치려 했더라도 만일 그것이 없어지고 나면 곧 혼란스러움이 없어지고 근심 걱정이 없어질 것이다.

마하남아. 이른바 이 세 가지 이치는 나쁘고 좋지 않은 법을 아래로 떨어뜨리고 모든 착한 법을 위로 올라오게 하느니라. 그것은 마치 소酥를 담은 병이 물속에서 깨졌을 때 깨어진 조각들은 곧 물밑으로 가라앉지만 소는 물 위로 떠오르는 것과 같다. 그와 마찬가지로 온갖 나쁘고 좋지 않은 법은 아래로 가라앉고 모든 착한 법은 위로 떠오르느니라.

마하남아. 알아야 한다. 나는 옛날 부처가 되기 전 우류비優留毗에서 6년 동안 고행할 때에 맛있는 음식을 먹지 않아 몸이 야위어 1백 살이나 먹은 사람 같았으니, 그것은 다 먹지 않았기 때문이었다. 그때 나는 일어나려고 하다가는 곧 땅에 쓰러졌다. 이때 나는 이렇게 생각했었다.

'만일 내가 지금 죽는다면 어디에 태어나게 될까?'

그리고 나는 다시 이렇게 생각하였다.

'나는 지금 죽더라도 결코 나쁜 곳에는 태어나지 않을 것이다. 그러나 이치로 보아 즐거움으로 즐거움에 이를 수는 없다. 반드시 괴로움을 말미암은 후에 즐거움에 이를 것이다.'

나는 그때 선인굴仙人窟에서 노닐고 있었다. 그때 어떤 니건자尼揵子가 그곳에서 도를 공부하고 있었는데, 그 니건자는 손을 들어 해를 가리키면서 햇볕에 맨몸을 드러내는 수행을 하고 혹은 쭈그리고 앉는 수행을 하고 있었다. 나는 그때 니건자에게 다가가 이렇게 말하였다.

'너희들은 왜 자리를 떠나 손을 들고 까치발을 하고 있는가?'
그 니건자는 대답하였다.
'구담이여, 알아야 한다. 옛날 우리 스승이 착하지 못한 것을 행하였다. 지금 내가 이렇게 고행하는 것은 그 죄를 소멸시키려고 하기 때문이다. 지금 내가 몸을 드러내어 창피스럽고 욕을 당하지만 이것 역시 죄를 소멸시키는 것이다. 구담이여, 알아야 한다. 행行이 다하면 괴로움(苦)도 다하고 괴로움이 다하면 행도 다하며, 괴로움과 행이 다하면 열반에 이르게 된다.'
그때 나는 다시 니건자에게 말하였다.
'그것은 그렇지 않다. 행이 다한다고 괴로움이 다할 수는 없고, 괴로움이 다한다고 행이 다해 열반에 이를 수도 없다. 다만 괴로움과 행을 다하면 열반에 이르게 된다는 것은 그럴 수 있다. 다만 즐거움으로 즐거움에 이를 수 없을 뿐이다.'
니건자가 말하였다.
'빈비사라왕頻毗娑羅王은 즐거움으로 즐거움에 이르니, 무슨 괴로움이 있겠는가?'
나는 그때 다시 니건자에게 말하였다.
'빈비사라왕의 즐거움이 어찌 나의 즐거움만 하겠는가?'
'빈비사라왕의 즐거움이 당신의 즐거움보다 낫다.'
나는 그때 다시 그 니건자에게 말하였다.
'빈비사라왕이 나를 이레 낮 이레 밤 동안 가부좌하고 앉아 몸을 움직이지 않게 할 수 있는가? 단 엿새·닷새·나흘·사흘·이틀 내지 하루만이라도 가부좌하고 앉아 있게 할 수 있겠는가?'
'아니다, 구담이여.'
'나는 능히 가부좌하고 앉아 몸을 움직이지 않을 수 있다. 어떤가?

니건자여, 누가 더 즐거운가? 빈비사라왕이 더 즐거운가, 내가 더 즐거운가?'

그러자 니건자는 '사문 구담이 더 즐겁다'고 말하였다.

이와 같나니 마하남아, 부디 이런 방편을 구해 즐거움으로 즐거움에 이를 수 없고 반드시 괴로움에서 즐거움에 이르는 줄을 알아야 하느니라. 마하남아, 마치 큰 마을 좌우에 세로와 가로 1유순에 물이 가득 찬 큰 연못이 있는 것과 같다. 만일 어떤 사람이 와서 한 방울의 물을 떴다면 어떤가? 마하남아, 어느 물이 많은가? 한 방울의 물이 많은가, 연못의 물이 많은가?"

마하남이 대답하였다.

"연못의 물이 더 많지 한 방울의 물이 많은 것은 아닙니다."

"이것도 그와 같다. 현성의 제자는 모든 괴로움이 이미 다하고 다시는 생기지 않아 남은 것은 겨우 그 한 방울의 물과 같은 정도이다. 내 제자 중에서 가장 도가 낮은 사람도 일곱 번 죽고 일곱 번 태어남을 넘기기 전에 괴로움을 완전히 벗어난다. 다시 더 용맹스레 정진하면 곧 가가家家[6]가 되어 도를 얻을 것이다."

그때 세존께서는 마하남을 위해 거듭 미묘한 법을 말씀하셨다. 그는 그 법을 듣고 곧 자리에서 일어나 떠났다.

그때 마하남은 부처님의 말씀을 듣고 기뻐하며 받들어 행하였다.

〔2〕

이와 같이 들었다.

---

6 18유학有學의 하나이다. 일래향一來向의 성자로 욕계欲界 수혹修惑의 3품 혹은 4품의 혹을 끊은 사람을 말한다. 가가家家란 인간에서 천인으로, 천인에서 인간으로 바꿔 태어난다는 뜻이다.

어느 때 존자 나가바라那伽波羅[7]는 녹야성鹿野城에 있었다.

그때 나이가 많은 어떤 늙은 바라문이 있었는데 그는 옛날 존자 나가바라와 어릴 적 친구였다. 그 바라문은 나가바라를 찾아가 서로 문안하고 한쪽에 앉았다. 그때 범지가 나가바라에게 말하였다.

"그대는 즐거움 중에서도 최고의 즐거움을 누리는구려."

나가바라는 물었다.

"그대는 대체 무슨 이유로 '즐거움 중에서 최고의 즐거움을 누린다'고 말하는가?"

바라문이 대답하였다.

"나는 이레 동안에 아들 일곱을 잃었다. 그들은 모두 용맹스럽고 재주가 많았으며, 지혜는 따를 이가 없었다. 그리고 엿새 동안에 일꾼 열둘을 잃었다. 그들은 부지런히 일하며 게으르지 않았다. 닷새 동안에 네 형제를 잃었다. 그들은 온갖 기술을 가져 못하는 일이 없었다. 나흘 동안에 부모님이 돌아가셨다. 그분들은 나이 1백 세가 되어 나를 버리고 세상을 떠나셨다. 사흘 전에는 두 아내가 죽었다. 그들은 세상에 드물 만큼 얼굴이 단정하였다. 또 집안에 보배를 묻어둔 구덩이가 여덟 개 있었는데 어제 찾아보았으나 찾을 수가 없었다. 이처럼 지금 나에게 닥친 고뇌는 이루 다 헤아릴 수 없다. 그러나 존자는 지금 그런 재앙을 영원히 떠나 다시는 근심 걱정 없이 오직 도로써 스스로 즐기고 있다. 나는 이런 이유로 '즐거움 중에서 최고의 즐거움을 즐기고 있다'고 말한 것이다."

이때 존자 나가바라가 그 범지에게 말하였다.

"그대는 왜 그 사람이 죽지 않도록 방편을 쓰지 않았는가?"

---

[7] 팔리어로는 Nāgasamāla이고, 나가바라那伽婆羅라고도 하며, 용호龍護로 한역하기도 한다. 부처님의 시자 중 한 명이다.

"나도 그들을 죽지 않게 하고, 또 재물을 잃지 않으려고 많은 방편을 썼다. 때를 따라 보시해 온갖 공덕을 지었고, 하늘에 제사도 지내고 장로 범지들에게 공양하였으며, 온갖 귀신을 보호하고 주술도 외웠다. 또 별자리를 보고 점도 쳤으며 온갖 약도 만들었고 또 맛있는 음식을 곤궁한 이들에게 보시하는 등 이렇게 한 것이 이루 다 말할 수 없을 정도이다. 그러나 그들의 목숨을 건질 수 없었다."

그때 존자 나가바라가 이런 게송을 읊었다.

  온갖 약초와 주술을 쓰고
  의복과 음식의 모든 도구
  보시해보았지만 아무 소용없이
  여전히 그 몸엔 괴로움만 더했네.

  신의 사당에 제사 드리며
  목욕하고 향과 꽃을 바쳐보았지만
  그 원인 살펴보아도
  그것을 고칠 방법 없었네.

  온갖 물건을 널리 베풀고
  정진하며 범행을 지켰지만
  그 원인 살펴보아도
  그것을 고칠 방법 없었네.

이때 범지가 물었다.
"어떤 법을 행해야 이런 고뇌를 없앨 수 있겠는가?"

그러자 존자 나가바라는 곧 이런 게송을 말하였다.

　은혜와 사랑은 무명의 근본
　온갖 고뇌를 일으키나니
　그것이 남김없이 사라진다면
　곧 다시는 고통 없으리.

이때 그 범지는 이 말을 듣고 곧 게송으로 말하였다.

　비록 늙었으나 아주 늙진 않았고
　하는 짓도 내가 제자 같으니
　원컨대 출가하여 도를 배워서
　이런 재앙을 벗어나게 해 주오.

그때 존자 나가바라는 곧 그에게 세 가지 법의를 주고 출가해 도를 배우게 하였다. 그리고 말하였다.
"그대 비구여, 이제 이 몸을 머리에서 발끝까지 관찰해 보라. 이 머리카락과 털·손발톱·이빨 따위는 어디서 왔는가? 또 몸뚱이의 피부·골수·창자·위 따위는 어디서 왔는가? 만일 여기서 떠난다면 어디로 갈 것인가? 그러므로 비구여, 세상의 고뇌를 너무 근심하지 말라. 또 낱낱의 털구멍을 관찰하고 방편을 구해 네 가지 진리[四諦]를 성취하라."
존자 나가바라는 곧 이런 게송을 말하였다.

　잡된 생각 버리고 너무 근심치 말라.

오래지 않아 법안法眼을 얻으리라.
무상한 행行은 번갯불 같으니
이런 큰 행복은 만나기 어렵다.

그 낱낱의 털구멍과
나는 것 죽는 것의 근본을 관찰하라.
무상한 행은 번갯불 같으니
마음을 돌려 열반으로 향하라.

이때 그 장로 비구는 이 가르침을 받고 한적한 곳에서 그 이치를 사유하였다. 그리하여 족성자들이 수염과 머리를 깎고 견고한 믿음으로 출가하여 도를 배우는 목적인 위없는 범행을 닦으려 하였고, '나고 죽음은 이미 다하고 범행은 이미 섰으며, 할 일을 이미 마쳐 다시는 태를 받지 않는다'고 사실 그대로 알았다. 그때 그 비구는 곧 아라한이 되었다.

그때 그 비구의 옛날 친구였던 어떤 하늘이 그 비구가 아라한이 된 것을 보고 곧 나가바라에게 찾아가 허공에서 이런 게송을 읊었다.

이미 구족계를 받고는
한적한 곳에서 지내며
집착 없는 도의 마음 얻어
근원적인 악의 근본 떨어버렸네.

그러자 그 하늘은 다시 하늘나라 꽃을 존자 위에 뿌리고는 곧 공중에서 사라져 보이지 않았다.

그때 그 비구와 하늘은 존자 나가바라의 말을 듣고 기뻐하며 받들어 행하였다.

[3]

이와 같이 들었다.

어느 때 부처님께서는 사위국 기수급고독원에 계셨다.

그때 세존께서 모든 비구들에게 말씀하셨다.

"일곱 가지 선善과 네 가지 법法을 관찰하면 현세에서 상인上人이라 불릴 것이다. 비구들이여, 어떻게 일곱 가지 선을 관찰하는가? 이른바 비구는 자애로운 마음(慈心)으로 1방・2방・3방・4방을 가득 채우고 4유維와 상・하 또한 그렇게 하여 온 세상을 자애로운 마음으로 가득 채운다. 불쌍히 여기는 마음(悲心)・기뻐하는 마음(喜心)・평정한 마음(護心)과 공空・무상無相・무원無願의 삼매 또한 그렇게 하고, 모든 감각기관을 온전히 갖추고 적당히 음식을 먹으며 항상 깨어 있어야 한다. 비구여, 이와 같이 일곱 가지를 관찰해야 하느니라.

비구들아, 어떻게 네 가지 법을 관찰하는가? 이른바 비구는 안으로 몸(身)을 관찰하여 근심과 걱정을 없애고 몸이란 생각이 그치며, 밖으로 몸을 관찰하여 근심과 걱정을 없애고 몸이란 생각이 그치며, 안팎으로 몸을 관찰하여 몸이란 생각이 그친다. 안으로 느낌(痛)을 관찰하여 느낌이란 생각이 그치고, 밖으로 느낌을 관찰하여 느낌이란 생각이 그치며, 안팎으로 느낌을 관찰하여 느낌이란 생각이 그친다. 안으로 마음(心)을 관찰하여 마음이란 생각이 그치고, 밖으로 마음을 관찰하여 마음이란 생각이 그치며, 안팎으로 마음을 관찰하여 마음이란 생각이 그치고 근심과 걱정을 없애 다시는 괴로움이 없게 된다. 안으로 법法을 관찰하여 법이란 생각이 그치고, 밖으로 법을 관찰하여 법이란 생각이 그치며, 안팎으로 법을 관찰하여 법이란 생각이 그친다. 이와 같이 비구는 네 가지 법의 선을 관찰하느니라.

비구들아, 만일 이와 같이 일곱 가지 선과 네 가지 법을 관찰하면 현세에서 상인上人이 된다. 그러므로 모든 비구들아, 너희들은 마땅히 이와 같이 방편을 다해 일곱 가지 선을 갖추고 네 가지 법을 관찰하도록 해야 하느니라. 모든 비구들이여, 마땅히 이와 같이 배워야 하느니라."

그때 모든 비구들은 부처님의 말씀을 듣고 기뻐하며 받들어 행하였다.

〔 4 〕[8]

이와 같이 들었다.

어느 때 부처님께서는 석시가비라월성釋翅迦毗羅越城의 니구루원尼拘屢園에서 대비구들 5백 명과 함께 계셨다.

그때 모든 비구들은 세존께서 계신 곳에 나아가 그 발에 머리 조아려 예를 올리고 한쪽에 앉았다. 그때 많은 비구들이 세존께 아뢰었다.

"저희들은 북방으로 유행을 떠나고자 합니다."

세존께서는 말씀하셨다.

"형편대로 하라."

세존께서 다시 비구들에게 말씀하셨다.

"너희들은 사리불 비구에게도 하직을 고하였느냐?"

비구들이 아뢰었다.

"아닙니다. 세존이시여."

---

8 이 소경과 내용이 비슷한 경으로는 『잡아함경』 제5권 108번째 소경인 「임경림經」이 있다.

"너희들은 가서 사리불 비구에게 하직을 고하라. 왜냐하면 사리불 비구는 항상 범행을 닦는 이들에게 법을 가르치고 또 설법에 싫증을 내지 않기 때문이니라."

그때 세존께서 비구들을 위해 미묘한 법을 설하셨다. 비구들은 법을 듣고 곧 자리에서 일어나 세존의 발에 예를 올리고 부처님 주위를 세 번 돌고 물러갔다.

그때 사리불은 석시釋翅의 신사神寺에 있었다. 비구들은 사리불에게 가서 서로의 안부를 묻고 한쪽에 앉았다. 그리고 많은 비구들이 사리불에게 아뢰었다.

"우리는 북방으로 가서 세간을 유행하며 교화하려고 방금 세존께 하직을 고하고 오는 길입니다."

사리불은 말하였다.

"그대들은 알아야 합니다. 북방의 백성들과 사문 바라문들은 모두들 총명하여 그 지혜가 따르기 어렵습니다. 또 그 사람들은 찾아와 시험해보기를 좋아합니다. 만일 그들이 찾아와 그대들에게 '여러분은 무엇을 주장합니까?'라고 묻는다면 이러한 질문에 어떻게 대답할 생각입니까?"

비구들이 대답하였다.

"만일 누군가 찾아와 묻는다면 우리는 이런 이치로 대답하겠습니다.

'색色은 무상한 것이다. 무상한 것은 곧 괴로움이요, 괴로움에는 나〔我〕가 없다. 나가 없으면 공空이요, 공이기 때문에 나가 없고 그것은 공이다. 이것이 지혜로운 이가 보는 것이다.

통痛·受·상想·행行·식識 또한 무상하고, 괴로우며, 공이요, 나가 없다. 그것이 진실로 공이면 그것은 나가 없고 공이다. 이것이 지혜로운 이가 배우는 것이다. 이 5성음盛陰은 모두 공하고 모두 고요하며, 인연으로 모인 것으로서 모두 없어짐으로 돌아가 오래 머무르지 못한다.

그리고 여덟 가지 도道와 그에 따른 일곱 가지 법法이 있으니, 우리 스승의 말씀은 바로 이것이다.'

만일 찰리나 바라문이나 백성들이 찾아와 우리의 주장을 물으면 우리는 이런 이치로 대답하겠습니다."

그러자 사리불이 말하였다.

"그대들은 마음을 굳게 가지고 가볍게 행동하지 마십시오."

이때 사리불은 비구들을 위해 미묘한 법을 빠짐없이 설하고 곧 자리에서 일어나 떠났다. 여러 비구들이 떠난 지 오래지 않아 사리불이 비구들에게 말하였다.

"여덟 가지 도와 일곱 가지 법을 어떻게 행해야 하는가?"

비구들이 아뢰었다.

"저희는 그 이치를 들으려고 멀리서 왔습니다. 설명하여 주십시오."

사리불이 말하였다.

"그대들은 자세히 듣고 자세히 들어 잘 사유하고 기억하라. 내 이제 설명하리라."

이제 비구들은 그 가르침을 받았다. 사리불이 말하였다.

"만일 일심으로 바른 소견[正見]을 늘 생각하면 염각의念覺意가 어지러워지지 않을 것이다. 바른 다스림[等治]이란 일심으로 모든 법을 늘 생각하는 법각의法覺意요, 바른 말[等語]이란 몸과 마음으로 정진하는 정진각의精進覺意며, 바른 업[等業]이란 모든 법을 낼 수 있는 희각의喜覺意요, 바른 생활[等命]이란 성현의 재물에 만족할 줄 알아 집과 재물을 모두 버리고 몸을 편안히 하는 의각의猗覺意이다. 바른 방편[等方便]

이란 성현의 네 가지 진리를 얻어 모든 결박을 다 제거하는 정각의定覺意요, 바른 기억〔等念〕이란 4의지意止[9]를 관찰하여 이 몸은 견고하지 않고 공하며 나가 없다고 보는 호각의護覺意이며, 바른 삼매〔等三昧〕란 얻지 못한 것을 얻고 제도하지 못한 이를 제도하며 증득하지 못한 이를 증득하게 하는 것이다. 만일 누군가 찾아와 어떻게 여덟 가지 도와 일곱 가지 법을 닦아야 하느냐고 묻거든 너희들은 이렇게 대답해야 한다. 왜냐하면 어떤 비구든 이 여덟 가지 도와 일곱 가지 법을 닦는다면 그는 번뇌의 마음이 곧 해탈하기 때문이다.

나는 이제 그대들에게 거듭 말하리라. 어떤 비구든 여덟 가지 도와 일곱 가지 법을 사유하며 수행한다면 그는 두 가지 과보를 이루어 의심이 없어질 것이니, 아나함이 되거나 아라한이 되어 이런 일마저 버리게 될 것이다.

만일 그것을 많이 행할 수 없다면 단 하루 동안만이라도 그 여덟 가지 도와 일곱 가지 법을 행하라. 그러면 그 복은 헤아릴 수 없고 아나함이나 아라한이 될 것이다. 그러므로 여러분, 마땅히 방편을 구해 이 여덟 가지 도와 일곱 가지 법을 행하라. 그러면 의심 없이 도를 이룰 것이다."

그때 모든 비구들은 사리불의 말을 듣고 기뻐하며 받들어 행하였다.

〔5〕
이와 같이 들었다.
어느 때 부처님께서는 사위국 기수급고독원에 계셨다.

---

[9] 4념처念處를 말한다.

그때 세존께서 가섭迦葉에게 말씀하셨다.

"그대는 이제 너무 늙어 젊은 기운이 조금도 없다. 그러니 장자들이 주는 의복과 음식을 받는 것이 좋겠다."

대가섭大迦葉은 부처님께 아뢰었다.

"저는 그들의 의복과 음식을 받을 수 없습니다. 지금 이 누더기를 입고 때맞춰 걸식하는 것이 비할 바 없이 즐겁습니다. 왜냐하면 미래에 분명 몸이 건강하면서도 좋은 의복과 음식을 탐내고, 선정에서 물러나 다시는 고행을 행하지 않는 비구들이 있을 것이기 때문입니다. 그들은 또 '과거 부처님 때의 비구들도 사람들의 초청을 받아들이고 옷과 음식을 받았는데 우리가 왜 옛 성인을 본받지 않겠는가?'라고 말하며 가만히 앉아서 의복과 음식을 탐내기 때문에 법복을 버리고 좋은 옷[白衣]을 입을 것입니다. 그리하여 성현들의 위신이 없어지고 사부대중을 점점 줄어들게 할 것입니다. 성중이 줄어들면 여래의 절도 허물어지고, 여래의 절이 허물어지고 나면 경법經法도 쇠퇴하게 될 것입니다.

이때 중생들은 더 이상 정기와 광명이 없게 되고, 정기와 광명이 없기 때문에 수명이 짧아지게 될 것입니다. 그래서 중생들은 목숨을 마친 뒤에 모두 세 갈래 나쁜 곳에 떨어질 것입니다. 마치 오늘날에는 많은 중생들이 지은 복이 많아 모두들 천상에 태어나듯이 미래에는 짓는 죄가 많아 모조리 지옥에 들어갈 것입니다."

세존께서 말씀하셨다.

"훌륭하고, 훌륭하구나. 가섭은 세상에 많은 이익을 주고, 세상 사람들의 좋은 벗이며 좋은 복밭이구나. 가섭아, 알아야 한다. 내가 반열반하고서 천년 뒤에는 비구들이 선정에서 물러나고 다시는 두타법頭陀法을 행하지 않을 것이니, 누더기를 걸치고 걸식하지 않으며 장자들의 초청을 탐내 그 옷과 음식을 받을 것이요, 또 나무 밑이나 한적한 곳에서 지내지 않고 장식한 방을 좋아할 것이다.

또 대소변을 약으로 쓰지 않고 매우 달고 맛있는 약초만 집착할 것이요, 혹은 그 사이에서 재물을 탐내고 방을 아껴 늘 서로 다툴 것이다. 그러나 그때에도 단월檀越들은 불법을 독실하게 믿고 보시하기를 좋아해 재물을 아끼지 않을 것이다. 그리하여 단월들은 목숨을 마친 뒤에 모두 천상에 태어나지만 게으른 비구들은 죽어서 지옥에 들어갈 것이다. 가섭아, 이와 같이 일체 행은 모두 무상하여 오래 보존할 수 없느니라.

가섭아, 또 알아야 한다. 미래 세상에는 비구들이 수염과 머리를 깎고도 가업을 익혀 왼쪽에는 아들을 안고 오른쪽에는 딸을 안을 것이며, 또 쟁箏과 피리를 불며 거리에서 걸식할 것이다. 그런 때라도 단월 시주들은 무궁한 복을 받을 것인데 하물며 오늘날 지성으로 걸식하는 자들에게 보시하는 사람들이겠는가? 가섭아, 이와 같이 모든 행은 무상하여 오래 머물지 못하느니라.

가섭아, 알아야 한다. 미래 세상에 어떤 비구들은 여덟 가지 도와 일곱 가지 법을 버릴 것이다. 그리고는 3아승기 겁 동안 모은 지금의 법보法寶를 미래 비구들은 노래로 부르며 여러 사람들 속에서 걸식하여 그것으로 살아갈 것이다. 그때의 단월들이 그런 비구들에게 공양하더라도 오히려 복을 받을 것인데 하물며 지금의 비구들에게 보시하는 이들이 복을 얻지 못하겠는가?

나는 지금 이 법을 가섭과 아난 비구에게 부촉한다. 왜냐하면 나는 이제 늙어 나이 80이 되었으니, 여래는 오래지 않아 열반에 들 것이기 때문이다. 이제 이 법보를 너희 두 사람에게 부촉하나니, 잘 기억하고 외워 끊어지지 않게 하고 세상에 널리 펼쳐라. 누구든 성인의 가르침을 막거나 끊는 자가 있으면 그는 변방에 떨어질 것이다. 그러므로 지금 이 경법을 너희들에게 부촉하는 것이니 잊어버리거나 잘못 전하지 말라."

그때 대가섭과 아난은 곧 자리에서 일어나 꿇어앉아 합장하고 세존께 아뢰었다.

"무슨 이유로 이 경법을 저희 두 사람에게만 부촉하고 다른 사람에게는 부촉하지 않으십니까? 여래의 제자 중에는 신통이 뛰어난 제자가 헤아릴 수 없이 많습니다. 그런데 왜 그들에겐 부촉하지 않으십니까?"

세존께서 가섭에게 말씀하셨다.

"나는 천상이나 인간 중에서 가섭과 아난만큼 이 법보를 잘 받들어 가질 수 있는 이를 보지 못했고, 또 성문들 중에서도 너희 두 사람보다 뛰어난 이가 없기 때문이다. 과거 부처님 때에도 역시 두 사람이 경법을 받들어 가졌었다. 그러나 지금의 가섭과 아난 비구에 비하면 그대들이 훨씬 뛰어나고 묘하다. 왜냐하면 과거의 여러 부처님 때에도 두타행을 행한 비구가 있었지만 그들은 법이 존재하면 그들도 생존하다가 법이 멸하면 그들도 멸하였다. 그런데 지금의 가섭 비구는 이 세상에 머물다가 미륵부처님이 세상에 출현한 뒤에 열반에 들 것이기 때문이다. 그러므로 지금의 가섭 비구가 과거의 비구들보다 훌륭하다는 것이니라.

또 아난 비구는 왜 과거의 시자(侍者)들보다 훌륭한가? 과거 여러 부처님의 시자들은 남의 말을 들은 뒤에야 이해하였지만 지금의 아난 비구는 여래가 말하기 전에 곧 이해하고 여래가 말하지 않아도 모두 알기 때문이다. 그러므로 아난 비구가 과거 부처님의 시자들보다 훌륭하다는 것이니라.

그러므로 가섭과 아난아, 내 이제 너희들에게 부탁하고 이 법보를 너희들에게 부촉하는 것이니, 이지러지게 하거나 줄어들게 하지 말라."

그때 세존께서는 곧 게송으로 말씀하셨다.

    모든 행은 무상하여
    생긴 것은 반드시 없어진다네.
    생이 없으면 죽음도 없으리니
    이런 사라짐이 최고의 즐거움이라.

그때 가섭과 아난은 부처님의 말씀을 듣고 기뻐하며 받들어 행하였다.

증일아함경 제 36 권

42. 팔난품八難品 ①

〔 1 〕[1]

이와 같이 들었다.

어느 때 부처님께서는 사위국 기수급고독원에 계셨다.

그때 세존께서 모든 비구들에게 말씀하셨다.

"범부들에게는 설법을 듣지도 못하고 알지도 못하는 시절이 있다. 비구들아, 알아야 하느니라. 설법을 듣지 못해 사람이 수행할 수 없는 여덟 시절이 있느니라. 여덟 가지란 무엇인가?

여래가 세상에 출현하면 법의 가르침을 자세히 설명하여 열반에 이르게 한다. 그러나 이때 어떤 중생은 지옥에 태어나 여래가 행한 바를 듣지도 못하고 보지도 못한다. 이것이 첫 번째 어려움이다.

또 여래가 세상에 출현하면 법의 가르침을 자세히 설명한다. 그러

---

[1] 이 소경과 내용이 비슷한 경으로는 『중아함경』 제29권 124번째 소경인 「팔난경八難經」이 있다.

나 이때 어떤 중생은 축생으로 태어나 듣지도 못하고 보지도 못한다. 이것이 두 번째 어려움이다.

또 여래가 세상에 출현하면 법의 가르침을 자세히 설명한다. 그러나 이때 어떤 중생은 아귀로 태어나 듣지도 못하고 보지도 못한다. 이것이 세 번째 어려움이다.

또 여래가 세상에 출현하면 법의 가르침을 자세히 설명한다. 그러나 이때 어떤 중생은 장수천長壽天에 태어나 듣지도 못하고 보지도 못한다. 이것이 네 번째 어려움이다.

또 여래가 세상에 출현하면 법의 가르침을 자세히 설명한다. 그러나 이때 어떤 중생은 변방에 태어나 성현을 비방하고 온갖 삿된 업을 짓는다. 이것이 다섯 번째 어려움이다.

또 여래가 세상에 출현하면 법의 가르침을 자세히 설명하여 열반에 이르게 한다. 그러나 이때 어떤 중생은 중심국〔中國 : 인도〕에 태어나기는 해도 여섯 감각기관이 온전치 못하고 또한 선악의 법을 분별하지도 못한다. 이것이 여섯 번째 어려움이다.

또 여래가 세상에 출현하면 법의 가르침을 자세히 설명하여 열반에 이르게 한다. 그러나 이때 어떤 중생은 중심국에 태어나고 또 여섯 감각기관이 완전하여 결함이 없기는 하나 '사람도 없고 보시도 없으며 받는 이도 없다. 또한 선악의 과보도 없고, 금생도 후생도 없고, 부모도 없으며, 세상에는 아라한이 되어 스스로 증득해 즐겁게 노니는 사문 바라문도 없다'는 삿된 소견을 가진다. 이것이 일곱 번째 어려움이다.

또 여래가 세상에 출현하지 않아 열반에 이르도록 설법할 수 없을 때, 어떤 중생은 중심국에 태어나고 여섯 감각기관이 온전하여 법을 받아들일 수 있으며, 총명하고 재주가 많아 법을 들으면 곧 이해하고

'물건도 있고 보시도 있으며 받는 이도 있다. 선악의 과보도 있고, 금생과 후생도 있으며, 세상에는 바른 소견을 고루 닦아 아라한을 증득한 사문 바라문도 있다'는 바른 소견을 닦는다. 이것이 여덟 번째 어려움으로서 이는 범행을 닦을 수 있는 시절이 아니다.

비구들이여, 이것이 이른바 '이런 여덟 가지 어려움이 있고 이는 범행을 닦을 수 있는 시절이 아니다'라는 것이다.

비구들이여, 범행을 닦는 사람들이 수행하는 한 시절이 있으니, 그 한 가지란 무엇인가? 이른바 여래가 세상에 출현하면 법의 가르침을 자세히 설명하여 열반에 이르게 한다. 이때 어떤 중생은 중심국에 태어나서 지혜롭고 훌륭한 말솜씨에 총명하여 부딪치는 사물마다 모두 통달하며, 바른 소견을 닦고 선악의 법을 분별하며 '금생도 있고 후생도 있으며, 세상에는 바른 소견을 닦아 아라한을 증득한 사문 바라문도 있다'고 한다. 이것이 이른바 '범행을 닦는 사람들이 이 한 시절에 수행하면 열반에 이를 수 있다'는 것이니라."

그때 세존께서는 곧 이런 게송으로 말씀하셨다.

한 가지가 아닌 여덟 가지 어려움은
사람이 도를 얻지 못하게 하네.
지금 현재 눈앞에서 일어나는 일
이 세상 어디서도 만날 수 없으리.

마땅히 바른 법을 배워야 하고
또한 적절한 시기 놓치지 말라.
지나간 일들만 돌이켜 생각하면
곧바로 지옥에 떨어지리라.

여기서 탐욕을 끊어 없애고
올바른 법을 고요히 사유하라.
그러면 이 세상에 오래 머물며
끊기어 사라지는 그런 때 없으리.

여기서 탐욕을 끊어 없애고
올바른 법을 고요히 사유하라.
나고 죽는 근본을 영원히 끊고
이 세상에 오래 머물리라.

이미 사람의 몸을 받아
바르고 참된 법을 분별하고도
과보를 얻지 못하는 자들
반드시 여덟 가지 어려움에 봉착하리.

이제 여덟 가지 어려움 말했으니
이것은 불법의 중요한 행이라
이 어려움 벗어나기 한 가지도 너무 힘들어
바다를 떠도는 판자 만나는 것 같아라.

비록 한 가지 어려움을 벗어날
그럴 이치가 있다고는 하지만
네 가지 진리를 한 번 잃으면
영원히 바른 길을 벗어나게 되리.

그러므로 마음을 오로지하여

오묘한 이치를 고요히 사유하라.
지극한 정성으로 바른 법 들으면
무위의 경지를 얻게 되리라.

"그러므로 비구들이여, 부디 방편을 구해 여덟 가지 어려운 곳을 멀리 떠나고 거기에 태어나기를 원하지 말라. 이와 같나니 비구들이여, 마땅히 이와 같이 배워야 하느니라."

그때 모든 비구들은 부처님의 말씀을 듣고 기뻐하며 받들어 행하였다.

〔 2 〕²

이와 같이 들었다.

어느 때 부처님께서는 사위국 기수급고독원에 계셨다.

그때 세존께서 비구들에게 말씀하셨다.

"여덟 개의 큰 지옥이 있다. 여덟 가지란 무엇인가? 첫째는 환활지옥還活地獄이요, 둘째는 흑승지옥黑繩地獄이며, 셋째는 등해지옥等害地獄이요, 넷째는 체곡지옥涕哭地獄이며, 다섯째는 대체곡지옥大涕哭地獄이요, 여섯째는 아비지옥阿鼻地獄이며, 일곱째는 염지옥炎地獄이요, 여덟째는 대염지옥大炎地獄이다. 비구들이여, 이것이 여덟 개의 큰 지옥이니라."

그때 세존께서는 곧 이런 게송으로 말씀하셨다.

환활지옥과 흑승지옥

---

2 이 소경과 내용이 비슷한 경으로는 『장아함경』 제19권 30번째 경인 「세기경世記經」의 지옥품이 있다.

등해지옥과 두 체곡지옥
5역죄 지은 이 가는 아비지옥
염지옥과 대염지옥

이것이 여덟 지옥
그곳은 살 수 없는 곳
이 모두는 악을 지은 탓
열여섯 작은 지옥 그 주위를 에워쌌네.

쇠로 만들어진 감옥 위로는
거센 불길이 활활 타오르고
1유순 안은 온통
사나운 불길에 너무도 뜨거워라.

네 개의 성에 문도 네 개
그 사이는 너무도 평평하여라.
또 이렇게 쇠로 성을 만들고
단단한 철판으로 그 위를 덮었다네.

"이것은 모두 중생들이 죄를 지은 과보의 인연 때문으로 중생들로 하여금 한량없는 고통을 받게 하며, 살과 피는 모두 없어지고 오직 뼈만 남게 하느니라.
무슨 이유로 환활지옥還活地獄이라 하는가? 그곳의 중생들은 온몸이 쭉 잡아당겨져 움직이지 못하고 고통에 시달리되 도망갈 수도 없어 온몸의 살과 피가 없어지게 된다. 그때 그들은 저희끼리 말한다.

'중생아, 다시 살아나라. 다시 살아나라.'

이때 그 중생들은 곧 저절로 다시 살아나게 된다. 이런 이유로 환활지옥이라 하느니라.

또 무슨 이유로 흑승지옥黑繩地獄이라 하는가? 그곳의 중생들은 몸의 힘줄이 모두 밧줄로 변하고, 그러면 톱으로 그 몸을 켠다. 그러므로 흑승지옥이라 하느니라.

또 무슨 이유로 등해지옥等害地獄이라 하는가? 이때 그곳의 중생들은 모두 한 곳에 모여 서로 그 목을 베는데 이내 다시 살아난다. 이러한 이유로 등해지옥이라 하느니라.

또 무슨 이유로 체곡지옥涕哭地獄이라 하는가? 그곳의 중생들은 선의 근본이 완전히 끊어져 털끝만큼도 남아 있지 않기 때문에 그 지옥 안에서 한량없는 고통을 받는데, 그곳에선 원망하며 울부짖는 소리가 끊어지지 않는다. 이런 이유로 체곡지옥이라 하느니라.

또 무슨 이유로 대체곡지옥大涕哭地獄이라 하는가? 그곳의 중생들은 그 지옥에서 가히 헤아릴 수 없는 그런 고통을 한량없이 받는다. 그러면 그들은 그곳에서 울부짖으며 가슴을 치고 제 몸을 쥐어뜯으며 한 목소리로 부르짖는다. 이런 이유로 대체곡지옥이라 하느니라.

또 무슨 이유로 아비지옥阿鼻地獄이라 하는가? 부모를 죽이고, 부처님의 탑을 부수며, 대중들과 싸우고, 그릇되고 뒤바뀐 소견을 익히며, 삿된 소견과 어울리는 중생들은 어떤 방법으로도 고칠 수 없다. 이런 이유로 아비지옥이라 하느니라.

또 무슨 이유로 염지옥炎地獄이라 하는가? 그 지옥에 있는 중생들은 몸에서 연기가 나며 온몸이 문드러진다. 그러므로 염지옥이라 하느니라.

또 무슨 이유로 대염지옥大炎地獄이라 하는가? 그 지옥에 있는 중생들은 죄인들이 있었던 흔적조차 보지 못한다. 그러므로 대염지옥이라 하느니라.

비구들이여, 이른바 이런 이유로 여덟 개의 큰 지옥이라 하느니라.

그 낱낱의 지옥에 열여섯 개의 작은 지옥이 있으니, 그 이름은 우발지옥優鉢地獄・발두지옥鉢頭地獄・구모두지옥拘牟頭地獄・분다리지옥分陀利地獄・미증유지옥未曾有地獄・영무지옥永無地獄・우혹지옥愚惑地獄・축취지옥縮聚地獄・도산지옥刀山地獄・탕화지옥湯火地獄・화산지옥火山地獄・회하지옥灰河地獄・형극지옥荊棘地獄・비시지옥沸屎地獄・검수지옥劍樹地獄・열철환지옥熱鐵丸地獄이다. 이와 같은 열여섯 작은 지옥에 버금가는 한량없는 지옥이 있어, 중생들은 몸이 무너지고 목숨을 마친 뒤에 그곳에 태어난다.

혹 바른 소견을 훼손하는 중생이 있어 바른 법을 비방하며 멀리한다면 그들은 목숨을 마친 뒤에 모두 환활지옥에 태어나고, 살생하기를 좋아하는 중생들은 모두 흑승지옥에 태어난다. 그 어떤 중생이 소나 염소 따위를 잡는다면 그는 목숨을 마친 뒤에 등해지옥에 태어나고, 그 어떤 중생이 주지 않는 것을 가지고 남의 물건을 훔친다면 그는 체곡지옥에 태어난다. 그 어떤 중생이 항상 음탕한 짓을 좋아하고 또 거짓말을 한다면 그는 목숨을 마친 뒤에 대체곡지옥에 태어나고, 그 어떤 중생이 부모를 죽이고 절을 부수며 비구들과 싸우고 성인을 비방하며 뒤바뀐 소견을 익힌다면 그는 목숨을 마친 뒤에 아비지옥에 태어난다. 그 어떤 중생이 이곳에서 들은 말을 저기 가서 전하고 저기에서 들은 말을 다시 여기 와서 전하며 사람들을 이용한다면 그는 목숨을 마친 뒤에 염지옥에 태어나고, 그 어떤 중생이 닥치는 대로 싸우고 남의 물건을 탐내며 인색하고 미워하는 마음을 일으키고 의심을 품는다면 그는 목숨을 마친 뒤에 대염지옥에 태어나느니라. 또 그 어떤 중생이 온갖 잡된 업을 짓는다면 그는 목숨을 마친 뒤에 열여섯 작은 지옥에 태어나느니라.

그때 옥졸들은 그 중생들을 부리며 헤아리기 어려운 고통을 주는데, 팔을 자르기도 하고 다리를 자르기도 하고 팔과 다리를 모두 자르기도 하며, 코를 베기도 하고 귀를 베기도 하고 코와 귀를 모두 베기도 한다. 나무더미를 가져다 누르기도 하고, 배 위에 풀을 덮기도 하며, 머리채를 잡아 매달기도 하고, 가죽을 벗기기도 하며, 살을 도려내기도 하고, 두 토막으로 가르기도 하며, 혹은 다시 봉해 합치기도 한다. 혹은 잡아다 다섯 부분으로 나누기도 하고, 잡아다 불에다 뒤적거리며 굽기도 하며, 쇠를 녹여 붓기도 하고, 다섯 갈래로 찢기도 하며, 그 몸을 잡아 늘이기도 하고, 날카로운 도끼로 목을 베기도 하지만, 곧 다시 살아난다. 그들은 반드시 인간세계에서 지은 죄가 끝나야만 그곳을 벗어난다.

이때 옥졸들은 그 중생을 잡아다 큰 몽둥이로 몸을 부수고 혹은 등골의 힘줄을 벗기기도 한다. 또 말에다 매달고 칼로 된 숲을 달려 올라갔다가 다시 말을 몰아 내려오는데, 이때 쇠 부리를 가진 까마귀들이 그 살을 쪼아 먹는다. 다시 다섯 겹으로 묶어 움직이지 못하게 하고는 들어 끓는 가마에 던져 넣고 쇠꼬챙이로 그 몸을 푹푹 찌르지만, 바람이 그 몸에 스치면 본래대로 다시 살아난다.

이때 옥졸들은 다시 그 중생들을 칼날이 빽빽한 산과 불이 이글거리는 산에 오르게 하며 잠깐도 멈추지 못하게 하는데, 그곳에서 겪는 고통은 이루 다 헤아릴 수가 없다. 그러나 그들은 반드시 인간세계에서 지은 죄가 모두 끝나야만 그곳에서 벗어난다.

그때 그 죄인들은 그 고통을 견디지 못해 다시 뜨거운 재로 가득 찬 지옥에 들어가기를 구하는데, 그곳에서도 한량없는 고통을 겪는다.

다시 그곳에서 나와 거꾸로 가시가 달린 지옥으로 들어가는데, 그곳에선 바람이 불면 그 고통이 한량없다. 다시 그곳에서 나오면 뜨거운 똥이 이글거리는 지옥으로 들어가는데, 이때 그 뜨거운 똥이 이글거리는 지옥에 있던 구더기들이 그 뼈와 살을 파먹는다. 그러면 중생들은 그 고통은 견딜 수가 없어 다시 칼이 숲처럼 빽빽한 지옥으로 도망치는데, 그 몸이 찢기는 고통은 참을 수가 없다.

그때 옥졸들이 그 중생들에게 묻는다.

'너희들은 어디서 왔는가?'

죄인들은 대답한다.

'저희도 어디서 왔는지 모르겠습니다.'

'어디로 가는가?'

'어디로 가는지도 모릅니다.'

또 묻는다.

'지금 무엇을 구하는가?'

그들은 대답한다.

'저희는 굶주림과 목마름으로 너무도 괴롭습니다.'

그때 옥졸들은 불에 달군 쇠구슬을 죄인의 입에 집어넣는데, 몸이 타며 문드러지는 그 고통은 견딜 수가 없다. 그러나 반드시 그 죄의 근원이 없어진 뒤에야 목숨을 마친다. 이때 그 죄인들은 다시 많은 지옥을 거치며 그곳에서 수천만 년 동안 고통을 겪은 뒤에야 그곳을 벗어나게 되느니라.

비구들이여, 알아야 하느니라. 그때 염라대왕은 '몸과 입과 뜻으로 악을 짓는 중생들은 모두 이와 같은 죄를 받나니, 몸과 입과 뜻으로 선을 행하는 중생들은 이에 견주어 모두들 광음천光音天에 태어날 것이다'라고 생각하느니라."

그때 세존께서는 이런 게송으로 말씀하셨다.

마치 저 광음천에 사는 듯
어리석은 자들은 늘 기뻐하네.
마치 저 지옥에 있는 듯
지혜로운 이는 늘 두려워하네.

"그때 죄인들은 염라대왕으로부터 이런 분부를 듣는다.
'나는 언제나 옛날에 지은 죄를 모두 없앨 수 있을까? 그래서 여기서 목숨을 마치고는 사람의 몸을 받아 착한 벗들이 모두 모이는 중심국에 태어나고, 불법을 독실하게 믿는 부모 밑에서 자라 여래의 제자로 출가하여 도를 배우고 현세에서 번뇌를 없애 번뇌가 없게 될 수 있을까? 내 너희들에게 거듭 당부하나니, 너희들은 부지런히 노력해 여덟 가지 어려운 곳을 떠나고 중심국에 태어나 착한 벗을 사귀고 범행을 닦아 소원을 이루어 본래의 서원을 잃지 말도록 하라.'
그러므로 비구들이여, 만일 선남자나 선여인이 여덟 큰 지옥과 열여섯 작은 지옥을 떠나고자 한다면 부디 방편을 구해 8정도를 닦도록 하라. 이와 같나니 비구들이여, 마땅히 이와 같이 배워야 하느니라."
그때 모든 비구들은 부처님의 말씀을 듣고 기뻐하며 받들어 행하였다.

〔 3 〕①[3]
이와 같이 들었다.

---

3 이 소경과 내용이 비슷한 경으로는 서진西晉 시대 축법호가 한역한 『불설역사이산경佛說力士移山經』과 『불설사미증유법경佛說四未曾有法經』이 있다.

어느 때 부처님께서는 비사리毗舍離의 나기원柰祇園[4]에서 5백 명의 대 비구들과 함께 계시면서 천천히 세간을 유행하고 계셨다.

그때 세존께서는 비사리성를 돌아보시고 곧 이런 게송을 말씀하셨다.

지금 보는 저 비사리
이후로 두 번 다시 보지 못하고
또 다시는 들어가지 못하리니
이제는 하직하고 떠나가야겠구나.

이때 비사리성 사람들은 이 게송을 듣고 모두 근심에 잠겨 세존의 뒤를 따라가며 눈물을 흘렸다. 그들은 저희끼리 말하였다.

"오래지 않아 여래께서 세상을 떠나시리니, 이 세상은 광명을 잃겠구나."

세존께서는 말씀하셨다.

"그만해라, 그만해라. 너희들은 근심하지 말라. 부서져야 할 물건은 부서지지 않게 하려 하여도 그것은 되지 않느니라. 나는 전에 네 가지 가르침으로 깨달음을 얻었고 또 사부대중에게 이 네 가지 가르침을 가르쳤다.

네 가지란 무엇인가? '일체의 행行은 무상하다.' 이것이 첫 번째 법이다. '일체의 행은 괴롭다.' 이것이 두 번째 법이다. '일체의 행은 나

---

[4] 팔리어로는 amba-vana이고, 암몰라원菴沒羅園이라고도 하며, 나씨원柰氏園·나원柰園·감리원甘梨園으로 한역하기도 한다. 중인도 비사리성毗舍離城 부근에 있었다고 한다. 신수대장경 각주에 의하면 "송·원·명 3본에는 나씨원奈氏園으로 되어 있다"고 한다.

가 없다.' 이것이 세 번째 법이다. '열반은 완전히 사라짐이다.' 이것이 네 번째 법의 근본이니라.

이와 같이 여래는 오래지 않아 세상을 떠날 것이다. 너희들은 이 네 가지 법의 근본을 알고 모든 중생들에게 널리 그 뜻을 설명하라."

그때 세존께서는 비사리성 백성들을 돌아가게 하려고 곧 큰 구덩이를 신통으로 만드셨다. 그래서 여래께서는 비구들을 데리고 저쪽 언덕에 계시고 그 나라 백성들은 이쪽 언덕에 있게 되었다.

그때 세존께서는 자기 발우를 허공에 던져 그 백성들에게 주며 이렇게 말씀하셨다.

"너희들이 이 발우를 잘 공양하고 또 재주가 뛰어난 법사를 공양한다면 영원히 한량없는 복을 얻을 것이다."

세존께서는 그 발우를 주시고 곧 구시나갈국拘尸那竭國[5]으로 가셨다. 그때 구시나갈국의 5백여 역사力士들은 한 자리에 모여 이런 이야기를 나누고 있었다.

"우리는 다 같이 우리가 죽은 뒤에 그 이름이 널리 퍼지고, 자손들이 '옛날 구시나갈 역사들의 힘은 미치기 어렵구나'는 말을 전하게 할 만한 특별한 일을 하자."

조금 뒤에 다시 이렇게 생각하였다.

'어떤 공덕을 지어야 할까?'

그때 구시나갈국에서 멀지 않은 곳에 네모반듯한 큰 돌이 있었는데, 길이 120걸음에 너비는 60걸음이었다.

"우리는 함께 이 돌을 세우자."

그들은 온 힘을 다해 세우려 하였으나 도저히 세울 수가 없었다. 움

---

5 팔리어로는 Kusinārā이고, 구시나라拘尸那羅・구시나갈라拘尸那竭羅・구이나갈拘夷那竭이라고도 하며, 상모성上茅城・각성角城으로 한역하기도 한다.

직이지도 않는데 어떻게 들 수 있었겠는가?

이때 세존께서 그들에게 다가가 말씀하셨다.

"동자들이여, 무엇을 하려 하는가?"

동자들은 부처님께 아뢰었다.

"저희는 얼마 전 '이 돌을 옮겨 대대로 이름을 전하자'고 의논하고는 이레 동안이나 힘을 썼지만 아직도 이 돌을 옮기지 못하고 있습니다."

"너희들은 여래가 이 돌을 들어보게 하고 싶지 않으냐?"

"지금이 바로 그때입니다. 원컨대 세존께서는 이 돌을 들어 보소서."

그때 세존께서는 오른손으로 그 돌을 들어 왼손바닥에 놓으시더니 다시 허공으로 던졌다. 이때 그 돌은 범천까지 올라갔다. 그 돌이 보이지 않자 구시나갈의 역사들은 세존께 아뢰었다.

"그 돌은 지금 어디까지 올라갔습니까? 저희는 모두 볼 수가 없습니다."

"그 돌은 지금 저 범천 위에 있느니라."

"그 돌은 언제 이 염부리閻浮利 땅으로 내려옵니까?"

세존께서는 말씀하셨다.

"내 이제 비유를 들리라. 지혜로운 사람은 비유를 들면 스스로 아느니라. 만일 어떤 사람이 범천에 올라가서 그 돌을 들어 이 염부리 땅으로 던지면 12년이 걸려야 이곳에 도착할 것이다. 그러나 지금 여래의 위신력에 감응한다면 지금 당장 돌아올 것이다."

여래께서 이렇게 말씀하시자 그 돌은 곧 돌아왔고 공중에선 수백 가지 하늘 꽃이 비처럼 흩날렸다. 이때 5백여 명의 동자들은 멀리서 그 돌이 내려오는 것을 보고 제 자리에 있지 못하고 모두 흩어져 달아났다.

부처님께서는 그들에게 말씀하셨다.

"두려워하지 말라. 여래가 알아서 하리라."

세존께서는 왼손을 쭉 뻗어 그 돌을 잡더니 오른쪽 손바닥에 세우셨다. 그때 삼천대천세계는 여섯 가지로 진동하였고, 허공의 신묘한 하늘들은 온갖 우발연화憂鉢蓮華를 흩뿌렸다.

그때 5백 동자들은 모두 처음 보는 일이라고 찬탄하였다.

"너무도 기이하고 너무도 특별하구나. 여래의 위신은 참으로 따를 수가 없다. 이 돌은 길이가 120걸음에 너비가 60걸음인데 그것을 한 손으로 세우시다니."

이때 5백 동자는 부처님께 아뢰었다.

"여래께서는 어떤 힘으로 이 돌을 움직이셨습니까? 신통의 힘입니까, 지혜의 힘입니까? 어떤 힘을 써서 이 돌을 세우셨습니까?"

부처님께서 말씀하셨다.

"나는 신통의 힘도 쓰지 않고 지혜의 힘도 쓰지 않았다. 나는 부모의 힘으로 이 돌을 세웠다."

"여래께서 부모의 힘을 쓰셨다니, 잘 모르겠습니다. 그건 어떤 것입니까?"

세존께서 말씀하셨다.

"내 이제 너희들을 위해 비유로 말하리라. 지혜로운 이는 비유를 들면 스스로 아느니라. 동자들이여, 알아야 하느니라. 열 마리 낙타의 힘은 한 마리 보통 코끼리의 힘보다 못하고, 또 열 마리 낙타와 한 마리 보통 코끼리의 힘은 한 마리 가라륵迦羅勒 코끼리의 힘보다 못하며, 또 열 마리 낙타와 한 마리 보통 코끼리와 가라륵 코끼리의 힘은 한 마리 구다연鳩陀延 코끼리의 힘보다 못하니라.

또 열 마리 낙타와 한 마리 보통 코끼리와……(이하 생략)……구다연 코끼리의 힘도 한 마리 바마나婆摩那 코끼리의 힘보다 못하고, 또 이 코끼리들의 힘을 합해도 한 마리 가니류迦泥留 코끼리의 힘보다 못하며, 또 이 코끼리들의 힘을 합해도 한 마리 우발優鉢 코끼리의 힘보다 못하고, 또 이 코끼리들의 힘을 합해도 한 마리 발두마鉢頭摩 코끼리의 힘보다 못하며, 또 이 코끼리들의 힘을 합해도 한 마리 구모다拘牟陀 코끼리의 힘보다 못하고, 또 그것을 합해 비교해도 한 마리 분다리分陀利 코끼리의 힘보다 못하며, 또 그것을 합해 비교해도 한 마리 향香 코끼리의 힘보다 못하고, 또 그것을 합해 비교해도 한 마리 마하나극摩訶那極의 힘보다 못하니라.

또 그것을 합해 비교해도 나라연那羅延 한 명의 힘보다 못하고, 또 그것을 합해 비교해도 전륜성왕轉輪聖王 한 명의 힘보다 못하며, 또 그것을 합해 비교해도 아유월치阿維越致[6] 한 명의 힘보다 못하고, 또 그것을 합해 비교해도 보처보살補處菩薩[7] 한 명의 힘보다 못하며, 또 그것을 합해 비교해도 보리수 밑에 앉은 보살 한 명의 힘보다 못하고, 또 그것을 합해 비교해도 한 여래가 부모에게 받은 몸의 힘보다 못하다. 나는 이제 부모의 힘으로 이 돌을 세웠느니라."

5백 동자는 다시 세존께 아뢰었다.

"여래께서 가지신 신통의 힘은 어떤 것입니까?"

세존께서 말씀하셨다.

"옛날 내 제자 중에 목건련目犍連이라고 있었다. 그는 신통에 있어서 가장 뛰어난 자였다. 그와 함께 비라야죽원毗羅若竹園에 있을 때였다. 그때 그 나라에 심한 흉년이 들어 사람들은 서로를 잡아먹었고 길에

---

[6] 범어로 avinivartanīya이고, 아비발치阿鞞跋致라고도 하며, 불퇴전不退轉이라 한역한다. 즉 성불의 길에서 물러서지 않는 보살의 계위를 말한다.
[7] 다음 생에는 부처가 될 보살, 즉 일생보처보살一生補處菩薩을 말한다.

는 흰 뼈가 가득했었다. 그래서 출가하여 도를 배우는 사람들은 구걸하기가 어려워 성중은 파리하게 여위었고 기운이 고갈되었다. 마을 사람들 역시 모두들 굶주린 낯빛으로 의지할 곳이 없었다.

그때 대목건련이 내게 와서 나에게 말하였다.

'지금 이 비라야毗羅若는 심한 흉년이 들어 걸식할 곳이 없고 백성들은 굶주려 살 길이 없습니다. 저는 여래께서 〈이 땅 밑에는 너무도 향기롭고 맛있는 천연의 지비地肥가 있다〉고 하신 말씀을 직접 들었습니다. 원컨대 세존께서는 그 지비를 땅 위로 끄집어내어 백성들이 먹을 수 있도록 하고, 성중도 기운을 차릴 수 있도록 제자에게 허락해 주소서.'

나는 그때 목련目連에게 이렇게 말하였다.

'땅 속의 꾸물거리는 벌레들은 어디다 두려는가?'

목련이 대답하였다.

'한 손을 변화시켜 땅 모양으로 만들고 한 손으로 지비를 뒤집어 내면 그 꾸물거리는 벌레들은 다 제자리에서 편안할 것입니다.'

'너는 무슨 마음으로 이 땅을 뒤집으려 하는가?'

'제가 이 땅을 뒤집는 것은 마치 힘센 사람이 나뭇잎 한 장을 뒤집는 것과 같아서 전혀 어려움이 없습니다.'

나는 그때 다시 목련에게 이렇게 말하였다.

'그만두어라. 그만두어라. 목련아, 구태여 땅을 뒤집어 지비를 끄집어 낼 필요 없다. 왜냐하면 중생들이 그것을 보면 모두들 두려운 생각이 들어 온몸의 털이 곤두설 것이요, 또 모든 부처님의 절도 무너질 것이기 때문이다.'

이때 목련이 부처에게 말하였다.

'그러면 원컨대 세존께서는 저 성중이 울단왈鬱單曰로 가서 걸식하도

록 허락하소서.'

부처는 목련에게 말하였다.

'이 대중 가운데 신통이 없는 자들은 어떻게 그곳까지 가서 걸식하겠는가?'

목련은 부처에게 말하였다.

'신통이 없는 사람은 제가 그 국토로 데리고 가겠습니다.'

'그만두어라, 그만두어라. 목련아, 과연 제자들이 거기까지 가서 걸식할 수 있겠느냐? 왜냐하면 미래 세상에도 지금처럼 이렇게 흉년이 들어 걸식하기도 어렵고, 사람들도 제 얼굴빛이 아닌 때가 있을 것이기 때문이다. 그러면 그때 여러 장자와 바라문들은 비구들에게 〈당신들은 왜 울단월로 가서 걸식하지 않습니까? 옛날 석가의 제자들은 큰 신통이 있어 이런 흉년을 만나면 모두들 울단월로 가서 걸식하여 스스로 구제하였습니다. 그런데 지금 석가의 제자들은 신통도 없고 위엄스러운 사문의 행도 없군요〉라고 말할 것이다. 그래서 비구들을 가벼이 여김으로써 그 장자 거사들로 하여금 모두 교만한 마음을 가져 한량없는 죄를 받게 할 것이다. 목련아, 알아야 한다. 이런 이유로 저 비구 대중들이 모두 그곳으로 가서 걸식하는 것은 옳지 않느니라.'

동자들아, 알아야 한다. 목련의 신통은 그 덕이 이와 같았다. 목련의 신통력을 계산하면 삼천대천세계를 빈틈없이 두루 채울 정도지만, 세존의 신통력만은 못해 그 백 배·천 배·수억만 배를 하더라도 비유로써도 견줄 수가 없다. 여래의 신통은 그 덕을 헤아릴 수가 없느니라."

동자들은 부처님께 아뢰었다.

"여래께서 가지신 지혜의 힘은 어떤 것입니까?"

세존께서 말씀하셨다.

"옛날 내게는 또 사리불이라는 제자가 있었다. 그는 지혜에 있어서 가장 뛰어난 자였다. 이 큰 바다는 세로와 가로가 8만 4천 유순이나 되어 물이 가득 차 있고, 또 수미산은 높이가 8만 4천 유순에 물 속으로 들어간 부분도 그와 같으며, 또 염부리閻浮里 땅은 남북으로 2만 1천 유순에 동서가 7천 유순이나 된다. 이제 비교해 보자면, 그 네 바다의 물을 먹[墨]으로 삼고, 그 수미산을 나무껍질로 삼고, 이 염부리 땅의 초목으로 붓을 만들어 삼천대천세계 백성들로 하여금 모두 사리불 비구의 지혜로운 업을 쓰게 한다고 하자. 동자야, 알아야 한다. 설사 먹으로 삼은 네 바다의 물이 다하고 붓이 다하고 사람들이 모두 죽도록 쓴다 하더라도 사리불 비구의 지혜는 다 쓸 수 없느니라.

동자들아, 이와 같이 그는 내 제자 중에서 지혜가 가장 뛰어난 자로서 사리불의 지혜를 능가하는 이는 아무도 없었다. 그 사리불 비구의 지혜를 계산하면 삼천대천세계를 빈틈없이 두루 채울 정도지만, 여래의 지혜와 비교하려 한다면 그 백 배·천 배·수억만 배를 하더라도 비유로써도 견줄 수가 없다. 여래가 가진 지혜의 힘은 이와 같으니라."

이때 동자들이 다시 부처님께 아뢰었다.

"혹 그 힘보다 더 큰 힘도 있습니까?"

세존께서 말씀하셨다.

"물론 그 모든 힘을 능가하는 힘이 있다. 그것은 무엇인가? 이른바 무상無常의 힘이다. 오늘 밤중에 여래는 쌍수雙樹 사이에서 무상의 힘에 이끌려 열반에 들것이다."

그러자 동자들은 모두 눈물을 흘리며 이렇게 말하였다.

"여래께서 열반하심은 어찌 이다지도 빠르단 말인가? 이제 세상은 안목을 잃게 되었구나."

그때 바라타婆羅陀 장자의 딸인 군도라계두君荼羅繫頭 비구니가 있었는데, 그 비구니는 이렇게 생각하였다.

'세존께서 오래지 않아 세상을 떠나신다는 소식을 들은 지 이미 며칠이 지났다. 지금 세존께 나아가 친히 뵙고 문안드려야 마땅하리라.'

그 비구니는 곧 비사리성을 나서 세존께서 계신 곳으로 가다가, 비구 대중들과 5백 동자들을 거느리고 쌍수 사이로 가시는 부처님을 멀리서 보았다. 그 비구니는 세존께서 계신 곳으로 나아가 그 발에 머리 조아려 예를 올리고 세존께 아뢰었다.

"저는 세존께서 오래지 않아 열반에 드실 것이라고 들었습니다."

세존께서는 말씀하셨다.

"여래는 바로 오늘밤 열반에 들 것이다."

그러자 비구니는 부처님께 아뢰었다.

"저는 출가하여 도를 배웠지만 아직 소원을 이루지 못하였습니다. 그런데 세존께서 저를 버리고 열반에 드시다니요. 원컨대 세존께서는 제가 소원을 이루도록 미묘한 법을 말씀해 주소서."

세존께서 말씀하셨다.

"너는 괴로움의 근원을 사유하라."

"정말 괴롭습니다. 세존이시여. 정말 괴롭습니다. 여래시여."

"네가 어떤 이치를 관찰했기에 괴롭다고 말하는가?"

비구니가 부처님께 아뢰었다.

"태어나는 괴로움·늙는 괴로움·병드는 괴로움·죽는 괴로움·근심하고 슬퍼하며 번민하는 괴로움·원수와 만나는 괴로움·사랑하는 이와 헤어지는 괴로움, 그 요점만 말한다면 5성음盛陰이 곧 괴로움입니다. 이와 같이 세존이시여, 저는 이런 이치를 관찰했기 때문에 괴롭다고 말한 것입니다."

그때 비구니는 이 이치를 사유하고는 곧 그 자리에서 세 가지 통달한 지혜를 얻었다. 비구니는 부처님께 아뢰었다.

"저는 세존께서 열반에 드시는 것을 차마 볼 수 없습니다. 원컨대 제가 먼저 열반에 들도록 허락하소서."

세존께서는 잠자코 허락하셨다.

그러자 비구니는 곧 자리에서 일어나 세존 발에 예를 올리고는 이내 부처님 앞에서 몸이 허공으로 날아올라 열여덟 가지 신통을 부렸다. 다니기도 하고 앉기도 하며 경행하기도 하고 몸에서 연기와 불을 뿜기도 하였으며, 아무런 걸림 없이 자유자재로 솟아오르기도 사라지기도 하였고, 물과 불을 뿜어 온 허공을 가득 채우기도 하였다.

그 비구니는 이렇게 무수한 신통변화를 부리고는 곧 무여열반의 세계에서 열반에 들었다. 그가 열반에 든 날 8만 천자는 청정한 법안法眼을 얻었다.

그때 세존께서 모든 비구들에게 말씀하셨다.

"내 성문 중에서 지혜가 민첩하기로 제일인 비구니는 바로 군도라 비구니이니라."

그리고 세존께서는 아난에게 말씀하셨다.

"너는 쌍수 사이로 가서 여래를 위해 북쪽으로 머리를 두도록 자리를 펴라."

"그렇게 하겠습니다, 세존이시여."

그는 세존의 분부를 받고 쌍수 사이로 가서 여래를 위해 자리를 펴고는 세존께 돌아와 그 발에 머리 조아려 예를 올리고 세존께 아뢰었다.

"북쪽으로 머리를 두도록 자리를 폈습니다. 때를 알아서 하소서."

그러자 세존께서는 곧 그 나무 사이에 펴놓은 자리로 가셨다.

그때 존자 아난이 세존께 아뢰었다.

"무슨 이유로 여래께서는 자리를 펴되 북쪽으로 머리를 두게 하라고 말씀하셨습니까?"

부처님께서 아난에게 말씀하셨다.

"내가 열반에 든 뒤에 불법은 북천축北天竺에 있을 것이다. 이런 이유로 북쪽을 향하도록 자리를 펴게 하였느니라."

이때 세존께서는 세 가지 법의를 제정하셨다. 아난은 부처님께 아뢰었다.

"무엇 때문에 여래께서는 지금 세 가지 법의를 나누어 제정하십니까?"

부처님께서 아난에게 말씀하셨다.

"나는 미래 세상의 단월 시주를 위해 이 옷을 나누어 제정하는 것이다. 그들이 복을 받게끔 하기 위해 옷을 나누어 제정하는 것이다."

그리고 조금 있다가 세존께서는 입으로 오색 광명을 내어 온 사방을 두루 비추셨다. 그때 아난이 다시 부처님께 아뢰었다.

"또 무슨 이유로 여래께서는 지금 입으로 오색 광명을 내시는 겁니까?"

세존께서는 말씀하셨다.

"나는 조금 전 이렇게 생각하였다.

'과거 도를 이루기 전에 나는 오랫동안 지옥에서 뜨거운 쇠 구슬 삼켰고, 혹은 풀과 나무를 먹고 이 4대大를 기르기도 했으며, 혹은 노새·나귀·낙타·코끼리·말·돼지·양이 되기도 했고, 혹은 아귀가 되어 이 4대를 기르기도 했으며, 혹은 사람이 되어 태에 들어가는 재앙을 겪기도 했고, 혹은 천상의 복을 누리며 천연의 감로를 먹기도 했다. 그런데 나는 이제 여래가 되어 근원이 되는 힘으로 도를 깨달아

여래의 몸이 되었다.'
이런 이유로 이처럼 입으로 오색 광명을 내는 것이니라."
또 조금 있다가 입에서 미묘한 광명을 내니 먼저 광명보다 더 훌륭하였다. 그러자 아난이 다시 세존께 아뢰었다.
"또 무슨 이유로 여래께서는 아까보다 더 훌륭한 광명을 내시는 겁니까?"
세존께서는 말씀하셨다.
"나는 조금 전 이렇게 생각하였다.
'과거 모든 불세존들께서 열반에 드셨을 때, 남기신 그 법은 세상에 오래 머무르지 못했다.'
나는 거듭 사유하였다.
'어떤 방법을 써야 내 법을 세상에 오래 존재하게 할까? 여래의 몸은 금강과 같은 몸이다. 나는 이 몸을 겨자씨만큼 잘게 부수어 세상에 널리 전해 미래 세상에 믿고 즐거워하는 단월로서 여래의 형상을 보지 못한 이들로 하여금 공양하는 인연을 짓게 하자. 그 복으로 말미암아 장차 네 가지 성姓의 집이나 사천왕·삼십삼천·염천焰天·도솔천(兜術天:兜率天)·화자재천化自在天·타화자재천他化自在天에 태어날 것이다. 또 그 복으로 말미암아 장차 욕계·색계·무색계에 태어나고, 혹은 또 수다원의 도·사다함의 도·아나함의 도·아라한의 도·벽지불의 도를 얻고 혹은 부처의 도를 이룰 것이다.'
이런 이유로 이런 광명을 내는 것이니라."
이때 세존께서는 몸소 승가리를 네 겹으로 접어 베고 오른쪽 옆구리를 땅에 대고 누워 다리를 포개셨다. 그러자 존자 아난은 슬피 울고 눈물을 흘리면서 어쩔 줄 몰랐다. 또 "나는 아직 도를 이루지 못해 번뇌에 묶여 있다. 그런데 지금 세존께서 나를 두고 열반에 드시다니 나는 누구를 의지해야 하는가?"라며 스스로를 책망하였다. 세존께서는 그런 줄을 아시고 비구들에게 말씀하셨다.

"아난 비구는 지금 어디 있느냐?"

비구들이 아뢰었다.

"아난 비구는 지금 여래의 침상 뒤에서 슬피 울고 눈물을 흘리면서 어쩔 줄 모르고 있습니다. 또 '나는 아직 도를 이루지 못했고 번뇌를 끊지도 못했다. 그런데 지금 세존께서 나를 두고 열반하시다니'라며 스스로를 책망하고 있습니다."

그러자 세존께서 아난에게 말씀하셨다.

"그쳐라, 그쳐라. 아난아, 근심하지 말라. 세상에 있는 물건으로서 무너져 소멸해야 할 것은 아무리 변하지 않게 하려 하여도 그리 될 수 없느니라. 더욱 부지런히 정진하며 바른 법 닦기를 생각하라. 그렇게 하면 오래지 않아 괴로움을 완전히 벗어날 뿐만 아니라 번뇌 없는 행을 성취할 것이다.

과거 다살아갈아라하삼야삼불多薩阿竭阿羅呵三耶三佛에게도 그런 시자가 있었고, 또 미래 항하의 모래알같이 많은 부처님에게도 아난과 같은 그런 시자가 있을 것이다.

전륜성왕에게는 보기 드문 네 가지 법이 있다. 네 가지란 무엇인가? 이른바 전륜성왕이 나라 밖으로 나갈 때 이를 본 백성들은 기뻐하지 않는 이가 없다. 그때 전륜성왕이 어떤 명령을 내리면 이를 듣는 사람들은 기뻐하지 않는 이가 없다. 또 그 명령을 듣고는 아무도 싫증을 내지 않는다. 그때 전륜성왕은 침묵을 지키는데 백성들은 왕의 침묵을 보고 또 다시 기뻐한다. 비구들아, 이른바 전륜성왕에게는 이런 네 가지 보기 드문 법이 있느니라.

비구들아, 알아야 한다. 지금 아난에게도 네 가지 보기 드문 법이 있느니라. 어떤 것이 네 가지인가? 만일 아난 비구가 잠자코 대중 가운데로 가면 그를 보는 사람들은 모두 기뻐한다. 또 아난 비구가 무슨 말을 하면 그 말을 듣는 사람들은 모두 기뻐하며, 침묵해도 그러하다. 또 아난 비구가 사부대중이나 찰리 바라문 대중에게로 가거나 국왕이나 거사들 가운데로 들어가면 그들은 모두 기뻐하고 공경하는 마음으로 바라보며 싫어하지 않는다. 또 그때 아난 비구가 무슨 말을 하면 그 법의 가르침을 듣는 사람들은 아무도 싫어하지 않는다.

비구들아, 이것이 아난의 보기 드문 네 가지 법이니라."

그때 아난은 세존께 아뢰었다.

"여자들과의 관계에 있어서는 어떻게 처신해야 합니까? 가령 비구들이 때가 되어 가사를 입고 발우를 가지고 집집마다 걸식하면서 그 복으로 중생들을 제도할 때 말입니다."

부처님께서 아난에게 말씀하셨다.

"서로 바라보지 말라. 서로 바라보게 되더라도 이야기를 나누지 말며, 만일 이야기를 나누게 되거든 부디 마음과 생각을 온전히 가져야 하느니라."

그때 세존께서는 곧 이런 게송으로 말씀하셨다.

여자들과 사귀지 말고
또 이야기를 나누지도 말라.
만일 여자를 멀리 떠난다면
여덟 가지 어려움을 벗어나리라.

증일아함경 제 37 권

42. 팔난품 ②

〔3〕②

아난이 아뢰었다.

"차나車那[1] 비구에게는 어떻게 처신해야 합니까?"

세존께서 말씀하셨다.

"범법의 벌〔梵法罰〕[2]을 주라."

"범법의 벌은 어떤 것입니까?"

세존께서는 말씀하셨다.

---

1 팔리어로는 Channa이고, 차닉車匿이라고도 하며, 욕작欲作·부장覆藏이라 한역한다. 정반왕淨飯王의 노예 집안에서 태어났고, 부처님께서 성을 넘어 출가하셨을 때 몸소 말을 몰았던 사람으로서 부처님께서 도를 이루신 후 카필라성을 방문을 했을 때 출가하였다. 그는 육군비구六群比丘와 어울려 온갖 사견과 악행을 일삼다가 부처님께서 열반에 드신 후 참회하고 아라한과를 증득하였다.
2 팔리어로는 brahma-daṇḍa이고, 범벌梵罰·범단梵檀이라고도 하며, 묵빈默擯이라 한역하는데, 함께 이야기하지 않는 것을 말한다. 또 범천치죄법梵天治罪法이라고도 하는데, 범천에서는 서로 이야기를 나누지 않는 방법으로 죄인을 다룬다고 한다.

"차나 비구와는 말하지 말라. 좋다고 말하지도 말고 나쁘다고 말하지도 말라. 그렇게 하면 그도 너에게 말하지 않을 것이다."
아난이 부처님께 아뢰었다.
"만일 그가 저지르는 일을 따지지 않는다면 더욱 중한 죄를 짓지 않겠습니까?"
세존께서는 말씀하셨다.
"더불어 말하지 않기만 하라. 그것이 곧 범법의 벌이다. 그래도 고치지 않거든 여러 사람들에게 데리고 가서 사람들과 함께 꾸짖고 쫓아내라. 그에겐 계를 설명하지도 말고 법회에 참석하지도 못하게 하라."

저 원수에게
그 원한 갚고 싶다면
저 더없이 나쁜 사람과는
언제나 말하지 않겠다고 생각하라.

그때 구시나갈 백성들은 여래께서 밤중에 열반에 드실 것이라는 소식을 듣고, 온 나라 백성들이 쌍수 사이로 나아가 그 발에 머리 조아려 예를 올리고 한쪽에 앉았다. 그때 백성들은 세존께 아뢰었다.
"여래께서 열반에 드신다는 소식을 지금 막 들었습니다. 저희들은 어떻게 정성을 표해야 합니까?"
그때 세존께서는 아난을 돌아보셨다. 아난은 곧 생각하였다.
'지금 여래께서는 몸이 너무 피로하시어 나를 시켜 그 뜻을 가르치려 하시는구나.'
이때 아난은 오른 무릎을 땅에 붙이고 꿇어앉아 합장하고 세존께 아뢰었다.

"지금 바아타婆阿陀와 수발타須拔陀라는 두 종성이 찾아와 여래와 성중에게 귀의하면서 말하나이다.

'원컨대 세존께서는 저희들이 우바새가 되도록 허락하소서. 지금부터 다시는 살생하지 않겠습니다.'

또 제사帝奢와 우파제사優波帝奢, 불사佛舍와 계두鷄頭, 이런 이들이 모두 찾아와 여래께 귀의하면서 '원컨대 세존께서는 저희들이 우바새가 되도록 허락하소서. 지금부터 다시는 살생하지 않고 5계戒를 받들어 지키겠습니다'고 하나이다."

그러자 세존께서는 그들을 위해 널리 설법하시고 돌려보냈다.

이때 5백 명의 마라摩羅들도 곧 자리에서 일어나 부처님을 세 번 돌고 물러갔다.

세존께서 아난에게 말씀하셨다.

"내 최후의 증명을 받은 제자는 저 구시나갈의 5백 마라들이니라."

그때 수발須拔 범지는 다른 나라에서 구시나갈국으로 오다가 그 5백 인이 오는 것을 보고 곧 물었다.

"그대들은 어디서 오는가?"

5백 인은 대답하였다.

"수발이여, 아십시오. 여래께서는 오늘 쌍수 사이에서 열반에 드십니다."

이때 수발은 곧 이렇게 생각하였다.

'여래께서 세상에 출현하시는 것을 만나기는 참으로 어렵다. 여래께서는 저 우담발화가 억 겁만에 한 번 피어나듯 아주 가끔 세상에 출현하신다. 나는 지금 이런 저런 의심이 있어 모든 법을 이해하지 못한다. 오직 저 사문 구담만이 나의 의심을 풀어줄 수 있다. 나는 이제

저 구담에게 찾아가 이 뜻을 여쭈어 보리라.'

수발 범지는 쌍수 사이로 가서 아난을 찾아가 아뢰었다.

"저는 세존께서 오늘 열반하신다고 들었는데 사실입니까?"

아난은 대답하였다.

"사실입니다."

"저에겐 아직도 의심이 있습니다. '다른 사람들은 저 여섯 명의 스승의 말을 이해하지 못합니다. 사문 구담의 말씀을 들어볼 수 있겠습니까'라고 세존께 여쭐 수 있도록 허락해 주십시오."

"그만두시오, 그만두시오. 수발이여, 여래를 번거롭게 하지 마십시오."

그러나 이렇게 두 번 세 번 되풀이하면서 다시 아난에게 아뢰었다.

"여래께서 세상에 출현하는 것은 참으로 만나기 어렵습니다. 우발라화가 아주 가끔 세상에 피어나듯 여래께서도 아주 가끔씩 세상에 출현하십니다. 제가 지금 여래를 뵌다면 충분히 저의 의심을 풀 수 있습니다. 제가 지금 여쭙고 싶은 뜻은 말로 다할 수 없습니다. 아난이여, 저와 함께 세존께 가서 아뢰려 하지 않는군요. 또 저는 여래께서 과거의 무궁한 일도 아시고 미래의 무궁한 일도 아신다고 들었습니다. 그런데 어찌 오늘만은 받아들이지 않으십니까?"

그때 세존께서는 천이天耳로 수발이 아난에게 하는 말을 들으시고 아난을 불러 이렇게 말씀하셨다.

'그만두어라, 그만두어라. 아난아, 수발 범지를 막지 말라. 왜냐하면 그가 와서 이치를 물으면 많은 이익을 얻을 것이기 때문이다. 만일 내가 설법하면 그는 곧 제도될 것이다."

이때 아난이 수발에게 말하였다.

"훌륭하십니다. 훌륭하십니다. 여래께서 안으로 들어가 법을 묻도록 허락하시는군요."

수발은 이 말을 듣고 뛸 듯이 기뻐하며 어쩔 줄 몰랐다. 그는 세존께 나아가 그 발에 머리 조아려 예를 올리고 한쪽에 앉았다. 그때 수발이 세존께 아뢰었다.

"제가 지금 여쭈고 싶은 것이 있습니다. 허락해 주십시오."

세존께서 수발에게 말씀하셨다.

"지금이 바로 그때다. 지금 바로 물어라."

수발이 부처님께 아뢰었다.

"구담이시여, 온갖 산술을 알고 보통사람을 능가하는 면이 많은 여러 이교의 사문들, 즉 불란가섭不蘭迦葉·아이단阿夷耑·구야루瞿耶樓·파휴가전波休迦旃·선비로지先毗盧持·니건자尼揵子 등 이러한 무리들도 3세世의 일을 압니까, 모릅니까? 그 6사 중에 여래보다 훌륭한 사람이 있습니까?"

세존께서 말씀하셨다.

"그만두어라. 그만두어라. 수발아, 그런 것은 묻지 말라. 왜 번거롭게 누가 여래보다 나은지를 묻느냐? 나는 지금 이 자리에서 너를 위해 설법하리니 잘 사유하고 기억하라."

수발은 부처님께 아뢰었다.

"이제 깊은 이치를 묻겠사오니, 원컨대 세존께서는 곧바로 말씀해 주소서."

세존께서 말씀하셨다.

"내가 처음으로 도를 배울 때는 29세였고, 사람들을 제도하기 위해 35세가 되도록 외도들 속에서 공부하였다. 그러나 그 뒤로는 어떤 사문 바라문도 찾아가 보지 않았다. 그 대중에게 현성의 8품도品道가 없다면 사문의 4과果도 없을 것이다. 수발아, 이것이 이른바 세상은 텅 비어 도를 얻은 진인眞人이 없다는 것이다. 그 성현의 법 안에 성현의 법이 있다면 사문의 4과가 있느니라. 왜냐하면 사문의 4과는 모두 현성의 8품도를 말미암기 때문이니라.

수발아, 만일 내가 위없는 바른 도를 얻지 못했다면 그것은 현성의 8품도를 얻지 못했기 때문이었을 것이다. 현성의 8품도를 얻었기 때문에 깨달음을 얻은 것이다. 그러므로 수발아, 부디 방편을 구해 성현의 길을 성취하라."

수발은 다시 부처님께 아뢰었다.

"저도 그 현성의 8품도를 듣고 싶습니다. 원컨대 자세히 설명하여 주소서."

세존께서 말씀하셨다.

"8품도란 바른 소견[等見]·바른 다스림[等治]·바른 말[等語]·바른 생활[等命]·바른 업[等業]·바른 방편[等方便]·바른 기억[等念]·바른 삼매[等三昧]이니 수발아, 이른바 이것이 현성의 8품도이니라."

이때 수발은 곧 그 자리에서 법안이 깨끗해졌다.

수발은 아난에게 말하였다.

"그렇습니다. 저는 이제 좋은 이익을 얻었습니다. 원컨대 세존께 사문이 되기를 청합니다."

아난이 말하였다.

"그대가 직접 세존께 나아가 사문이 되기를 청하십시오."

수발은 세존께 나아가 그 발에 머리 조아려 예를 올리고 세존께 아뢰었다.

"원컨대 세존께 사문이 되기를 청합니다."

그때 수발은 바로 사문의 몸이 되어 세 가지 법의를 입었다. 수발은 세존의 얼굴을 우러러뵙고는 그 자리에서 번뇌로부터 마음이 해탈하였다. 세존께서 아난에게 말씀하셨다.

"내 최후의 제자는 바로 이 수발이니라."

수발은 부처님께 아뢰었다.

"저는 세존께서 오늘 밤중에 반열반般涅槃에 드신다고 들었습니다. 원컨대 세존께서는 제가 먼저 열반에 드는 것을 허락하소서. 저는 여래께서 먼저 열반하시는 것을 차마 볼 수 없습니다."

그때 세존께서는 잠자코 허락하셨다. 왜냐하면 과거 항하의 모래알처럼 많은 모든 불세존들께서도 최후에 깨달은 제자가 먼저 반열반한 뒤에 여래께서 열반에 드셨기 때문이다. 이것은 모든 불세존들에게 늘 있는 법도로서 오늘에만 해당되는 일이 아니기 때문이다.

수발은 세존께서 허락하시는 것을 보고 곧 여래 앞에서 몸과 뜻을 바르게 하고 생각을 매어 앞에 두고는 무여열반無餘涅槃의 세계에서 열반에 들었다. 그때 온 땅은 여섯 가지로 진동하였다.

세존께서는 곧 이런 게송을 말씀하셨다.

일체의 행은 무상한 것이어서
태어나면 반드시 죽음이 있네.
태어나지 않으면 죽지 않나니
그 적멸이 가장 즐거우니라.

세존께서 아난에게 말씀하셨다.

"내 이제 분부하나니, 지금부터 비구들은 서로를 '그대〔卿僕〕'라고 부르지 말라. 나이 많은 이는 '거룩한 이〔尊〕'라 부르고 나이 적은 이는 '어진 이〔賢〕'라고 부르며 서로를 형제처럼 여겨라. 또 지금부터는 부모가 지어준 이름으로 부르지 말라."

아난이 세존께 아뢰었다.
"그러면 이제 비구들은 그 이름을 뭐라고 불러야 합니까?"
세존께서 말씀하셨다.
"젊은 비구는 늙은 비구를 장로라 부르고, 늙은 비구는 젊은 비구의 성명을 불러라. 또 비구들이 제 이름을 지으려면 불·법·승 3존을 의지해야 한다. 이것이 나의 훈계니라."
그때 아난은 세존의 말씀을 듣고 기뻐하며 받들어 행하였다.

〔 4 〕[3]

이와 같이 들었다.
어느 때 부처님께서는 사위국의 녹야원鹿野苑에서 대비구들 5백 명의 함께 계셨다.
그때 파하라波呵羅 아수륜阿須倫[4]과 모제륜牟提輪 천자는 때 아닌 때에 세존께 나아가 그 발에 머리 조아려 예를 올리고 한쪽에 앉았다. 여래께서 아수륜에게 물으셨다.
"너희들은 큰 바다를 매우 좋아하는가?"
아수륜은 부처님께 아뢰었다.
"정말 좋아합니다."
"큰 바다에 어떤 기특한 것들이 있기에 너희들은 그것을 보고 그곳에서 즐거워하는가?"
"큰 바다에는 보기 드문 여덟 가지 법이 있기 때문에 아수륜들은 그

---

3 이 소경과 내용이 비슷한 경으로는 『중아함경』 제8권 35번째 소경인 「아수라경阿修羅經」이 있다.
4 팔리어로는 Pahārāda asurinda이고, 파라다波羅陀 아수륜·파라라婆羅邏 아수륜이라고도 한다.

곳에서 즐거워합니다. 여덟 가지란, 저 큰 바다는 매우 깊고 또 넓습니다. 이것이 첫 번째 보기 드문 법입니다. 또 저 큰 바다에는 이런 신비로운 덕이 있습니다. 즉 5백 개의 작은 강들이 합쳐진 네 개의 큰 강이 저 큰 바다로 들어가면 그것들은 곧 본래 이름을 잊어버립니다. 이것이 두 번째 보기 드문 법입니다. 또 저 큰 바다는 어디나 똑같은 맛입니다. 이것이 세 번째 보기 드문 법입니다.

또 저 큰 바다는 드나드는 조수가 그때를 어기지 않습니다. 이것이 네 번째 보기 드문 법입니다. 또 저 큰 바다는 귀신들이 사는 곳으로서 형상이 있는 무리는 모두 그 속에 있습니다. 이것이 다섯 번째 보기 드문 법입니다. 또 저 큰 바다는 매우 큰 형체들, 즉 1백 유순·1천 유순……(이하 생략)……7천 유순이나 되는 형체도 모두 받아들이고 또 그래도 비좁지가 않습니다. 이것이 여섯 번째 보기 드문 법입니다.

또 저 큰 바다에서는 자거·마노·진주·호박·수정·유리 등 여러 가지 보배가 나옵니다. 이것이 일곱 번째 보기 드문 법입니다. 또 저 큰 바다 밑에는 금모래가 있고 네 가지 보배로 된 수미산이 있습니다. 이것이 여덟 번째 보기 드문 법입니다. 이것이 모든 아수륜들로 하여금 그곳에서 즐거워하게 하는 여덟 가지 보기 드문 법입니다."

이때 아수륜이 세존께 아뢰었다.

"여래의 법에는 특별히 뛰어난 어떤 것들이 있기에 모든 비구들로 하여금 그것을 보고 그 안에서 즐거워하게 합니까?"

부처님께서 아수륜에게 말씀하셨다.

"모든 비구들을 그 안에서 즐거워하게 하는 보기 드문 여덟 가지 법이 있느니라. 여덟 가지란 무엇인가? 내 법에는 계戒가 갖추어져 있어 방일한 행이 없다. 이것이 첫 번째 보기 드문 법으로서 비구들은 그것을 보고 마치 매우 깊고도 넓은 저 바다에서처럼 거기서 즐거워한다.
 또 내 법 안에는 네 가지 종성이 있지만 그들이 내 법 안에서 사문이 되면 그전 이름을 쓰지 않고 다시 다른 이름을 짓는다. 마치 저 네 개의 강이 바다로 들어가면 똑같은 맛이 되어 다른 이름이 없는 것처럼 이것이 두 번째 보기 드문 법이니라.
 또 내 법에서는 계를 제정해 놓았기 때문에 그것을 따라 차례를 어기지 않는다. 이것이 세 번째 보기 드문 법이다. 또 내 법은 똑같은 한 맛이니, 그것은 이른바 현성의 8품도이다. 이것이 네 번째 보기 드문 법으로서 저 큰 바다가 모두 똑같은 맛인 것과 같으니라.
 또 내 법에는 갖가지 법이 가득 차 있다. 이른바 4의지意止·4의단意斷·4신족神足·5근根·5력力·7각의覺意·8진직행眞直行⁵이니, 비구들은 그것을 보고 마치 저 큰 바다에 사는 온갖 귀신들처럼 그 안에서 즐거워한다. 이것이 다섯 번째 보기 드문 법이니라.
 또 내 법에는 갖가지 보배가 있으니, 이른바 염각의念覺意라는 보배와 법각의法覺意·정진각의精進覺意·희각의喜覺意·의각의猗覺意·정각의定覺意·호각의護覺意라는 보배이다. 이것이 여섯 번째 보기 드문 법으로서 마치 저 큰 바다에서 온갖 보배가 나는 것처럼 비구들은 그것을 보고 그 안에서 즐거워한다.
 또 내 법 안에서는 온갖 중생들이 수염과 머리를 깎고 세 가지 법의를 입고 출가하여 도를 배우고 무여열반無餘涅槃의 세계에서 열반에 든다. 그래도 마치 저 큰 바다는 여러 강물이 들어와도 늘거나 줄어듦이 없는 것처럼 내 법에는 늘거나 줄어듦이 없다. 이것이 일곱 번째 보기 드문 법으로서 비구들은 그것을 보고 그 안에서 즐거워하느니라.

---

5 즉 8정도正道이다.

또 내 법에는 금강삼매金剛三昧·멸진삼매滅盡三昧·일체광명삼매一切光明三昧·득불기삼매得不起三昧 등 헤아릴 수 없는 갖가지 삼매가 있어 비구들은 그것을 보고 즐거워한다. 마치 저 큰 바다 밑에 금모래가 있는 것처럼, 이것이 여덟 번째 보기 드문 법으로서 비구들은 그것을 보고 그 안에서 즐거워한다. 나의 법에는 이런 여덟 가지 보기 드문 법이 있어 모든 비구들이 그 안에서 너무도 즐거워하느니라."

이때 아수륜이 세존께 아뢰었다.

"여래의 법 가운데 한 가지 보기 드문 법만 있더라도 저 바다의 여덟 가지 보기 드문 법보다 뛰어나 백 배·천 배를 하더라도 비교할 수 없을 것이니, 현성의 8품도가 바로 그것입니다. 훌륭하십니다. 세존이시여, 그 법을 잘 설명하셨습니다."

그때 세존께서는 그를 위해 차례로 설법하셨다. 즉 보시론·계율론·천상에 태어나는 법과 탐욕은 더럽고 번뇌는 큰 재앙이므로 벗어나는 것이 가장 훌륭하다고 말씀하셨다.

세존께서는 그의 마음이 열리고 뜻이 풀린 것을 보시고 모든 불세존들께서 늘 말씀하시는 법인 괴로움[苦]·괴로움의 발생[集]·괴로움의 소멸[盡]·괴로움의 소멸에 이르는 길[道]에 대해 모두 말씀하셨다.

그때 아수륜은 이렇게 생각하였다.

'다섯 가지 진리가 있는데 지금 세존께서는 네 가지 진리만 말씀하시고 하늘들에겐 다섯 가지 진리를 말씀하시는구나.'

이때 천자는 그 자리에서 법안法眼이 깨끗해졌다.

아수륜은 세존께 아뢰었다.

"훌륭하십니다, 세존이시여. 그 법을 잘 말씀하셨습니다. 저는 이제 제 집으로 돌아가고자 합니다."

세존께서 말씀하셨다.

"형편대로 하라."

그는 곧 자리에서 일어나 그 발에 머리 조아려 예를 올리고 발길을 돌려 떠났다.

이때 천자는 아수륜에게 말하였다.

"아까 네가 '여래께서는 하늘들을 위해 다섯 가지 진리를 말씀하시면서 나를 위해서는 네 가지 진리만 말씀하신다'고 한 것은 아주 잘못된 생각이다. 왜냐하면 모든 불세존께선 결코 두 말을 하시지 않기 때문이다. 모든 부처님께선 결코 중생들을 버리지 않고 설법하기를 게을리 하지 않으시며, 또 그 설법은 끝이 없다. 또 사람을 가려 설법하지 않고 평등한 마음으로 설법하신다. 네 가지 진리가 있으니 그것은 괴로움·괴로움의 발생·괴로움의 소멸·괴로움의 소멸에 이르는 길이다. 너는 이제 '여래께서는 다섯 가지 진리가 있다고 말씀하셨다'는 그런 헐뜯는 생각을 말라."

아수륜은 대답하였다.

"내가 저지른 잘못을 스스로 참회한다. 반드시 여래께 찾아가 이 이치를 여쭈어보리라."

그때 아수륜과 천자는 부처님의 말씀을 듣고 기뻐하며 받들어 행하였다.

〔 5 〕[6]

이와 같이 들었다.

어느 때 부처님께서는 사위국 기수급고독원에 계셨다.

---

6 이 소경과 내용이 비슷한 경으로는 『중아함경』 제9권 36번째 소경인 「지동경地動經」이 있다.

그때 세존께서 모든 비구들에게 말씀하셨다.

"천지가 크게 진동하는 데에 여덟 가지 원인이 있다. 어떤 것이 여덟 가지인가?

비구들아, 알아야 한다. 이 염부리 땅은 남북으로 2만 1천 유순이요, 동서로 7천 유순이며, 두께가 6만 8천 유순이다. 또 물 두께가 8만 4천 유순이요, 불 두께도 8만 4천 유순이며, 불 아래 있는 바람 두께는 6만 8천 유순이요, 바람 밑에는 금강의 바퀴가 있는데 과거 모든 불세존들의 사리는 모두 그곳에 있다. 비구들아, 알아야 한다. 혹 어떤 때 큰 바람이 움직였다 하면 불도 움직이고, 불이 움직이면 물이 움직이며, 물이 움직이면 땅이 곧 움직인다. 이것이 땅이 크게 진동하는 첫 번째 원인이니라.

다음에는 보살이 도술천兜術天에서 내려와 그 신식神識이 어머니 태에 들 때에도 이 땅은 크게 진동한다. 이것이 땅이 크게 진동하는 두 번째 원인이다. 다음에는 보살이 어머니 태에서 나올 때 천지가 크게 진동한다. 이것이 천지가 크게 진동하는 세 번째 원인이다.

다음에는 보살이 출가하고 도를 배워, 위없이 바르고 참되며 평등한 바른 깨달음을 이룰 때 천지는 크게 진동한다. 이것이 땅이 진동하는 네 번째 원인이니라.

다음에는 여래가 무여열반無餘涅槃의 세계에 들어 열반할 때 천지는 크게 진동한다. 이것이 땅이 진동하는 다섯 번째 원인이다. 다음에는 큰 신통이 있는 비구가 마음이 자유롭게 되어 뜻대로 무수한 변화를 일으키되, 혹 몸을 백천 개로 나누었다가 다시 하나로 합하기도 하고, 허공을 날고 석벽을 통과하고 솟아나고 가라앉기를 마음대로 하며, 땅을 보아도 땅이라는 생각이 없어 모두가 공인 것임을 알 때 땅은 크게 진동한다. 이것이 땅이 진동하는 여섯 번째 원인이니라.

다음에는 큰 신통과 신비스러운 덕이 한량없는 하늘 사람이 그곳에서 목숨을 마치고 다시 그곳에 태어나, 과거의 복된 행으로 말미암아 온갖 덕을 두루 갖춰 본래의 하늘 형상을 버리고 제석帝釋이나 범천왕梵天王이 될 때 땅은 크게 진동한다. 이것이 땅이 크게 진동하는 일곱 번째 원인이니라.

다음에는 중생들이 목숨을 마치고 복이 다할 때가 되어, 국왕들이 제 나라에 만족하지 않고 서로를 침공하여 사람들이 굶주림이나 혹은 칼날에 죽어갈 때 천지는 크게 진동한다. 이것이 땅이 크게 진동하는 여덟 번째 원인이니라.

비구들이여, 이와 같은 여덟 가지 원인이 천지를 크게 진동시키느니라."

그때 모든 비구들은 부처님의 말씀을 듣고 기뻐하며 받들어 행하였다.

〔 6 〕[7]

이와 같이 들었다.

어느 때 존자 아나율은 네 부처님께서 머무셨던 곳을 유행하고 있었다.

그때 아나율은 한적한 곳에서 이렇게 생각하였다.

'석가문釋迦文부처님의 여러 제자 중에서 계덕戒德과 지혜智慧를 성취한 사람은 모두 계율을 의지하여 이 바른 법 안에서 자라난다. 여러 성문들 중 계율을 완전히 갖추지 못한 사람들을 모두 바른 법을 떠나고 계율과 상응하지도 못한다. 계율과 지식〔聞〕, 이 두 가지 법에서 무

---

[7] 이 소경과 내용이 비슷한 경으로는 『중아함경』 제18권 74번째 소경인 「팔념경八念經」과 후한後漢 시대 지요支曜가 한역한 『불설아나율팔념경佛說阿那律八念經』이 있다.

엇이 더 훌륭할까? 나는 이제 여래께 찾아가 이 사실이 어떠한가를 여쭈어 보리라.'

아나율은 다시 생각하였다.

'이 법은 만족할 줄 아는 이가 행할 바로서 만족할 줄 모르는 이가 행할 바가 아니다. 이 법은 욕심이 적은 이가 행할 바로서 욕심이 많은 이가 행할 바가 아니다. 이 법은 한가히 지내는 이가 행할 바로서 번잡한 곳에서 행할 바가 아니다. 이 법은 계율을 지키는 이가 행할 바로서 계율을 범한 이가 행할 바가 아니며, 삼매에 든 이가 행할 바로서 어지러운 이가 행할 바가 아니고, 지혜로운 이가 행할 바로서 어리석은 이가 행할 바가 아니며, 많이 아는 이가 행할 바로서 아는 것이 적은 이가 행할 바가 아니다.'

아나율은 이 여덟 가지 대인의 생각을 사유한 뒤에 '나는 지금 세존께 찾아가 이 뜻을 여쭈어 보리라'고 생각하였다.

그때 세존께서는 사위성 기수급고독원에 계셨다.

이때 바사닉왕은 여래와 비구 스님들을 청해 거기서 90일의 여름 안거를 지내시게 하였다. 아나율은 5백 비구를 거느리고 천천히 세간을 유행하여 드디어 사위성에 도착하였고, 세존께 나아가 세존의 발에 머리 조아려 예를 올리고 한쪽에 앉았다. 이때 아나율이 세존께 아뢰었다.

"저는 한적한 곳에서 '계율과 지식, 이 두 가지 법 중에서 어느 것이 더 훌륭한가?'에 대해 사유하였습니다."

이때 세존께서는 아나율을 위해 이런 게송을 말씀하셨다.

　　계율이 훌륭한가, 지식이 훌륭한가
　　네가 이제 의심을 내는구나.

계율이 지식보다 훌륭하나니
거기서 어찌해 의심 내는가.

"왜냐하면 아나율아, 알아야 한다. 만일 비구가 계율을 성취하면 선정을 얻을 것이요, 선정을 얻으면 지혜를 얻을 것이며, 지혜를 얻으면 지식(多聞)을 얻을 것이요, 지식을 얻으면 해탈을 얻을 것이며, 해탈을 얻으면 무여열반에서 열반하게 될 것이니, 이로써 계율이 더 훌륭하다는 것을 환히 알 수 있느니라."

이때 아나율은 세존 앞에서 그 여덟 가지 대인의 생각을 설명하였다.

부처님께서 아나율에게 말씀하셨다.

"훌륭하고, 훌륭하구나. 아나율아, 네가 지금 생각하는 것이 바로 대인의 사유이다. 욕심을 적게 가져 만족할 줄을 알고, 한적한 곳에서 지내며, 계율을 성취하고, 삼매를 성취하며, 지혜를 성취하고, 해탈을 성취하며, 지식을 성취하라. 아나율아, 너는 이런 뜻을 세워 그 여덟 가지 대인의 생각을 깊이 사유하라. 무엇이 여덟 번째인가? 이 법은 정진하는 이가 행할 바로서 게으른 이가 행할 바가 아니다. 왜냐하면 미륵 보살은 30겁 동안 정진하여 위없이 바르고 참되며 평등한 바른 깨달음을 이룰 것이요, 나도 정진의 힘으로 초월하여 부처를 이루었기 때문이니라.

아나율아, 알아야 한다. 모든 불세존은 모두 똑같은 유類로서 그 계율과 해탈과 지혜가 같아 조금의 차이도 없으며, 또 공空이고 상相이 없고 원願이 없는 것도 같으며, 32상相과 80종호種好로 그 몸을 장엄하여 아무리 보아도 싫증이 나지 않고 그 정수리를 볼 수 없는 것도 모두 같아 차이가 없다. 그러나 정진만큼은 같지 않으니, 과거와 미래의 모든 불세존 중에서 정진으로는 내가 제일이니라.

그러므로 아나율아, 이 여덟 번째 대인의 생각이 가장 뛰어나고 높고 귀한 것으로서 가히 비유할 바가 없느니라. 마치 우유에서 낙酪이 나오고 낙에서 수酥가 나오며 수에서 제호醍醐가 나오는데 그 중에서 제호가 가장 뛰어나 견줄 것이 없는 것처럼, 그 여덟 가지 대인의 생각 중에서 정진이 가장 뛰어나 진실로 견줄 것이 없느니라.

그러므로 아나율아, 그 여덟 가지 대인의 생각을 받들고 사부대중에게 그 이치를 설명해 주라. 만일 그 여덟 가지 대인의 생각이 세상에 널리 퍼진다면 나의 제자들은 모두 수다원의 도·사다함의 도·아나함의 도·아라한의 도를 성취할 것이다.

왜냐하면 나의 법은 욕심이 적은 이가 행할 바로서 욕심이 많은 이가 행할 바가 아니며, 나의 법은 만족할 줄 아는 이가 행할 바로서 만족할 줄 모르는 이가 행할 바가 아니며, 나의 법은 한가히 지내는 이가 행할 바로서 대중 속에서 사는 이가 행할 바가 아니며, 나의 법은 계율을 지키는 이가 행할 바로서 계율을 범하는 이가 행할 바가 아니며, 나의 법은 안정된 이가 행할 바로서 산란한 이가 행할 바가 아니며, 나의 법은 지혜로운 이가 행할 바로서 어리석은 이가 행할 바가 아니며, 나의 법은 많이 아는 이가 행할 바로서 아는 것이 적은 이가 행할 바가 아니며, 나의 법은 정진하는 이가 행할 바로서 게으른 이가 행할 바가 아니기 때문이니라.

그러므로 아나율아, 사부대중은 방편을 구해 이 여덟 가지 대인의 생각을 행해야 하느니라. 아나율아, 이와 같이 공부해야 하느니라."

그때 아나율은 부처님의 말씀을 듣고 기뻐하며 받들어 행하였다.

〔 7 〕

이와 같이 들었다.

어느 때 부처님께서는 사위국 기수급고독원에 계셨다.

그때 세존께서 모든 비구들에게 말씀하셨다.

"여덟 종류의 무리가 있으니 너희들은 알아야 한다. 여덟 종류란 무엇인가? 이른바 찰리 무리·바라문 무리·장자 무리·사문 무리·사천왕 무리·삼십삼천 무리·마왕 무리·범천왕 무리이니라. 비구들아, 알아야 한다. 나는 옛날에 찰리 무리들을 찾아가 서로 문안하고 변론한 일이 있었다. 그러나 나만한 이가 아무도 없어, 내가 제일이었고 짝할 이가 없었다. 나는 욕심이 적고 만족할 줄을 알며, 생각이 어지럽지 않으며, 계를 성취하고, 삼매를 성취하며, 지혜를 성취하고, 해탈을 성취하며, 많은 지식을 성취하고, 정진을 성취하였기 때문이다.

나는 또 기억한다. 나는 바라문 무리·장자 무리·사문 무리·사천왕 무리·삼십삼천 무리·마왕 무리·범천왕 무리에게 찾아가 서로 문안하고 변론한 일이 있었다. 그러나 내가 제일이요 짝할 이가 없어 그 중에서 가장 높았고 또 비슷한 이마저 없었다. 나는 욕심이 적고 만족할 줄을 알며, 마음이 어지럽지 않으며, 계를 성취하고, 삼매를 성취하며, 지혜를 성취하고, 해탈을 성취하며, 많은 지식을 성취하고, 정진을 성취하였기 때문이다. 나는 그때 그 여덟 무리 가운데서 제일이요 짝할 이가 없었으며, 그 중생들의 덮개가 되 주었다.

그때 그 여덟 종류의 무리들은 내 정수리를 볼 수 없었고 감히 얼굴을 쳐다보지도 못했는데 하물며 서로 변론할 수 있었겠는가? 왜냐하면 나는 하늘·사람·악마 혹은 악마의 하늘·사문·바라문들 중에서 이 여덟 가지 법을 성취한 이를 보지 못하였고, 여래를 제외하고는 아무도 그것에 대해 말하지 못하였기 때문이니라.

그러므로 비구들이여, 부디 방편을 구해 이 여덟 가지 법을 행하도록 하라. 비구들이여, 이와 같이 공부해야 하느니라."

그때 모든 비구들은 부처님의 말씀을 듣고 기뻐하며 받들어 행하였다.

〔 8 〕
이와 같이 들었다.

어느 때 부처님께서는 사위국 기수급고독원에 계셨다.

그때 아나빈저阿那邠邸 장자는 세존께서 계신 곳으로 찾아가 그 발에 머리 조아려 예를 올리고 한쪽에 앉았다. 이때 세존께서 장자에게 말씀하셨다.

"장자의 집에서는 널리 보시하는가?"

장자가 부처님께 아뢰었다.

"저희는 밤낮으로 끊이지 않고 보시하나니 네 곳의 성문에서, 큰 저자에서, 제가 길을 가다가, 또 부처님과 비구 스님들, 이렇게 여덟 가지로 보시를 베풉니다. 세존이시여, 이와 같이 그들이 요구하는 바대로 옷을 구하는 이에게는 옷을 주고 음식을 구하는 이에게는 음식을 주며, 나라 안의 보배라 할지라도 결코 거절하지 않으며 의복·음식·침구·질병에 필요한 의약품 등을 모두 보시합니다. 또 어떤 하늘은 제게 찾아와 공중에서 '거룩한 자와 비천한 자를 분별하라. 이 자는 계를 지키고, 이 자는 계를 범했다. 이 자에게 보시하면 복을 받고 저 자에겐 보시해도 과보가 없다'고 말한 적도 있습니다. 하지만 저는 마음에 이런 자 저런 자가 전혀 없어 더 주고 덜 주려는 마음을 일으키지 않고 일체 중생에게 두루 똑같이 사랑하는 마음을 가졌습니다. 목숨을 의지하고 형체가 있는 중생들은 먹는 것이 있으면 살고 먹지 않으면 목숨을 보존하지 못합니다. 일체 중생에게 보시하면 그 과보가 한량없고, 그 받는 과보에도 늘거나 줄어듦이 없습니다."
 부처님께서 말씀하셨다.
 "훌륭하고, 훌륭하구나. 장자여, 평등하게 보시하면 그 복이 제일 거룩하니라. 그러나 중생들의 마음엔 우열이 있으니, 계를 지키는 이에게 보시하는 것이 계를 범한 이에게 보시하는 것보다 훌륭하니라."
 그때 허공의 신들과 하늘들은 한량없이 칭송하였고, 곧 게송으로 말하였다.

　　거룩한 이 가려 보시하라고 부처님께서 말씀하시니
　　어리석은 이들에겐 늘어나고 줄어듦이 있기 때문이라.
　　좋은 복밭을 구할 양이면
　　여래의 대중보다 나은 자 누구인가?

 "그렇습니다. 지금 세존께서 하신 말씀은 너무도 명쾌하십니다. 계를 지키는 이에게 보시하는 것이 계를 범한 이에게 보시하는 것보다 낫습니다."
 그때 세존께서 아나빈저 장자에게 말씀하셨다.
 "이제 너에게 성현의 무리를 설명하리니 잘 사유하고 기억해 마음 깊이 명심하라. 보시는 적어도 얻는 복이 많은 경우가 있고, 보시를 많이 하면 얻는 복도 많은 경우가 있느니라."
 아나빈저 장자가 부처님께 아뢰었다.
 "원컨대 세존께서는 그 이치를 자세히 설명해 주소서. 어떤 경우에 보시를 적게 해도 얻는 복이 많으며, 어떤 경우에 보시를 많이 하면 얻는 복도 많습니까?"

부처님께서 장자에게 말씀하셨다.

"아라한을 향하는 이·아라한을 얻은 이·아나함을 향하는 이·아나함을 얻은 이·사다함을 향하는 이·사다함을 얻은 이·수다원을 향하는 이·수다원을 얻은 이가 있다. 장자여, 이른바 이런 성현의 무리에게는 보시를 적게 해도 많은 복을 얻고, 보시를 많이 하면 많은 복을 얻느니라."

그때 세존께서는 이런 게송을 말씀하셨다.

  네 가지 향向을 성취한 사람
  네 가지 과果를 성취한 사람
  그들을 성현의 무리라 하나니
  그들에게 보시하면 얻는 복 많으리.

"아주 먼 과거의 여러 불세존께도 꼭 지금의 나처럼 이런 성현의 무리가 있었고, 미래에 여러 불세존께서 세상에 출현하시더라도 그분들 또한 이런 성현의 무리를 얻을 것이다. 그러므로 장자여, 기쁘고 즐거운 마음으로 성현의 무리들을 공양해야 하느니라."

이때 세존께서는 그 장자를 위해 미묘한 법을 연설하시어 다시는 물러서지 않는 자리에 서게 하셨다. 장자는 그 법을 듣고 한량없이 기뻐하였고 곧 자리에서 일어나 그 발에 머리 조아려 예배한 뒤 부처님 주위를 세 번 돌고 물러나 떠났다.

그때 아나빈저 장자는 부처님의 말씀을 듣고 기뻐하며 받들어 행하였다.

[9]

이와 같이 들었다.

어느 때 부처님께서는 사위국 기수급고독원에 계셨다.

그때 세존께서 모든 비구들에게 말씀하셨다.

"선남자나 선여인은 재물을 보시할 때 여덟 가지 공덕을 성취한다. 여덟 가지란 무엇인가? 첫째는 때를 맞춰 보시하고 때가 아닌 때 하지 않는다. 둘째는 깨끗한 것을 보시하고 더러운 것을 보시하지 않는다. 셋째는 제 손으로 직접 보시하고 남을 시키지 않는다. 넷째는 서원을 세워 보시하고 교만 방자한 마음을 가지지 않는다. 다섯째는 보시했다는 생각으로부터 해탈하여 그 과보를 바라지 않는다. 여섯째는 보시로 열반을 구하고 하늘에 태어나기를 구하지 않는다. 일곱째는 좋은 밭을 찾아 보시하고 거친 토양엔 보시하지 않는다. 여덟째는 이런 공덕으로 중생에게 보시하고 자기를 위해 하지 않는다.

비구들이여, 이와 같이 선남자나 선여인은 재물을 보시할 때 여덟 가지 공덕을 성취하느니라."

그때 세존께서는 곧 이런 게송을 말씀하셨다.

지혜로운 사람 때맞춰 보시하며
아끼고 탐내는 마음 전혀 없고
자기가 지은 모든 공덕을
남김없이 남들에게 보시한다네.

이런 보시가 가장 훌륭하니
모든 부처님들 찬탄하는 바라
현재의 몸으로 그 과보를 얻고

죽어서는 천상의 복을 누리리라.

"그러므로 모든 비구들아, 그런 과보를 받고싶다면 이 여덟 가지 공덕을 행하라. 그러면 그 과보는 한량이 없어 이루 다 헤아릴 수 없고, 감로(甘露)같은 보배를 얻어 차차 열반에 이르게 될 것이다. 모든 비구들아, 마땅히 이와 같이 배워야 하느니라."
　그때 모든 비구들은 부처님의 말씀을 듣고 기뻐하며 받들어 행하였다.

〔10〕
　이와 같이 들었다.
　어느 때 부처님께서는 사위국 기수급고독원에 계셨다.
　그때 세존께서 모든 비구들에게 말씀하셨다.
　"내가 이제 지옥(泥犁)[8]으로 가는 길과 열반(涅槃)으로 향하는 길을 설명하리니, 잘 사유해 기억하고 빠뜨림이 없게 하라."
　"그렇게 하겠습니다, 세존이시여."
　비구들은 부처님의 말씀을 듣고 있었다.
　부처님께서 말씀하셨다.
　"그 어떤 것이 지옥으로 나아가는 길이며, 어떤 것이 열반으로 향하는 길인가?
　삿된 소견(邪見)은 지옥으로 나아가는 길이요, 바른 소견(正見)은 열반으로 향하는 길이다. 삿된 다스림(邪治)은 지옥으로 나아가는 길이요, 바른 다스림(正治)은 열반으로 향하는 길이다. 삿된 말(邪語)은 지

---

8 팔리어로 niraya이고, 니리야(泥犁耶)라고도 하며, 지옥(地獄)이라 한역한다.

옥으로 나아가는 길이요, 바른 말[正語]은 열반으로 향하는 길이다. 삿된 업[邪業]은 지옥으로 나아가는 길이요, 바른 업[正業]은 열반으로 향하는 길이다.

삿된 생활[邪命]은 지옥으로 나아가는 길이요, 바른 생활[正命]은 열반으로 향하는 길이다. 삿된 방편[邪方便]은 지옥으로 나아가는 길이요, 바른 방편[正方便]은 열반으로 향하는 길이다. 삿된 기억[邪念]은 지옥으로 나아가는 길이요, 바른 기억[正念]은 열반으로 향하는 길이다. 삿된 선정[邪定]은 지옥으로 나아가는 길이요, 바른 선정[正定]은 열반으로 향하는 길이니라.

비구들이여, 이것을 지옥으로 나아가는 길과 열반으로 향하는 길이라 하느니라. 모든 불세존께서 늘 하시는 설법을 나는 이제 다 마쳤다. 너희들은 한가한 곳에서 지내고 나무 밑이나 한데 앉기를 즐거워하며, 훌륭한 법을 생각하고 닦으며 게으름을 피우지 말라. 지금 부지런히 행하지 않으면 나중에 후회해도 소용이 없느니라."

그때 모든 비구들은 부처님의 말씀을 듣고 기뻐하며 받들어 행하였다.

  비시非時·니리泥犁·도道와
  수륜천須倫天과 지동地動과
  대인팔념大人八念과 중衆과
  선남자시善男子施와 도道에 대해 설하셨다.

■ 김월운

경기도 장단에서 태어나 한학을 수학하고, 남해 화방사에서 당대의 대강백 운허 스님을 은사로 출가하였다. 통도사와 해인사 강원을 졸업하고 강사가 되었으며, 동국역경원 역경위원을 거쳐 동국역경원 원장을 역임하였다. 중앙승가대학 교수와 제25교구 본사 봉선사 주지를 역임하였고, 현재 조실로 있으면서 능엄학림과 불경서당을 통해 후학 양성에 매진하고 있다. 저서로는 『삼화행도집』·『일용의식수문기』·『금강경강화』·『원각경강화』·『대승기신론강화』·『구름처럼 달처럼』 등이 있고, 번역서로는 『전등록』·『조당집』·『선문염송』을 비롯한 80여 종의 책이 있다.

증일아함경 3

2007년 1월 10일 개정판 1쇄 발행
2011년 8월 25일 개정판 2쇄 발행

옮긴이 김월운
펴낸이 김희옥
펴낸곳 동국역경원

주소 100-715 서울시 중구 필동로 1길 30
전화 02) 2260-3483~4
팩스 02) 2268-7851
Home page http://www.tripitaka.or.kr
E-mail book@dongguk.edu
출판등록 제2-159(1964. 10)
인쇄처 서진인쇄

ISBN 978-89-5590-443-7 03220
ISBN 978-89-5590-440-6 (전4권)

값 20,000원

이 책의 무단 전재나 복제 행위는 저작권법 제98조에 따라 처벌받게 됩니다.